アメリカの
連邦預金保険制度

野村重明

日本経済評論社

はしがき

　銀行の破綻が日常茶飯事のアメリカにおいては，早くから預金保険制度が整備された．まず，1820年代終わりから30年間ほどの間に，ニューヨークをはじめとした6州で預金保険制度の原型とも言える制度が整備されたが，これらの制度は，銀行債務の代替的補償制度を提供する自由銀行運動や州法銀行券に対して10％課税する国法銀行制度採用のため，すべて1866年までにその役割を終えた．その期間はいわば「第1次預金保険制度時代」であったと言ってよい．その後，1907年以降，同様に，8州が預金保険制度を設立し，「第2次預金保険制度時代」が訪れた．しかし，これらの州はいずれも農業州であったため，農産物価格の大幅下落に伴う銀行破綻増加によって，これらの制度はいずれも経営難に陥り，1930年までにすべて消滅した．

　1929年恐慌期には，新たに連邦レベルでの預金保険制度が形成された．周知のように，1933年にはまず商業銀行を付保する連邦預金保険制度が設立された．次いで，1934年には貯蓄金融機関を付保する連邦預金保険制度が設立されている．また，これは1929年恐慌期ではないが，1970年には信用組合を付保する連邦預金保険制度が整備され，これによってアメリカにおける預金・貯蓄金融機関のすべてに対する連邦預金保険制度が整えられるに至っている．

　しかし，このように1970年までに整備された連邦預金保険制度も，1980年代，1990年代になると，次々と危機的状態に陥った．まず，1980年代初めには，信用組合の破綻，損失が急増し，信用組合を付保する全国信用組合出資金保険基金の基金残高が急減したため，1984年に議会は，基金増強のために連邦被保険信用組合に対して被保険出資金の1％を同基金に預ける権限を与えた．さらに，1980年代の後半には貯蓄金融機関を付保する連邦預金保険制度が，さらに1990年代初めには商業銀行を付保する連邦預金保険制度が，同じように被保険機関の破綻，損失の急増による保険基金残高の急減から危機的状態に陥った．

本書は，長い歴史を持つアメリカの預金保険制度でも，そのごく一こまに過ぎない1980年代末から1990年代初めにかけての連邦預金保険制度の危機と改革を跡付ける．この時期には，貯蓄金融機関を付保する預金保険制度と商業銀行を付保する預金保険制度が相次いで危機に陥り，かつてない制度改革が行われたのである．このように短期間の連邦預金保険制度に課題を設定したのは，次のような問題意識によっている．

　まず第1の問題意識は，次のところにある．アメリカの連邦預金保険制度は，保険料を事前に賦課する事前保険料賦課方式をとっている．その方式では，被保険機関の破綻が続出すると，保険料の支払いのための準備金が減少し，枯渇するようになる．そうすると，保険制度自体が不安定化し，さらに制度の存続が危なくなる．1980年代後半から1990年代前半にかけて，アメリカの連邦預金保険制度では，まずは貯蓄金融機関を付保する連邦預金保険制度が，次いで商業銀行を付保する連邦預金保険制度がそのような状態に陥った．どのような連邦預金保険制度が構築されるべきか，各界で議論が百出した．預金保険がもたらすモラルハザードはいかに排除されるべきか，「大きすぎてつぶせない」(Too Big To Fail) 政策は妥当な政策であるのか，預金保険料賦課制度はどのようなものが望ましいのか，被保険預金に対する保険基金準備金はどのような水準にあるべきか，といった議論である．さらには，預金保険制度の枠を越えて，銀行システム全体がいかに再構築されるべきかといった問題にまで議論は広がった．連邦預金保険制度をめぐって，この時期ほど多様な議論が沸き起こった時期はかつてなかった．1980年代末から1990年代初めにかけての連邦預金保険制度の改革は，そのような預金保険をめぐる議論の集大成と言ってよいものであった．そうだとすれば，当時の連邦預金保険制度をめぐる議論と，それに基づく連邦預金保険制度改革は，預金保険に関する様々な論点・問題点のありかを示してくれる，と思われる．

　本書が1980年代後半から1990年代前半という短期間を取り上げた第2の問題意識は，こうである．国際通貨基金の資料によれば，預金保険制度を整備した国は，1960年代，1970年代にはそれぞれ8か国，9か国を数えるに過ぎなかったが，1980年代には19か国，さらに1990年代には30か国と急増した．預金保険制度の整備は，特に1980年代以降世界各国の流れとなった．また，

はしがき　v

　2000年代に入ると，各国の預金保険機関の国際的連携も始まっている．こうした預金保険制度の世界的潮流に果たすアメリカの預金保険制度の影響力はとてつもなく大きい．アメリカの連邦預金保険制度は，自他共に認めるように，世界の預金保険制度のリーダーの地位にあるからである．世界各国での預金保険制度の整備に際しては，この時期のアメリカでの連邦預金保険をめぐる議論とその制度改革に対する評価が不可欠なのである．

　上のような問題意識から，本書では，1980年代後半から1990年代初めの連邦預金保険制度の危機と改革を，次のような4つの視角から明らかにする．

　第1に，連邦預金保険制度はなぜ危機に陥ったのかということについてである．本書では，まず連邦預金保険制度が危機に陥る原因となった被保険金融機関の破綻はなぜ生じたのかを考察し，次いで連邦預金保険機関はどのような危機に陥ったのかをこれらの機関の財務諸表の分析を通して明らかにする．

　第2に，連邦預金保険制度改革の過程はどのようなものだったのかについてである．当時の連邦預金保険制度改革の大きな柱となったのは，1989年の金融機関改革回復執行法と，1991年の連邦預金保険公社改善法とであったが，これら2法を含め，預金保険制度改革に係わる立法の過程は，当時の預金保険制度改革の性格・方向を最もよく示している．そこで，本書では，議会の委員会公聴会議事録，連邦預金保険機関の報告書，会計検査院の報告書等を分析していく中で，当時の連邦預金保険制度改革の性格や方向性を明らかにする．

　第3に，第2に関連して，こうした法律に盛り込まれた内容はいかなるものであったのかということについてである．この点については，改革法を読み解くことを中心に据えている．しかし，時には，それらの法律だけではその条項の意味が十分には明らかにならないという場合も少なくないので，そういった場合には連邦預金保険機関等が定める規則も参考にしつつ，改革法に盛られた法律の条項の意図，したがって連邦預金保険制度改革はいかなるものであったのかを掘り下げて明らかにしようとしている．

　第4に，連邦預金保険制度改革の結果，その後同制度はどうなったのかということにも注意を払っている．その際の中心には，制度改革によって設立・再編された各種の基金を置き，これら基金の状況・機能を明らかにするなかで，どのように連邦預金保険制度の危機が乗り越えられたのかを示す．もっとも，

この点について言えば，1991年の改革によって連邦預金保険機関が新たに得た権限，特に早期是正措置は適切に行使されているのか，あるいは同改革によって連邦預金保険機関の破綻処理に課された制限，特に最小コスト処理原則は守られているのかといった重要な論点については，本書では触れられてはいない．

以下では，本書の構成について述べる．

まず，第1章では，序論的に連邦預金保険制度の成立について論じる．同制度は，先に述べたごとく3つの制度からなり，それぞれの制度は設立の経緯や組織は異なるが，類似した機能を持っている．ここでは，それぞれの制度の設立の経緯，根拠法を考察する中で，それぞれの制度の相違・類似を確認する．

第Ⅰ部では，1989年代後半の連邦貯蓄保険制度の危機と改革に焦点をあてる．まず，第2章では，1980年代後半の貯蓄金融機関の危機はどういう危機であったのかを貯蓄金融機関自体の経営悪化とそれに対する連邦貯蓄金融機関の規制監督当局の対応を軸にしながら考察する．また，ここでは貯蓄金融機関を付保する連邦貯蓄貸付保険公社は経営悪化した被保険機関をどのように処理したのかについても考察する．

第3章では，連邦貯蓄貸付保険公社の危機はいかなるものであったのか，同公社の基金準備金の枯渇に対して政権・議会はさしあたり同公社の危機をどのようにして凌ごうとしたのか，を明らかにしている．

第4章では，さしあたりの連邦貯蓄保険制度改革にはとどまらず貯蓄金融機関制度全体の大改革を迫られた政権・議会が，それぞれの立場からこれらの改革案にどのような内容を盛り込もうとしたのか，を明らかにしたうえ，1989年8月に成立した1989年金融機関改革回復執行法による貯蓄金融機関制度の改編を，連邦預金保険制度を中心にして詳細に検討する．

第5章から第7章では，1989年法によって設立された整理信託公社，連邦貯蓄貸付保険公社整理基金，貯蓄組合保険基金はいかなる機能をはたす組織だったのか，これらはそれぞれの機能を果たすために必要な資金をどのように調達するとされ，実際にどのように調達したのか，これらにはどのような課題が残されていたのか，といった問題を論じる．

次に第Ⅱ部では，1980年代後半から1990年代前半にかけて多数の商業銀

はしがき vii

行が破綻し，商業銀行を付保する連邦預金保険公社も破綻状態に陥り，大々的な連邦預金保険制度の改革が行われるに至ったので，焦点を連邦貯蓄保険制度から商業銀行を付保する連邦預金保険制度へ移し，その危機と改革について論じる．

　まず，第8章では，1980年代後半と1990年代初めの被保険商業銀行（貯蓄銀行も含む）の破綻状況はどうだったのか，破綻はどういう理由で生じたのか，破綻の実際はどうだったのか，に考察を加えている．

　第9章では，従来の連邦預金保険公社の破綻銀行の処理方法を跡付けた後，1980年代後半以降，被保険機関の破綻の急増とともにより多くの資産の処理を迫られた同公社は，新たな破綻銀行の資産処理技術の開発に向う一方，他方ではブリッジバンクの設立による破綻銀行の処理を多用する方向をとることになった，ということを明らかにする．

　第10章では，被保険銀行の破綻の急増に伴い，連邦預金保険公社の基金準備金は急減し，同公社，さらに連邦預金保険制度自体が危機に陥ったことを，同公社の財務諸表を検討していく中で明らかにする．また，この章では，連邦預金保険制度の大改革を盛り込んだ1991年連邦預金保険公社改善法に先立って論じられた様々な連邦預金保険制度改革案についても触れられている．

　第11章では，連邦預金保険公社改善法に係わる財務省報告，財務省原案，議会での法案審議の検討をとおして，預金保険制度改革の性格や方向性を明らかにしている．同法の成立過程では，財務省報告や財務省原案にみられた幅広い銀行・金融システムの改革案は議会の審議の中で預金保険制度の改革案に狭められていくことになるが，この点は，預金保険制度に関する個々の論点はどうだったのかという点とともに，本章での重要なポイントとなっている．

　第12章では，連邦預金保険制度に係わる連邦預金保険公社改善法の主要内容を明らかにする．ただ，同法では，詳細に規定されず，詳細は規則に委ねられている重要な事項も存在している．なかでも重要なのは，資本カテゴリーとその尺度，及びリスクベースの保険料システムだと思われるので，これら2つの事項について銀行規制監督当局が公表した規則等を参考に詳細に検討する．

　第13章では，連邦預金保険公社改善法以後の被保険機関の状況について考察を加えた後，同法以後の連邦預金保険制度の最大の課題であった商業銀行を

付保する銀行保険基金と，貯蓄金融機関を付保する貯蓄組合保険基金の統合が，これら両基金の間の保険料格差の是正が進展したこと，2基金が統合されれば預金保険機関に対するリスクが分散されるという主張が強まったこと，両基金の一体化が進展したことを背景にして，2005年連邦預金保険改革法に基づき2006年3月に達成されたということを示す．

　最後の第14章では，上の連邦預金保険改革法は，また新たな預金保険料システムの構築を規定する等いくつか重要な連邦預金保険制度改革を規定していることを明かにする．そして，2000年代になってからの連邦預金保険制度改革は，預金保険制度がもたらすプロシクリカリティ問題への対応という当時の国際的な潮流に沿ったものであること，及び特にリーマン危機後言えることであるが，連邦預金保険制度が経済安定策への関与を強めていること，に言及する．

　本書の多くの部分は，この10年ほどにわたって名古屋経済大学経済経営研究会の紀要『経済経営論集』に発表してきた論文が基になっている．今回こうして1冊にまとめるにあたっては，全体に手をいれ，統一を図ったが，思わぬところで矛盾したところや，重複した記述があるかもしれない．また，これは特に預金保険機関の財務分析について言えることであるが，会計学に関連した訳語や財務分析に係わって思わぬ誤解があるものと思われる．これらの点については，読者諸賢のご批判を切にお願いしたい．

　このように，つたないながらも本書を上梓することができたのは，数多くの方々のご鞭撻，ご助力のおかげである．特に，大阪市立大学大学院在学中以来親しくおつきあいいただいている建部正義中央大学教授，楊枝嗣朗佐賀大学名誉教授，高田太久吉中央大学名誉教授からは，研究面で刺激を与えられるとともに，ご鞭撻をいただいた．丸山祐一名古屋経済大学教授には，出版社との仲介の労をとっていただいた．アメリカ連邦預金保険公社のレン・セモウィッツ（Len Samowitz），バーバラ・デイビス（Barbara Davis），ロバータ・バビット（Roberta Babbitt）各氏には，資料収集の面でご援助いただいた．日本経済評論社の清達二氏には，出版事情が悪い中で，本書の出版をお引受けいただいた．以上の方々には，記して感謝の気持ちを申し述べさせていただきたい．

　最後になったが，本書が，大阪市立大学大学院時代にご指導いただき，今は

鬼籍に入ってしまわれた飯田繁，川合一郎，谷田庄三各先生の学恩に多少とも報いることができたとすれば，筆者の喜びはこれにすぐるものはない．

2011 年 7 月 8 日

野 村 重 明

目次

はしがき
略語一覧

第1章 連邦預金保険制度の成立 …………………………………… 1

第1節 3つの連邦預金保険制度　1
第2節 商業銀行・貯蓄銀行の連邦預金保険制度　3
　1. 大恐慌期の銀行破綻　3
　2. 連邦預金保険制度の立法化　6
　3. 連邦預金保険制度の成立　11
第3節 連邦貯蓄貸付保険公社の成立　17
第4節 全国信用組合出資金保険基金　22

第Ⅰ部　連邦貯蓄保険制度の危機と改革

第2章 貯蓄金融機関の破綻と連邦貯蓄貸付保険公社による破綻処理 ……… 35

第1節 貯蓄金融機関の経営危機と連邦住宅貸付銀行理事会の対応　36
第2節 FSLICの破綻貯蓄金融機関の処理　42
第3節 南西プラン　47

第3章 連邦貯蓄貸付保険公社の危機 …………………………………… 55

第1節 FSLICの保険基金準備金の推移　55
第2節 FSLIC保険基金の枯渇　58
第3節 競争的均等銀行法によるFSLICの資本増強　61

第4章　FIRREAの成立と連邦預金保険制度の改編 66

　第1節　ブッシュ案と利害の錯綜　66
　第2節　議会の対応　69
　第3節　FIRREAによる貯蓄金融機関制度の再編成　76
　　1.　貯蓄金融機関監督制度の改編　76
　　2.　連邦預金保険制度の改編　77
　　3.　救済資金の調達　80
　　4.　貯蓄金融機関に対する規制　83

第5章　RTCの活動：FIRREA後の連邦貯蓄保険制度（その1）...... 89

　第1節　RTCの組織　89
　第2節　RTCによる破綻貯蓄金融機関の処理方法　93
　第3節　RTCによる破綻貯蓄金融機関処理の展開　96
　第4節　RTCの処理コスト　101
　第5節　RTCの資金調達　104
　第6節　小括　109

第6章　FRF：FIRREA後の連邦貯蓄保険制度（その2）......114

　第1節　FRFの機能　114
　第2節　FRFの貸借対照表の変化　119
　第3節　FRFの資金源　126

第7章　SAIF：FIRREA後の連邦貯蓄保険制度（その3）......131

　第1節　SAIFの機能　131
　第2節　創立直後のSAIF　134
　第3節　その後のSAIF　139
　第4節　基金残高の急増の要因　142
　第5節　1990年代初めのSAIFをめぐる最大の論点　145
　　1.　過少なSAIF基金残高　145

2. SAIF 基金残高増強の方策　146
    3. FICO 問題　150

第 II 部　連邦預金保険制度の危機と改革

第 8 章　商業銀行の破綻 …………………………………………… 159

　第 1 節　1980 年代後半と 1990 年代初めの商業銀行の状況　159
　第 2 節　問題銀行・破綻銀行　163
    1. 問題銀行とその破綻率　163
    2. 銀行破綻に関する 2 つの見解　167
　第 3 節　破綻の実際　171

第 9 章　連邦預金保険公社による破綻処理 ……………………… 181

　第 1 節　破綻銀行処理方法の推移　181
　第 2 節　1980 年代半ばまでの展開　183
    1. ペイオフ・P&A　183
    2. オープンバンク・アシスタンス　185
　第 3 節　1980 年代半ば以降の FDIC による新たな破綻処理方法の開発　187
    1. 被保険預金振替（IDT）　187
    2. 新たな P&A の開発　188
    3. オープンバンク・アシスタンス　195

第 10 章　連邦預金保険公社の危機 ……………………………… 201

　第 1 節　預金保険基金の枯渇　201
　第 2 節　FDICIA 以前の連邦預金保険制度改革の論点　210
    1. 預金保険とモラルハザード　210
    2. 直接規制　211
    3. 市場規制　216
    4. その他の論点　218

第11章　FDICIA の成立過程 …………………………………… 226

第1節　財務省報告『金融システムの近代化』 226
1. 概要　226
2. 連邦預金保険制度の改革案　228
3. 広範な金融システム改革案　236
4. 規制組織改革及び BIF の資本増強案　238

第2節　財務省原案 239
1. 概要　239
2. 連邦預金保険制度の改革　241
3. 金融サービスの近代化　242
4. 規制の再編　244
5. 銀行保険基金の資本増強　244

第3節　議会での法案審議 245
1. 下院での審議　245
2. 上院での審議　254
3. 両院協議会　256

第12章　FDICIA による連邦預金保険制度改革 …………… 261

第1節　FDICIA の主要内容 261
1. 重要な4つの規定　261
2. その他の若干の重要な条項　267

第2節　FDICIA に係わる重要な規則 269
1. 資本カテゴリーの尺度　269
2. リスクベースの保険料システム　276

第13章　FDICIA 後の連邦預金保険 …………………………… 283

第1節　FDICIA 後の FDIC 加入金融機関の状況 283
第2節　1990年代中頃の BIF・SAIF 両基金の統合をめぐる動き 287
1. BIF 加入機関の年間保険料率の低下　287

        2. SAIF 格差　291
        3. SAIF の指定準備金比率の達成　293
    第3節　BIF と SAIF の統合　296

第14章　2005年連邦預金保険改革法とその改革方向 …………… 305
    第1節　2005年連邦預金保険改革法　305
    第2節　新たな預金保険料システムの構築　306
    第3節　連邦預金保険制度の新たな展開　309
        1. プロシクリカリティ問題への留意　309
        2. 経済安定化政策への関与の強化　311

参考文献　317
あとがき　327
索引　330

略語一覧

ABA：アメリカ銀行協会（American Bankers Association）
ARM：変動金利モーゲージ（adjustable rate mortgage）
ARP：加速処理プログラム（Accelerated Resolution Program）
BICs：銀行投資契約（bank investment contracts）
BIF：銀行保険基金（Bank Insurance Fund）
BIS：国際決済銀行（Bank for International Settlements）
CBO：議会予算局（Congressional Budget Office）
CEBA：競争的均等銀行法（Competitive Equality Banking Act of 1987）
DGP：債務保証プログラム（Debt Guarantee Program）
DIDMCA：預金金融機関規制緩和通貨管理法（Depository Institutions Deregulation and Monetary Control Act of 1980）
DIF：預金保険基金（Deposit Insurance Fund）
DINB：預金保険国法銀行（Deposit Insurance National Bank）
DRR：指定準備金比率（designated reserve ratio）
FADA：連邦資産処理組合（Federal Asset Disposition Association）
FASB：財務会計基準審議会（Financial Accounting Standards Board）
FDIC：連邦預金保険公社（Federal Deposit Insurance Corporation）
FDICIA：連邦預金保険公社改善法（Federal Deposit Insurance Corporation Improvement Act of 1991）
FFB：連邦融資銀行（Federal Financing Bank）
FHA：連邦住宅局（Federal Housing Administration）
FHC：金融持株会社（financial holding company）
FHLB：連邦住宅貸付銀行（Federal Home Loan Bank）
FHLBB：連邦住宅貸付銀行理事会（Federal Home Loan Bank Board）
FHLBS：連邦住宅貸付銀行制度（Federal Home Loan Bank System）
FHLMC：連邦住宅貸付抵当公社（Federal Home Loan Mortgage Corporation）
FICO：金融公社（Financing Corporation）
FIRREA：金融機関改革回復執行法（Financial Institutions Reform, Recovery, and Enforcement Act of 1989）
FNMA：連邦抵当金庫（Federal National Mortgage Association）
FR：連邦官報（Federal Register）
FRB：連邦準備制度理事会（Board of Governors of the Federal Reserve System）
FRF：連邦貯蓄貸付保険公社整理基金（FSLIC Resolution Fund）
FRS：連邦準備制度（Federal Reserve System）

FSF：金融安定化フォーラム（Financial Stability Forum）
FSHC：金融サービス持株会社（financial services holding company）
FSLIC：連邦貯蓄貸付保険公社（Federal Savings and Loan Insurance Corporation）
GAAP：一般に公正妥当と認められた会計原則（generally accepted accounting principles）
GAO：米国会計検査院（General Accounting Office）
GICs：保証付投資契約（guaranteed investment contracts）
GLB：グラム=リーチ=ブライリー法（Gramm-Leach-Bliley Act）
GNMA：政府抵当金庫（Government National Mortgage Association）
HOLC：住宅所有者貸付公社（Home Owners' Loan Corporation）
IADI：国際預金保険協会（International Association of Deposit Insurers）
IBF：国際銀行ファシリティ（international banking facility）
IDT：被保険預金振替（insured deposit transfer）
NCUA：全国信用組合監督庁（National Credit Union Administration）
NCUSIF：全国信用組合出資金保険基金（National Credit Union Share Insurance Fund）
OCC：通貨監督庁（Office of the Comptroller of the Currency）
OTS：貯蓄金融機関監督庁（Office of Thrift Supervision）
P&A：資産負債承継（purchase & assumption）
PBGC：年金給付保証公社（Pension Benefit Guaranty Corporation）
RAP：規制的会計原則（regulatory accounting principles）
REFCORP：整理資金調達公社（Resolution Funding Corporation）
RFC：復興金融公社（Reconstruction Finance Corporation）
RTC：整理信託公社（Resolution Trust Corporation）
RTCRRIA：整理信託公社再融資再構成改善法（Resolution Trust Corporation Refinancing, Restructuring, and Improvement Act of 1991）
SAIF：貯蓄組合保険基金（Savings Association Insurance Fund）
S&L：貯蓄貸付組合（savings and loan association）
SDP：直接預金ペイオフ（straight deposit payoff）
TAGP：決済口座保証プログラム（Transaction Account Guarantee Program）
TLGP：臨時流動性保証プログラム（Temporary Liquidity Guarantee Program）

第1章
連邦預金保険制度の成立

第1節　3つの連邦預金保険制度

　通常，アメリカの連邦預金保険制度といえば，商業銀行（commercial bank），貯蓄銀行（savings bank）を被保険機関とする（＝付保する）連邦預金保険公社（Federal Deposit Insurance Corporation：FDIC）を中心とした制度を指している．この預金保険制度は，連邦預金保険制度の主たる法である連邦預金保険法（Federal Deposit Insurance Act）に基づいているからである．しかし，1980年代の終わりまでは，アメリカの連邦預金保険制度は，これとは別に2つの制度があり，それぞれ被保険機関の異なる3つの制度から構成されていた．すなわち，FDICのほかに貯蓄貸付組合（savings and loan association：S&L）を被保険機関とする連邦貯蓄貸付保険公社（Federal Savings and Loan Insurance Corporation：FSLIC）及び信用組合（credit union）を被保険機関とする全国信用組合出資金保険基金（National Credit Union Share Insurance Fund：NCUSIF）があった．1987年の時点の3つの連邦預金保険制度及びそこへの加入機関の状況は，第1-1表，第1-2表のとおりであった．
　もちろんこれらの制度は，同じ連邦預金保険制度であるから，共通点が多かった．重要な共通点を列記すれば，次のようになる．

　①これら3つの連邦預金保険機関は，他の規制監督当局とともに，被保険機関を規制監督する権限が与えられた．ただし，他の連邦政府機関から独立した機関であるFDICと，連邦住宅貸付銀行理事会（Federal Home Loan

第 1-1 表　連邦預金保険制度の概要（1987年末）

(単位：機関，10億ドル)

	加入機関数	総資産	免許授与当局	規制監督当局
FDIC 被保険				
国法銀行	4,620	1,775	OCC	OCC
加盟州法銀行	1,087	529	州	FRS/州
非加盟州法銀行	7,992	697	州	FDIC/州
連邦貯蓄銀行	22	45	FHLBB	FHLBB
州免許貯蓄銀行	463	217	州	FDIC/州
FSLIC 被保険				
連邦貯蓄金融機関	1,379	437	FHLBB	FHLBB
州免許貯蓄金融機関	1,768	814	州	FHLBB/州
NCUSIF 被保険				
連邦信用組合	9,401	N/A	NCUA	NCUA
州免許信用組合	4,934	N/A	州	NCUA/州

注：OCC は通貨監督庁（Office of the Comptroller of the Currency），FRS は連邦準備制度（Federal Reserve System），FHLBB は連邦住宅貸付銀行理事会（Federal Home Loan Bank Board），NCUA は全国信用組合監督庁（National Credit Union Administration）を示す．

資料：General Accounting Office (GAO), *Troubled Financial Institutions : Solutions to the Thrift Industry Problem,* February 1989, p.15 ; NCUSIF, *1992 Annual Report,* p.31.

第 1-2 表　連邦預金保険制度加入金融機関の概要（1987年末）

(単位：機関，10億ドル)

	FDIC	FSLIC	NCUSIF
被保険金融機関数	14,184	3,147	14,335
被保険金融機関総資産	3,263	1,252	174
被保険金融機関預金	2,540	933	159
被保険預金	1,659	855	157
国内預金(10万ドル超)	543	78	2
非被保険外国預金	338	—	—
総資産に対する被保険預金の割合（％）	51	68	90

資料：GAO, *ibid.,* p.13.

Bank Board : FHLBB）の 1 部局である FSLIC，全国信用組合監督庁（National Credit Union Administration : NCUA）の 1 部局である NCUSIF とでは権限の発動主体は異なる．

②事前に被保険機関の預金又は出資金に対して保険料率に基づいて算出された保険料を賦課し，集められた保険料を基金に準備金として積み立て，その準備金を破綻金融機関の預金者に支払ったり，破綻金融機関の受け皿機

関に資金援助したり，さらには破綻直前の金融機関へ資金援助をすることにより当該機関の破綻を防止したりする事前保険料賦課方式をとっていた．
③二重銀行制度を反映して，連邦免許金融機関（国法銀行，連邦免許貯蓄銀行，連邦免許貯蓄貸付組合，連邦免許信用組合）は，それぞれの系列の連邦預金保険制度に加わることを要求されるが，州免許金融機関は，これらの連邦預金保険機関への加入は義務付けられず，任意とされていた[1]．
④破綻金融機関の処理方法でも，共通点が認められ，特に，FDIC と FSLIC とでは酷似していた．

連邦預金保険機関の間にはこうした共通性があったが，それらの間の違いも少なくなかった．それらの創設は当然に異なっていたし，また①でも少し触れたように，その組織的性格にも違いがあった．最初に，アメリカの連邦預金保険制度の鳥瞰図を与えるために，これらの制度の創設はどうであったのかを見ておきたい．その中で，これら3種の連邦預金保険制度の組織的性格の違いも明らかになるであろう．

第2節　商業銀行・貯蓄銀行の連邦預金保険制度

上記3つの連邦預金保険制度のうち，最初に成立したのは連邦預金保険公社（FDIC）を保険機関とし，商業銀行及び貯蓄銀行を被保険機関とする制度である．連邦預金保険制度を概観するに際して，最初にこの FDIC を中心とした制度についてみておきたい．

1. 大恐慌期の銀行破綻

FDIC は，言うまでもなく，1929年の大恐慌後，1933年銀行法（Banking Act of 1933）によって設立された．

FDIC の設立に先立つ時期は，多くの銀行が預金の引出しに応じたり流動性を維持したりするために，貸し渋り，資産の売却に動いた時期であった．そのため，企業の資金調達の困難化や資産価格の低下が生じただけでなく，インタ

ーバンク市場でも資金調達が困難となり，多くの銀行が銀行取付けに遭遇し，閉鎖に追い込まれた．その状況について，年別にみてみよう．

まず，1930年の遅くには，多くの銀行が破綻した．1930年10月に始まる「第1次銀行恐慌」(First Banking Crisis)[2]である．1930年11月には236行，同年12月には328行が支払い停止 (bank suspension) に追い込まれた．さらに，翌年1月には，その数が減ったとはいえ197行が支払いを停止した[3]．この時期の劇的な破綻は，1930年12月11日のバンク・オブ・ユナイテッド・ステーツ (Bank of United States) の破綻であった．同行は2億ドル以上の預金を持つアメリカ第1の商業銀行として国内外でよく知られている存在であったから，同行の破綻は，銀行制度に対する信頼に打撃となった．それだけでなく，ニューヨーク連邦準備銀行 (Federal Reserve Bank of New York) を中心として，同行を救済しようとする努力が失敗したことから，同行の破綻は連邦準備制度 (Federal Reserve System : FRS) そのものに対しても重大な打撃となった[4]．

ただ，おもしろいことにこの時期の銀行破綻は，連邦準備銀行 (Federal Reserve Bank) 地区別にみてみると，セントルイス，シカゴ，リッチモンド，アトランタ，ミネアポリス各地区で多かった．合わせて658行，86.5％がこの地区に集中していた[5]．なかでもセントルイス地区での破綻は，285行に達し，全体の37.5％を占めたが，これはテネシーを本拠地として南部で銀行チェーンを展開しているコードウェル (Caldwell and Company of Nashville) の破綻 (1930年11月14日) によるところが大きいといわれる[6]．

1931年の初めには，流動性の圧力が和らぎ，支払い停止に陥る銀行は一旦減少したが，3月以降になると再び急増し，銀行破綻の「蔓延」(epidemic)[7]は翌年1月まで続いた（「第2次銀行恐慌」)[8]．1931年9，10月だけでも破綻銀行は827行，1931年を通してみると2293行に達した．そこで，当時の大統領フーバー (Herbert Hoover) は，1931年10月に，銀行業界に全国信用会社 (National Credit Corporation) の創設を働きかけ，これに弱体化した銀行に貸出しをさせ，苦境をしのごうとしたが，同社の貸付額が限られるなどの制約があり，この企てはうまくいかなかった．次に，フーバー政権が取った政策は，①銀行への貸出しを任務とする復興金融公社 (Reconstruction Finance Corporation: RFC)の設立（1932年1月）と，②加盟銀行に対して連邦準備銀行からの借入れを容易にする1932年1月27日のグラス＝スティーガル法（Glass-Steagall Act of February 27, 1932）の制定であった[9]．

特に，RFCは，1932年には，①営業中の銀行に7880件8億1000万ドルの貸付けを行うとともに，②閉鎖銀行の清算と預金者への支払いを促進するため閉鎖銀行に4200万ドルの貸付けを行った．RFCは，こうした活動を通じて営業中の銀行に対する預金者の信頼維持と閉鎖銀行の預金者に対する支払いの促進に役だったとはいえ，逆に預金保険の要求を減じることになったといわれる[10]．

しかし，フーバー政権によるこうした政策は，一時的に破綻機関の減少に役立ちはしたものの，銀行破綻を終息させるものではなかった．実際，1932年第4四半期には中西部や極西部で一連の銀行破綻が始まり，翌年1月には破綻は全国に拡大した．「1933年銀行恐慌」（Banking Panic of 1933）[11]の始まりである．銀行破綻の状況はRFCを巡る次のような政策によっていっそう悪化した．議会は，1932年7月に，RFCに対して8月以降の貸付先銀行の名前の公表を要求したのである．銀行はRFCからの借入れによる悪い評価，取付けを恐れ，RFCからの借入れを抑制した．そして，実際に，1932年第4四半期のRFCによる営業中の銀行に対する新規ローンは，それに先立つ3四半期のいずれの時期よりも低下した．さらに，1933年1月に，RFCは1933年より前に同公社が行ったすべての貸付けを公表した[12]．これは，事態をいっそう悪化させるものであった．

預金者は払い戻しのために銀行に殺到し，また銀行も他行預金の引き上げを急いだ．そのピークは，1933年3月初めにやってきた．その4日は，ルーズベルト（Franklin D. Roosevelt）新大統領の就任式にあたっていたが，この日までに，殺到する預金の引出しに応じかねて，各州は「銀行の休日」（banking holiday）を宣言せざるを得なかった[13]．そんななかで，同大統領の最初の仕事は，3月6日に9日まで全国の銀行を閉鎖するという「銀行の休日」の宣言であった．これは，連邦準備銀行にも適用されるだけでなく，いかなる銀行も預金の受け入れ，小切手の現金化，両替さえも行うことができない[14]という厳しいものであった．ただ，政権としてはそれを法的に裏付ける必要があった．

3月9日に下院，上院が短時間にあたふたと承認したのが，緊急銀行法（Emergency Banking Act）である．同法は，「銀行の休日」に法的裏付けを与え，また銀行再開の条件を規定しただけでなく，RFCの権限を拡大し，また連邦準備銀行に対して加盟銀行への連邦準備券の供与を拡大する権限を与える[15]という重要な内容を盛り込んでいた．

ルーズベルト大統領は，同法に基づき，3月9日に「銀行の休日」の延長を声明（proclamation）するとともに，翌日には大統領命令によって財務長官に対して加盟銀行に業務再開を許可する権限を与えた．そして，同大統領は，同月11日，12日には，それぞれプレス，ラジオを通じて，13日から15日の間に許可された銀行を再開することを表明した[16]．その後，13日には連邦準備銀行が再開され，その3日後には全体の4の3にあたる5000を超える加盟銀行が再開され，さらに非加盟銀行の4分の3が政府機関の資本援助を得て1か月内に再開されるに至っている[17]．しかし，およそ4000の銀行は再開されることはなかった[18]．

2. 連邦預金保険制度の立法化

FDICが設立されたのは，こうした大恐慌の結果であった．もちろん，FDICを中心とする連邦預金保険制度は，簡単にすぐできたのではなかった．それまでも議会を中心として連邦預金保険制度を創設しようという運動の高まりがしばしばみられたものの，1930年代初めまでは，「預金保険にたいする一般的関心はな」[19]かったし，1933年の銀行パニック後においても，預金保険制度の設立に対しては反対が強かったからである．それにもかかわらず，1933年にはFDICが創設され，連邦預金保険制度が成立するに至った．それはどのようにしてであったのだろうか．

もともと預金保険不要論は，1929年の大恐慌後にもかなり強いものがあった．1929年12月にフーバー大統領は，議会に銀行改革を検討する合同委員会の設置を呼びかけた．しかし，議会はその訴えに応じず，調査を始める決議をするにとどまった．1930年は選挙の年であった．選挙後ウインゴ（Otis Wingo）が下院の銀行通貨委員会委員長に就任したが，彼は急死する．彼の後

を継いで下院の銀行通貨委員会委員長に就任したスティーガル（Henry B. Steagall）は，その後精力的に預金保険制度の創設を推し進めていった．彼は，南北戦争後の預金保険の最初の擁護者のうちの1人であったブライアン（William Jennings Bryan）の信奉者で，すでに1925，1926，1928年にも預金保険法案を議会に提出していたのである[20]．

1929年4月から1931年3月までの第71議会には，預金保険制度に関する法案が下院に6つ提出されたが，これらは委員会で廃案になった．1931年12月から1932年7月の第72議会第1会期には，上院に5法案，下院に15法案が提出されたが，委員会を通過したのは1932年4月14日に提出されたスティーガルの第2法案のみであった．もっとも，この法案も1932年5月27日に下院を通過したものの，預金保険に敵対心をもつグラス（Carter Glass）が指導力を持つ上院銀行通貨委員会で廃案になった[21]．グラスは，商業銀行業と投資銀行業の分離に力をいれていたのである．グラスは，1932年終わりまでは預金保険に同意しなかったが，破綻銀行の清算を促進するため，清算公社（Liquidation Corporation）の条項を入れることには同意した[22]．

議会では，預金保険を含まない法案を認めないスティーガルと，逆にそれを含む法案を認めないグラスとが対立し，抜きさしならない状態に陥った．特に，1932年の選挙では，民主党は銀行改革を綱領に掲げたものの，それはグラスの考えに沿い，「支払い停止銀行の預金救済のために資産現金化のより迅速な手段，預金保護のためのより厳格な監督，商業銀行業と投資銀行業の分離，を要求する」[23]ものだった．しかも，大統領候補ルーズベルトも，預金保険には否定的であった．

ルーズベルト政権成立後も，預金保険制度の採用については，政権からも，銀行規制監督当局からも反対があった．銀行は必ずしも反対一色ではなかったが，しかし特に預金保険には好意的であった単一銀行州の小地方銀行が1921年から経済的に後退し，政治的に影響力を失っていたこと，第1次大戦後の農業不況が大銀行化，多業務化を強めたため，銀行はより預金保護を必要としなくなったこと，連邦預金保険制度の成立に先立っていくつかの州で設立されていた州レベルでの預金保険の惨状が預金保険の必要性を感じなくさせていたこと，から銀行業界でも預金保険の必要性を訴える主張は後退していた[24]．

1933年の銀行恐慌後も，預金保険制度に関してはそんな状態であったが，それではその後連邦預金保険制度はいかに成立したのであろうか．
　それをみるためには，既述のRFCについて，もう少し触れる必要がある．
　この間のRFCの活動はどうだったかというと，RFCは，営業中の銀行への貸付残高を継続的に減少させる一方[25]，弱小銀行の再開に向けての資本供給と債務超過銀行の清算のスピードアップのための貸付けに力を入れた．特に，RFC法は，閉鎖銀行の清算や再編のために公社には貸付権限を，また破産管財人には公社からの借入権限を，2億ドルを限度として与えていた．こうした公社の貸付残高は，1933年の第1四半期末の4800万ドルから同年第2四半期末の1億ドルへ増加していたが，同年6月には上の上限が撤廃されたため，一層増大し，1933年末には2億9200万ドルになっていたのである．この種の貸付けは，閉鎖機関の預金者への支払いという意味をもっていたから[26]，その後の預金保険制度の展開にとっては重要であった．
　さればこそ，この時期にはRFCの貸付けをもっと自由にできるように要求する法案がいくつも議会に提出された．この点で積極的に動いたのはマクロード下院議員（Clarence J. McLeod）だったといわれる．彼は，1933年4月13日に，RFCが銀行資産簿価の70%を貸し付けるように提案した．また，彼はその次の会期には，閉鎖国法銀行の全資産を預金者に全額を支払いうる価格で買うとともに，資産を10年にわたって清算することを要求する法案を提出した．この法案に対しては，賛否の意見が対立し，スティーガル議員はこの法案に含まれたペイオフ（payoff）に賛成であったが，ルーズベルト大統領は反対であった[27]．
　議会での動きとして，同法案を投票に付すように求める請願に署名する議員も多かった．しかし，財務省の試算では，1930年1月1日から破綻した銀行の預金2500ドル以下にペイオフすれば，財務省に10億ドルのコストがかかるということもあって，同法案は成立しなかった．この時期には，まだ議会は，預金者の救済には消極的だったのである．預金保険制度に批判的だったのは，議会だけではなかった．銀行家も，州の預金保険制度の崩壊はモラルハザード・コスト（moral-hazard cost）の一例だとし，また預金保険はうまく経営されている銀行（特に大銀行）から経営状態の悪い銀行（特に小規模州法銀行）

への資金移転だとして,連邦預金保険に対する反対のキャンペーンをはった[28]。

このように,1933年の銀行恐慌後でさえも,預金保険に対しては,ルーズベルト大統領をはじめ,財務長官,グラス上院議員,さらにアメリカ銀行協会(American Bankers Association: ABA)すらも反対であった。公式には態度をはっきりさせなかったが,連邦準備もそれには反対であった。賛成したのは,副大統領ガーナー(John Nance Garner),RFCのジョーンズ(Jesse Jones),スティーガル議員などにとどまった[29]。

ところが,一般大衆は異なっていた。何十年にもわたって,預金保険法案は議会に繰り返し提出されたものの,それはまだ一般大衆の注意をひかなかった。だが,大恐慌及びその後の議論は,大衆の銀行に対する考え方を変えさせた。1929年の株式市場の崩落とその後の大不況は大銀行の無謀と貪欲に責めが帰せられるのではないか,預金者さらに株主は銀行家たちの貪欲の犠牲になったのではないか,さらに銀行に預けられている資金は損失のリスクに晒されてはならないのではないか,といった考えが一般大衆に浸透していった[30]。

そうした状況の中で,預金保険制度を推進するスティーガルの戦略は,大規模銀行業の害悪と預金者に銀行家の誤りを支払わせる不公正を強調する一方,他方では,健全な銀行業が不振銀行業を補助することになると主張して預金保険制度に批判的な勢力に対しては,預金保険は付保される預金には上限があって,少額預金のみを保護すると強調するところにあった。また,彼は,その他にも,彼の制度は,州の制度と比べて地理的に広いため預金保険制度を多様化・強化するものであること,連邦準備加盟銀行でない州法銀行も預金保険制度に加わることができること,を主張した[31]。

グラスは,1933年3月11日に,以前の彼の銀行改革法に類似した法案を議会に提出した。それはまたも預金保険のないものであった。大統領はホワイトハウスに,財務省,連邦準備それにグラスを招いて会議を持った。この会議は次の6週間にわたって何度か開催された。スティーガルもまた招かれることもあったようである。そこでの最大の議題は,預金保険であった。これについては,大統領もグラスも法案に盛り込むことに反対であった。しかし,議会や大衆の間では,預金保険に対する支持が高まっていた。ことに,この時期に,大

衆の預金保険支持が高まったのは，ちょうどこのころにペコラ調査（Pecora investigation）が再開されて，大銀行に対する大衆の反感が高まったため，とされる．このような議会，大衆の動きに対して，グラスはホワイトハウスに対して，たとえ政権案に預金保険が盛り込まれないにしても，議会がそれを盛り込むことになるだろう，と言ったという[32]．

　1933年5月に，グラスとスティーガルは，それぞれ法案を提出した．これらの法案は，連邦準備制度の改革，商業銀行業と投資銀行業の分離，国法銀行に対する州法銀行と対等の支店開設の権利，それにFDIC創設計画を含んでいた．預金保険についていえば，これらの法案は①1万ドルまでは100%，1万ドルから5万ドルまでは75%，5万ドルを超える預金には50%をカバーするという預金額別のカバー率，②預金保険公社の1年後（1934年7月1日）の業務開始，という政権案を盛り込んでいた[33]．ただ，これら2法案には違いもあって，そのうちの一番大きな違いは，創設される預金保険公社の加入権の問題であった．グラス案では，FDICに加入するためには銀行は連邦準備に加わることを要求されていたが，スティーガル案では，連邦準備への加盟はFDICに加入するための必須条件ではなかった[34]．前者のグラス案は，州法銀行業を終わらせることになると危惧するスティーガルらによってはばまれた．また，グラス案の支店条項には反対が強かった．スティーガルらにとっては，預金保険こそが小銀行の存続と二重銀行制度存続の最大の力となるものだった[35]．

　グラスは，商業銀行業と投資銀行業との分離を法案に盛り込むために妥協し，より多くの連邦準備権限と交換に非加盟銀行の預金保険加入に同意した．グラスの法案は，その後バンダンバーグ（Arthur Vandenberg）上院議員によって修正された．彼の修正案は次のようなものであった．まず第1に，臨時的な預金保険基金を設立し，したがってより迅速に預金保険を提供するというものであった．具体的に言えば，1934年7月1日に恒久的な公社が営業を開始するまで，各預金者につき2500ドルまで100%カバーする臨時的な基金を1934年1月1日に活動開始させる，というものであった．第2に，臨時基金が資金不足に陥った時には，財務省がその埋め合わせをする，というものであった．さらに第3に，支払い能力のある州法銀行もこの基金に加わることができる，と

いうものであった．この修正案は，圧倒的多数で上院を通過した[36]．

　この修正案と既に可決済みの下院案との相違を調整するため両院協議会が開かれたが，容易には妥協するにはいたらなかった．下院選出の協議会委員が最も反対したのは，上院案に盛られたバンデンバーグ修正案，ことに臨時保険公社をすぐにも設立するという条項であった[37]．6月12日に，上院選出の協議会委員が銀行改革法からすべての預金保険条項を取り除くと脅しをかけると，下院選出の協議会委員は，銀行改革法全体を犠牲にしてしまうことを恐れ——国法銀行の支店設置制限の緩和という追加的条項も含め——，上院案を渋々受け入れた．両院協議会案は，翌日両院を通過した．同案に対しては，アメリカ銀行協会は反対で，大統領の拒否権発動を要請する電報を打つようそのメンバーに指示したという．しかし，ルーズベルトは，同法案に署名し，1933年銀行法が成立した．1933年6月16日のことであった[38]．

3. 連邦預金保険制度の成立

　今までの本書の記述からも推測されるように，連邦預金保険制度に関する立法は，後にみられるような単独の連邦預金保険立法ではなかった．連邦預金保険制度に関する条項は，1933年銀行法では第8条に盛り込まれ，また，同条は第12B条として連邦準備法（Federal Reserve Act）に追加される形をとった．

　それでは，同銀行法第8条では，連邦預金保険制度は如何に規定されたのであろうか．同条はすべてが1933年6月16日に設立されたFDICに関する規定である．特に重要と思われる規定は，次のとおりである．

① FDICの任務は，閉鎖された国法銀行・州免許加盟銀行の資産の買入れ・保有・清算と，資格ある銀行の預金の付保とされ，極めて限定されたものであった．
② 同公社の理事会は3人よりなり，そのうちの1人は通貨監督官（Comptroller of the Currency）で，残りの2人は上院の助言と同意により大統領によって任命された合衆国市民で，そのうちの1人が理事会議長を務めるとされた．

③同公社の資本は，財務省出資の1億5000万ドルと，12の連邦準備銀行それぞれの1933年1月1日現在の剰余金の半額，それに連邦準備制度加盟・非加盟銀行それぞれの総預金の2分の1％の出資によるとされた[39]．
④同公社のA種株所有者（class A stockholder）にならなければ，いかなる国法銀行（national bank），州法銀行（state bank），信託会社（trust company），相互貯蓄銀行（mutual savings bank）もFDICに加入することができず，また連邦準備制度に加盟することはできない，とされた．
⑤同公社は，連邦レベルでは被保険機関のうち連邦準備制度非加盟州法銀行の検査権限をあたえられた[40]．
⑥全加盟銀行については1934年7月1日以降の預金を，非加盟銀行については同日以降1936年6月30日までの預金を付保するとされた．
⑦付保限度については，1万ドル以下は100％，1万ドル超～5万ドル以下は75％，5万ドル超は50％とされた．
⑧銀行が閉鎖された場合には，公社は，閉鎖銀行の被保険預金債務を引き受ける新しい預金保険国法銀行（Deposit Insurance National Bank：DINB）を設立し，同行に被保険預金への支払い業務に従事させるとした．
⑨公社は，1934年1月1日から同年6月30日までは，臨時連邦預金保険基金（Temporary Federal Deposit Insurance Fund）を運営し，同基金には国法銀行だけでなく州法銀行，信託会社，相互貯蓄銀行のうちの連邦準備制度加盟銀行や州当局，公社から承認を得た非加盟銀行を加入させるとした．
⑩基金加入機関は，付保預金の2分の1％を公社に支払うとされた．
⑪1934年6月30日までに閉鎖された基金加入機関の被保険機関預金債務には，公社は，2500ドルを超えて支払うことはできないとされた．

1933年銀行法に盛られた連邦預金保険に関するこれらの規定のうちのいくつかは，その後の連邦預金保険制度に引き継がれていくこととなった．と同時に，これらの規定のいくつかは，その後のFDICの70年余にわたる変遷のなかで改正されていくことは言うまでもない．その点で重視しなければならないのは，制度面及び機能面での変化である．機能面での変化については，後に若干触れるので，ここではこの時期の制度面の変化についてもう少しみておこう．

同法は，預金保険制度について 2 つのプランを規定した．1 つは 1934 年 1 月 1 日から同年 6 月 30 日までの臨時連邦預金保険基金であり，もう 1 つは 1934 年 7 月 1 日以降に効力を持つ恒久的な保険プラン（permanent insurance plan）[41]である．前者に関しては，上述の 1933 年銀行法第 8 条の様々な規定のうち⑨から⑪が関係する規定であり，後者のプランについては，④，⑥，⑦が関係する規定となっている．この点で面白いのは，恒久保険プランの場合の保険料の払い込みである．同プランでは，FDIC 加入機関は，各加入機関の総預金債務（total deposit liabilities）の 1% の 2 分の 1 に等しい FDIC の A 種株所有者になることによって FDIC に加入することとされた．そして，被保険銀行が破綻し，預金保険損失が被保険機関の総預金債務の 1% の 4 分の 1 を超えた時には，FDIC は総預金債務の 1% の 4 分の 1 の保険料を被保険機関に賦課できるとされた．もっとも，この A 株所有によって FDIC に付保されるという規定は，後の 1935 年銀行法（Banking Act of 1935）で廃止され，それに被保険預金を賦課ベースとする規定が取って代わられるということは，後にみるとおりである．

　1933 年銀行法によって 1934 年 1 月 1 日に設立された臨時連邦預金保険基金は，1 万 3201 の被保険機関で出発した（第 1-3 表）．

　そのうち，1 万 2987 は商業銀行，214 は相互貯蓄銀行であった．これらの加入銀行は，商業銀行では全商業銀行の 90%，相互貯蓄銀行では全相互貯蓄銀行の 36% に相当したという[42]．1933 年銀行法では臨時連邦預金保険基金は，同年 6 月 30 日までとされていたが，実際には，同基金は延長され，7 月 1 日

第 1-3 表 臨時連邦預金保険基金及び恒久保険基金の発足時の加入機関

	臨時連邦預金保険基金発足時の加入機関（1934 年 1 月 1 日）	恒久保険基金発足時の加入機関（1935 年 8 月 23 日）	純増減
全加入銀行	13,201	14,219	+1,018
連邦準備制度加盟			
国法	5,153	5,419	+266
州法	856	990	+134
連邦準備制度非加盟			
商業銀行	6,978	7,754	+776
相互貯蓄銀行	214	56	-158

資料：FDIC, *1935 Annual Report,* p.61.

以降の恒久保険プランは実施されなかった．というのは，次のようだったからである．

1933年銀行法は，上述のとおり，1934年6月30日の臨時連邦預金保険基金の終了とそれ以後の恒久保険プランの開始を規定した．しかし，①各州は州法銀行の連邦預金保険への加入のための立法にもっと多くの時間を必要としていること，②FDICは恒久プランを開始するに先立って，保険の管理・運営に関するより多くの経験を積む必要があること，また③臨時連邦預金保険基金に付保されている銀行は恒久プランに必要とされる資本回復を期間内に達成できないこと，からFDICは臨時連邦預金保険基金の1年延長を勧告した[43]．その結果，連邦準備法第12B条は1934年6月16日に改正され，同改正法によって臨時連邦預金保険基金の終了期限は1935年6月30日まで1年延長された．さらに，1935年6月28日には，同法の再度の改正によって，臨時連邦預金保険基金あるいは相互基金（Fund for Mutuals）[44]の加入機関の付保が同年8月31日まで追加的に2か月延長された．そして，1935年銀行法で，新たな恒久保険プランが実施されたため，1933年銀行法による恒久保険プランは実施されなかったのである．

それでは，1935年8月23日に施行された1935年銀行法による恒久保険プランはどのようなものであったのだろうか．1935年銀行法は，その第101条で，連邦準備法第12B条を改正するという形で，連邦預金保険制度を大幅に変えた．その要点は，次のとおりである．

①非加盟銀行で，臨時連邦預金保険基金あるいは相互基金加入の銀行は，申請または承認なしに引き続いて被保険機関であることができるとされた[45]．
②被保険銀行によるFDIC株式への応募の義務は廃止された．
③それまでの臨時連邦預金保険基金と相互基金は統合され，恒久保険基金（Permanent Insurance Fund）が設立されるとされた．
④年間保険料率は，保険料ベースの1％の12分の1とされた．
⑤被保険預金の預金者当たりの付保限度額は，5000ドルとされた[46]．
⑥被保険銀行が閉鎖された場合，別の被保険銀行への当該銀行の被保険預金

⑦他の被保険銀行との合併・統合がFDICに対するリスク・損失を減らす場合には，FDICは当該機関の合併・統合を促進するために，営業中または閉鎖被保険機関への貸付け，これら機関からの資産買取りの権利を有するとされた．（ただし，この規定は1936年6月30日までの一時的な規定である．）
⑧1941年及びそれ以降に100万ドル以上の預金を持つ州法銀行は，連邦準備制度のメンバーにならなければ付保されない，と規定された[47]．

このように，1933年銀行法で設立された臨時連邦預金保険基金あるいは相互基金は，臨時的なものであったのに対して，1935年銀行法によって設立された恒久保険基金は文字通り恒久的なものであった．しかも，この恒久保険基金は，1933年銀行法の恒久保険プランを全面的に変更し，その後，本書で述べるような1989年の大幅な制度改革に至るまでの保険基金となるものでもあった．その意味で，1935年銀行法の下で，連邦預金保険制度が確立したといってよい．

1935年銀行法の下での連邦預金保険制度の概要は次のとおりであった．

①連邦預金保険機関としてのFDICは，他の政府部門からは独立した機関で，3人より構成される理事会によって経営される．
②FDICは，コロンビア特別区の銀行を除く非加盟被保険州法銀行の検査権限を持つほか，通貨監督官の書面による同意を得て国法銀行及びコロンビア特別区の銀行を，また連邦準備制度理事会（Board of Governors of the Federal Reserve System: FRB）による同様の同意を得て州法加盟銀行の検査権限を与えられる．
③非加盟の被保険銀行は，新支店の開設，資本減少に先立って，FDICの承認を得なければならない．
④全被保険銀行は，非被保険銀行との合併・統合に先立って，FDICの承認を得なければならない．

⑤ FDIC が被保険銀行の継続的な不健全な慣行を見出した時には，その慣行は適切な監督当局に報告される必要がある．
⑥ FDIC は当該機関の合併・統合を促進するために，営業中または閉鎖被保険機関への貸付け，これら機関からの資産買取りの権利を有する．
⑦ FDIC はノートその他債務の発行権限を有する．
⑧ FDIC は，商業銀行及び相互貯蓄銀行を付保する．
⑨ 被保険機関は保険料ベースの一定割合を保険料として FDIC に納付する．
⑩ FDIC は，納付された保険料に基づき預金保険基金を運営する．
⑪ 免許授与機関によって破綻が宣告された場合，国法銀行の場合には，FDIC が破産管財人に任命される．また，州法銀行の場合には，州によっては，FDIC が州・州銀行当局によって破産管財人に任命されることがある．
⑫ FDIC は，閉鎖銀行の機能を果たす新たな国法銀行を閉鎖銀行と同一のコミュニティに設立し，そこへ閉鎖銀行の被保険預金を移転し，破綻銀行の処理にあたる．また，FDIC は，新銀行を設立することなく，他の被保険銀行を通じてあるいは直接に被保険預金所有者に払い戻しも可能である．

　新たな恒久保険基金の発足の時点で，従来の2基金に付保されていた1万4219機関（そのうち1万4163が臨時連邦預金制度に付保されていた商業銀行，56が相互基金に付保されていた相互貯蓄銀行であった）が，新基金に移行した（第1-3表）[48]．これらの銀行は，1935年12月31日までの保険料として，1935年10月の毎日平均の預金残高を保険料ベースとし，それに年間保険料率（1%の12分の1）の3分の1を乗じた保険料の支払いを要求された[49]．こうして，現在にまで続く恒久的な連邦預金保険制度が始まったのである．
　もちろん，現在にまで続くといっても，その時から現在に至るまでの連邦預金保険制度は，全く変わらなかったというわけではない．新法の制定や連邦預金保険法[50]の改正によって，しばしば変えられている．しかし，その多くは，付保範囲や保険料率といった細部にわたる事柄に過ぎなかった．そうした連邦預金保険制度の変化の中で，制度面での大きな変化といえば，連邦預金保険制度に FSLIC，NCUIF の創設が加わったことや，1980年代末から1990年代初

めに連邦預金保険制度が大きく改革されたこと，が挙げられる．本書が以下で取り上げるのは，まさにそのことにほかならない．

第3節　連邦貯蓄貸付保険公社の成立

　貯蓄貸付組合の保険機関たる連邦貯蓄貸付保険公社（FSLIC）が設立されたのは，上述のFDICと同様大恐慌の結果であった．もちろん，FSLICの設立の経過及びその態様はFDICとは異なっている．

　1930年代の大不況は，S&Lにも大打撃を与えた．その原因としては，次の4つを挙げることができる．まず第1に，モーゲージ金融の借り手である住宅所有者が返済不能に陥り，S&Lの損失が巨額に達したことである．当時，失業等の理由で多数の借り手がモーゲージ借入返済不能の状態に陥った．そのため，S&Lその他のモーゲージの貸し手は抵当権を行使し，住宅を差し押さえて当該住宅を市場で売却したが，S&L等はおりからの住宅価格の低落のためモーゲージ貸付けの一部を回収できたに過ぎなかった．第2に，S&Lからの貯蓄預金の引出しが巨額に達したことである．S&Lは，要求払預金を受け入れているわけではなかったが，預金者は消費維持のために貯蓄預金を引き出さざるを得なかったのである．S&Lの資産は，ほとんどすべて流動性の乏しいモーゲージであったから，これは，商業銀行と同様，S&Lも流動性危機に陥ったということを示すものであった．第3に，S&Lでは，多くの州法が準備金の蓄積を妨げる傾向があったので，損失引当金の積み立ては極めて少なかったことである[51]．最後に，商業銀行に預けてあるS&L預金から生じる損失も大きかった[52]．

　多数のS&Lが破綻した1930年から1933年にかけて，合わせて526のS&Lが破綻した．その損失額は，1億1100万ドルに達した．そのため，同年の間に，S&Lの数は1万1777から1万727に，その総資産は88億2900万ドルから69億7800万ドルへ減少した[53]．当時，S&Lは，保険会社，商業銀行，相互貯蓄銀行といった機関よりもはるかに多い住宅モーゲージの3分の1を所有していた[54]から，住宅モーゲージ市場，言い換えれば住宅金融市場を支えるためには，S&Lを支える必要があった．

そのため，連邦政府はS&L業の規制監督に着手した．これによって，従来州レベルで行われてきたS&Lの規制監督が，連邦レベルでも行われるようになった．これは，歴史上初めてのことだったという．その場合，いくつかの段階を踏んだ．

まず1932年7月22日に，議会は連邦住宅貸付銀行法（Federal Home Loan Bank Act）を通過させた．同法の目的は，5人より構成される連邦住宅貸付銀行理事会（FHLBB）の監督下にある12の連邦住宅貸付銀行（Fedral Home Loan Bank：FHLB）を全国に創設し，住宅金融機関に貸し付けることにあった．同法では，S&L，貯蓄銀行，保険会社は，FHLBBによって資格認定されると，連邦住宅貸付銀行のメンバーになり，一度貯蓄預金の引出しによって資金不足に陥ったり，より多くの貸付けのための資金不足状態になった時には，連邦住宅貸付銀行から迅速かつ低利で資金の借入れが可能であった．同法により，1933年までに，2000以上のS&Lが連邦住宅貸付銀行のメンバーとなり，これらのS&Lは同行から9400万ドルを借り入れた[55]．

しかし，当時の状況では，モーゲージ市場，すなわち住宅金融市場が抱えた問題を解決するには上の方策だけでは不十分であった．S&Lが調達した資金は十分ではなかっただけでなく，何よりも同法は，モーゲージの貸し手だけに眼を向けていたからである．S&Lが連邦住宅貸付銀行から調達した資金は，現存モーゲージのリファイナンス，つまりモーゲージの返済に窮するようになった住宅所有者に，より長期のモーゲージに乗り換えさせ，月々の支払額を少額化させてあげる，ということにはほとんど向けられなかった．まさに，「住宅所有者に対する利益は二次的で，S&Lの裁量にまかされたままであった」[56]．この問題は，1932年の大統領選の争点の1つともなるほどの重みを持っていた．

1933年に成立した1933年住宅所有者貸付法（Home Owners' Loan Act of 1933）の主要な目的は，住宅所有者貸付公社（Home Owners' Loan Corporation：HOLC）を創設し，大恐慌で返済困難に陥った住宅所有者を救済することにあった．すなわち，同公社に銀行，S&L，その他のモーゲージ貸付業者から返済不能の住宅モーゲージを買い取らせ，より長期，より低利のモーゲージに再融資させることによって，住宅所有者の月々の支払いを少額たらしめよ

うとしたのである．同法の成立には，大統領，FHLBB，S&L 業界，それに住宅所有者からの支持があったという．HOLC は，1936 年 6 月までのモーゲージの買入れ，リファイナンス業務期間に 100 万の支払い不能モーゲージ（負債額 30 億ドル）の買入れ，リファイナンスを行い，政府負担なしに 80 万の住宅所有者の救済に成功したという[57]．

住宅所有者貸付法はまた新たに連邦貯蓄貸付組合（federal savings and loan association）制度を創設した．これらの組合は，FHLBB によって設立免許が与えられ，規制監督を受けるとともに，12 の連邦住宅貸付銀行のうちのいずれかの加入メンバーとならなければならないともされた．

1934 年 6 月 27 日には，議会は全国住宅法（National Housing Act）を通過させた．その主要目的は，連邦住宅モーゲージ保険制度を作り上げることであった．

ただ，これを立法化するにあたっては，2，3 問題があった．1 つは，この保険をどこが担うかという問題であった．この住宅モーゲージの保険機能は，本来であれば，FHLBB に属するのが自然であった．しかし，このプログラムは，S&L の強い影響下にある FHLBB では公正に運営されないだろうとの大統領周辺の懸念から，最終的には新設の連邦住宅局（Federal Housing Administration：FHA）に委ねられることとなった[58]．第 2 に，政府によるモーゲージ保険に対しては，S&L 業界から強い反対があったということである．彼らは，政府による保険は S&L だけでなく銀行や保険会社によってオリジネートされたモーゲージにも及ぶことから，そうした保険制度が創設されれば，モーゲージ市場における彼らのシェアが銀行や保険業によって侵食されてしまうと考えたのである．このような政府によるモーゲージ保険制度創設に対する S&L の反対をなだめるために全国住宅法に追加されたのが，「第 4 章 貯蓄貸付勘定の保険」であった[59]．

言うまでもなく，これは S&L の連邦預金保険制度に関する諸規定を盛り込んでいた．それを具体的に言えば次のようになる．

① FHLBB の 5 人のメンバーで構成される受託者理事会（board of trustee）の監督の下で，適格金融機関の勘定を付保する連邦貯蓄貸付保険公社

(FSLIC) を創設する（第402条(a)）．

②同公社の株式資本は，1億ドルで，住宅所有者貸付公社の債券で払い込まれる．住宅所有者貸付公社は，FSLICの純利益から額面金利に相当する累積株式配当を受け取る（第402条(b)）．

③FSLICは，全連邦S&Lを付保するほか，S&L，建築貸付組合（building and loan association），ホームステッド組合（homestead association），協同銀行（cooperative bank）を付保する義務がある（第403条(a)）．

④同公社は，加入申請審査にあたっては，申請機関の資本が棄損されていないこと，当該機関の財務政策・経営が不健全でないこと，またこれら機関の経営の性格，住宅金融政策が経費節約的住宅金融あるいは全国住宅法の目的と背馳しないこと，を考慮しなければならない（第403条(c)）．

⑤加入申請が認められた機関は，被保険機関の全勘定額プラス債権者債務（creditor obligation）の1%の4分の1の保険料を，加入時及び同公社の準備金が全被保険機関の被保険勘定及び債権者債務の総額の5%になるまで毎年，同公社に払わなければならない．また，準備金が5%以下になった時には，年々の保険料の支払いが，5%準備金の達成まで，再開される（第404条(a)）．

⑥被保険機関メンバー及び投資家の出資金，投資証書，預金は，5000ドルまで付保される（第405条(a)）．

⑦被保険機関が破綻した際には，公社は，被保険勘定金額を特定後，被保険メンバーに対して，(1)被保険勘定金額と同額の健全な被保険機関の新勘定，あるいは(2) 10%以下の現金支払い，残り50%は1年以内の，さらに残りは3年以内償還の同公社譲渡可能無利子債券（negotiable noninterest-bearing debentures）での支払い，どちらかの方法で保険金を支払う（第405条(b)）．

⑧連邦貯蓄貸付組合の破綻では，同公社が財産管理人（conservator）あるいは破産管財人（receiver）に任命される．同公社は，(1)当該組合の資産の引受けと経営，(2)当該組合を健全で支払い可能状態にするために必要な措置，(3)他の被保険機関との合併，(4)資産引受けのための連邦貯蓄貸付組合の組織化，(5)当該組合の清算，(6)第405条で規定された保険金，当

該組合の債務，の支払い権限が与えられる（第 406 条(b)）．
⑨破綻機関が連邦貯蓄貸付組合でない場合にも，同公社は，財産管理人，破産管財人その他法的管理人として行動する権限が与えられる．その場合には，同公社は，連邦貯蓄貸付組合の場合と同様の権限・義務が与えられる．同公社が，財産管理人，破産管財人その他法的管理人として任命されない場合には，第 405 条に従って保険金を支払うほか，当該機関の資産に対する入札，当該機関の合併や資産移転の交渉，全関与者の最良の利益に合致するその他の処理，の権限が与えられる（第 406 条(c)）．
⑩同公社は，全国住宅法第 4 章あるいは規則の違反，同意事項の違反に基づき，文書による通知 90 日後には，いつでも被保険機関の付保を終了する権限を有する．但し，メンバーの付保は，機関の付保終了後 5 年間継続する．また，被保険機関は 5 年間保険料の支払いを要求される（第 407 条(b)）．

全国住宅法第 4 章に基づいて，FHLBB は，FSLIC の設立に取り掛かった．そして，同理事会は，1934 年 7 月 16 日に，FSLIC の受託者（trustees）として会合を持ち，細則（bylaws）を採択し，同公社の組織化にこぎつけている．その後，同理事会は，規則（rules and regulations）作りを進め，同年 9 月 6 日に規則を採択した後，同公社への加入審査手続きを進めた[60]．

全国住宅法による FSLIC 設立の意義は，明白であった．S&L がたとえ破綻しても，FSLIC が 5000 ドルまで付保してくれるようになったから，少額貯蓄所有者はその範囲内で貯蓄を失うことがなくなったのである．これは，貯蓄者が貯蓄引出し要求に殺到するというわば貯蓄勘定取付け（savings account run）の防止に役立つことになった．それだけでなく，それは同時に，すでに FDIC によって付保されている銀行と対抗して，S&L が資金を吸収しうるようになったことを意味した．

だが，FSLIC の設立直後には，同公社に加入する S&L は多くはなかった．というのは，S&L の経営者たちは，FDIC の設立によって銀行破綻が急減したことを目の当たりにして，預金保険制度自身に対しては反対するものではなかったが，次のような点で積極的に預金保険制度に加わる動機を持たなかった

からである．第 1 に，FSLIC の保険料が高く，銀行に課せられていたそれの 2 倍になっていたことである．このことは，各 S&L の配当原資を削減するのみならず，S&L が銀行ほど安全ではないという印象を公衆に与えるのではないか，と彼らは見做したのである．第 2 に，彼らは，預金保険制度が S&L に対して一定の資産構成を要求することにも不満であった．最後に，彼らは，FSLIC が広範な規制権限を持ち，しかもその規制も経験の浅い人達によって政治的になされるということに不信感を持っていた[61]．こうした理由から，1934 年末までに，加入申請を行った組合は 580（総資産 2 億 4717 万ドル），そのうち同年末までに加入が認められたのは 451 組合（総資産 1 億 1299 万ドル）にすぎなかった[62]．同年末に FSLIC に加入していた組合は，当時の全組合数 1 万 744 組合の 4.2％，その組合の資産はやはり当時の全組合の総資産 64 億 600 万ドルの 1.8％にすぎなかったのである．

こうした S&L の保険制度に対する抵抗を緩めるために，議会は 1935 年銀行法で，預金保険料を FDIC なみの 1％の 8 分の 1 に引き下げる一方，それまでは破綻 S&L をただ閉鎖するのみであった FSLIC の権限に，新たな権限——危機状態にある S&L の破綻を避け，当該機関を通常状態に回復させるために当該機関に対する貸付け・資金援助や，当該機関からの資産の買入れ——を与えた．こうしたことから，S&L による預金保険制度への加入拒否の姿勢も弱まって，1930 年代後半から，特に大きな S&L をはじめとした S&L の保険制度加入が増加した．そのため，1940 年には，FSLIC 被保険組合の総資産は全 S&L の総資産の半分を上回り，また 1950 年には 80％を上回るようになった．もっとも，被保険組合数で言うと，被保険組合が全組合の半数を超えたのは，ようやく 1951 年になってからで，さらに 8 割を超えたのは 1973 年になってからに過ぎない[63]．

この点では，商業銀行の預金保険制度の普及が急速だったのとは，対照的であったといえる．

第 4 節　全国信用組合出資金保険基金

連邦預金保険制度として最後に成立したのは，全国信用組合出資金保険基金

(NCUSIF) である．この制度の成立は遅く 1970 年になってからであった．すなわち，NCUSIF は，連邦信用組合法（Federal Credit Union Act）に新たに追加された「第 2 章　出資金保険」(share insurance) によって創設された（1970 年 10 月 19 日成立）．他の連邦預金保険制度と比べて，NCUSIF の創設が遅かったのは，それ以前には，連邦・州免許信用組合の多くは，預金保険に伴う規制を恐れて，いかなる連邦預金保険制度にも反対してきたからである．そのため，1970 年までは信用組合の出資金勘定保険は存在しなかったのである[64]．

　他方，NCUSIF は，FDIC や FSLIC とは異なり，経済危機の産物ではなかった．そのことは，次の 2 つのことからも明らかであろう．第 1 に，上で述べたように，大不況期には多くの商業銀行や S&L が破綻したが，信用組合は，この時期には，むしろその地位を高めていたし，組合員も増加させていた．営業中の信用組合は，1929 年には 868 に過ぎなかったが，1932 年には 1472，1933 年には 1772 と増加した．また，組合員数も，1929 年の 26 万 5000 人から 1932 年の 30 万 1000 人，1933 年の 36 万人へと増えた．また第 2 に，NCUSIF の成立に先立つ 1950 年代，1960 年代はどうだったかというと，この時期は信用組合にとって，光輝ある時代であった[65]．1950 年には，信用組合数は 1 万 571 だったが，1970 年には 2 万 3656 へ増加し，それらの総資産も，同期間に，10 億 600 万ドルから 179 億 5000 万ドルへ急増した．また，組合員数，組合員貯蓄額も，同期間に，それぞれ 461 万人，8 億 8400 万ドルから 2281 万 9000 人，155 億 2300 万ドルへやはり急増した[66]．

　このように，信用組合の連邦預金保険制度の創設に際しては，同業界が保険制度の創設に消極的な姿勢をとる一方，他の銀行や S&L 業界にみられたように，連邦預金保険制度の創設の背景に経済的危機があったわけではないにもかかわらず，1970 年に NCUSIF が創設されたのはなぜであろうか．

　それはひとえに，信用組合がその時期まで連邦預金保険制度あるいは連邦貯蓄保険制度を持たない唯一の連邦免許金融機関だった，ということにある．その点でいうと，NCUSIF の根拠法となった 1970 年の連邦信用組合法修正の議会での審議の過程で，下院銀行通貨委員会（House Committee on Banking and Currency）が出した報告書には注意しなければならない．同委員会は，この報

告書で，信用組合は連邦預金保険制度を持たない唯一の連邦免許金融機関であることを指摘した後，次のように述べている．「保険の欠如にもかかわらず，信用組合はいまや総ての他の金融機関をひとまとめにした以上にまで成長した．この著しい，急速な成長にもかかわらず，信用組合は加入者の出資金を保護することに関して目覚しい記録を維持してきた．当委員会は，この立法が他の連邦免許の金融機関に与えられたと同じ保険を信用組合に与えるためにのみ構想され，信用組合によって達成された目覚しい業績に対する褒賞とみなされるべきであることを明確にしたいと願っている．この立法化は，信用組合が財務危機の時期に遭遇していることを示すべく意図しているのでは決してない．逆に，当委員会は，信用組合が多分歴史上最も強力な財務状態にあると感じている」[67]．

　ここには，信用組合は著しい，急速な成長を遂げているにもかかわらず，歴史上最良の財務状態にあること，そしてその目覚しい業績に報いるという形で他の連邦免許金融機関と同様に信用組合にも連邦預金保険制度を創設してあげるのだ，と明確に述べられている．つまり，信用組合に対する連邦預金保険制度の創設は，他の連邦免許金融機関とイコールフィッティングするためであると考えられている．その底には，上の引用文にもみられるように，なるほど信用組合は，それまで「加入者の出資金を保護することに関して目覚しい記録を維持してきた」とはいえ，信用組合の破綻がなかったわけではなく，したがってそれが加入者の損失をもたらすことがあったから，他の連邦免許金融機関と同様，信用組合にも連邦預金保険制度の創設が必要だという考えがあったのではないだろうか．

　それでは，信用組合の連邦預金保険制度は，どのようなものであったであろうか．それについては，ここではいくつかの重要なポイントを摘記しておこう．

①連邦免許信用組合の監督にあたる全国信用組合監督庁（NCUA）の長官（Administrator）は，連邦免許信用組合，州免許信用組合，国防省管轄下の信用組合のメンバー勘定を付保する．
②メンバー勘定の保険の申請は，連邦免許信用組合では直ちになされなければならないが，その他の信用組合では任意の時期に可能である．

第 1 章　連邦預金保険制度の成立　　　25

③信用組合の保険加入の承認に先立って，長官は，申請組合の歴史，財務状態，経営政策，申請組合の付保による基金へのリスクの有無，申請組合の経営陣の一般的性格・適性，メンバーにとっての当該組合の便宜・必要性，申請組合がメンバーの間で貯蓄を促す目的で組織化された協同組合であるか，またメンバーに事前的・生産的目的に役立つ信用を供与するのかどうか，を考慮しなければならない．

④連邦信用組合の保険加入申請が拒否された場合には，拒否 1 年以内に当該組合が保険加入必要条件を満たし，被保険組合にならなければ，長官は免許を一時停止するかあるいは取り消す．

⑤被保険信用組合は，保険年度（insurance year）[68]の 1 月 31 日またはそれ以前に，前年の保険年度の終了時のメンバー勘定の総額の 1% の 12 分の 1 の保険料を基金に払い込む必要がある．

⑥連邦政府からの基金への貸付けと利払いが完済され，基金額が通常の運営レベル[69]に等しいかそれを超えている時には，長官は徴求する保険料を減額することができるが，基金を通常の運営レベルに維持するのに必要な額以下であってはならない．

⑦基金の支出が収入を超えた年には，長官は通常の保険料を超えない範囲で通常保険料に加えて特別保険料を被保険信用組合に課すことができる．

⑧基金に対する貸付けが必要とされる場合には，財務長官は 1 億ドルを超えない範囲で何時でも貸付けをしなければならない．

⑨長官は，被保険信用組合，メンバー勘定の付保を申請する信用組合，閉鎖された被保険信用組合を検査する権限を持つ検査官を任命する．

⑩いかなる被保険信用組合も，事前の長官の文書による承認がなければ，いかなる非被保険信用組合・機関，被保険信用組合との合併・統合をしてはならない．

⑪長官あるいはその指定代理人は，いかなる被保険信用組合のいかなる事柄に関しても，宣誓の下で証言を得，召喚命令状を発する権限を持つ．

⑫長官の意見では，不完全・不健全な慣行に従事しているあるいは従事した信用組合，経営を継続するのに不完全・不健全な状態にある信用組合，法・規則・命令・合意等に違反しているあるいは違反した信用組合には，

長官はその是正のために声明書を発する．声明書発信後，特別な場合を除いて，120日以内に是正が行われなければ，長官は，付保終了の文書を当該組合に送付し，その件に関して聴取を求める．当該信用組合の権限ある代表者が聴取に応じなかったり，聴取の際に是正がされていないことが明らかとなった時には，長官は当該組合の付保を終了する．

⑬被保険連邦信用組合が破産又は支払い不能に陥った時には，長官は当該組合を清算のために閉鎖し，自らを清算機関に任命する．

⑭付保された州免許信用組合が閉鎖された時には，州法によって権限が与えられあるいは認められている等を条件として，長官はその清算機関としての任命を受ける．

⑮被保険信用組合が破産又は支払い不能で清算のために閉鎖されたときには，当該組合の被保険勘定は2万ドルまで支払われる．

⑯破産あるいは支払い不能により，清算のため閉鎖された被保険信用組合の清算機関は，当該組合の資産を販売用に，あるいは長官からの借入れ担保として長官に提供する．長官は，当該資産を担保とする貸付けあるいは当該資産の買入れ・清算あるいは売却が可能である．

⑰閉鎖された被保険信用組合の再開あるいは閉鎖の危険が迫っている被保険信用組合の閉鎖をさけるため，長官は当該信用組合への貸付けあるいは当該信用組合の資産の買入れ，あるいは当該信用組合で勘定を設定する権限を与えられる．ただし，こうした貸付け，勘定の設定は，基金を保護する場合や信用組合のメンバーの利益となる場合に限られる．

このように，1970年の連邦信用組合法に新たに追加された「第2章 出資金保険」では，単に信用組合のメンバー勘定の付保だけでなく，閉鎖された被保険信用組合の再開あるいは閉鎖の危険が迫っている被保険信用組合の閉鎖をさけるため，当該信用組合への貸付けあるいは当該信用組合の資産の買入れ等が，規定されている．

NCUSIFは，1971年に業務を始めた．この場合，同基金は財務省あるいは連邦準備からの立ち上がり時の資本供給なしで業務を始めたという点で，FDICやFSLICとは異なっていた．同年の同基金への加入率は，全信用組合

の58.1%で，付保されていた出資金の割合は全出資金の59.3%であった．

その後，同基金への加入率，被保険出資金の割合は，第1-4表のように推移した．まず，同基金への加入率の方からみてみよう．この表からも明らかなように，1971年から10年にかけて信用組合数全体が減少していくなかで，基金加入組合は一貫して増加した．そこで，同基金への加入率も一貫して上昇した．1980年には，全2万1465組合のうち1万7350組合が加入していたから，8割の信用組合が同基金に加入していたことになる．このような加入組合の増加は，連邦免許信用組合が当初から加入を義務付けられている一方，加入が任意だった州免許信用組合の加入の増加によって説明できる．すなわち，1981年までに12州が州免許信用組合に対して連邦出資金保険制度その他の公的に承認された保険プログラム[70]に加わることを要求したからである．それとは別に，今まで州免許信用組合であった組合が連邦免許信用組合へ転換することも多かったことも挙げられる．

次に，被保険出資金の割合の方はどうか．先の表からも明らかなように，信用組合数が減少していく中で，出資金総額は1971年の183億5800万ドルから一貫して増え続け，1980年には657億4300万ドルと3.6倍になった．出資金総額のうちNCUSIFによって付保されている出資金の比率は，1971年の59.3%から1980年には83.3%と20ポイント以上高まった．このような出資金のNCUSIF付保の高まりは，先に述べたように，より多くの州免許信用組合が

第1-4表 信用組合のNCUSIFへの加入率・出資金の付保比率

(1)加入率 (単位：組合，%)

	1971	1972	1973	1974	1975	1976	1977	1978	1979	1980
信用組合数	23,253	23,062	22,879	22,853	22,608	22,532	22,330	22,202	22,012	21,465
被保険信用組合数	13,510	14,023	14,344	15,146	15,777	16,276	16,632	17,121	17,507	17,350
加入率	58.1	60.8	62.7	66.3	69.8	72.2	74.5	77.1	79.5	80.8

(2)出資金の付保比率 (単位：100万ドル，%)

	1971	1972	1973	1974	1975	1976	1977	1978	1979	1980
総出資金	18,358	21,578	24,512	27,518	33,052	33,828	46,516	53,519	57,459	65,743
出資金付保比率	59.3	64.2	66.6	71.1	75.6	77.6	80.3	82.4	83.0	83.3

資料：National Credit Union Share Insurance Fund, *Annual Financial Report,* Fiscal Year 1981, p.2.

NCUSIF に加入したこと，またより多くの州免許信用組合が連邦免許信用組合へ転換したこと，がその理由として挙げられる．

注
1) それでは州免許金融機関の場合，連邦預金保険制度に加入しない，又は加入できない機関は，無保険であるかというと，必ずしもそうではなかった．預金保険制度を持つ州があったからである．特に，FDIC 及び FSLIC の設立後に設立された州の預金保険制度は，貯蓄金融機関及び信用組合を被保険機関とするものが多かった．1984年には，次のような州に，貯蓄金融機関に預金保険を提供している州免許の基金があった．マサチューセッツ（2基金，設立は1932年，以下同じ），オハイオ（1956年），メリーランド（1962年），ノースカロライナ（1967年），カリフォルニア（1971年），コロラド（1973年），ユタ（1975年），ペンシルバニア（1979年），ジョージア（1979年），アイオワ（1981年）．しかし，これらの多くは，1980年代の後半には，債務超過や業務縮小に追い込まれた（Congressional Budget Office, *Reforming Federal Deposit Insurance*, September 1990, pp.116-17）．なお，信用組合の州出資金保険制度については，本章の注70で触れる．
2) 「第1次銀行恐慌」については，Friedman, Milton, and Anna J. Schwarz, *A Monetary History of the United States 1867-1960,* Princeton University Press, 1963, pp.309-13；侘美光彦『世界大恐慌―1929年恐慌の過程と原因―』御茶の水書房，1994年，608-20頁，を参照されたい．
3) Wicker, Elmus, *The Banking Panics of the Great Depression*, Cambridge University Press, 1996, p.29.
4) Friedman and Schwarz, *op. cit.*, pp.310-11.
5) Wicker, *op. cit.*, p.29.
6) *Ibid.*, pp.32-33.
7) Friedman and Schwarz, *op. cit.*, p.320.
8) 「第2次銀行恐慌」については，*ibid.*, pp.313-21；侘美，前掲書，673-77頁，を参照されたい．
9) FDIC, *The First Fifty Years : A History of the FDIC 1933-1983*, 1984, pp.36-37.
10) Calomiris, Charles W., *U.S. Bank Deregulation in Historical Perspective*, Cambridge University Press, 2000, p.187.
11) 「1933年銀行恐慌」については，Friedman and Schwarz, *op. cit.*, pp.324-32；侘美，前掲書，727-40頁，を参照されたい．
12) Calomiris, *op. cit.*, p.189.
13) マイヤーズによれば，1932年10月のネバダに始まり，翌年3月4日のニューヨーク，イリノイに至るまで，この間38州で休日が宣言されたという（Myers, Margaret G., *A Financial History of the United States*, Columbia University Press, 1970,

第1章　連邦預金保険制度の成立

pp.317-318（吹春寛一訳『アメリカ金融史』日本図書センター，1979年，369-70頁）．なお，各州の「銀行の休日」は，法律の制定あるいは行政命令（executive order）の形をとり，次のようなタイプに分かれた．①一定期間預金者の請求による預金者への払い戻しの禁止，②預金の払い戻しを一定量あるいは預金の一定割合に制限することを預金者へ通知する権限の銀行への付与，③預金額に対して預金者が引き出すことのできる割合の指定（Friedman and Schwarz, *op. cit*., p.325 note）．

14) Myers, *op. cit*., p.318（同上訳，370頁）．
15) FDIC, *op. cit*., pp.38-39. See also FDIC, *A Brief History of Deposit Insurance in the United States*, 1998, p.24.
16) Friedman and Schwarz, *op. cit*., p.422.
17) Myers, *op. cit*., pp.318-19（同上訳，370-71頁）．
18) FDIC, *The First Fifty Years*, p.39.
19) Calomiris, *op. cit*., p.164.
20) *Ibid*., p.186.
21) 22) *Ibid*., p.188.
23) *Ibid*., p.189.
24) *Ibid*., p.165.
25) 1933年第1四半期末の6億77万ドルから年末の4億6200万ドルへ減少した（*ibid*., p.191）．
26) 27) *Ibid*., p.192.
28) *Ibid*., pp.192-93.
29) *Ibid*., pp.193-94.
30) *Ibid*., pp.194-95.
31) *Ibid*., p.196.
32) *Ibid*., pp.196-97. グラスは，1933年4月には，銀行改革法に預金保険を盛り込むことを明確に容認した．この頃には，グラスは，預金保険を求める議会や一般大衆の声に屈服せざるをえない状況に追い込まれていたのである（FDIC, *The First Fifty Years*., p.41）．
33) Calomiris, *op. cit*., p.197.
34) FDIC, *The First Fifty Years*, pp.41-42.
35) Calomiris, *op. cit*., pp.197-98.
36) *Ibid*., p.198 ; FDIC, *The First Fifty Years*, p.42.
37) FDIC, *ibid*., p.43.
38) *Ibid*.
39) 連邦準備銀行にはB種株（class B stock）が売却された．これには配当がなかった．連邦準備制度加盟・非加盟銀行に売却されたのは，A種株（class A stock）で，これは配当累積型であったが，投票権は付与されていなかった．
40) これによって，通貨監督庁（Office of the Comptroller of the Currency : OCC），連邦準備制度，FDIC及び州銀行当局による商業銀行の規制監督体制が出来上がったわけである．

41) ただし，1933年銀行法では，permanent insurance plan という表現は使われていない．1934年12月の『連邦預金保険公社年報』にこの表現が見られる（FDIC, *1934 Annual Report*, p.8）．
42) FDIC, *The First Fifty Years*, p.46.
43) FDIC, *1934 Annual Report*, p.32.
44) 相互貯蓄銀行は，①株式を発行せず，②預金としては貯蓄預金のみの受け入れに制限され，③投資対象も法的に制限される，といった点で，商業銀行と性格が異なっていた．その上，相互貯蓄銀行自身は，保険料が商業銀行と同じであることに反感を持っていたし，また相互貯蓄銀行がなぜ商業銀行の損失の責任を負わなければならないのかといった思いもあって，預金保険制度には懐疑的であった．加えて，マサチューセッツやニューヨークでは，独自の預金保険制度が設立され，特にマサチューセッツでは全貯蓄銀行が預金保険制度に加入を強制された．こうした理由から，臨時連邦預金保険基金に加わる相互貯蓄銀行は少なかっただけでなく，1934年7月1日には169の相互貯蓄銀行が臨時連邦預金保険基金から脱退するという出来事も起こっている．
そこで，本文で既に触れた，臨時連邦預金保険基金の終了期限の1年延長を規定した1934年6月の連邦準備法改正法は，FDICに相互基金の開設権限を与えた（FDIC, *1934 Annual Report*, pp.64-66）．相互基金は1934年7月14日に設立された．
45) FRS非加盟のFDIC被保険機関の付保は，1933年銀行法では1936年6月30日までであったが，1934年6月の連邦準備法改正法ではこの期限が1937年6月30日までに延長された．これは，FRS非加盟機関がこの期限を超えて付保されるためには，FRSへ加盟することを要求される，ということを意味した．したがって，1935年銀行法は，連邦準備制度へ未加盟の機関にも，FDICへ加入の道を開いたわけである．
46) 1933年銀行法では，臨時連邦預金保険基金の付保限度額は，2500ドルであったが，同限度額は，すでに1934年6月16日の連邦準備法改正法で，5000ドルに上げられていた．ただし，一部を除く相互貯蓄銀行については，限度額は2500ドルに据え置かれた．
47) この連邦準備制度への加盟義務の規定は，1939年に廃止された（FDIC, *The First Fifty Years*, p.51）．
48) FDIC, *1935 Annual Report*, p.7. ただし，①1935年銀行法は，臨時連邦預金保険基金の閉鎖時に付保されていた機関の恒久基金への自動的移行を認めていたが，同時に同法はこれらの機関に対して恒久基金へ移行せず保険制度からの脱退も認めていたため，34行が同制度から脱退したこと，②恒久基金への移行以前に，預金に関する必要文書がFDICに提出されなかったため，被保険機関としての資格を欠いていた1行があったこと，から臨時連邦預金保険基金から恒久保険基金への移行時の臨時連邦預金保険基金の加入機関数と，恒久保険基金への移行機関数とは一致しない（FDIC, *The First Fifty Years*, p.51）．
49) その総額は，1147万5840ドル19セントであった．しかし，臨時連邦預金保険基金の終了に伴い，被保険機関には同基金残高があり，それが新基金への保険料に充てられたため，25行以外には保険料払い込みの必要はなかった（FDIC, *1935 Annual Report*, pp.10-11）．

第1章　連邦預金保険制度の成立

50) 1950年9月21日に、それまでは連邦準備法の一部に含められていた連邦預金保険の該当部分が連邦預金保険法という単独法として独立した.
51) Brumbaugh, R. Dan Jr., *Thrifts Under Siege*, Harper & Row, Publishers, 1988, p. 8.
52) Eichler, Ned, *The Thrift Debacle*, Unversity of California Press, 1989, p.9. アイチラーは、その根拠を示していないが、これがS&Lに最大の損失をもたらしたとしている (*ibid.*).
53) Brumbaugh, *op. cit.*, p.10, Table 1-2.
54) アイチラーによれば、1930年までには、S&Lは住宅モーゲージの37.8%を持つ主導的な所有者となっていたという. ちなみに、商業銀行は17.5%、貯蓄銀行は27.0%であった (Eichler, *op. cit.*, p.8).
55) Marvell, Thomas B., *The Federal Home Bank Board*, Frederick A. Praeger, 1969, pp.22-23.
56) *Ibid.*, pp.23-24.
57) *Ibid.*, pp.24-25.
58) *Ibid.*, p.27.
59) *Ibid.*, pp.27-28.
60) *Second Annual Report of the Federal Home Loan Bank Board*, Government Printing Office, 1935, p.90.
61) Mason, David L., *From Buildings and Loans to Bail-Outs : A History of the American Savings and Loan Industry 1831-1995*, Cambridge University Press, 2004, pp.109-10.
62) *Second Annual Report of the Federal Home Loan Bank Board*, p.90.
63) FHLBB, *Savings & Home Financing Source Book*, 1981, pp.6-7, 9.
64) Independent Bankers Association of America, *Protecting the Federal Deposit Insurance System*, February 1990, p.18.
65) もちろん、1950年代、1960年代は、信用組合にとって光輝ある時代であったといっても、この期間が一様であったというわけではない. というのは、次のようだったからである.
　　アメリカの金融業全体にとっては、この時期は、大きく2つの時期に分けられる. 初めの時期は、1950年代から1960年代の前半の時期である. この時期には、アメリカ経済は、低インフレと低金利を維持しつつ緩やかな成長を実現し、金融業全体も安定していたといってよい. しかし、第2の1960年代後半の時期には、ベトナム戦争に伴う政府支出の増大と企業の支出の増大による市場金利の高騰,消費者物価指数の上昇とそれらに対処するためのFRBによる貯蓄金融機関へのQ規則の導入（＝貯蓄性預金金利の上限規制）、さらに1966年のクレジット・クランチ（Credit Crunch of 1966）といった事態が発生している（Ferguson, Charles, and Donal McKillop, *The Strategic Development of Credit Unions*, John Wiley & Sons, 1997, p.50）.
　　信用組合は、上の第1の時期には、他の金融業界と同様、安定的な成長を遂げたが、第2の時期には、特にFRBのQ規則の影響を受けることになった. 商業銀行は、

FRBによる4%という定期性預金金利の上限規制を免れるために，金利上限規制を免れた新たな少額面の非譲渡預金証書（non-negotiable certificates of deposit）を発行し始めたからである（*ibid.*）．このため，この時期には，家計貯蓄を巡る金融機関の競争が激化し，1960年代前半には12～15%だった信用組合の貯蓄成長率は，1966年には9.2%に低下した．しかし，それでもなお，同成長率は，1960年代後半を通じて11.0%という高い成長率を維持した（U.S. Department of Commerce, *Historical Statistics of the United States, Colonial Times to 1970*, Part 2, Government Printing Office, 1975, p.1049）．

66) U.S. Department of Commerce, *ibid*.
67) U.S. Congress, House, Banking and Currency Committee, Report, No.91-1457, 91st Con., 2nd Sess., 1970, reprinted in *United States Code Congressional and Administrative News*, Vol.2, West Publishing, p.4167.
68) 保険年度は，1月1日から12月31日である．
69) 通常の運営レベルの基金額とは，全被保険信用組合のメンバー勘定の1%に等しい額である．
70) 公的に承認された保険プログラムには，各州で設立された信用組合出資金保険制度も含まれる．各州の信用組合出資金保険公社は，マサチューセッツ，ノースカロライナ，ロードアイランドではそれぞれ1961年，1967年，1969年に設立されたほか，1970年代にはウィスコンシン（1970年）をはじめ，コネチカット，ニューメキシコ，ユタ（いずれも1973年），フロリダ，メリーランド，カンザス，テキサス，ワシントン（いずれも1975年），1980年にはカリフォルニア等で，1980年までに21州で整備された（National Credit Union Share Insurance Fund, *Annual Financial Report*, Fiscal Year 1981, p.4）．したがって，本文の第1-4表の「(2)出資金の付保比率」の被保険出資金とは別に，州信用組合出資金公社に付保されている出資金も存在する．そこで，NCUSIFの『財務年報』によれば，1980年時点で連邦，州の出資金保険に付保されておらず，全く付保されていない出資金は，推定で総出資金の4.1%であった，という（*ibid.*, p.2）．

第Ⅰ部　連邦貯蓄保険制度の危機と改革

第2章
貯蓄金融機関の破綻と連邦貯蓄貸付保険公社による破綻処理

　第1章では，3つの連邦預金保険制度の創設についてみてみた．3つの連邦預金保険制度ができあがった1970年代には，石油ショック，物価の高騰，不況，いくつかの銀行・貯蓄金融機関の破綻等があったにもかかわらず，金融システムに対する預金者の信頼は揺らぐことはなかった．その背後には，これらの連邦預金保険制度が有効に機能したことがあると考えられている．
　しかし，1980年代以降には，これらの制度は次々と危機を迎えることとなった．
　まず1980年代初めに信用組合の破綻損失が急増し，全国信用組合出資金保険基金（NCUSIF）の基金残高が急減したため，1984年に議会は基金増強のために連邦被保険信用組合に対して被保険出資金の1％をNCUSIFに預ける権限を与えた[1]．次に連邦貯蓄貸付保険公社（FSLIC）が1980年代に陥った状況はアメリカの預金保険制度の大改革を迫るほどに厳しいものであった．1980年代末になって，FSLICは解体され，商業銀行の預金保険機関である連邦預金保険公社（FDIC）をも巻き込んで，貯蓄金融機関の預金保険制度の再編が図られたからである．そして最後に，1990年代に入りFDIC自身も危機に陥ったため，保険基金のみならず，監督体制も含めた広範な連邦預金保険制度の大改革が行われるに至った．
　本書では，これら3つの連邦預金保険制度のうち，相互に関連し，重要度でも勝る2つの制度——FSLICとFDIC——について，その危機の原因はどこにあったのか，それに対してどのような改革がなされたのかを詳しくみていきたい．
　まずFSLICからみよう．1980年代後半の同基金の危機は，同時に貯蓄金融

機関の危機と直結した.そこで,FSLICの危機に入る前に,FSLICに付保されている貯蓄金融機関の状態はいかなるものであったのかについて,みておく.

第1節　貯蓄金融機関の経営危機と連邦住宅貸付銀行理事会の対応

　FSLICに付保されている貯蓄金融機関の危機は,それ自身の経営悪化とそれに対する連邦貯蓄金融機関の規制監督当局である連邦住宅貸付銀行理事会(FHLBB)の対応によって,大きく3つの局面に分けられる.

　まず第1の局面は1980年代初めである.資産の多くをモーゲージ関連貸付け・投資にあてている貯蓄銀行,貯蓄貸付組合(S&L)では,1980年代の初めの金利高騰により,資産・負債の金利ミスマッチが起こり,それらの機関の純利益がマイナスになった.まずFDIC加入貯蓄銀行では,1979年には9億ドルを超えていた税引前純利益が,1980年には2億ドル,1981年16億ドル,さらにその翌年には13億ドルの純損失に陥った.また,税引き後の純利益を平均資産で割った平均資産収益率をみると,1971年から1979年まででは0.33〜0.59％で推移していたが,1980年にはマイナスに転じ,1981年−0.94％,1982年−0.80％と大幅になり,1984年に僅かながらプラスに転じている[2].次に,S&Lについては統計の関係でFSLIC被保険貯蓄金融機関という形で調べてみると,S&Lでもまた,1970年代中頃から後半にかけての20億ドルから57億ドルの税引前純利益から一転して1981年には61億ドル,翌年には59億ドルの純損失に陥っている.貯蓄銀行と同様に,平均資産収益率でみると,1970年から1979年にかけては0.47〜0.82％であったものが,1981年には−0.73％,1982年には−0.65％とマイナスになっている[3].

　こうした貯蓄金融機関の苦境とともに,破綻するS&Lも続出した.1980年から1982年の3年間で,118ものS&Lが倒産した.その資産総額は431億ドルに達している.これに加えて,監督当局による合併が259,自発的合併が493も行われたが,それでもなお1982年末で415のS&L(資産総額2200億ドル)が債務超過の状態にあったというから大変な状態であった[4].

　このような状況は,連邦貯蓄金融機関の監督当局であるFHLBBや政府・議会に一定の反応を引き起こした.第1はそれまでの貯蓄金融機関に対する諸

規制の撤廃であった．その例としては，資産面では変動金利モーゲージ（adjustable rate mortgage：ARM）の認可，融資先の拡大の認可が，また負債面ではレギュレーションQの漸進的撤廃による金利上限規制の撤廃，個人小切手勘定に対する付利の認可，企業に対する小切手勘定の提供の認可が挙げられる．これらの規制緩和は，1980年預金金融機関規制緩和通貨管理法（Depository Institutions Deregulation and Monetary Control Act of 1980：DIDMCA）及び1982年ガーン＝セントジャーメイン預金金融機関法（Garn-St Germain Depository Institutions Act of 1982）に基づいていたが，このような規制緩和のなかでも，特に貯蓄金融機関の融資先の拡大は[5]，金利上限規制の撤廃による預金の増加とあいまって，貯蓄金融機関を高リスク資産での運用，未開拓分野への貸付け・投資，十分な審査なしでのプロジェクトへの貸付け・投資に駆り立てることになった．そのことは，すぐ後に述べるように，1980年代中頃のS&Lの急速な規模拡大となって表れている．

また，この点について言えば，DIDMCAによって預金保険の保険金限度がそれまでの口座当たり4万ドルから10万ドルに引き上げられたことも，いわゆるモラルハザード（moral hazard）の観点からみて重要である．

第2に，FHLBB等は先延ばし（forbearance）政策を採用した．これはこの時期にFHLBB等が貯蓄金融機関の実態を糊塗する政策を取ったことを意味している．第1に，FHLBBは，貯蓄金融機関の危機を金利のミスマッチ解消までの一時的な現象とみる当時の官僚たちの考え方に基づいて，連邦被保険S&Lの最低所要純資産を被保険勘定の5％から4％，さらに3％に引き下げた[6]．第2に，FHLBBは，会計原則として，一般に公正妥当と認められた会計原則（generally accepted accounting principles：GAAP）よりも著しく緩い規制的会計原則（regulatory accounting principles：RAP）の採用をS&Lに認め，資本の増強をはかった[7]．第3に，困難な状態にあるS&Lは純資産証書（networth certificate）を発行し，それと交換にFSLICより受け取る約束手形を純資産に算入することができた．

こうした1980年代初めのS&Lの苦境に対する規制緩和と先延ばし政策は，折からの金利の低下とあいまって，1980年代の中頃には，多くのS&Lを健全化させたようにみえた．この時期には貯蓄金融機関は急速に規模の拡大を示す

とともに、一定の収益の改善を示すに至ったからである。例えば、FSLIC 被保険 S&L でみると、資産の年成長率は 1983 年には 18.6%、1984 年には 19.9% にも達した。特に、アーカンソー、アリゾナ、テキサスといった州の成長率が高く、アリゾナでは 1984 年に 46.7% という驚くべき成長を示した[8]。

また、収益の面では、同じく FSLIC 被保険 S&L でみると、税引前純利益は一定の改善を示し、1983 年 26 億ドル、1984 年 19 億ドル、1985 年 60 億ドルとなった。また、平均資産収益率もやはりそれぞれ 0.27%、0.13%、0.39% とよくなっている[9]。したがってこの時期は、1980 年代の貯蓄金融機関の危機の第 2 局面といってよい。

しかしそれは、見掛けだけのものにすぎなかった。この時期には、S&L に代表される貯蓄金融機関の体質はむしろ脆弱化したのである。というのも次のようだったからである。まず第 1 に、この時期の貯蓄金融機関の資産の拡大は、特に高リスク資産の拡大によるものであった。先に述べたように、連邦免許貯蓄金融機関は、DIDMCA 及びガーン゠セントジャーメイン法によって新たな貸付け・投資が認められた。1980 年代の前半に、これらの機関はこうしたいわば「非伝統的」資産を急速に増大させた。その上、特に 1980 年代前半には 1981 年の税法改正があって不動産ブームが続いたから、例えば、1982 年から 1985 年にかけて、FSLIC 被保険貯蓄金融機関は商業モーゲージ貸付けを 439 億ドル（総資産に対する割合では 6.4%）から 984 億ドル（同 9.2%）へ、土地開発融資を 69 億ドル（同 1.0%）から 310 億ドル（同 2.9%）へと急増させた。また、消費者ローンも 192 億ドル（同 2.8%）から 439 億ドル（同 4.1%）へと増大させた[10]。これらのうち、商業モーゲージ貸付けや土地開発融資は 1980 年代後半には不良債権化していくことになった。

第 2 に、この時期の貯蓄金融機関の資産の拡大は、新たに設立された機関に依存するところがあったことである。1983 年から 1985 年にかけて新たに FSLIC に加わった貯蓄金融機関は 268 機関に達した[11]。これはその前の 3 年間の 2 倍以上に達するもので、それだけ貯蓄金融機関は脆弱になることを避けえなかった。

第 3 に、こうした資産の急拡大に関連して、これを支えた資金の調達の在り方もまた貯蓄金融機関を脆弱化させたことである。貯蓄金融機関は、この時期

第2章　貯蓄金融機関の破綻と連邦貯蓄貸付保険公社による破綻処理

に従来の小売預金に加えて，ブローカー預金などの大口預金やリパーチェス・アグリーメント（repurchase agreement）12)への依存度を高めた．この傾向は特に資産を急拡大させた機関に顕著だったようである．こうした方法による調達資金は，いざという時の流出も速くまた額も大きいため，貯蓄金融機関を脆弱化させた．

それでは，この時期の収益の一定の改善をどのようにみたらよいのだろうか．これも必ずしも貯蓄金融機関の体質の強化を示すものではなかった．というのは，この時期の収益の向上は，先に述べたように会計処理の変更による部分がかなりあったからである．また，GAAP会計原則の下では，貯蓄金融機関は何年分かの金利分も含めてデベロッパーに融資し，後日前者は後者の預金から金利を受け取って収入として計上することや，貯蓄金融機関が借り手に前受け手数料を徴求してそれを収入に計上するとともに，貸付けには市場金利以下の金利を課すといったことが認められていた13)ため，貯蓄金融機関はこうした慣行によって長期的な資産の質を犠牲にして短期的な利益を追及しがちであったことも，この当時の貯蓄金融機関の利益の嵩上げにつながっていた．

こうした貯蓄金融機関，ことにS&Lの脆弱性が表面化したのは1980年代の中頃であった．その最初の例が1984年に破綻したテキサスのエンパイア・セービングズ・オブ・メスキート（Empire Savings of Mesquite）であった．この頃から資産の不良債権化による貯蓄金融機関の破綻が目立つようになった．そのため，連邦貯蓄金融機関の規制監督当局であるFHLBBは次々と規制強化に乗り出した．まずFHLBBはブローカー預金を付保対象から除外しようとしたが（1984年），これは裁判所から違法とされたため，断念せざるを得なかった．しかし，翌年にはFHLBBは，FSLIC被保険機関では同預金を預金の5%に制限している．FHLBBはまたエクイティ，不動産，サービス会社，運営子会社への直接投資を制限したり（1985年），純資産基準の会計処理法として5年平均法を四半期末ベースへ変更しただけでなく（1984年），1986年には最低所要純資産基準そのものを最終的には6%にするという方針を打ち出している．FHLBBの規制強化の極みはRAP会計原則の漸進的撤廃とGAAP会計原則の採用であった（1987年）．

しかし，こうしたFHLBBの規制強化は貯蓄金融機関，特にそれまで急成

長を示したS&Lの資産の不良債権化の進行を食い止めることはできなかった．S&Lの資産の質的悪化が1980年代後半から急速に進んだからである．

このきっかけとなったのは1986年の税制改革であった．この改革によって，不動産の減価償却期間は長期化されるとともに，投資家が他の所得と減価償却に関連した損失とを合算して所得の減少を図ることはできなくなった．不動産への投資の妙味はそれだけ薄れたのである．また，特に南西部ではほぼ同じ時期に生じた原油価格の暴落も不動産市況に大きな打撃を与えた．例えば，全国不動産投資信託協議会（National Council of Real Estate Investment Fiduciaries）による商業用不動産の年収益率をみると，1984年の14.8％から年々下がり，1988年には5.4％，1991，1992年にはそれぞれ0.1％，－5.8％になっているし，フランク・ラッセル社（Frank Russell Co.）によるオフィス用ビルの価格指数は全米では1985年には116.6（1982年を100.0とする）であったものが，1986年の108.7を経て，1989年には95.9に低落した．特に価格指数について言えば，南西部での低落が著しく，それは1983年の100.2をピークとして1989年には66.5に落ち込んだ[14]．

このような1980年代後半の不動産市況の悪化は，貯蓄金融機関の直接投資の価値を毀損したのみか，モーゲージの担保物件の価値を低下させ，貯蓄金融機関は巨額の不良債権を抱え込んだ．例えば，FSLIC被保険貯蓄金融機関でみると，抵当流れとなったモーゲージ貸付け及び延滞モーゲージ貸付けは，1984年には合わせて201億ドル，総モーゲージ残高の3.46％であったが，1985年から急増して303億ドル，同じく残高の4.77％となり，さらに1986年，1987年にはそれぞれ465億ドル，561億ドル，残高の7.12％，8.46％となり，1988年に少し減って521億ドル，残高の7.28％となった[15]．これに伴い営業外純損失も増大した．第2-1表に示されるように，1985年までは黒字であった営業外損益はそれ以後赤字に転化し，1987年，1988年にはそれぞれ79億ドル，110億ドルの純損失を記録している．こうした巨額の損失は，営業純利益ではとても埋め合わせることができず，商業モーゲージ貸付けなどの新規分野への貸付けを強めていたS&Lを中心として破綻するものが続出した．これは貯蓄金融機関危機の第3の局面だといってよい．

同表には債務超過機関数及びそれらの総資産も示されている．ここでの債務

第 2-1 表 FSLIC および貯蓄組合保険基金（SAIF）被保険貯蓄金融機関の状況
（1980-91 年）

年	機関数	総資産 (10億ドル)	純資産 (10億ドル)	営業純利益 (100万ドル)	営業外 純利益 (100万ドル)	税引後 純利益 (100万ドル)	債務超過機関	
							機関数	総資産 (10億ドル)
1980	3,993	604	32	790	398	781	43	0.4
1981	3,751	640	27	−7,114	964	−4,631	112	29
1982	3,287	686	20	−8,761	3,041	−4,142	415	220
1983	3,146	814	25	−46	2,567	1,945	515	234
1984	3,136	978	27	990	796	1,022	695	336
1985	3,246	1,070	34	3,601	2,215	3,728	705	335
1986	3,220	1,164	39	4,562	−1,290	131	672	324
1987	3,147	1,251	34	2,850	−7,930	−7,779	672	336
1988	2,948	1,351	46	907	−11,012	−12,057	531	320
1989	2,593	1,112	47	−4,742	1,443	−4,243	239	192
1990	2,337	994	50	−2,010	1,001	−2,018	109	89
1991	2,096	876	52	3,341	1,106	2,133	33	41

注：1) 総資産は RAP ベースである．
　　2) 純資産は GAAP ベースである．
　　3) 債務超過は有形純資産がマイナスの機関である．
　　4) 債務超過機関の総資産は 1989 年までは有形資産ベース，それ以後は RAP ベースである．
資料：Congressional Budget Office (CBO), *Resolving the Thrift Crisis,* April 1993, pp.86-87.

超過は有形資産ベースなので極めて厳しい規定であるけれども，その数には驚かされる．1980 年代中頃には 700 近くに達していたのである．またそれらの総資産の大きさにも注意しなければならない．この時期には，債務超過機関の総資産は全貯蓄金融機関のそれの約 27〜34％ という大きな割合を占めていた．

なお後のために付け加えれば，南西部ことにテキサスの貯蓄金融機関の状況は惨憺たる有様であった．1985 年から 1988 年にかけて全米では 1820 の貯蓄金融機関が債務超過に陥ったが，そのうち 20.6％ にあたる 375 がテキサスに所在していた[16]．また同期間に同州では 97 の S&L が倒産した．この期間に全米では 329 の S&L が倒産に追い込まれているから，テキサスの占める割合は 29.5％ ということになる．特にテキサスでは 1988 年の倒産が多く，90 組合が倒産するにいたった[17]．1987 年終わりに同州に存在した S&L は 279 であったから，その 3 分の 1 近くがその 1 年間に倒産したわけである．以上からもうかがわれるように，テキサスこそが，1980 年代の S&L の危機が最も尖鋭な形

で顕在化した州であった.

　このような貯蓄金融機関,とくにS&Lの危機に連邦貯蓄金融機関の預金保険機関たるFSLICはいかなる対処をしたのであろうか.次いでそれについてみておこう.

第2節　FSLICの破綻貯蓄金融機関の処理

　先に述べたように,1980年代の後半にはS&Lを中心とした貯蓄金融機関が多数破綻した.それらはどのように処理されたのであろうか.破綻貯蓄金融機関の処理は,当然のことながらFDIC加入貯蓄金融機関はFDICによって,またFSLIC加入貯蓄金融機関はFSLICによって行われる.しかし,破綻が圧倒的に多かったのはS&Lだったので,ここではS&Lの大多数が加入していたFSLICの当時の破綻貯蓄金融機関の処理方法をみておこう.この法的規定は,全国住宅法「第4章　貯蓄貸付勘定の保険」に盛り込まれている.

　FSLICはS&Lが破綻すると次のような破綻機関の処理を行う.まず第1に,清算である.これは,破綻したS&Lが破産管財人(これは通常FSLICが任命される)のもとにおかれ,被保険預金が預金者に直接支払われるか,あるいは他の金融機関へ振替えられそこから支払われる,というものである[18].これは,後述するFDICの預金清算払い(payoff),あるいは被保険預金振替(insured deposit transfer: IDT)に相当する.

　第2に,①被保険機関の破綻を防ぐために,②すでに破綻してしまった機関については再度通常の業務ができるように,③著しく多数の被保険機関または著しい資金を持つ被保険機関の安定性を脅かす厳しい金融状態が存在している時にFSLICに対するリスクを減らすために,FSLICは,被保険機関に貸付けたり,預金をしたり,資産あるいは有価証券の買取りをしたり,負債を引き取ったり,あるいは資金の贈与をしたりすることができる[19].これはオープンスリフト・アシスタンス(open-thrift assistance)とも呼ばれ,破綻状態に陥ったとはいえ一時的な融資あるいは最小の援助で再建されうる見込みの貯蓄金融機関に適用されるもので[20],FDICではオープンバンク・アシスタンス(open bank assistance: OBA)に相当する.

第2章　貯蓄金融機関の破綻と連邦貯蓄貸付保険公社による破綻処理　43

　第3に，①すでに破綻している被保険機関，②破綻の危機にある被保険機関，③著しく多数の被保険機関もしくは著しい資金を持つ被保険機関の安定性を脅かす厳しい金融状態が存在している時に，FSLIC に対するリスクを減らすために援助が必要とされる被保険機関の他被保険機関との合併を促進したり，そのような被保険機関の資産の販売や他の被保険機関によるそのような被保険機関の負債の引受けを促進するために，FSLIC はその機関の資産の買入れもしくは負債の引受け，その他の被保険機関に対する貸付け，資金贈与，預金，あるいは有価証券の買入れ，さらにその他の被保険機関の当該被保険機関との合併や負債の引受け，資産の買取りからその他の被保険機関に生じる損失を保証することができる[21]．これは，やはり FDIC の破綻銀行処理に即していうと，資産負債承継（purchase & assumption：P&A）とみなすことができる．

　もっとも，第2，第3の処理は，当該被保険機関の継続的な運営がその「コミュニティでの十分な貯蓄あるいは住宅金融サービスを提供するのに不可欠であると」FSLIC が決定した場合をのぞいて，当該被保険機関の清算コストを超える場合にはしてはならないとされている[22]．こうしてみると，FSLIC の破綻処理は基本的には，後述する FDIC の破綻処理と異なるものではないことが分かる．事実，上で挙げた第2，第3の処理方法に関する法的規定は，FDIC の該当箇所の法的規定とほとんど同一である．

　これらの処理方法のうち第1と第3の処理方法について，もう少し敷衍すれば次のようになる．第1の清算では，破綻貯蓄金融機関は閉鎖されて，管財人のもとにおかれ，預金者は付保された預金の範囲内で支払われる．もっともこの場合，2つのタイプがあるとされる．つまり，純粋の清算（被保険預金払い insured deposit payout）と被保険預金振替（insured deposit transfer）である．前者は，FSLIC が被保険預金に保険金を支払う一方，他方では FSLIC は管財人として破綻金融機関の資産を処分して得た資金を預金保険機関，非被保険預金者，無担保債権者の間で配分する．しかし，この方法は，破綻金融機関のフランチャイズ・バリューを毀損するのみならず，資産の処理に長期間を要する[23]，という問題点がある．これに対して，後者は同じく破綻金融機関を清算するにしても，フランチャイズ・バリュー（ことに預金者との取引関係）を維持することができる．すなわち，この処理は次のように行われるからである．

FSILCは付保された預金をオークションにかける。FSILCは競り落とした買い手に対して、預金の額面から買い手がFSLICに支払うプレミアムを控除した金額を支払う。付保された預金はこの買い手から支払われる。しかし、付保された預金の買い手からは必ずしも預金が流出するとは限らない。そこで、買い手はまず第1に、他の預金よりも低利な新たな預金を手に入れることができる。また第2に、預金の買い手は破綻した金融機関の預金を受け継ぐことによって破綻金融機関の預金者を新たに自行の顧客とし、営業基盤を拡大することができる。買い手がこのように破綻金融機関の預金を引受け、プレミアムさえ支払うのはこうした2つの理由によっているのである[24]。

次に、第3の処理方法についてはどうであろうか。これは、先にもふれたようにFDICではP&Aとして知られているものである。FSLICでは、これはP&Aとされる場合もあるようであるが、むしろ資金援助付き合併（assisted merger）と表現されるのが普通である。この合併では、破綻した機関はその他の機関に売却される。買い手となる金融機関は、破綻金融機関の資産を買収するとともに負債を引受ける。この際、FSLICは買い手の買入れ資産と引受けた負債の差を現金や約束手形で支払う。つまりFSLICは何らかのコストをかけて破綻金融機関を売却するのである。しかも、FSLICは買い手に買い取った資産や訴訟から生ずる将来の損失の補償を約束するのが普通である[25]。この合併では、破綻金融機関の資産・負債が買い手に移転されるから、先の被保険預金振替と同様、破綻金融機関のフランチャイズ・バリューはそのまま維持される[26]。したがって、この合併の「重要な効果は被保険預金者だけでなく、その機関の全債権者をも完全に保護するということである」[27]ということにもなる[28]。換言すれば、この処理は明らかに非被保険債権者にとって有利ではあるが、市場規律を乱すものであるといってよい。この合併には、様々なバリエーションがある。ホール・バンク（whole bank）は、全資産と全負債が移転されるタイプのものである。クリーン・バンク（clean bank）は、良質の資産のみと全負債が移転されるタイプのもの[29]である。

それでは、FSLICは破綻貯蓄金融機関の処理に際して、これらのそれぞれの処理方法をどのくらい使ったのであろうか。それについてFSLICは詳細には明らかにしていない。第2-2表のように、おおまかな区別が示されているだ

第 2-2 表　FSLIC または RTC による破綻処理（1980-92 年）

(単位：機関，100 万ドル)

	FSLIC または RTC による援助をうけた処理									FSLIC または RTC による援助を受けない処理	
	清算			合併その他の援助による処理			合計			経営委託プログラム	監督合併
	機関数	総資産	総コスト	機関数	総資産	総コスト	機関数	総資産	総コスト		
1980	0	0	0	11	1,459	166	11	1,459	166	0	21
1981	1	89	30	27	13,818	730	28	13,907	760	0	54
1982	1	36	3	62	17,627	803	63	17,663	806	0	184
1983	5	262	60	31	4,368	215	36	4,630	275	0	34
1984	9	1,498	583	13	3,583	160	22	5,081	743	0	14
1985	8	1,752	549	23	4,614	477	31	6,366	1,026	23	10
1986	10	582	253	36	11,868	2,813	46	12,450	3,066	29	5
1987	17	3,045	2,276	30	7,619	1,428	47	10,664	3,704	25	5
1988	26	3,052	2,586	179	98,190	29,203	205	101,242	31,790	18	6
1989	30	2,202	1,533	7	8,606	4,380	37	10,808	5,914	0	0
1990	143	18,272	11,949	172	75,976	25,353	315	94,248	37,302	0	0
1991	67	17,156	9,625	165	58,791	24,881	232	75,947	34,506	0	0
1992	6	274	71	63	35,065	6,644	69	35,339	6,715	0	0
合計	323	48,220	29,519	819	341,584	97,254	1,142	389,804	126,773	95	333

注：1)　総コストは，処理にともなう推定現在価値コストである．
　　2)　1988 年の「経営委託プログラム」は「安定化」のみ．
資料：*Ibid.*, pp.88-89.

けである．しかも，これらの区別が上の法的規定とどのような対応関係にあるのかは明確ではない．ここには，1980 年から 1992 年までの FSLIC 及び整理信託公社（Resolution Trust Corporation: RTC)[30]によって処理された被保険貯蓄金融機関の数，総資産および処理コストが，FSLIC あるいは RTC の援助を必要とした処理（「清算」，「合併その他の援助」）と援助を必要としない処理（「監督合併」，「経営委託プログラム」）に大別された上で示されている．

ここでいう「清算」はよいとしても，「合併その他の援助」，「監督合併」(supervisory merger)，「経営委託プログラム」(management consignment program) とはどんなことなのだろうか．まず，「合併その他の援助」というのは，他の資料を照らし合わせてみる[31]と，先の資金援助付き合併であることがわかる．次の「監督合併」は，連邦住宅貸付銀行理事会（FHLBB）が破綻した

貯蓄金融機関を他の健全な貯蓄金融機関と合併させるもので，同じ合併でも資金援助付き合併とは異なって FSLIC の処理コストを要しない点に特徴がある．「経営委託プログラム」というのは 1985 年の春に導入されたもので，破綻機関は破産管財人あるいは財産管理人のもとにおかれたうえ，FSLIC が当該機関に早期介入し，新たな経営陣を据えるとともに，新しい連邦免許の貯蓄金融機関をつくってそこに旧機関の付保された負債，資産を移転することによって行われる．

同表からも明らかなように，この間実に 1570 という多数の FSLIC 加入貯蓄金融機関が破綻しているが，時期によりその処理のされ方が異なっている．1980 年代の初めには監督合併が中心であった．ところが 1980 年代中頃には経営委託が多用され，1980 年代後半から 1990 年代初めには清算，資金援助付き合併がもっぱら用いられている．

さらに個々の処理方法についてみれば，この間に 1142 の FSLIC 加入貯蓄金融機関が FSLIC あるいは RTC の援助によって破綻処理されているが，そのうちの 28.8% が清算され，残りは資金援助付き合併によって処理された．このように，清算よりも資金援助付き合併がより多く用いられるのは，資金援助付き合併が FSLIC にとってよりコスト節約的であるだけでなく，先にも少し触れたように，それは清算（ことに純粋清算）と比べて支店網，預金さらには従業員をも維持することができるためである[32]．また，FSLIC に処理コストがかからない破綻貯蓄金融機関の処理方法について言うと，監督合併によって，1980 年から 1988 年の間に 333 の機関が処理された．しかし，この処理の場合，買収機関は破綻機関の買収によって資本が過小資本化するため，その多くが後に破綻に追い込まれたという[33]．また，FSLIC に処理コストがかからないもう 1 つの破綻貯蓄金融機関の処理方法である経営委託プログラムによっては，95 機関が処理された．もっともこの場合も，これらの多くは，1987～88 年の間に清算されるか買収者の手に渡り，1988 年末に経営プログラムの下にあったのは，26 貯蓄金融機関にすぎなかった，という[34]．

次に，同表の預金保険機関の処理コストに目を転じよう．この処理コストは FSLIC および RTC の破綻処理に伴うコスト（現在価値ベース）である．みられるように，破綻金融機関の処理コストは，1980 年代の後半には破綻金融

機関及びその総資産の急増を反映して急増した．1985年のそれは10億ドルに過ぎなかったが，1988年には318億ドル，1990年，1991年にもそれぞれ373億ドル，345億ドルとなっている．1988年から1992年までのこうした処理コストの急増はかえって，1989年の処理コスト（59億ドル）を異常に少ないと思わせるほどである．

　1988年に処理コストが急増したのには訳があった．南西プランという新たな貯蓄金融機関の処理が行われたからである．このプランは，2つの点から興味深い．1つは，このプランの実施はFSLICによる貯蓄金融機関の破綻処理の実際を明らかにしてくれるからである．またもう1つは，このプランの実施がFSLICの危機を深化させ，ついにはFSLICを破綻に追い込むこととなったからである．これらの2つの点のうち，第2の点については後に詳しくみることにして，ここでは第1の点についてみておこう．

第3節　南西プラン

　南西プランは，1988年2月3日に，連邦住宅貸付銀行理事会（FHLBB）によって採択された．FHLBBは，「健全な機関の連合と債務超過貯蓄金融機関を合同させること及び資本注入が，存続し得る貯蓄金融機関を作り出すという意見」に基づいて，破綻金融機関をグルーピングしたうえ，それらを売りに出すことにしたのである．ここで南西というのは，当時規制的会計原則（RAP）で債務超過に陥っていたS&Lのほぼ60％にあたる146機関が地理的に米国南西部，ことにテキサス（104機関）に所在していたからである．理事会は，このプランを実行することによって，S&Lの合併を通じて，テキサスのS&Lを280機関，1800支店から160機関，1400支店へ大幅に減少させてこれらの収益体質を強めるとともに，健全機関の金利上昇，さらには健全機関の収益圧迫をもたらす債務超過機関の預金集めのための高い預金金利の提示を取り除こうとしたのである[35]．

　その実際はどうであったか．FSLICはまず地理的条件にしたがって貯蓄金融機関をグループ化し，それらをテキサス所在の貯蓄金融機関あるいは投資家グループに売却した．この場合，FSLICは，それらの買い手が買い手として

適当であるかどうかを精査したという.しかし,他面では,グループ化されてパッケージで売りに出された貯蓄金融機関の財務状態については,FSLIC も投資家も知らなかったといわれるし,またグルーピングの構成機関についても投資家は売却交渉の最後の段階まで知らされなかったという[36]から,投資家は自分が応札しようとしているものを皆目理解していなかったということになる.

南西計画の最初のものは,1988年5月13日にFHLBBによって認可されたヒューストンのコースタル・バンク貯蓄組合(Coastal Banc Savings Association)によるテキサスの4機関(総資産4億7000万ドル)の買収であった.コースタルはヒューストンのアライアンス貯蓄貸付組合(Alliance Savings and Loan Association),コロンバスのコロラド・カウンティ連邦貯蓄貸付組合(Colorado County Federal Savings and Loan Association),サン・ベニートウのセキュリティ貯蓄貸付(Security Savings and Loan),同じくサン・ベニートウのキャメロン・カウンティ貯蓄組合(Cameron County Savings Association)の全預金とほとんどすべての資産を買収したのである.この買収によって,コースタルは資産を7000万ドルから6億ドルへ増大させ,またその5支店に15支店を付け加えた.コースタルはこれら4機関の買収のために,350万ドルの自己資金のほか投資家からの350万ドルをあて,また FSLIC も3260万ドルの10年ノートおよび不良資産の収益維持・損失補塡を供与した.そのことによる FSLIC の予想コストは,1億3830万ドルに達したという[37].

コースタルの5日後には,FHLBB はダラスのサウスウエスト貯蓄組合(Southwest Savings Association)による4機関の買収を認可した.オースチンのラマー貯蓄組合(Lamar Savings Association),サン・アンジェロのシティ貯蓄貸付組合(City Savings and Loan Association),ダラスのストックトン貯蓄組合(Stockton Savings Association),オースチンのブライアクロフト貯蓄組合(Briercroft Savings Association)の4機関である.これらは合わせて44億ドルの資産があった.この買収に際しては,FHLBB はサウスウエストにおよそ4億8300万ドルの10年債および被買収機関の不良資産の収益維持・損失補塡を含む20億ドルの援助パッケージを与え,その代わり FHLBB はサウスウエストの50%の普通株式を得,また同社の利益の一部を得ることになっ

第2章　貯蓄金融機関の破綻と連邦貯蓄貸付保険公社による破綻処理　　49

た[38]．

　さらに，1988年6月21日には，FHLBBは，フェニックスの連邦貯蓄銀行メラバンク（MeraBank）がエルパソの貯蓄組合ファースト・フィナンシャル（First Financial）とブラウンフィールドの貯蓄組合ブラウンフィールド連邦貯蓄貸付組合（Brownfield Federal Savings and Association）の買収を認可した．メラバンクは880万ドルの資本を注入するとともに，FSLICから8386万ドルの援助パッケージを受け取り，他方のFSLICはメラバンクの子会社メラバンク・テキサス（MeraBank Texas）の20％のワラントを保有した[39]．

　これらは2，3の例であるが，FHLBBは1988年の終わりまでにテキサスにおいてこうしたサウスウエスト・プランを15件実施し，87の破綻機関をおよそ440億ドルのコストをかけて処理した[40]．この場合，FHLBBが取った支援方法は，有形資産がマイナスに陥った破綻機関が売却される際のノートの交付[41]，これらの資産のうちリスクの高いものに対する価値・収益の保証[42]，買収から生ずる法的その他の支出の支払いであった[43]．これに対して，FHLBBは，15件のうち14件では，新機関の出資証券買入れの権限を獲得するとともに，買収によって生ずる買い手の節税分を受け取った[44]．他方，買い手は多くの場合，新資本を注入することを要求された[45]．このようなプランの実施によって，テキサスの貯蓄金融機関の資産は僅かの貯蓄金融機関に集中し，1988年に援助によって形成された15の貯蓄金融機関は，1987年末のテキサスの全貯蓄金融機関の資産の42％を買い占めるに至った．とはいえ，プラン実施後のこれらの貯蓄金融機関の経営は，FSLICの援助に依存せざるを得ない悪い状態であった[46]．先に述べたように，FSLICの処理コストは推定で440億ドル（現金価値．なお，現在価値では246億ドル）にも達した（第2-3表）．

　このように，FHLBBの誤った政策の実行は，貯蓄金融機関の破綻処理コストの急増をもたらしたが，それが今度は，FSLICの経営に多大な影響を与えないわけにはいかなかった．ある推計によれば，1988年だけでもFSLICによって223もの貯蓄金融機関が清算，資金援助付き合併，安定化（stabilization）によって処理されたが，その推定処理コストは，清算と資金援助付き合併のみで309億ドル（現在価値ベース），うちテキサスだけでも186億ドルに

第 2-3 表 1988 年の南西計画による処理とその推定コスト（現金価値ベース）

(単位：100 万ドル)

	推定コスト	現金	ノート(元本)	ノート(金利)	資本損失カバー	収益補助	その他
Coastal Banc SA	237	4	33	35	113	62	(9)
Southwest SA	3,521		570	450	1,739	762	
Marabank FSB	1,241		188	154	662	257	(19)
Gibson Group, Inc.	2,379		536	473	752	617	1
Sunbelt SA	11,509		2,460	2,384	4,062	2,604	
Pulte Diversified Co.	1,994		512	527	563	430	(37)
Temple-Inland	2,808		710	681	805	700	(88)
Club Corporation	1,620		264	259	539	571	(13)
Adam Corporation	2,293		303	284	951	819	(64)
Americity FSB	282		21	19	142	108	(9)
CFSB Corporation	3,378		837	807	946	821	(34)
Utley Ford	8,908		2,106	1,925	2,744	2,050	83
Pacific USA Holdings	987		162	150	365	310	
Centex Corporation	813		223	247	256	88	
Hyperion Partners	2,200		261	243	946	718	32
合　計	44,172	4	9,185	8,638	15,586	10,917	(157)

資料：GAO, *Failed Thrifts : Bank Board's 1988 Texas Resolutions,* March 1989, p.12.

第 2-4 表　FSLIC または RTC による破綻貯蓄金融機関の処理コストと FSLIC の基金残高（1980-89 年）

(単位：機関，億ドル)

	1980	1981	1982	1983	1984	1985	1986	1987	1988	1989
処理された金融機関数	11	28	63	36	22	31	46	47	205	37
処理コスト	1.7	7.6	8.1	2.8	7.4	10.3	30.7	37.0	317.9	59.1
FSLIC 基金残高	64.6	61.6	63.3	64.3	56.1	45.6	△63.3	△136.9	△749.9	△867.6

注：1) 処理された金融機関数は FSLIC 及び RTC の清算及び支援付き合併のみ．
　　2) 1989 年の基金残高は 8 月 8 日のもの．

資料：Barth, James R., *et al.,* "Alternative Federal Deposit Insurance Regimes", Research Paper No.152, Office of Policy and Economic Research, FHLBB, January 1989, p.35 ; GAO, *Financial Audit : Federal Savings and Loan Insurance Corporation's 1989 and 1988 Financial Statements,* July 1990, p.16; CBO, *op. cit.,* p.89.

達した[47]．FSLIC は，資金援助付き合併の合意がなると，将来の現金支出を推定し，それを現在価値に評価し直してその損失引当金を積むので，処理コストの増加はそれだけ FSLIC の営業損益を悪化させ，さらには保険基金準備金

第 2 章　貯蓄金融機関の破綻と連邦貯蓄貸付保険公社による破綻処理　　51

を減少させることになる．実際に，FSLIC の保険基金が枯渇し，さらには巨額のマイナスともなった（第 2-4 表）．そこで，次に FSLIC の保険基金について少しみておきたい．

注
1)　General Accounting Office（GAO）, *Deposit Insurance : A Strategy for Reform*, March 1991, p.30.
2)　3)　United States League of Savings Institutions, *Savings Institutions Sourcebook*, 1988.
4)　FDIC, *History of the Eighties : Lessons for the Future*, 1997, p.169.
5)　1980 年法は連邦貯蓄金融機関に対して次のような新たな貸付け・投資を認めた．①資産の 20% までの商業不動産貸付け，②合わせて資産の 20% までの CP，事業債への投資，消費者金融，③クレジットカードの発行．また，1982 年法は同じく連邦貯蓄金融機関に対して次のような新たな貸付け・投資を認めた．①資産の 40% までの商業不動産貸付け，②合わせて資産の 30% までの CP，事業債への投資，消費者金融，③決済勘定の当座貸越，④他組合への定期・貯蓄預金，⑤資本金プラス剰余金の 10% までの州・地方債投資，⑥資産の 5%（1983 年末まで），10%（それ以後）までの商業貸付け，⑦資産の 10% までの個人有形財産への投資，⑧資産の 5% までの教育ローン，⑨資産の 1% までの小企業投資会社への投資（以上は Eisenbeis, Robert A. "New Investment Powers for S&Ls : Diversification or Specialization ?" in *Financial Institutions and Markets in a Changing World*, 2nd ed., Donald R. Fraser and Peter S. Rose, eds., Business Publications, 1984, p.167, による）．
6)　これも DIDMCA が FHLBB に与えた権限に基づいている．同法では，貯蓄金融機関の最低必要純資産はそれまでの 5% から負債の 3〜6% の範囲内で FHLBB によって決定されることとされた（DIDMCA Sec.409）．
7)　例えば，次のようなことが挙げられる．①モーゲージ資産売却に伴う売却損の処理が次のように変えられた．S&L では，それまでは RAP システムのもとでも GAAP と同様に，モーゲージ資産を売却した時点で損失を処理していたが，1981 年 8 月に FHLBB は「時価がその簿価を下回るモーゲージ資産の売却によって生じた売却損の繰延べを容認するルールを提案し，同年 10 月に，S&L 用の RAP を変更し，モーゲージ資産売却にかかる損失を当該資産の残存期間にわたって償却することを認めた． FHLBB は，この措置によって，S&L に対して，収益をもたらさないようなモーゲージ資産を売却させ，その収益構造を改善させようとしていたといわれる．…（中略）…このような会計上の変更によって，S&L 業界は全体でおよそ 63 億ドル資本を増加させたといわれる」（星野一郎『金融危機の会計的研究』同文舘，1998 年，67 頁）．②本文で述べたように，S&L の最低所要純資産基準が下げられたにもかかわらず，この基準さえ満たすことのできない S&L が急増したため，FHLBB は資産・負債の 5 年平均法（five-year averages of net worth and of liabilities）を導入して，会

計処理によって純資産比率をより高め，また新設S&Lに対しては20年段階導入法（twenty-year phase-in period）を導入して，より低い最低基準を可能ならしめた．詳しくは星野，同上書，66-70頁を参照されたい．
8) White, Lawrence J., *The S&L Debacle : Public Policy Lessons for Bank and Thrift Regulation*, Oxford University Press, 1991, p.100.
9) United States League of Savings Institutions, *op. cit.*
10) White, *op. cit.*, p.102.
11) *Ibid.*, p.105.
12) 上記のホワイトによれば，リパーチェス・アグリーメントというのは，貯蓄金融機関がモーゲージあるいはモーゲージ・バック・セキュリティーズを一纏めにして投資銀行等金融機関に後日の買い戻しを約束して売却する取引である（*ibid.*, p.120）．
13) *Ibid.*, p.112.
14) *Ibid.*, p.111 ; Hester, Donald D., "Financial Institutions and the Collapse of Real Estate Markets," in *Real Estate and the Credit Crunch*, Lynn E. Browne and Eric S. Rosengren, eds., Federal Reserve Bank of Boston, 1992, p.127.
15) Office of Thrift Supervision (OTS), *Savings & Home Financing Source Book*, 1988.
16) Cole, Rebel A., "Thrift Resolution Activity : Historical Overview and Implications," *Financial Industry Studies*, Federal Reserve Bank of Dallas, May 1990, p. 5.
17) Grant, Joseph M., *The Great Texas Banking Crash : An Insider's Account*, University of Texas Press, 1996, p.40.
18) National Housing Act, Sec.405(b).
19) National Housing Act, Sec.406(f)(1).
20) Congressional Budget Office (CBO), *Resolving the Thrift Crisis*, 1993, p.81.
21) National Housing Act, Sec.406(f)(2).
22) National Housing Act, Sec.406(f)(4)(A).
23) 注20の議会予算局の資料によれば，清算の終了までに平均7年かかるという（*op. cit.*, p.31）．
24) *Ibid.*, pp.32-33.
25) GAO, *The Federal Savings and Loan Insurance Corporation's Use of Notes and Assistance Guarantees*, September 1988, p.9.
26) 先の被保険預金振替の場合には，単に預金者との取引関係が維持されるだけであったが，この場合には，顧客のロイヤルティ，ブランド価値，貸出先との取引関係まで維持される（White, *op. cit.*, p.156）．
27) FHLBB, *Agenda for Reform : A Report on Deposit Insurance to the Congress from the Federal Home Loan Bank Board*, 1983, p.155.
28) ただし，破綻貯蓄金融機関では，10万ドルを超え，付保されない預金は1～2％だといわれるし，また資金援助付き合併でも保険限度額以上の預金部分は買い手に移転されない場合もあるという（White, *op. cit.*, p.162）から，この記述は，商業銀行の

第2章　貯蓄金融機関の破綻と連邦貯蓄貸付保険公社による破綻処理　　53

場合と異なってあまり意味をもたないかもしれない．
29) CBO, *op. cit.*, p.34.
30) RTC については後に詳しく触れる．ただここでは，1989年に貯蓄金融機関預金保険制度が大改革されて，①連邦住宅貸付銀行理事会の一部であった FSLIC が FDIC に移管されて，貯蓄組合保険基金（Savings Association Insurance Fund : SAIF）という貯蓄組合に対する保険機関となったこと，②1989年以前に FSLIC が保有することとなった破綻機関の資産を処理し，また債務支払いを行う機関として FSLIC 整理基金（FSLIC Resolution Fund : FRF）が設立され，FDIC の監督下におかれたこと，③破綻貯蓄金融機関の売却あるいは清算を行う機関として RTC と，RTC に対するガイドラインの設定や資金放出を行う整理信託公社監視理事会（Resolution Trust Corporation Oversight Board）が設立され，特に RTC の日々の業務は FDIC によって管理されたこと，④財務省の管轄下にある貯蓄金融機関の連邦監督当局として，貯蓄金融機関監督庁（Office of Thrift Supervision : OTS）が設立されたこと，を指摘しておく．
31) U.S. Congress, Senate, Committee on Banking, Housing, and Urban Affairs, *Problems of the Federal Savings and Loan Insurance Corporation [FSLIC] : Hearings*, Part II, 101st Cong., 1st Sess., Government Printing Office, 1989, p.296.
32) U.S. Congress, House, Committee on Banking, Finance and Urban Affairs, *Condition of the Federal Deposit Insurance Funds : Hearings*, 100th Cong., 2nd Sess., Government Printing Office, 1988, p.178.
33) CBO, *op. cit.*, p.80.
34) White, *op. cit.*, p.134.
35) U.S. Congress, House, Committee on Banking, Finance and Urban Affairs, *op. cit.*, p.179. なお先の CBO のレポートによれば，テキサスの債務超過貯蓄金融機関は，全国平均と比べ75ベーシスポイント高い預金金利を払っていた（*op. cit.*, p.81）．もっとも，テキサスの貯蓄金融機関は，債務超過機関に限らず預金確保のため，他の地域の貯蓄金融機関と比べ50ベーシスポイントかそれ以上の高い金利を支払っていたようである．これは，テキサスプレミアムと呼ばれ，貯蓄金融機関の運営コストを増加させ，貯蓄金融機関の利益を減少させた．例えば，ホワイトによれば，1987年末のテキサスの貯蓄金融機関の預金は850億ドルほどであったから，50ベーシスポイントかそれ以上のテキサスプレミアムは，これら機関の純利益を4億ドル減少させたという（White, *op. cit.*, p.152）．
36) GAO, *Failed Thrifts : Bank Board's 1988 Texas Resolutions*, March 1989, p.2.
37) U.S. Congress, House, Committee on Banking, Finance and Urban Affairrs, *op. cit.*, p.181.
38) *Ibid.*, pp.181-82.
39) *Ibid.*, p.182.
40) GAO, *Failed Thrifts*, p.1.
41) これらのノートの満期は，6か月から15年にわたっており，多くの場合可変金利であった（GAO, *The Federal Savings and Loan Insurance Corporation's Use of*

Notes Assistance Guarantees, p.10). ホワイトによれば，ノートの金利は3か月毎に調整され，その貯蓄金融機関の州の全貯蓄金融機関の平均預金金利にリンクしていた．とくにテキサスについて言うと，破綻した貯蓄金融機関の買収者に発行されたノートは，通常テキサスの全貯蓄金融機関の平均預金コストを40％上回る水準だった (White, *op. cit*., pp.171-72)．

42) 買い手への損失補償は次のようなものからなっていた．①問題資産の償却あるいは販売による純資本損失のカバリッジ，②特定の資産収益率を確実にするための不良資産の収益援助，③公表されていない負債または訴訟にたいする補償，④破綻スリフトからの毀損資産の購入 (GAO, *ibid*., p.15)．

43) GAO, *Failed Thrifts*, p.3.

44) 破綻貯蓄金融機関の買収機関がFSLICより受け取ったノートの金利，収益保証は納税申告を要しない収益とみなされ，また買収した破綻機関の損失が繰延され，買い手の将来所得から控除されることにより，買収機関には節税効果が生まれた．そこでFSLICは，買収機関のこれらの税負担軽減分を，この機関に対する他の支払いを減らすことによって手に入れたのである (White, *op. cit*., pp.159-60)．

45) GAO, *Failed Thrifts*, p.3.

46) *Ibid*., p.4.

47) Barth, James R., Philip F. Bartholomew, and Carol J. Labich, "Moral Hazard and the Thrift Crisis: An Analysis of 1988 Resolutions," Research Paper No.160, Office of Policy and Economic Research, FHLBB, May 1989, pp.7, 10.

第3章
連邦貯蓄貸付保険公社の危機

第1節　FSLICの保険基金準備金の推移

　まず，第3-1図を見ていただきたい．この図は，連邦貯蓄貸付保険公社（FSLIC）が創設された1934年から1987年までの付保された預金に対する保険基金準備金の比率を示したものである．この図の詳細に入る前にFSLICの

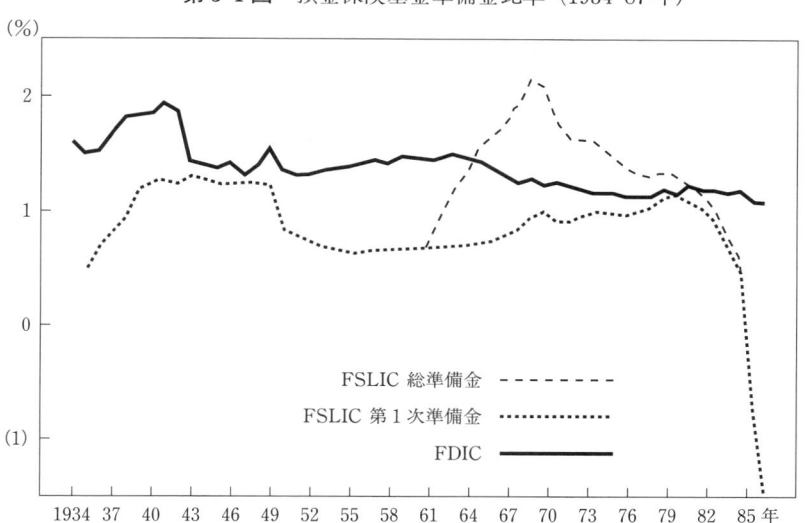

第3-1図　預金保険基金準備金比率（1934-87年）

FSLIC 総準備金　　------
FSLIC 第1次準備金　……
FDIC　　　　　　　────

注：被保険預金に対する保険基金準備金比率である．
資料：Barth, *et al., op. cit.,* p. 21.

保険料賦課の歩みについて簡単に触れておく必要がある.

もともとFSLICの保険基金準備金は，1934年に全国住宅法によってFSLICが設立された時点では，その第404条(a)で20年以内に，被保険機関の付保された預金および債務（クレジター・オブリゲーション）の5％にまで達すべきとされた．FSLICはそのため，被保険総預金及び債務の1％の4分の1（25ベーシスポイント）の保険料を加入金融機関に課す権限を与えられた．また，同法第404条(b)では，支出を賄うのに第1次保険料のみでは不十分な場合には，追加的な特別保険料（1％の4分の1）を課すことも認められた[1]．しかし，1935年5月に，全国住宅法の第404条が改正され，FSLICの保険料が総預金の1％の8分の1に下げられるとともに，特別保険料も1％の8分の1に下げられた．さらに，1950年にも，同保険料はFSLICには十分な保険基金準備金があるとの理由で総預金の1％の12分の1まで下げられた．また，この時に特別保険料の廃止が提案されたが，これはそのまま維持されるとともに，新たにFSLICが緊急時には財務省から最大7億5000万ドルのクレジット・ラインの設定を受けることができることとなった．その後1950年代の中頃になると，貯蓄金融機関の預金が急増したため，FSLICの被保険預金に対する保険基金準備金の比率が低下して1959年には0.63％となるに至った．そこで，1961年にFSLICは，第2次基金を創設して総預金の予想増加額に2％の前払保険料を課し始めた．しかし，1973年には，第2次基金への保険料の徴収が停止されるとともに，FSLICの総預金に対する全保険基金準備金（第1次準備金及び第2次準備金）の比率が1.25％以下にならないことを条件に，10年以内の第2次準備金の貯蓄金融機関への払い戻しが規定された[2]．ところが1979年には，同比率が1.25％以下まで低下したため，その払い戻しも停止された．さらに，その後預金基金準備金比率は一層低下し，1984年には0.53％まで低下したので，1985年に1％の8分の1の特別保険料が初めて課されるに至っている．

さて，第3-1図だが，これは1934年から1987年までのFSLIC（及びFDIC）の付保された預金に対する保険基金準備金の比率を示したものである．この比率は付保預金に対する預金保険基金のカバー率である．これをみると，とくに第1次準備金の法律上の目標カバー率は2％を下回ったことはないにも

かかわらず，その比率は到底 2% に及ぶものではなかったことがわかる[3]．そのほか，次のようなことも同図から読み取ることができる．第 1 次，第 2 次準備金を合わせた総準備金の付保された預金に対する比率は，1969 年から 1970 年にかけて急増した．その急増の大部分は第 2 次準備金によるものであった．しかし 1970 年代以降，第 1 次準備金の付保された預金に対する比率は漸増したにもかかわらず，第 2 次準備金の同じく付保された預金に対する比率の低下が大きかったため，1980 年頃まで総準備金の被保険預金に対する比率は低下した．さらに，80 年代に入ると，第 1 次準備金の方でも低下し，被保険預金に対する総準備金の比率は急減した．先に述べたように，1985 年に特別保険料が課され始めたが，それにもかかわらずこのようにこの比率が急減したのは，いうまでもなく 1980 年代の後半に基金に巨額の損失が生じ，基金準備金が急減したためである．同図では，1986 年には同比率がマイナスになっているが，これはこの時期に保険基金準備金がマイナスになったことをも同時に示している．

同図には，FDIC の預金基金のカバー率も示されている．これと比べると，FSLIC のそれははるかに変動が大きいこと，全体的にカバー率が低いことが特徴的である．FSLIC のカバー率の変動が相対的に大きかったのは，FDIC と比べ FSLIC の破綻機関処理コストの変動が大きかったこと，FDIC よりも FSLIC 加入機関の預金増加率の変化が激しかったこと，さらに 1950 年来 FDIC では FDIC のコストに応じた保険料割引制度がとられたこと，によっている[4]．また，1933 年の FDIC の創設，翌年の FSLIC の創設以来，両連邦預金保険機関の実効の預金保険料は後者の方が高かったにもかかわらず，後者のカバー率が低かったのは，FSLIC の預金 1 ドル当たりの平均損失が FDIC の 3 倍近くに達していたこと[5]，1950 年に FSLIC ではその創設時の財務省出資金が返済される一方では，保険料の引き下げが行われたこと，による．

このようにもともと FSLIC の預金保険のカバー率が低かったうえに，先にみたように 1980 年代後半には貯蓄金融機関の破綻が続出し，FSLIC の損失が急増したから，たちまち FSLIC の保険基金は枯渇することになった．

そこで次に，FSLIC 保険基金の枯渇と，それに対する FHLBB その他の機関の対応についてみておこう．

第2節　FSLIC保険基金の枯渇

　1984年から始まる1980年代後半の貯蓄金融機関の危機は，それ以前の1980年代初めの危機が金利のミスマッチによるものであったのとは異なり，資産の質的悪化を伴うものであった．そのため，この時期の危機は，1980年代初めの危機ではほとんどすべての機関が損失を計上していたのに対して，貯蓄金融機関のおよそ3分の2がなお利益をあげている一方，他方ではそれらの3分の1が損失を計上し，この損失が上の利益を上回って貯蓄金融機関全体の損益を巨額の損失に陥れているという，いわば貯蓄金融機関の二極化という点でも特徴があった．FSLICによる破綻機関の処理は，それだけ複雑で，一時的な弥縫策では間に合わないものになったし，またそのコストもかなり高くつくものとなった．先の第2-2表でも明らかなように，FSLICは，1984年には22機関（総資産50億8000万ドル），1985年には31機関（総資産63億7000万ドル）を，それぞれ推定7億4000万ドル，10億3000万ドルをかけて処理した．にもかかわらず，損失に陥る貯蓄金融機関が増大したため，債務超過機関（RAPベース）は1983年の48機関から1984年の71機関，1985年の130機関というように増加していた．このように破綻貯蓄金融機関が増大する一方，他方では1980年代中頃から後半にかけてFSLICの危機が基金の枯渇という形で深化し，それ自体の再編が避けられなくなってくるのである．

　1980年代中頃のFSLICの費用は，上述の処理コストを含め，1984年では22億ドル，1985年では34億9000万ドルに達した．しかし，他面ではFSLICの収益は1984年では保険料6億ドルを含め13億3000万ドル，1985年では保険料7億ドル，それに先に述べたように新たに賦課されるようになった特別保険料10億1000万ドルを含め23億9000万ドルしかなかったから，1984年の営業純損益は8億8000万ドル，1985年では11億ドルの損失であった．これらの損失は第1次保険基金準備金からとりくずされた．その結果，1984年末には，前年末に64億3000万ドルあった基金残高は56億1000万ドルに，また1985年末には，56億1000万ドルから45億6000万ドルに急減した（第3-1表)[6]．

第 3-1 表　FSLIC 連結損益計算書（1984-89 年）

（単位：100 万ドル）

	1984	1985	1986	1987	1988	1989
総収益	1,325	2,388	2,408	2,395	2,453	923
保険料	597	704	751	734	473	29
特別保険料	0	1,011	1,079	1,120	1,033	537
投資利子	655	490	368	113	180	129
その他	73	184	210	428	766	227
総費用	2,204	3,490	13,347	10,951	68,404	14,338
管理費	23	31	64	193	224	174
ノート利子	113	161	263	317	587	1,144
貸倒引当金繰り入れ	1,979	3,223	12,943	10,416	67,562	12,996
その他	89	75	78	26	31	24
営業純損失	880	1,102	10,940	8,556	65,951	13,415
基金年初残高	6,425	5,606	4,557	△6,333	△13,690	△74,991
基金年末残高	5,606	4,557	△6,333	△13,690	△74,991	△86,756

注：1989 年は 8 月 8 日のもの．
資料：FHLBB, *Annual Report,* various issues ; GAO, *Financial Audit : Federal Savings and Loan Insurance Corporation's 1989 and 1988 Financial Statements,* July 1990, より作成．

　こうした基金の減少と，その後にも引き続いて予想される貯蓄金融機関の破綻に直面して，FHLBB と財務省は 1986 年 3 月に保険基金の資本増強プラン（recapitalization plan）を議会に提出した．この法案は，貯蓄金融機関の現在判明している諸問題の解決のためには，FSLIC は 235 億ドルかそれ以上を必要とする[7]という FHLBB の推定にもとづいて，FSLIC に追加的な資金を供与しようとするもので，その骨格は次のようなものであった．①各地区連邦住宅貸付銀行の留保利益 30 億ドルを 5 年間にわたって金融公社（Financing Corporation : FICO）に供与すること，②公社は数年間にわたって 15～30 年満期の長期債を売却することによって資本市場から 100～150 億ドルを借り入れ，その資金を FSLIC の無議決権株式，無償還資本証書（non-redeemable capital certificate）の買入れにあてること，③FSLIC は，5～7 年にわたり金融公社への株式の売却，保険料，管財下にある資産の売却益，投資収益から 250～320 億ドルを調達すること[8]．

　これらについてもう少し敷衍しておこう．まず第 1 に，この法案では連邦支出が想定されていないということである．この点は特に上の②に係わる．

FICO は連邦住宅貸付銀行からの 30 億ドルでどのように 100～150 億ドルの借入れができ，さらに満期には債券の償還ができるのであろうか．このプランでは，FICO は 30 億ドルで発行債券と満期が同じで，しかも満期の際にはその額面で発行債券を償還することができるように仕組まれたゼロクーポン債を買い入れることになっていた[9]．第 2 に，同じく②についてだが，金融公社の発行する債券の元本部分は，同公社が連邦住宅貸付銀行からの拠出金で購入する連邦債によって，また金利部分は連邦住宅貸付銀行の拠出金で設立される基金と被保険貯蓄金融機関から FSLIC へ支払われる保険料との 2 者によって保証されるから，金融公社の発行する債券は，連邦政府の保証こそついてはいないけれども，かなり確実性の高い債券となることが予定されたことである[10]．第 3 に，③については次の諸点が注目される．1 つは，この法案は被保険預金金融機関の預金の 1% の 12 分の 1 の通常の保険料のほかに，同じく預金の 1% の 8 分の 1 を超えない特別保険料の賦課を FSLIC に認めていたことである．もう 1 つは，すでに 1985 年 11 月に FHLBB は全国住宅法第 406 条によって FSLIC の管財下にある不良資産の運用と処理のための機関として連邦資産処理組合（Federal Asset Disposition Association：FADA）を設立し，FSLIC の不良資産の処理をはかっていたが，1986 年末に FSLIC はなお破綻機関の清算，合併によって得た不良資産およそ 120 億ドルをその管財下においていたことである．上述のようにこの法案が，FSLIC による破綻貯蓄金融機関の処理のための資金源の 1 つとして管財下にある資産の売却益を盛り込んでいたのは，こうした事情による．だが，これらの 120 億ドルのうち回収可能分は，その 42% に相当する 50 億ドルほどと見込まれていたにすぎない[11]．

しかし，こうした FSLIC の資本増強プランは，早急に立法化されるにはいたらなかった．議会はその緊急性を認めなかったのである[12]．議会の両院協議会で協議と合意が必要ではあったけれども，上院と下院とがともかく同法案を各院で通過させたのは 1986 年 10 月になってからであった．しかし，散会前の両院協議会での合意と立法化の時間的余裕はなかった．議会は同法案を通過させることなく 10 月に散会した．ところが，1986 年の終わりには，貯蓄金融機関の状況はますます悪化していた．1986 年に FSLIC は推定 30 億 7000 万ドルのコストをかけて 46 機関（総資産 124 億 5000 万ドル）を処理したが，債務

超過機関 (RAP ベース) は 255 機関 (総資産 682 億ドル) に増大していた．また，FSLIC の 1986 年の営業純損失は，109 億 4000 万ドルにも達したから，FSLIC の基金残高は前年末の 45 億 6000 万ドルから一気にマイナス 63 億 3000 万ドルに落ち込むこととなった．貯蓄金融機関の預金保険機構たる FSLIC 自身が債務超過に陥ったわけである．

そこで，FHLBB と財務省は 1987 年の 1 月に同法案を再度議会に提出した．しかし，この期に及んでも，議会には危機感がなかった．第 1 に，議会は同法案を急いで通過させようという気はなかった．第 2 に，FSLIC の FICO を通じた資金調達について，上院案は 75 億ドルの，下院案にいたっては 50 億ドルの権限を与えたにすぎなかった．第 3 に，下院案は FHLBB に対して極めて低い自己資本比率 (0.5%) の貯蓄金融機関にもその営業継続を認める「猶予」政策を要求しさえしたのである[13]．また，貯蓄金融機関業界では，不振機関の場合には FSLIC が資本増強して十分な資金を入手すれば自らは処理の対象となることを恐れたし，健全機関の場合には FSLIC の資本増強に必要な資金負担を恐れたから，貯蓄金融機関業界はこぞって同法案に反対のロビー活動を展開した[14]．だが，1987 年になっても，損失に陥る貯蓄金融機関と債務超過機関の増加は止まなかったし，またそれを処理する FSLIC の流動資産も底をつくこととなった．

第 3 節　競争的均等銀行法による FSLIC の資本増強

このような状況の中で，議会や業界によって翻弄された同法案が議会を通過し，レーガン (Ronald W. Reagan) 大統領の署名を経て成立したのは，1987 年 8 月であった．1987 年競争的均等銀行法 (Competitive Equality Banking Act of 1987：CEBA) の「第 3 章　FSLIC の資本増強」がそれにあたる．同 3 章は次のような内容を含んでいた．

まず，FICO について．

① FHLBB に対して FICO の設立免許権限を与えたことである．FICO は連邦住宅貸付銀行に対して，30 億ドルを超えない額の無議決権株式を発行することによって資本調達することとされた．

② FICO の債券発行は，同公社の発行する無議決権株式の5倍と，同公社が投資するゼロクーポン債の額面価格（買入れ価格で22億ドルを超えてはならない）とのどちらか大きい金額と，108億2500万ドルとのどちらか小さい金額を超えてはならない，とされた．また，1年当たりの発行額も，37億5000万ドルに制限された．

③ FICO の債券発行による資金は，FSLIC の資本証書および資本株式の買入れと，既発行の債券の償還以外にあててはならないとされた．

④ FICO の債券は，連邦住宅貸付銀行，合衆国，FSLIC いずれの債務でもないし，いずれの保証もつかないとされた．

⑤ FICO は，FHLBB の承認の下で，被保険機関の総預金の1％の12分の1を超えない範囲で被保険機関に対して保険料を課すことができ，また同公社の債券の金利支払いに追加資金が必要な場合には総預金の1％の8分の1を超えない範囲で被保険機関に対して追加の保険料を課すことができる，とされた．

⑥ FICO は，FSLIC の被保険機関であることを止める被保険機関に対して脱退保険料（termination assessment）を課すことができるとされた．

次に，FSLIC については次のような条項が定められた．

⑦ FSLIC が発行しうる株式は，FICO が連邦住宅貸付銀行に発行する株式と同額とされた．

⑧ FSLIC が資本証書，株式の発行で得た資金は，第1次基金の一部とみなされた．

このような内容を持つ CEBA が成立すると，FHLBB は，同法成立18日後に，FICO の設立免許を与えるとともに，連邦住宅貸付銀行に対して10億ドルの FICO 株式への投資を認可した．それと同時に，FHLBB は，債券発行の権限と，FICO 債の利払いのための貯蓄金融機関への保険料賦課の権限を FICO に与えた[15]．こうしたことにより，1987年末までに，まず第1に，FICO は連邦住宅貸付銀行に対して FICO 株を売却（1億5550万ドル）するとともに，その売却によって得た資金で1億5442万4120ドルのゼロクーポン債（額面19億9305万4000ドル）を購入することになった．そして第2に，FICO 債の発行によって得た12億ドルは，無議決権株式および無償還資本証

第3章 連邦貯蓄貸付保険公社の危機

書と交換にFSLICに移転され，FSLICの資本増強にあてられたのである．

同様にして，CEBAの成立から1988年末までにFICOは4億9700万ドルの無議決権株式を連邦住宅貸付銀行に売却する一方，4億9907万519ドル（額面59億717万7000ドル）のゼロクーポン債を買い入れ，それを分離勘定（segregated account）で保有した．また，同公社は同期間に，10回合計して58億5000万ドルの債券発行を行い，その資金をFSLICの無議決権株4億9700万ドル，無償還資本証書53億5300万ドル（合わせて58億5000万ドル）の買入れにあてた．言い換えれば，同時期までに，FSLICはFICOをとおして58億5000万ドルの資本増強をなしえたわけである．じっさい，FSLICの連結損益計算書には，1987年に12億ドル，1988年に46億5000万ドル，合計58億5000万ドルの第1次基金の増強が記録されている[16]．

だが，1980年代後半の貯蓄金融機関とその預金保険機関たるFSLICの危機は，それでしのぐことができるほど底の浅いものではなかった．先の第2-2表からも明らかなように，1988年にFSILCは，26機関を清算し，179機関を資金援助付き合併によって処理したが，その推定の総コストは318億ドル（現在価値ベース）に達した．そのコストはFSLICの第1次基金の資本増強額の5倍をはるかに超えていたわけである．そこで，1988年末には，FSLICの資本増強にもかかわらず，FSLICの基金残高は未曾有のマイナス750億ドルに達するに至った．しかも，1988年に205の貯蓄金融機関が処理された（その他に18の「安定化」があった）にもかかわらず，RAPベースで債務超過の機関がなお243機関（総資産743億ドル）存在した[17]．緩い会計原則であるRAPベースでこのような状況であるから，それ以上に厳しい有形純資産ベースでの債務超過機関数ははるかに多く，531機関（総資産3200億ドル）という途方もない数に達していた．

この点で，CEBAによる貯蓄金融機関及びその預金保険機構たるFSLICの危機対策がFSLICの損失のFICOへの単なる付け替えに過ぎない，あるいは将来の保険料の先取りに過ぎないというCEBAの持つ本質的性格とは別に，CEBAでは1980年代後半の貯蓄金融機関の危機を克服するのには不十分だということは明らかであった．次の貯蓄金融機関およびFSLICの危機対策が始まるのは1989年2月のことである．

注
1) Barth, James R., John J. Feid, Gabriel Riedel, and M. Hampton Tunis, "Alternative Federal Deposit Insurance Regimes," Research Paper No.152, Office of Policy and Economic Research, FHLBB, January 1989, p.1.（なお，この論文はU.S. Congress, Senate, Committee on Banking, Housing, and Urban Affairs, op. cit. にも収められている。）
2) Ibid., p.7.
3) Ibid., p.20.
4) Ibid., p.22.
5) 1934年から1987年までの破綻機関預金1ドル当たりの平均コストは，FSLICでは3.2ベーシスポイントであったが，FDICでは1.1ベーシスポイントであった（ibid., pp.24-25）。
6) ただし，年初基金残高から損失額を引いたものが年末基金残高にならない。これは，資本証書，株式資本の導入（これについては後述する），第2次基金の増加等による。
7) GAO, *Thrift Industry: The Treasury/Federal Home Loan Bank Board Plan for FSLIC Recapitalization*, March 1987, p.9.
8) FHLBB, *1986 Annual Report*, p.15 ; GAO, ibid., p.11 ; Gray, Edwin J., "FSLIC Recapitalization: The Bank Board and Administration Plan," *Outlook*, Federal Home Loan Bank System, May/June 1986, pp.6-10.
9) GAO, ibid., p.13. なお，正確に言えば，FICOが連邦住宅貸付銀行から受け取る30億ドルのうち8億ドルは，すぐ次に触れるように，金融公社の債券の金利支払基金に充当された（ibid.）。
10) FHLBB, *Annual Report*, p.16.
11) GAO, *Thrift Industry*, op. cit., p.12.
12) その理由についてホワイトは，次の4点をあげている。①議会はFSLICが資金不足から債務超過機関の清算あるいは売却をもはやなしえない事態に陥っていることを危機とみなさなかったこと。②FHLBBもレーガン政権も議会や一般国民に対して事態を危機として提示しなかったこと。この背景には，「貯蓄預金保険基金は破産」したということになると，債務超過機関のみならず健全な機関にまで取付けがおこるという危惧があった。当時，1984年のコンチネンタル・イリノイ（Continental Illinois National Bank）やカリフォルニアのアメリカン・セイビングズ・オブ・ストックトン（American Savings of Stockton），1985年のオハイオ，メリーランドの州法貯蓄金融機関への取付けの記憶が生々しかったのである。③議会はそのプランが政府支出の拡大をもたらすと誤解していたこと。④貯蓄金融機関の危機は，1980年代初めの危機と同様の循環的なもので時がくれば解決されると考えられたこと（White, op. cit., pp.137-38）。
13) Ibid., p.139.
14) U.S. Congress, House, Committee on Banking, Finance and Urban Affairs, *Savings and Loan Policies in the Late 1970's and 1980's : Hearings*, 101st Cong., 2nd Sess., Government Printing Office, 1990, p.358.

15) U.S. Congress, House, Subcommittee on General Oversight and Investigations of the Committee on Banking, Finance and Urban Affairs, *Progress of the Recapitalization of the Federal S&L Insurance Corporation : Hearing*, 100th Cong., 2nd Sess., Government Printing Office, 1988, p.59.
16) FHLBB, *1988 Annual Report*.
17) White, *op. cit.*, p.175.

第4章
FIRREA の成立と連邦預金保険制度の改編

第1節　ブッシュ案と利害の錯綜

　1989年2月6日の記者会見で，着任後間もないブッシュ（George H.W. Bush）大統領は，貯蓄金融機関制度の危機打開のための包括的なプランを発表した．同日ホワイトハウスから公表されたファクト・シート（fact sheet）によれば，このプランは次のことを盛り込んでいた[1]．まず第1に，FHLBB は連邦住宅貸付銀行制度（Federal Home Loan Bank System：FHLBS）と改称され，現理事会は連邦住宅貸付銀行制度議長に置き換えられる．第2に，FSLIC は，FHLBB から分離され，FDIC に統合される．しかし，それぞれの保険基金は統合されず，それぞれの加入機関からの保険料はそれぞれの保険基金に拠出される．第3に，すべての S&L は FDIC 被保険銀行に適用される自己資本比率——資産の6%——を1991年の6月1日までに満たさなければならない．第4に，連邦預金保険を健全にするため，保険料の引き上げが盛り込まれた．S&L 預金保険基金を増強するため，1991年より毎年 S&L によって FDIC に支払われる保険料率は1991年から1994年までは現行の0.208% から0.23% へ上げられる．第5に，現在債務超過の S&L 及びその後にも債務超過に陥ってくる S&L を処理するため整理信託公社（RTC）が新設される．RTC は破綻機関とその資産の処理を5年間にわたって行うものとされた．そのために必要な500億ドルの多くは S&L 業によって負担されるが，財務省の負担も想定されていた．第6に，整理資金調達公社（Resolution Funding Corporation：REFCO）は，30年債500億ドルの発行を認められる．この債券の

第4章　FIRREAの成立と連邦預金保険制度の改編

元本の償還はS&L資金ですべてが賄われ，税や商業銀行の資金には依存しない．第7に，およそ50億ドルから60億ドルのS&L資金，連邦住宅貸付銀行 (Federal Home Loan Bank: FHLB) の留保利益，特別保険料が，財務省のゼロクーポン債の購入に用いられ，それが30年後に満期になった際にはREFCO債の元本の500億ドルの償還にあてられる．第8に，REFCO債の金利支払いと以前にコミットされた400億ドルの支払いは，S&L基金でカバーされるが，不足分は財務省基金で補われる．第9に，不法行為追求のため，連邦監督当局に新権限が与えられるとともに，民事罰，刑事罰の最高限度が引き上げられ，さらに司法省に年5000万ドルが供与されて金融機関の詐欺行為追求プログラムが開始される．

このプラン発表の8日後にホワイトハウスから発表された政権法案の18頁にわたる概要は，上記では不十分あるいは不明な点をいくつか明らかにしている[2]．

第1に，この段階ではFDICの管理下におかれるFSLICが貯蓄組合保険基金 (Savings Association Insurance Fund: SAIF) という名称になること，以前よりのFDICの基金が銀行保険基金 (Bank Insurance Fund: BIF) という名称になることはまだ明確ではなかった．この段階では，FDICプール，FSLICプールという表現がなされている．第2に，保険基金を健全化するために，預金保険料の値上げが盛り込まれているが，FDICの2基金——BIFおよびSAIF——それぞれが被保険預金の1.25％の目標準備水準 (target reserves level) に達するまでは，それぞれの基金の値上げされた保険料は継続されるとされている．第3に，FHLBSは，すべてのS&Lに対して銀行に適用される会計・ディスクロージャー基準の採用を要求していることである．

第4に，この点は重要である．すでにFSLICは破綻機関の処理に400億ドルを注ぎ込んだが，それでもなお現存の債務超過機関の処理のために，もう500億ドルの調達が想定されていた．このための資金調達はどうなされるのか．この点は，すでに先のファクト・シートで明らかにされたが，ここではより詳細に明らかにされている．上述の通り，救済に必要な資金の調達は，CEBAによって設立された金融公社 (Financing Corporation) にならってつくられる整理資金調達公社 (REFCORP)[3] に依存することになっていた．つまり，

REFCORPは500億ドルのREFCORP債を発行して，RTCに必要とされる処理資金500億ドルを調達するというものであった．これは債券であるから，むろん後に償還されねばならない．この元本の償還はS&L業界が負担することになっていた．すなわち，連邦住宅貸付銀行の留保利益プラスS&L業界の保険料よりなる50～60億ドルで財務省長期ゼロクーポン債を買い，この財務省債が満期になったときに，その償還資金をREFCORP債の償還にあてるというのである．また，REFCORP債の金利部分はどうかというと，この部分はS&Lの清算に伴う配当とその後に生まれるFHLB留保利益によってまず最初に賄われるが，それでも不足した場合のみ財務省資金も充てられるとされた．したがって，貯蓄金融機関の救済にあたっては，予算に計上される財務省資金にも道が開けられていたということができる．

　上のことからも明らかなように，1989年のRTC資金調達法は，基本的には2年前のCEBAと同じものである．ただし，次の点は両者では大きく異なっている．すなわち，FICO債の場合には，FHLB，財務省，FSLICいずれの債務でもなくこれらの機関の保証もつかなかったが，REFCORP債の場合には，金利部分という限定付きではあるが財務省資金の使用も認められていたということである．この点で，REFCORP債の方がFICO債よりも低い金利で発行できるというメリットを伴ったが，逆にこの案は後にも触れるようなグラム＝ラドマン法（Gramm-Rudman Act）に抵触するという側面を持っていたことは否めない．

　このようなブッシュ大統領のプランは，各界からさまざまな反応を引き起こした．まず第1に，議会．議会は，大統領提案が貯蓄金融機関の救済に乗り出したことを歓迎しながらも，同提案の核心——FHLBBを財務省の管轄下におくとしていること，救済のための費用を連邦予算に盛り込もうとしていること，保険料の値上げをはかっていること——には反対で，同提案を大きく修正しようと企てていた[4]．特に，貯蓄金融機関の規制監督当局の再編には批判的で，下院銀行委員会の幹部の中には，同案のようにFHLBBを財務省のもとにおき，FSLICとFDICを合併しようとするのは貯蓄金融業の終焉，つまり住宅金融機関の消滅を意味すると極言するものさえあった．

　次に，貯蓄金融機関業界．これは次のような点を指摘してブッシュ・プラン

に反対した．①連邦住宅貸付銀行制度を財務省の管轄下におくことは制度の独立性を危うくすること．②1991年6月1日までにFDIC被保険機関と同様の最低自己資本比率（資産に対して6％）を確保することは余りに時間が短く，また債務超過でない機関の存続を危うくすること．現在でも特別保険料は投資家を遠ざけていることから見ても，1991年半ばの日程は非現実的であること．③現在FSLIC被保険機関はのれんを資本に計上しているため[5]，案のようにFDIC規制にあわせるために2年（10年？）内に資本からのれんを控除することは健全な貯蓄金融機関も不可能なこと．④案は引き続き銀行よりも高い預金保険料の支払い[6]を貯蓄金融機関に求めているが，貯蓄金融機関は容易に預金保険料の増大コストを預金者に転嫁することは困難なこと[7]．

次に商業銀行．商業銀行はブッシュ案がFDIC被保険銀行の保険基金を貯蓄金融機関の救済に使わないとしたことを歓迎しつつ，議会が同基金を救済に充てるべく動くのではないかと恐れる一方，他方ではまた，同業界は同案がFDIC加入機関の預金保険料を2倍にすることを盛り込んでいるのに対して，これは銀行収益に打撃となると主張した．しかし，概していうと，同業界は以前のいくつかの案が商業銀行と貯蓄金融機関の保険基金の合併や銀行の保険料の4倍化を盛り込んでいたことを斟酌して，同案に対して好意的であった[8]．

実際，このブッシュ政権案は急増した破綻貯蓄金融機関の処理とこれまた破綻状態のFSLICを中心とする貯蓄金融機関監督機関の再編を協力に推し進めていくものであったから，この案をめぐっては利害が錯綜した．特に，1989年2月22日に政権法案が議会に提出されると，議会ではこの法案をめぐっての論議が沸騰した．次に，貯蓄金融機関救済法をめぐる議会の対応を整理しておきたい．

第2節　議会の対応

この法案が議会でいかに重視され，いかに短期間に迅速に処理されたかは，次のことをもっても明らかである．ブッシュ政権案が議会に提出され，審議された後，承認されるまでのわずか5か月余りの間に，この法案に関するレポートは上院で1，下院で9出されているし，この法案に関する各委員会の公聴会

は少なくとも上院で3回延べ14日，下院にいたっては10回延べ18日開催された．むろん同法案に関してはこの他に上下両院本会議（13回），両院協議会（2回）も開催されているのである[9]．提出された修正案も数多く，下院銀行金融都市問題委員会金融機関監督規制保険小委員会だけでもおよそ200にも達した．それらの審議経過は第4-1表のとおりであった．

第4-1表　議会でのFIRREA審議過程

2月6日	ブッシュ大統領，貯蓄金融機関業の危機を解決し，連邦預金保険を健全な基礎に置くための案を発表した．提出された案はすべての債務超過機関を閉鎖する費用を支払う新公社を創設して，それに資金手当てし，貯蓄金融機関業の規制機関を再組織し，そして連邦預金保険を改革することになる．
4月19日	上院は考え方ではブッシュ政権案に大変に近い貯蓄金融機関救済・改革法案（S.774）を承認した．
6月15日	下院は予算措置，厳格な資本基準，住宅プログラムを含む法案（HR 1278）を採択した．
7月27日	議会協議会は法案に関する作業を完了し，結果的に生ずる3年間の連邦赤字の増大をグラム=ラドマン反赤字法（Gramm-Rudman anti-deficit law）から免除する一方，500億ドルの資金調達プログラムを連邦予算に盛り込むことに合意した．
8月3日	ブッシュ大統領は共和党下院リーダー，R.ミッシェル（Robert Michel（イリノイ選出））に，資金プログラムが予算に盛り込まれるのなら同法案に拒否権を行使すると威嚇する手紙を書いた．
8月3日	拒否権行使の脅しにもかかわらず，下院は協議会報告を承認した．
8月3日	上院は，54対46で予算上の取り扱いをグラム=ラドマン反赤字法から免除するのに必要な5分の3の多数を得ることができなかったので，協議会報告を退けた．同法案は，残った唯一の論点—融資プラン—を解決するために即座に協議会に戻された．
8月4日	上院は，1989年に200億ドルをオンバジェットに，1990，1991財政年度には300億ドルをオフバジェットに盛り込む修正協議会報告を受け入れた．
8月5日[1]	下院は，下院指導者が夏期休会を始めていたメンバーに代わって代理投票を行うことにより修正協議会報告を受け入れた[2]．
8月9日	ブッシュ大統領はFIRREAに署名し，法律となった．

注：1) この議決は8月5日12時05分に行われたため，下院の修正協議会報告の受け入れはここでは8月5日となっている．しかし，一般的には下院の協議会報告の受け入れは，8月4日と記録されている．これは，議会は8月5日から休会に入ることが法律で決められていることによるものと思われる（*Congressional Record*, August 4, 1989, H 5315；http://www.thomas.gov.を参照）．

2) ここでは，下院の修正協議会報告が代理投票によって受け入れられたようになっているが，これは疑わしい．この投票は，記録表決（recorded vote）で行われ，賛成201，反対175，保留5，棄権50であった（*Congressional Record, ibid.*）．

資料：Barth, James R., and Philip F. Bartholomew, "The Thrift Industry Crisis: Revealed Weaknesses in the Federal Deposit Insurance System", in *The Reform of Federal Deposit Insurance,* James R. Barth and R. Dan Brumbaugh, Jr., eds., HarperBusiness, 1992, p.38.

第4章　FIRREAの成立と連邦預金保険制度の改編

　これらの審議の中で問題とされるのは事前には次のような諸点であると予想された[10]．①FHLBBの独立性，②州免許機関の活動制限（特に非伝統的資産への投資），③上げられる預金保険料，④1991年6月1日までのFDIC被保険機関と同等の自己資本比率の達成，⑤その他ブッシュ案が盛り込んでいない貯蓄貸付組合持株会社の活動規制，州法銀行とその子会社の活動規制，銀行持株会社の貯蓄金融機関買収の認可．

　実際，議会の審議ではこうした点及び救済資金の調達方法が焦点になった．次に，これらの中でも④および救済資金の調達に関する論点を中心に議会での論議を整理しておきたい．

　法案審議の主な舞台は，上院では銀行住宅都市問題委員会，下院では銀行金融都市問題委員会で，その他にも下院では歳入委員会，司法委員会，予算委員会等でも行われた．上院の銀行住宅都市問題委員会で4月12日に通過し，4月19日に3日間の本会議審議を経て可決された上院案（S.774, Financial Institutions Reform, Recovery, and Enforcement Act of 1989）は，基本的にはブッシュ案に沿ったものであった．

　ただ大きなところでは次のような点で異なる．すなわちまず第1に，上院案では，すべての貯蓄金融機関は1991年に3％を超える自己資本比率（そのうち少なくとも1.5％は有形資本——キャッシュ，有価証券，その他の流動資産——でなければならない．残りはのれん）を持つこととされた．他方，ブッシュ案では，先にみたように商業銀行に合わせられて6％であった．この点からみると，上院案は政権案よりも貯蓄金融機関にとって有利な案であった[11]．さらに上院案は，のれんを計上している貯蓄金融機関は25年内にそれを償却すればよいとしてブッシュ案を一層緩和した．政権案では，のれんは10年のみ資本計上を認められていた．

　第2に，上院案では，貯蓄金融機関に対する貸付機能を持つFHLBをそのまま独立した機関として残して，新たなS&Lの規制当局を財務省内に設立するとされた．ブッシュ案では，FHLBとS&L規制当局は財務省の管轄下におかれるとされていた[12]．

　上院では法案の審議が順調に進み，政権案に近い案が可決されたのに対して，下院での審議は難航した．下院で主として法案（H.R.1278, Financial Institutions Reform, Recovery, and Enforcement Act of 1989) の審議にあたったのは，銀行金融都市問題委員会，特に金融機関監督規制保険小委員会であった．同小委員会は，200にも達する修正案の審議も含め32時間以上も費やして，同小委員会案を作成した（1989年4月13日）[13]．ここで最も意見のわかれたのは，資本基準であった[14]．この点についての小委員会案は，貯蓄金融機関に対して，1990年6月までに資産の3%（うち半分は普通株，優先株，留保利益，1989年4月1日以前発行の劣後債よりなる有形資本，残りの半分はのれん，購入モーゲージ・サービス権，モーゲージ・サービス（retained mortgage servicing），既得劣後債（grandfathered subordinated debt））の自己資本を有すればよいとし，また，のれんの資本計上を40年間認めるというものであった．この小委員会案は，有形資本を少なくとも3%持たなければならない商業銀行を怒らせたという[15]．この案は，明らかに貯蓄金融機関業界の要求をいれて，ブッシュ案を大きく緩和するものであった．

それに対して下院銀行委員会は5月2日に，小委員会案にいくつかの修正を加えた上でH.R.1278を49対2の圧倒的多数の賛成で承認した．しかし，下院銀行委員会案は，同小委員会案とは異なり，ブッシュ政権のロビー活動もあって貯蓄金融機関にとってより厳しいものとなった．その例として2つあげよう．まず第1に，資本基準について．貯蓄金融機関は1994年12月31日までに少なくとも資産の3%の自己資本を持つことを要求され，しかも，そのすべては現金と市場性の証券でなければならなかった[16]．つまり，この時点以降，のれん等の無形資産の資本算入は許されないとされたわけである．また同委員会案では，その他にも小委員会案より1年早めて1990年6月1日までに資産の1.5%の有形資本を有すること，同じ時までにのれんを含む3%のコア資本を有することを貯蓄金融機関に要求していたが，これらはいずれも資本基準を緩めようとする一部委員の要求を退けて同委員会案に盛り込まれたものであった．第2に，低中所得者用住宅モーゲージの補助にFHLBの留保利益の一部が充てられるといった低所得者用住宅の優遇策が盛り込まれたことであった．

下院では，H.R.1278はその他にも歳入委員会，司法委員会，政府活動委員会，予算委員会，規則委員会でも審議された．なかでも歳入委員会は，500億ドルの救済資金について審議したという点で重要であった．同委員会は，政権

第4章　FIRREAの成立と連邦預金保険制度の改編　　　　　　　73

の強い反対にもかかわらず，向こう3年間にわたって500億ドルを連邦予算の一部として借り入れることを議決した．同委員会はこの500億ドルをグラム=ラドマン法の適用除外にして，同法による自動的な支出カットを避ける方策も講じた．というのは，同委員会は，政権案のように政府の保証（full faith and credit）なしの債券発行では，30年物財務省証券と比較して，およそ30ベーシスポイント高い金利になってしまい，年間1億5000万ドル，30年間では45億ドルの金利支出増大となって，結局その分が納税者の負担となってしまうといった試算[17]を考慮したのである．それに対して財務長官のブレイディ（Nicholas F. Brady）は，同法の最終案がオンバジェットでの融資計画を盛り込んでいれば，大統領は拒否権を発動することになること，また同法の成立が遅れればオンバジェットによる資金調達が節約する金利を上回る追加的な損失が倒産貯蓄金融機関で発生することを警告した[18]．

　歳入委員会のこの決議は，この法案に関するブッシュ政権の最初の大きな敗北ともいえる重みをもっていた．なぜかといえば，貯蓄金融機関の救済資金をオンバジェットで調達するかオフバジェットで調達するかに関して，その後，政権の拒否権行使の威嚇にもかかわらず，銀行委員会の民主党議員を含め下院民主党議員はオンバジェットに傾き，民主党優位の政府活動委員会もオンバジェットを決議することとなったし，また後述の如く，この点こそが法案成立の最後の障害となったからである．

　こうした下院の委員会審議を経て，下院本会議に法案が提出されたのは，1989年6月14日であった．下院は11の修正案に対する投票を行った後，翌日320対97の大差で下院案を可決した．最終的にできた下院案では，貯蓄金融機関に対して1990年の6月1日までに3%の有形純資産をもつこと，のれんを持つ貯蓄金融機関は1995年までは無形資産を漸減ベースで計上できるというものであった[19]．また，救済資金調達については，オンバジェットとするというものであった．下院での同法案可決は，一面ではより厳しい資本基準を目指すブッシュ政権の勝利であり，のれんの資本計上存続を目指す貯蓄金融機関の敗北であった．とりわけ同法案が可決されたのは，貯蓄金融機関の新たな最低自己資本比率を緩やかなものにしようとする修正案が94対326の大差で退けられ，また資本基準が緩められれば拒否権を行使するとの政権の強い姿

第 4-2 表　貯蓄金融機関救済法の上院案と下院案との相違

	上院案	下院案
S&L 資本規制	1991年6月までに資産に対してコア資本3%，ただし少なくとも半分は有形資本．	1990年6月までに3%の資本比率と1.5%の有形資本．有形資本規制は1995年1月までに3%まで上げられる．
予算措置	オフバジェット．整理資金調達公社（Resolution Funding Corp.）が債券500億ドルを発行．	オンバジェット．グラム＝ラドマン法の適用除外を要求．
消費者条項	重要な条項なし．	CRA 格付けの公的ディスクロージャー．貸し手に対して人種，所得，および性別毎のモーゲージ申込，承認の公表を義務づけ．十分なモーゲージを支援するための2つの基金の設立．FED による毎年の小売り銀行業手数料調査の義務づけ．
預金保険	銀行保険料の引き上げと FDIC 準備金の被保険預金の1.25%への引き上げ．FDIC は同比率を1.65%まで引き上げることができる．	FDIC 準備金の上限1.50%の設定．金融機関に毎年の独立した監査を要求．リスクベースの保険料を要求．
貯蓄金融機関の量的貸出し制限	住宅関連貸付けは有形資産の60%．	住宅および教育，小企業貸付けを含む消費者関連貸付けに資産の80%．
買収	銀行持株会社に対して健全な貯蓄金融機関の買収は立法2年後に，「資本毀損」の貯蓄金融機関の買収は即時に認める．	銀行の貯蓄金融機関の買収を即時に認める．

資料：*American Banker,* June 19, 1989.

勢が示された後であっただけに，その感をつよくするものであった．しかし，他面ではオンバジェットでの救済資金調達案の採用は，政権の敗北とみることができる．

　以上では，貯蓄金融機関が達成すべき自己資本比率と救済資金の調達方法を中心に，議会での審議経過をまとめてみた．これらの点の他にも上院案と下院案とには違いがあった．それをまとめたのが，第 4-2 表である．これらの相違は両院協議会に委ねられることとなった．

　両院協議会で最も合意が困難な問題は，救済資金の調達であった[20]．もともとこの問題については，下院選出の協議委員は，この件に関する280対146の圧倒的な本会議での議決を背景にオンバジェットを強力に支持したが，上院選出の協議委員はほとんどすべての上院共和党議員の支持を背景にオフバジェ

第4章　FIRREA の成立と連邦預金保険制度の改編

ットを支持する委員——ガーン（Jake Garn），クランストン（Alan Cranston）ら——と，上院銀行委員会及び本会議の決議を背景にオンバジェットを支持する委員——リーグル（Donald W. Riegle），ハインツ（John Heinz）ら——とに大きく分かれており，それが協議会での合意を難しくしていたからである．しかし，オフバジェットを強力に支持したクランストンが当時苦境にあったリンカーン貯蓄貸付組合（Lincoln Savings and Loan Association）をめぐる利害関係からオンバジェット賛成に態度を変えたことをきっかけに，協議会は合意に達した[21]．

その他協議会では，下院で通過した低所得者用住宅モーゲージ援助プログラムについても合意した．だが，同法をめぐる審議の中で，特に下院では本会議の最後まで議論の対象となるほど大きな問題であった貯蓄金融機関の資本基準については，協議会では霧散状態であった．ただ，上院が貯蓄金融機関にとってより厳しい下院案を受け入れる旨の意思表示をしたこと，資本基準規制の発効期日について議論が行われたこと，程度にとどまる．

しかし，協議会報告の両院での承認は最後までもつれた．先の資金調達をめぐって，上院では，グラム（William P. Gramm）議員が同案はグラム＝ラドマン法に違反しているので，協議会の報告のように資金調達をオンバジェットとするためには，グラム＝ラドマン法を無効にする必要があること，無効にするためには上院議員の3分の2以上（60名）の賛成が必要なこと，を強く主張したからである．加えて，ブッシュ大統領の拒否権行使の強力なおどしもあった．その結果，協議会報告の賛成から態度を変える共和党議員も多く，容易に承認が得られると思われた下院でも，協議会報告は221対199で辛くも承認されるという状態だったし，上院ではグラム＝ラドマン法を乗り越えるのに必要な60人の支持がえられなかった．

そこで，8月3日夜遅く予算管理局長ダーマン（Richard Darman），財務長官ブレイディも加わって，急遽協議された．その席でダーマンは，ガーン上院議員が示唆した案——本年度分のオンバジェット分と来年度以降のオフバジェット分とに分ける——を政権案として提示した．この案をベースにして，本年度分にどのくらいを振り分けるかという議論を積み重ねてできたのが，1989財政年度には支出の5分の2をオンバジェットとし[22]，残りを1990-91財政

年度でオフバジェットとする，という妥協案である．

この妥協案に対する民主党協議委員の怒りは相当なものであった．民主党のリーグル議員（上院銀行委員会委員長）は，この案を強行するのなら法案全体の支持を撤回すると政権に警告したほどである[23]．強力に反対したのは，リーグル議員だけではなかった．下院民主党の4委員長，つまりロステンコウスキー（Daniel Rostenkowski—歳入委員会委員長），ディンガル（John Dingell—エネルギー・商業委員会委員長），パネッタ（Leon Panetta—予算委員会委員長），コンヤーズ（John Conyers—政府活動委員会委員長）も，そろって法案に反対投票するよう同僚に手紙を書いた[24]．

しかし，この協議会報告は，上院では採決方法や定足数に関連して混乱があったけれども，17対4で可決され，また下院では民主党の議員が次々と協議会案の資金調達条項に反対を表明したが，最終的にはそれまで法案に反対していた共和党議員に対する政権の支持働きかけが功を奏し，協議会案は201対175で可決された（1989年8月4日）．こうしてできあがった同法案はブッシュ政権にとって，救済資金の調達の部分を除いて満足のいくものであった．ブッシュ大統領は同法案に署名し，同法案は法律となった．1989年金融機関改革回復執行法（Financial Institutions Reform, Recovery, and Enforcement Act of 1989 : FIRREA）である．1989年8月9日であった．

第3節　FIRREAによる貯蓄金融機関制度の再編成

FIRREAは，553頁にも達する大きなオムニバス法であるから，その規定は多岐にわたる．そこに盛り込まれたのは，単に連邦貯蓄保険制度の改革にとどまらない．貯蓄金融機関制度全体にわたる改革も盛り込まれている．ここではすべての点について言及することはできないので，同法[25]が貯蓄金融機関制度，特に連邦預金保険制度をどのように再編成したのかをみておきたい．

1. 貯蓄金融機関監督制度の改編

まず，最初にFIRREAによって，貯蓄金融機関の監督制度はどう改編され

たのであろうか．

　従来すべての連邦預金保険加入の連邦・州免許貯蓄金融機関及びそれらの持株会社の監督は FHLBB が行ってきたが，この機能は新設の貯蓄金融機関監督庁 (Office of Thrift Supervision: OTS) に移された (第 301 条). OTS は，連邦貯蓄金融機関の免許，規則の制定，連邦・州免許貯蓄金融機関及びその持株会社の検査，貯蓄金融機関の健全性維持と連邦法・規則・OTS 指令遵守のための監督，貯蓄金融機関の法令遵守と不振機関の再建に必要な措置の実施，といった権限を有する．この点では OTS は，FHLBB の一部の権限を受け継いだといってよい．しかし，FHLBB と OTS は，組織的には大きく異なっている．同法制定以前の FHLBB は，その統轄下にある FSLIC, FHLB, 連邦住宅貸付抵当公社 (Federal Home Loan Mortgage Corporation: FHLMC) とともに連邦住宅貸付銀行制度 (Federal Home Loan Bank System: FHLBS) を構成し，どの政府機関からも独立した存在であった．それに対して OTS は，国法銀行を監督する OCC と同様，財務省の一部門に位置づけられている．また，FHLBB は 3 名から構成されたが，OTS では上院の助言と同意を得て大統領によって任命される 1 名の長官 (Director of the Office of Thrift Supervision: DOTS) が旧 FHLBB と同様規則の公布権限を有する．

　FHLBB には上の機能とは別に，12 の連邦住宅貸付銀行の監督と FSLIC の監督という機能もあった．これらのうち，前者の FHLBB の連邦住宅貸付銀行に対する監督責任は，新設の連邦住宅金融理事会 (Federal Housing Finance Board: FHFB) に移された (第 702 条). 同理事会は，住宅都市開発省長官 (Secretary of Housing and Urban Development) 及び上院の助言と同意を得て大統領によって任命される 4 名 (大統領がこのうちの 1 名を議長に任命する)，合わせて 5 名から構成される．また，後者は後述するように，FDIC に移転された．

2. 連邦預金保険制度の改編

　前項の監督制度の改編とは全く無関係ではないが，連邦預金保険制度が大きく改編された．この点は本章にとって重要なので，次に当面の破綻貯蓄金融機

関の救済スキームをも含めた連邦預金保険制度の改編について少し詳しくみておきたい．

　FIRREA によって，従来 FHLBB の管轄下にあった FSLIC が廃止されるとともにその基金が FDIC へ移管された．しかし，FDIC では，新たに移管された旧 FSLIC の基金が従来からある商業銀行を主な被保険機関とする保険基金と一緒にされたのではなく，従来からの恒久保険基金（Permanent Insurance Fund）は銀行保険基金（BIF）として，また旧 FSLIC の基金は貯蓄組合保険基金（SAIF）として，両基金は分離して運営されることになった（第211条）．

　FIRREA によって新たに RTC 及びその監督にあたる整理信託公社監視理事会（Resolution Trust Corporation Oversight Board）が創設された（第501条）．このうち後者については，理事会は財務長官，連邦準備制度理事会議長，住宅都市開発省長官及び上院の助言と同意を得て大統領が任命する2名から構成されること，理事会議長は財務長官が務めること，理事会は RTC の活動のための全体的な戦略・方針及び目標の展開と策定，公社の規則・規程・原則・手続き・ガイドラインの検討，公社の全体的な活動実績の検討，財務省，整理資金調達公社（REFCORP）から公社に供与される資金の使用の承認，REFCORP に対する全体的監視，REFCORP に対する公社の資本証書の販売の承認，といった権限を持つことを指摘するにとどめ，前者の RTC について少し詳細にみておこう．

　RTC の最大の任務は，FIRREA 立法化以前に FSLIC に加入していた預金機関で，1989年1月1日から FIRREA の立法日までと FIRREA 立法日から3年内[26]に財産管理人または破産管財人が任命される預金機関，に関係するすべてのケースを管理し処理すること，である．このことからも明らかなように――FIRREA には，その他の RTC の任務として，連邦資産処理組合（FADA）の管理や，調達資金の効率的使用，案件処理に伴う損失の最小化等もあげられているが――RTC はそれまで FSLIC が担ってきた破綻貯蓄金融機関の処理を引き継いだわけである．

　ただ，この場合，FDIC が RTC のすべての責務を果たすというところに特徴がある．したがって，組織的にも RTC と FDIC は重なり合う．両公社の理事会，議長は同一であるし，RTC の日常の業務は FDIC によって管理される．

第4章　FIRREAの成立と連邦預金保険制度の改編　　79

　とはいえ，RTCに与えられた権限は大きく広い．取得した不動産及び動産の保有・賃貸借・競売，破綻処理金融機関のワラント・議決権付き株式・無議決権株式・資産・財産の取得，整理資金調達公社への議決権のない資本証書の発行，金融機関の合併の要求，連邦貯蓄組合の組織化，ブリッジバンクの組織化，1988年1月1日からFIRREA立法化までの間にFSLICによって処理された債務超過金融機関の案件及びFDICの現存の合意の再検討，等である．

　RTCについて重要なこととして，破綻機関の処理に必要な資金調達の問題がある．だがこのことについてはすぐ次に触れられるから，最後にもう1つ，RTCの終了についてみておこう．RTCは一定の期間のみ存続し，その期間が終了するとともに廃止される．それについてFIRREAは次のように規定している．「公社は，1996年12月31日よりも遅くない時期に終了する．その終了の時点で，公社が財産管理人又は破産管財人として行動している場合，連邦預金保険公社は，財産管理人又は破産管財人として公社を継承する．」「公社の終了と同時に，公社のすべての資産及び負債は，FSLIC整理基金に移転される．その後FSLIC整理基金は資産の販売からの純益を整理資金調達公社へ移転する．」

　言おうとしていることは明白である．RTCの廃止後は，①管財人の役割をFDICが受け継ぎ，②資産・負債はFSLIC整理基金（FSLIC Resolution Fund：FRF）へ移され，そこでの資産の販売による純益は整理資金調達公社に移される，というわけである．後日のことになるが，この規定に従い，RTCは実際には1995年12月31日にその役割を終え閉鎖された．

　FIRREAによる連邦預金制度の改編については，今少し触れたFSLIC整理基金（FRF）についてもみておく必要がある．同基金は，連邦預金保険法の改正という形でFIRREAによって創設されたものである（第215条）．同基金はFDICによって管理運営される．この点はSAIFと同様である．同基金の任務は，RTCによって引き受けられた部分を除くFSLICのすべての資産・負債を引き受け，清算業務にあたることである．この業務に必要な資金は次のところから調達される．①FSLIC整理基金の資産でえられる収入，②管財人から支払われる清算配当金，③金融公社によって借り入れられた額[27]，④FIRREAの立法時から1991年12月31日まではFDICによってSAIFメンバ

一に対して課される額，⑤以上でも不足する場合は財務省資金．FIRREAは，FSLIC 整理基金の終了を規定している．この点は RTC と同様である．しかし，ここでの終了は，RTC の場合とは異なり，一定期日に特定されているわけではなく，負債・資産の処分完了時となっているのが特徴といえるであろう．

以上では，FIRREA による貯蓄金融機関の監督制度と連邦預金保険制度の改編についてみてきた．こうしたことからも明らかなように，従来はFHLBB のもとで貯蓄金融機関の監督機能と預金保険機能とが一体として営まれてきたが，FIRREA によってこれらの2機能が OTS 及び FDIC (SAIF，RTC，FSLIC 整理基金) 2機関に分担されるようになったという点が，最大のポイントである．

3. 救済資金の調達

すでに述べたように，貯蓄金融機関の救済に必要な資金の調達をどのようにするかという点が，FIRREA の議会通過を遅らせた最大の要因であった．次に，既述の議会での FIRREA 審議過程を踏まえつつ，同法に盛り込まれた貯蓄金融機関の救済資金の調達スキームはどのようなものであったのかをみておこう．

FIRREA は，連邦住宅貸付銀行法の改正という形で整理資金調達公社 (REFCORP) の創設を盛り込んだ (第511条)．この公社の任務は上の RTC に資金を供与するところにある．そのため，REFCORP には，資金調達に関連して次の権限が与えられた．①FHLB に対する無議決権株の発行，②RTC 発行の資本証書の買入れと RTC への資金譲渡，③債券 (debentures, bonds, or other obligations) の発行，借入れ，担保の提供，金利の支払い，④SAIF 加入機関に対する保険料の賦課．

ではその資金調達はどのようになされるのであろうか．まず，REFCORP は，上の①に基づいて FHLB に無議決権株を売却することによって資金を調達する．ただしこの場合，売却される株式には限度があって，幾分かの調整部分があるとはいえ，1988年12月31日現在の FHLB の準備金及び未配当利益 (reserves and undivided profits) の範囲内でなければならない．もっとも，こ

第4章　FIRREAの成立と連邦預金保険制度の改編　　　81

れには抜け道があって，「資金調達公社元本基金に追加的な資金を供給する必要」がある時には，同公社はSAIFの構成員に対して保険料を賦課することができる（上述の④）．さらに，以上でも整理資金調達公社元本基金（Funding Corporation Principal Fund）が不足する時には，FSLIC整理基金の請求権についての清算配当が充てられる．こうして調達された資金がRTC発行の資本証書と交換にRTCに移される（上述の②）．1989年度には12億ドルが移されるとされている．

　REFCORPがこのようにFHLBの準備金，未配当利益の範囲内でFHLBに無議決権株を売却し資金を得るというのは，単に上記の1988年12月31日現在のFHLBの準備金及び未配当利益を基準にした売却1回限りではない．REFCORPは整理資金調達公社元本基金に資金が十分繰り入れるまで，FHLBに毎年追加される準備金，未配当利益の範囲内で無議決権株を発行し，資金を調達する．こうして調達された資金のうち，RTCに移転される先の12億ドルと後述のREFCORPによって発行される債券に対する支払い金利を除いた残りは整理資金調達公社元本基金に払い込まれる．

　次に，上の③についてはどうか．FIRREAはREFCORPに対して1990，1991年度に300億ドルの社債，ノート，無担保社債等（bonds, notes, debentures, and similar obligations）の発行を認めている．債券の発行によって調達された資金は，RTCの発行する資本証書と交換にRTCに移されるか，既発行の債券の償還に充てられることになる．

　この債券の満期時（満期は30年であるから，償還期限は2019年）の元本は，整理資金調達公社元本基金に保有されている無利子証書（noninterest bearing instruments）の清算により償還される．また，この債券の金利支払いには，①整理資金調達公社元本基金に投資されないREFCORPの資産からの収益，②①では不十分な時にはRTCの管財手続きから生じる清算配当，RTC取得のワラント，パーティシペーション（participation）からの収入，③さらに①及び②では不十分な時にはFHLBの純利益の一部，④以上でも不十分な時にはFSLIC整理基金がRTCから受け取った資産の売却益，⑤最後に以上でも不十分な時には財務省資金，が充てられる．

　この資金調達スキームについて，2点を注目しておきたい．まず第1に，

REFCORPは連邦政府の一部を構成するが，ここから発行される債券は連邦住宅貸付銀行制度，FHLB，連邦政府，またはRTCの債券ではなく，その元本はこれらによって保証されたものではなかった．その意味では，貯蓄金融機関の救済資金をオンバジェットとするかオフバジェットとするかという議論が議会で行われた際に，オンバジェットに与する一部議員が懸念したように，このREFCORP債の金利が高くなり，利払いもそれだけ増嵩することになったことは否めない．

　第2に，REFCORP債の満期時の元本の償還についてである．先にこの債券の元本は，整理資金調達公社元本基金に保有されている無利子証書の清算により償還される，とあった．これはどういうことかというと，上述のことからも察せられるように，次の意味である．REFCORPによってFHLBへの無議決権株の販売，SAIFの構成員に対する保険料の賦課，FSLIC整理基金の請求権についての清算配当によって集められた資金のうち，RTCの資本証書への投資，REFCORP債の金利支払いに充てられないREFCORPの資産は，満期になればREFCORP債の元本総額とほぼ等しくなるような財務省無利子証書＝ゼロクーポン債に投資され，整理資金調達公社元本基金に保有される．したがって，ゼロクーポン債の満期には（ただしこの満期についてはFIRREAでは触れられていない）ゼロクーポン債の額面金額が財務省により償還されるので，REFCORPはその資金でREFCORP債を償還するわけである．

　なお，REFCORPについて最後に1つ付け加えておけば，同公社にも終了規定がある．ただし，この場合にはRTCとは異なって，終了日が特定されているのではなく，同公社は同公社によって「発行されたすべての債務の満期と完全な支払い後，できるだけすみやかに解散」すること，及びREFCORP解散の日をもって監視理事会がREFCORPの権限を代行することができること，を定めているにすぎない．

　以上では，FIRREAに盛り込まれた貯蓄金融機関の救済資金調達スキームをみてきた．これと先の連邦預金保険機関の再編とをまとめた上で，FIRREAの破綻貯蓄金融機関の処理スキームはどのようなものかといえば，REFCORPが調達する資金312億ドル（1989年度にFHLBに対する無議決権株発行で得る12億ドル，1990，1991年度にREFCORP債発行によって得る300

第4章 FIRREA の成立と連邦預金保険制度の改編　　83

億ドル）と 1989 年度に財務省から供与される 188 億ドル，合計 500 億ドルで RTC が破綻連邦貯蓄貸付保険公社被保険機関の処理を行う，というスキームである．本書の今までの流れに即していえば，この 500 億ドルのうち，1989 年度に RTC が調達する財務省資金 188 億ドルはオンバジェットながらグラム＝ラドマン法の適用除外分，1990，1991 年度の 300 億ドルはオフバジェットによる資金調達であることはいうまでもない[28]．だが，財政支出をできるだけ抑え，500 億ドルの資金で破綻貯蓄金融機関の処理をしようとした FIRREA による破綻貯蓄金融機関の処理スキームがうまく機能したかどうか．この点は，その後の貯蓄金融機関の救済の展開過程で明らかになろう．

4. 貯蓄金融機関に対する規制

FIRREA はもう 1 つ重要な内容として，貯蓄金融機関に対する多数の新たなあるいは改正された規制も盛り込んでいる．①自己資本比率規制，②脱退モラトリアム，③貯蓄金融機関の買収の促進，④ QTL テスト，⑤ブローカー預金取り入れの制限等，である．ここでは，これらのうち①自己資本比率規制，②脱退モラトリアム，及び必ずしも貯蓄金融機関に対する規制とはいうことはできないが，預金保険料に関する規定についてみておきたい．

(1) 自己資本比率規制について

これは FIRREA には住宅所有者貸付法の改正という形で盛り込まれた（第 301 条）．貯蓄組合の資本基準は国法銀行に適用されるそれと同等の厳しさが要求された．具体的に言えば，適格な貯蓄組合はすべて 1991 年 1 月 1 日以後次の基準を満たさなければならない．この基準未達の貯蓄組合は，資産増加が禁止され，配当・報酬の支払い制限などの指令を OTS 長官から受けることになる．

①貯蓄組合総資産の 3% 以上のコア資本，②同じく総資産の 1.5% 以上の有形自己資本，③リスクベースの自己資本．ただし，この基準は，いくつかの特別の規定を伴っている．まず第 1 に，のれんについてである．先に触れたようなのれんは，1991 年末までは 1.5%，その後 1992 年末までは 1%，1993 年末

までは0.75％，1994年末までは0.375％までコア資本に算入可能である．第2に，市場性購入モーゲージ・サービス権は，その90％がコア資本，有形自己資本，リスクベースの自己資本に算入できるとされた．

(2) 脱退モラトリアムについて

FIRREAは，連邦預金保険法第5条の改正という形で，FDIC被保険機関に対してBIF加入からSAIF加入へ，逆にSAIF加入からBIF加入への加入保険基金の変更を5年間禁止した（第206条）．同法はまた，BIF加入機関とSAIF加入機関との合併・統合も同じく5年間禁止した．ただし，このモラトリアム期間中でも，それがデフォルト中あるいはデフォルトの恐れのあるSAIF加入機関の買収に関連して生じ，それによるSAIFまたはRTCにとっての推定の利益が5年間のこの基金の保険料収入の損失と同等以上である場合，逆にそれがデフォルト中あるいはデフォルトの恐れのあるBIF加入機関の買収に関連して生じ，それによるBIFにとっての推定の利益が5年間のこの基金の保険料収入の損失と同等以上である場合には，上の加入預金保険基金の変更や異種預金保険基金加入機関同士の合併・統合も可能とされた．

同法は，転換行為（conversion transaction）と呼ばれるこのような加入預金保険基金の変更や異種預金保険基金加入機関同士の合併・統合等のモラトリアム期間を設け，特にSAIFの加入機関の同基金からの脱退を妨げて同基金の準備金の枯渇を防ごうとしたわけである．

同様の考え方から，保険基金からの脱退金の規定が設けられた．上のような転換行為がなされた場合，モラトリアム期間であるかないかを問わず，当該機関は脱退金を払わなければならない．加えて，預金金融機関の転換先がSAIFでない場合あるいは買収した金融機関がSAIFのメンバーでない場合には，支払われた脱退金はSAIFに預けられるかあるいは金融公社に支払われ，預金金融機関の転換先がBIFでない場合あるいは買収した金融機関がBIFのメンバーでない場合には，支払われた脱退金はBIFに預けられる，とされた．

この転換行為に関しては，次の2点を付記しておこう．第1に，上記の転換行為の規制は，SAIFに加入している貯蓄組合の銀行への転換を禁止したものではないということである．FIRREAは，転換後にもその銀行がSAIFにと

どまる限りという条件付きながら，SAIF に加入している貯蓄組合の銀行への転換を認めている．

第2に，貯蓄組合を傘下に持つ銀行持株会社は，その貯蓄組合の資産・負債を BIF 加入の銀行子会社と合併させるか銀行子会社に移転するか，どちらかが可能である．ただ，そうしたことがなされた時には，銀行子会社は合併したにせよ移転したにせよ，新たに得た預金に応じた預金保険料を SAIF に払わなければならない．蛇足ながら，この獲得した預金に応じた SAIF への保険料の支払いという規定は，後日 SAIF への支援に関連して無視できない規定となってくることになる．

(3) 預金保険料について

FIRREA は，連邦預金保険法第7条の改正という形で，次のような預金保険料に関する規定を盛り込んだ（第208条）．まず第1に，BIF，SAIF どちらの基金も推定被保険預金の1.25％か，基金に対して巨額の損失が生じそうな状況では1.5％を超えない範囲で1.25％より高い率，のどちらかの準備金比率——指定準備金比率（designated reserve ratio：DRR）——を維持することとされた．ただし，1.25％を超えた準備金は追加準備金（supplemental reserves）に組み入れられて，その運用収益が加入機関に配分され，また保険基金の危機的状況がなくなれば追加準備金自体が加入機関に配分される，とされた．

第2に，BIF 加入機関の年間の保険料は次のように規定された．①1989年12月31日まで：1％の12分の1，②1990年1月1日から1990年12月31日まで：0.12％，③1991年1月1日から1995年1月1日と BIF の準備金が指定準備金比率を達成すると見込まれる年の1月1日とどちらか早い日まで：0.15％，④③で1995年1月1日に指定準備金比率が未達の場合は適当な期間内に達成を可能にする率．また③で1995年1月1日までに指定準備金比率の達成が見込まれた場合には0.15％，⑤率は最高0.325％，⑥1年の率の上昇は0.075％を超えてはならない，⑥各機関に対して賦課される最低保険料は1000ドル．

第3に，SAIF 加入機関の年間の保険料は次のように規定された．①1990年の12月31日まで：0.208％，②1991年1月1日から1993年12月31日ま

で：0.23％，③1994年1月1日から1997年12月31日まで：0.18％，④1998年1月1日以降で指定準備金比率の達成が見込まれない場合は適当な期間内に達成を可能にする率．達成が見込まれる場合は1月1日以降0.15％，⑤率は最高0.325％，⑥1年の率の上昇は0.075％を超えてはならない，⑥各機関に対して賦課される最低保険料は1000ドル．

第4に，FIRREAには金融公社あるいはREFCORPの債券金利支払いを確実にするために，これらのSAIF加入機関に対する保険料賦課についての条項も盛り込まれ，これらの公社によってSAIF加入機関に課される保険料はFDICによって課される保険料から控除されるとされた．

以上では，FIRREAによる主要な規定についてみてきた．これらの規定は貯蓄金融機関や連邦預金保険制度にどのような影響を及ぼしたのだろうか．次に，FIRREAで再編された連邦預金保険制度はどのように機能したのかをみてみよう．

注
1) *American Banker*, February 8, 1989.
2) 全文は *American Banker*, February 16, 1989.
3) ただし，この公社の略語は以前はREFCOであったが，この時期にはREFCORPと表現されている．なお，同じくRFCと表現される場合もある．
4) *American Banker*, Feburary 8, 1989. ただし，ここで『アメリカン・バンカー』紙のいうように，議会が「救済のための費用を連邦予算に盛り込もうとしている」大統領案に反対したのかどうか．というのは，本章で明らかにするように，議会の大勢は逆にオンバジェットでの救済資金の調達を支持したからである．
5) 1980年代の初めに，100以上の経営不振の貯蓄金融機関が売却された．その際，「監督当局は，債務超過機関の赤字を埋め合わせるために，買い手に帳簿上資本としてのれんを用いることを認めることによって，買い手を募った」(*Wall Street Journal*, May 25, 1989) のである．その結果，数年間で数十億ドルののれんが，相対的に健全な貯蓄金融機関のバランスシートに計上されることになった．
なお，次の数字も参考のためにあげておく．

S&Lののれん

影響を受けたS&L	748
帳簿上ののれん	230億ドル
これら機関の総資産	9350億ドル

資料：*Wall Street Journal*, June 7, 1989.

第4章　FIRREAの成立と連邦預金保険制度の改編　　　　87

6) ブッシュ案では，S&Lの年間預金保険料は1991年から1994年にかけて預金100ドル当たり21セントから23セントに引き上げられ，その後に18セントに引き下げられることになっていた．他方商業銀行では，預金保険料は当時預金100ドル当たり8.3セントであったが，ブッシュ案では1990年には12セント，1991年には15セントになり，その後この保険料がFDICの保険基金が預金100ドル当たり1.25ドルに達するまで継続されることになっていた（*American Banker*, February 8, 1989）．
7) 8) *Ibid*.
9) *1989 CIS Annual : Legislative Histories of U.S. Public Laws*. ただし，同書には下院規則委員会や政府活動委員会の公聴会は記載されていないから，同法案の審議には本文で述べた以上の公聴会が開催されているものと思われる．
10) *American Banker*, February 15, 1989.
11) もっとも，政権案では，上院案のようにのれんの資本計上に制限がなく，のれんだけで6%にすることも可能であったから，本文とは逆に，上院案の方が政権案より厳格になったという主張もある（*1989 Congressional Quarterly Almanac*, p.124）．はたしてどうなのであろうか．
12) *Wall Street Journal*, April 13, 1989.
13) *1989 CQ Almanac*, p.125.
14) *Wall Street Journal*, April 26, 1989.
15) *American Banker*, April 18, 1989.
16) *Wall Street Journal*, April 28, 1989.
17) U.S. Congress, House, Committee on Ways and Means, *Financial Insitutions Reform, Recovery and Enforcement Act of 1989 : Report*, 101st Cong., 1st Sess., Government Printing Office, 1989, p.38. ただし，本文の試算はFRBのもの．
18) *1989 CQ Almanac*, p.129.
19) *American Banker*, June 16, 1989.
20) もう1つ両院協議会で最後まで調整がつかなかったのは，州免許貯蓄金融機関の規制のあり方であった．貯蓄金融機関全体の資産の25%を占める州免許貯蓄金融機関は，連邦免許貯蓄金融機関よりも広い投資権限をもっているにもかかわらず，貧弱な監督しか受けていなかった．そこで，下院はこれらを連邦銀行監督当局の下に，上院は連邦貯蓄金融機関監督当局の下に置くことを主張した（*Wall Street Journal*, July 19, 1989）．
21) *1989 CQ Almanac*, p.131.
22) その財政年度はほとんど終わっており，もはやグラム＝ラドマン法の適用除外にする必要がなかったのである（*ibid*., p.133）．
23) *Wall Street Journal*, August 7, 1989.
24) *American Banker*, August 7, 1989.
25) FIRREAの抄訳が次のところに掲載されている．参照されたい．国立国会図書館調査及び立法考査局『外国の立法』No. 203, 1998年．
26) したがって，1992年8月8日ということになる．それ以降は，管財人が指名される機関については，SAIFが破綻処理をすることとなった．しかし，この期限は，後

に2回にわたって延長され，最終的には1995年6月30日まで延長された．
27) 1987年のCEBAによって創設されたFICOは，FIRREAによってFSLIC整理基金への融資機関に編成替えされた．
28) 1989年度にFHLBに対する無議決権株発行で得る12億ドルもオンバジェットとする見解が一般的である（例えば，*1989 CQ Almanac*, p.118）．なぜオンバジェットになるのか筆者には不明である．

第5章
RTCの活動：FIRREA後の連邦貯蓄保険制度（その1）

第1節　RTCの組織

　金融機関改革回復執行法（FIRREA）によって新たに創設された整理信託公社（RTC）は，次のような組織であった[1]．

　これらの各部局のうち，まず第1に資産不動産経営局（Asset and Real Estate Management Division）は，破綻貯蓄金融機関より得た資産の運用と処理を行う部門である．この局には，資産処分ブランチ（Asset Disposition Branch），契約運営資産運用ブランチ（Contract Management and Asset Operations Branch），資産マーケティング・ブランチ（Asset Marketing Branch）がある．

　容易に推測されるように，この局は破綻貯蓄金融機関の資産を運用したり，処分したりする局であるから，RTCにとって極めて重要な局である．上のブ

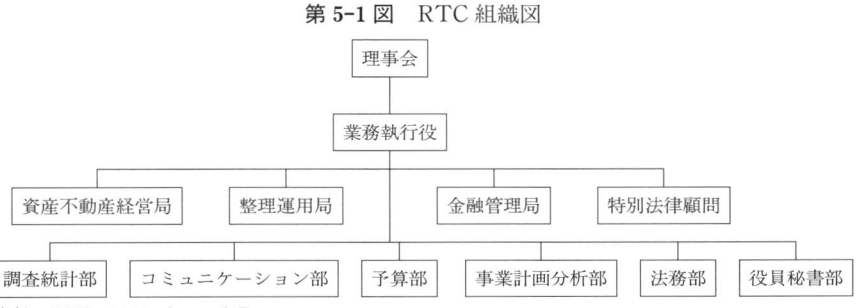

第5-1図　RTC組織図

```
                    理事会
                      │
                   業務執行役
                      │
┌─────────┬─────────┼─────────┬─────────┐
資産不動産経営局  整理運用局    金融管理局    特別法律顧問
                      │
┌────┬──────┬────┼────┬────┬────┐
調査統計部 コミュニケーション部 予算部 事業計画分析部 法務部 役員秘書部
```

資料：RTC, *1989 Annual Report*.

ランチの中でも特に最初の資産処分ブランチは重要で，この部門は地方の不動産や金融市場に対する影響を最小限にしながら，RTCにとっての現在価値を最高となるように，また低・中所得者や非営利組織に対しては適当な住宅購入ができるように，資産を処分する義務を負う．また，次の契約運営資産運用ブランチに属する契約運営セクションは，RTC資産の運用と処理を民間に委ねるプログラムの開発と実行にあたる．すなわち，民間に任せる資産の決定，契約手続きの確立，契約者データベースの開発・管理，少数民族・女性所有企業への契約参加機会の保証，等である．同じブランチの資産運用セクションは，資産処理の立案と結果の報告，資産運用情報システムの開発・運用，資産処理に伴って生じる諸問題解決の技術的サポート等を担当する．最後の資産マーケティング・ブランチは，RTC管理下にある不動産，バルクローンなどの資産のマーケティングを担当する．

　第2に，整理運用局 (Resolutions and Operations Division) はどうか．この局は，RTCの財産管理プログラム (conservatorship program) の下にある破綻貯蓄金融機関の経営・処理に責任を負う．1989年8月9日，つまりFIRREAが立法化された日に，この局は旧FSLIC及びFDIC財産管理下 (conservatorship) にあった262の破綻貯蓄組合の管理を引き受けた．整理運用局はこれらの機関と新たに財産管理下に置く機関を経営するとともに処理するわけである．この局は，ワシントンにある運用グループと整理グループの2グループ，アトランタ，カンザスシティ，ダラス，デンバーにある地方事務所から構成される．地方事務所もワシントン同様2グループに分かれている．

　これらの2グループのうち運用グループは，2つの機能を持つ．RTCの財産管理プログラムの管理と不法行為の追求である．前者を担当するのは財産管理運用ブランチ (Coservatorship Operations Branch) である．このブランチは管理下にある機関をRTCにとってコストとリスクが最小となるよう管理しなければならない．この目的達成のために，このブランチはRTCの地方事務所や経営代理人の指針となる政策・手続きを作成する．また，RTC監視理事会によるガイドライン遵守，データの提供，管理下の資産管理プログラムの開発，さらに効率的な債務超過機関の閉鎖等も，このブランチの任務である．管理下の機関の貸付ポートフォリオを証券化し，売却するプログラムを作り上げたり，

また，これらの機関のモーゲージ・サービス権の評価・処理システムを作り上げるのもこのブランチの任務である．さらにこのブランチは，当該機関の縮小過程を評価する助けとなる毎週の資産処理報告システムの開発や，非被保険預金特定のための自動システムの開発も行っている．

運用グループに属するブランチには，財産管理運用ブランチとは別に調査ブランチ（Investigation Branch）がある．このブランチは，内部濫用，詐欺等の不法行為調査プログラムに必要な政策・立案活動を任務とする．具体的には，調査のためのスタッフ配置，調査の実行，調査方法の改善，民事・刑事訴訟のモニタリング等である．

次に，整理グループの任務は，RTCの財産管理下にある債務超過機関の売却先を探し，そこへ当該機関を売却することである．この場合，入札者を全国から集め，公正かつ効率的な入札が行われて，納税者に対する負担が最小となるよう努めるのが一般原則である．しかし，少数民族，女性による入札が奨励される．例えば，少数民族所有機関の処理の場合には，入札の際に，この破綻機関所有者と同一の民族に属する投資家によって所有される機関が優先される．

このグループでは，主取引ブランチ（Major Transactions Branch）と出先整理ブランチ（Field Resolution Branch）が破綻機関の売却にあたる．主取引ブランチは，5億ドル以上の資産の組合を処理する．

整理グループの活動は，おおむね次のようになる．まず処理される機関が決められる．この場合に一番重視されるのは，コストを最小化するという観点である．監督当局に処理されることが伝達される．RTCの地方事務所は入札パッケージと損失レビューの準備にとりかかる．RTCは，以前から同種機関に関心を示す投資家とコンタクトをとるとともに，連邦監督当局から資格のある入札者リストを手に入れる．一般情報，財務状態，支店配置，預金情報を含むパッケージが投資家に提供される．さらに，監督当局によって承認された投資家は，秘密保持を約束の上，財務状態，資産債務データ，支店配置，経営管理，人的資源の詳細な情報を含む入札パッケージ，法務書類が提供される入札協議会に招待される．他方，RTCでは資産評価が行われ，損失が見積もられる．この損失見積もりはRTCのコストテスト（cost test）の主要な要因の1つとなる．

RTCは，入札日に開札し，すべての必要な承認が適当な監督機関から得られているかを確認のうえ，RTCのコストテストに合致していれば一番札をRTC理事会に推薦する．理事会は入札をレビューしたうえ，入札勝利者（winning bidder）を承認し，そこと契約する．OTSは当該機関を閉鎖し，RTCを管財人に任命する．当該機関の資産・負債は入札勝利者に移転され，また適当な資金がRTCより支払われる．

第3に，金融管理局（Finance and Administration Division）．ここはRTCの資金調達と資本市場活動の展開・評価・運営に責任を持つ．この局はまた，RTCの管理・自動化支援サービスを指導する．

特に，公社資金調達セクションは，RTCおよびその管理下にある金融機関の資金調達のプランニング，評価，要求の責任を持つ．また，同セクションは処理，管財人への前貸しを含む資金調達に関する運営活動をコーディネートする．同セクションはさらにRTCの活動に伴うさまざまな報告システム，データベースの確立・改良に務める．

資本市場ブランチは，RTCの全国的な証券の販売，セキュリタイゼーションその他資本市場活動に関連する政策，手続きの実行に責任を持つ．また同ブランチは管財人のもとにあるローンやその他の資産をプールしセキュリタイズするプログラムの開発・指導，RTCの資産処分からRTCの受け取りを最大化するために資本市場・取扱業者のモニタリング，地方事務所に対する金利リスク，減量化，流動性の評価・管理の指導・援助を与える．

金融管理局のもう1つのセクション，管理セクションは，RTCのワシントン事務所，4つの地方事務所，14の地域事務所（field office）の人事管理，事務所の設定，財・サービスの調達，トレーニング・プログラムの実施等を行う．

さらに同局には，RTCの経営情報システムを立案・実行するオートメーション・セクション，経営幹部，議会，一般人に提供されるRTCの財務情報に責任を持つ財務報告セクションも属する．

RTCは，以上のような各局の他，調査統計部，コミュニケーション部，予算部，事業計画分析部，法務部，役員秘書部，からなる．

このような組織を持つRTCは1989年8月に設立されて以来どのような活動を行ったのであろうか．次にその点についてみよう．

第2節　RTCによる破綻貯蓄金融機関の処理方法

　RTCの主要任務は，FIRREAに規定されているように，FIRREA制定以前にFSLICによって付保されており，しかも1989年1月1日からFIRREA制定までに管財人が任命されていたか，FIRREA制定日より3年以内に管財人が任命される金融機関を管理し処理することである[2]．

　この場合，RTCは次のように運営しなければならないとFIRREAによって義務づけられている．①当該金融機関の販売その他の処分，資産の販売からの現在価値収益を最大化すること，②地元不動産・金融市場に対する影響を最小化すること，③破綻貯蓄金融機関処理のために受け取る資金を効率的に使うこと，④処理に伴う損失額を最小化すること，⑤低・中所得者個人のために手に入れることのできる・ゆったりした居住用財産の維持を最大化すること．

　RTCは，1989年8月9日から1995年末までのその存続期間内にこの任務を遂行し，第5-1表に示されているように4026億ドルの資産を持つ747の貯蓄金融機関を処理した．この際の保護した預金口座は2500万口座，預金総額2210億ドル，保護した平均口座残高9000ドルであった[3]．

　これらの機関の処理にあたってのRTCの活動はどんなものだったのだろうか．RTCの初期の活動については，多数の文献がある．しかし，RTCの全期間にわたっての包括的な文献は少ない．ここでは，後者の文献の1つである

第 5-1 表　RTC による破綻貯蓄金融機関の処理（1989-95 年）

(単位：件，100 万ドル)

	1989	1990	1991	1992	1993	1994	1995	合計
破綻貯蓄金融機関数	318	213	144	59	9	2	2	747
財産管理人被任命数	318	207	123	50	8	0	0	706
加速処理プログラム	0	6	21	9	1	2	2	41
破綻時の総資産	141,749	130,247	79,034	44,885	6,105	129	426	402,575
処理時の総資産	89,144	81,166	47,344	22,480	4,170	129	426	244,859
処理後の残余総資産	61,396	53,209	35,418	15,486	3,560	71	387	169,527
破綻時の預金総額	112,919	98,672	64,847	33,698	4,823	124	408	315,491
処理時の預金総額	85,930	69,062	40,336	21,672	3,101	124	407	220,632

資料：FDIC, *Managing the Crisis : The FDIC and RTC Experience 1980-1994,* 1998, p.115.

FDIC の文献『危機管理―FDIC と RTC の経験―』[4]を中心に RTC の破綻機関の処理についてまとめておこう．

RTC が 1989 年 8 月 9 日に設立されたとき，同公社は 1989 年 2 月 7 日の FDIC と FHLBB および FSLIC との合意によって，FDIC の管理下におかれていた 262 の破綻金融機関を引継いだ．また同公社は同年末までに新たに 56 の破綻機関を財産管理人制度プログラムに付け加えた[5]．第 5-1 表の 1989 年の貯蓄金融機関破綻数は，この合計数を示している．他方，RTC は同年内に 37 の破綻機関を処理した．そこで，1990 年の初めには 281 の機関が RTC の財産管理下にあった．その総資産は 1067 億ドルだったが，この資産の市場価値は 892 億ドルと推定された．したがって，これらの機関の推定損失は 175 億ドルであった．加えて，これらの機関の負債の帳簿価値が資産の帳簿価値を 138 億ドル超過していた．以上のことから，1990 年初めの推定の全損失は 313 億ドルであった[6]．RTC はこのような状態から活動を始め，第 5-1 表にみられるごとくその存続期間内に 747 の破綻貯蓄金融機関を処理したのである．

この場合，最も利用されたのは財産管理人制度（conservatorship）であった．第 5-1 表からも明らかなように，RTC は全部で 747 の破綻機関を処理したが，そのうち 94.5％ にあたる 706 機関を同制度によって処理している．残りの 41 機関については，後述のように加速処理プログラムでの処理であった．では，この財産管理人制度とは何か．

財産管理人制度は，破綻機関の資産を保全し，預金者を保護するために管理者（この場合は RTC）が任命されることによって成立する．この制度は RTC が設立される以前には FSLIC によって用いられていたが[7]，FIRREA は RTC にも財産管理人として行動する権限を与えた．FDIC によってはただ一度だけ，1992 年に破綻したニューヨークのクロスランド貯蓄銀行（CrossLand Savings Bank）の処理に使われただけである[8]．RTC はその設立とともに，262 の機関を同制度下におき，さらに，その設立時から 1995 年 6 月末までに 706 機関を同制度の下においてそのすべてを同じ 6 月末までに処理した．

それでは，どのように処理するのであろうか．これには 2 つのケースがある．まず，パススルー破産管財人制度（pass-through receivership）である．2 つのケースのうちでも，これが普通に行われる．OTS が債務超過の S&L を閉鎖

し，RTCを破産管財人（receiver）に任命する．RTCが新しい連邦相互組合を組織化するとともに，OTSがこの組合に免許を与える．OTSはRTCを新機関の財産管理人（conservator）に任命する．破産管財人としてのRTCは資産と債務のほとんどを財産管理人としてのRTCにP&Aで移し替える（conservatorship）．RTCはその機関を管理下において，経営陣，資産管理・処理専門家を派遣し，処理する．この機関が売却されるかペイオフされれば，財産管理人制度は解消され，その機関は再度管財人（second receivership）のもとにおかれる．この2回のreceivership，つまり最初のpass-through receivershipとsecond receivershipは，無担保債権者やその他の請求権者に回収に応じてプロラタ方式で支払う[9]．もう1つのケースは直接財産管理人制度（straight conservatorship）である．この場合だと，RTCが破綻機関の財産管理人に直接任命される．いずれのケースでも，財産管理人は一時的に当該機関を経営する責任を負い，当該機関が処理されるまでその機関の資産を管理する[10]．

こうしてRTCは，ほとんどの破綻貯蓄金融機関の財産管理人に任命されるとともに，財産管理人として破綻機関を一時的に経営したうえ，当該機関を処理したわけである．

ところで，RTCの処理方法は，FDICと基本的には同じである．つまり一般的には資産負債承継（P&A）が用いられ，預金清算払い（payoff）は最後の手段である[11]．だが，これらの処理方法にはいくつかの変形がある．被保険預金振替（insured deposit transfer：IDT）と支店被保険預金振替（branch insured deposit transfer）は預金支払いの変形であり，支店P&A（branch pur-

第5-2表 RTCの破綻貯蓄金融機関の処理方法（1989-95年）

	1989	1990	1991	1992	1993	1994	1995	合計
直接預金清算払い	4	47	33	4	1	3	0	92
被保険預金振替	26	82	14	2	0	0	0	124
標準P&A	7	150	127	39	19	35	1	378
支店P&A	0	22	38	24	7	26	2	119
支店預金振替	0	14	20	0	0	0	0	34
合計	37	315	232	69	27	64	3	747

資料：*Ibid.*, p.120.

chase and assumption) は P&A の変形である．

　第5-2表は，RTC の破綻機関の処理方法を年毎にみたものである．これをみると，全処理数747のうち66.5％にあたる497が広い意味のP&Aによるものであること，広い意味の預金清算払いは特に1989年から1991年までの3年間に集中していることがわかる．RTCの破綻機関処理方法のこのような変化は，どんな意味を持っているのであろうか．既述のとおり，FIRREA は，RTC に対して処理損失を最小化する義務を課していた．しかし，実際には，RTC の破綻機関処理は，その観点もむろん重要だったが，それと同時に RTC の資金調達と関連して展開された面も強かったのである．これらの処理方法のどれが使われるかは，RTC の資金調達と密接に関連していた．そこで以下では，RTC の資金調達と関連させつつ，しばらく RTC の破綻機関処理政策を追ってみよう．

第3節　RTC による破綻貯蓄金融機関処理の展開

　RTC は，2つの資金調達を必要とした．1つは，運転資金（working capital）であり，もう1つは損失穴埋め資金（loss funding）である．

　前者は破綻機関の資産売却によって回収可能な資金であり，後者は当該機関の処理に伴い資産の売却によっては回収できない資金である．このような RTC の資金調達は，一般的には遅れがちであった．破綻機関の処理はこの資金調達次第であったから，破綻機関の処理も遅れがちであった．つまり当該機関はそれだけ財産管理下におかれる期間が長期化した．そのため RTC が資金を入手し，破綻機関を処理する段階では，当該機関の営業損失が増大しているという傾向があった．

　もっともこれは一般論であって，RTC の初期には状況は違っていた．この時期においては RTC は，たくさんの S&L を管理下においていたので，それらの処理に優先順位をつけなければならなかった．営業損失が多い機関がまず優先的に処理された[12]．営業損失が大きければ処理の際の RTC の処理コストもそれだけ大きくなるからである．

　FIRREA は，RTC に破綻機関の処理費用として500億ドルを認めていた[13]．

この資金は破綻したり，破綻しそうな機関の損失補塡に充当される．この FIRREA で認められた 500 億ドルのうち，1989 会計年度にオンバジェットで認められた 188 億ドルを，RTC が同会計年度中 (1989 年 9 月 30 日まで) に使いきることはむずかしかった．そこでこの期には，RTC は P&A では買い手の付きそうもない市場性のない機関を直接預金ペイオフ (straight deposit payoff: SDP) や預金振替で処理しがちであった．同年 8 月 9 日から 9 月 30 日までに RTC は 24 の機関をこうした方法で処理したという．また，RTC はこの 188 億ドルをその管理下にある機関の高金利預金の流出の穴埋めにも使った[14]．

1989 年の第 3 四半期が終わるころまでに 188 億ドルの資金が使い果たされると，処理活動はペースが落ちた．RTC による破綻機関の資産の売却が不動産市場の軟化をもたらし始めたことから，RTC はほとんどの破綻機関のほとんどの資産を負債とともに買い手に移転するホール・スリフト・トランズアクション (whole thrift transaction) に力点を置くようになった．この手法は，一般的に非被保険預金をも保護するだけではなく，RTC による売却資産を最小限にするため RTC の現金が少なくてすむというメリットがあった．だが逆に，これは買い手にとっては貸付専門家を必要とするとか，また長期にわたる資産の精査を必要とするものであったため，入札参加者を減少させることとなった．しかも，商業銀行は経済の減速のなかで融資基準を引き上げ始めていたから，貯蓄金融機関の資産にはあまり関心を示さなくなっていた．こうした状況のもとで，あえて破綻機関の入札に参加するのは，むしろ預金の獲得に狙いを持ってのことであったといってよい．このため，RTC の意向にもかかわらず，ホール・スリフト・トランズアクションはあまり行われなかった[15]．

他方，1989 年第 4 四半期から処理のスピードは落ちてきていたが，RTC が管理下に加える機関は増加した．1990 年の第 1 四半期の終わりに，RTC は引き継いだ 40 州の 405 機関 (資産 2000 億ドル) のうちおよそ 350 機関 (資産 1800 億ドル) をその財産管理下においていたが，それに加えてもう 259 から 350 機関を引き継がなければならない状態[16]であった．

そこで議会などから処理を促進するようにとの圧力が強まった．1990 年 3 月 21 日に FDIC 兼 RTC 議長のシードマン (L. William Seidman) が，ナショ

ナル・プレス・クラブで，RTC は 1990 年 6 月末までに 141 機関を売却あるいは清算すると表明するに至った（これは Operation Clean Sweep と呼ばれる）のは，それが 1 つの理由である[17]。

この目標は，従来の FDIC の破綻機関処理ペース以上のものだったので，この目標の達成は危ぶまれていた．しかし，1990 年 6 月末には RTC は，155 機関（総資産 444 億ドル，預金総額 387 億ドル）の処理を完了した．その際に用いられた処理方法は，78 機関（資産 366 億ドル）が P&A，59 機関（64 億ドル）が IDT，18 機関（14 億ドル）が SDP であった．また，この際の RTC の現金支出は 320 億ドル，コストは 180 億ドルと推定されている[18]．この Operation Clean Sweep によって，RTC は管理下にある破綻機関の数を 350 から 155 を減らしたわけだが，同期間に新たに 52 の破綻機関を管理のもとにおいたから，1990 年 6 月末にはなお 247 の破綻機関を管理下においていた[19]。

この Operation Clean Sweep は，RTC に対する信頼を回復したという点でも，処理コストを節約したという点でも，成功だったと評価されうるが，他面ではそれは RTC がこれらの機関の問題ローン，不動産，ジャンクボンド等の不良資産を多数抱え込むことになったこと，多数の機関の集中的処理に伴い RTC の処理体制が対応できなくなったこと，こういった問題を生じさせた[20]。

RTC は，より多くの資産を買い手に移転するためにプット・オプション（put option）という手法を用い始めた．これは，RTC が買い手に破綻機関の資産の多くを買い取ってもらうものの，後日買い手からその資産の再買入れすることを認めるというものである．RTC はこのプット・オプションを最初の 1 年間に大規模に用い，およそ 400 億ドルの資産をこの手法で売却したが，再買入れした金額も多く，200 億ドル以上に達したという．このように，プット・オプションでは RTC が買い戻す資産が多かったのは，買い手は当該資産の買入れ後 30～50 日で RTC に戻さなければならなかったため，資産の十分な評価をなしえなかったことによるところが大きいといわれる[21]。

しかし，1990 年には RTC は別の資産処理の方法を始めた．オークション，バルクセール，セキュリタイゼーションである．特に，単一家族向けモーゲージ・ポートフォリオは，市場性があり売却も容易であった．しかもこれらの資

産はRTCの管財下に長くおいておくと，繰り上げ返済などでその価値が毀損される．そこでRTCは破綻機関を管理下におくと同時に，優良モーゲージ・ポートフォリオを売却することにしたのである．これにより，当該機関の処理の際に買い手に売却される資産は減少するため，当該機関の処理も容易となった．RTCは，このように売却可能な資産を破綻機関の売却とは切り離し，広範な買い手に売却する方針を取り入れたわけである．こうした手法は，数年内に4026億ドルに達する資産を処分しなければならないRTCにとって，決定的に重要であった．またこの手法により，預金の流出も減少した．なぜかといえば，管理下では預金金利が破綻以前と比べて引き下げられるため，当該機関が管理下におかれる期間が長ければ長いほど預金が流出するからである[22]．

1990年7月10日には，RTCはOTSとともに加速処理プログラム（Accelerated Resolution Program：ARP）を始めた．これは，フランチャイズ・バリューのある破綻機関を財産管理下におけば，その機関から預金や健全な貸付けが流出してしまうため，その機関の処理コスト，資産売却コストが増大してしまうという反省に立って，その経営不振機関を債務超過と宣言し，それをRTCの管理下におく前に，当該機関の売却を行うことにより，コストの縮減をはかるというものであった[23]．

このARPは，次の2点を除いて財産管理人プログラム（conservatorship program）と同様の処理過程をとった．第1に，RTCはRTCの典型的な財産管理人制度のもとでの処理と異なり，広告等によって広くから買い手を求めなかった．ARPでは，高いフランチャイズ・バリューを持つ機関が対象とされたからである．第2に，当該機関の資産のより詳細なレビューをともなった．なぜかといえば，通常の財産管理人制度では，多くの資産が処理の前に売却され，しかもプット・オプションが提供されたのに対して，ARPのもとでは，資産のほとんどすべてが処理のときに売却されたからである[24]．

第5-1表からもわかるように，RTCは，全処理機関数747のうち41機関をこのARPによって処理した．特に1991年に，21機関に達していることが目立つ．しかし，このARPはRTCの資金が不足した1992，1993年には十分使われなかったので，その効果は限定的であった[25]．

1991年の6月にRTCは処理方針を修正した．買い手に対して，預金を買収

するために資産の買入れを求めることを止めたのである．買収者はRTCによって設定された価格で類似のローンのプールを買い入れるオプションを与えられることになった[26]．

米国会計検査院（General Accounting Office：GAO）の評価によれば，RTCの財産管理人制度，破綻スリフトの処理政策は，1991年連邦預金保険公社改善法（Federal Deposit Insurance Corporation Improvement Act of 1991：FDICIA）によっては，ほとんど変化がなかった．同法は，RTCに対して，最小コストの処理を求めた．つまり，同法はRTCに対して，セキュリタイゼーションやバルクセールによって管財下にある優良資産を売却することによりダウンサイズする前に，他の処理方法を評価することを求めたわけである．しかし，RTCは，資産の売却こそがRTCの資産売却益を最大化し，したがって最小コスト処理に結果すること，また，とくに1992，1993年においては資金不足のためにダウンサイジングが唯一のとりうる処理策だとして，FDICIA後も同法以前と同様の処理政策をとることになった[27]．否それどころか，1992，1993年の資金不足時には，RTCは機関の処理前に資産を売却する努力を強めさえしたのである．RTCは全国貸出売却プログラム（National Loan Sale Program）や証券化プログラム（Securitization Program）を展開した[28]．

以上のことから，RTCの活動は次のようにまとめることができる．すなわち，「FDICIAの立法化の前後とも，RTCの一般的な政策は，主として貯蓄金融機関の優良資産の一部を売却することによって，財産管理下にあるほとんどの倒産スリフトを通常は『ダウンサイズ』することであった．RTCは，しばしば，一倒産スリフトの資産を他の倒産スリフトの資産とプールして資産セキュリタイゼーションあるいはバルクセールといったRTCのプログラム活動によって資産のプールを売却した」[29]のである．

RTCは，このような倒産機関のダウンサイズ後，「主として残った資産が入札のためにいかにパッケージされるかという点で異なる処理方法の1つあるいはその組み合わせ」[30]を用いて破綻機関を処理したのであった．

あるいは，こう言ってもよい．RTCは管理下においた破綻機関の資産売却益を最大にするために，さまざまな売却戦術を開発した．セキュリタイゼーション，持ち分共有（equity partnership with private sector firms），オークショ

ン，ホール・ローン・セールス（whole loan sales），借り手との妥協・和解（compromises and settlements with borrowers），ブローカーを通した個人不動産の売却等である．これらのうち，どの戦術を使うかは，資産の性格，法的規定，過去の回収経験，現在の市場状況，売却される資産量を考慮して決められるが，基本的な原則は，競争による市場価格での売却であった，と[31]．

第4節　RTCの処理コスト

　それでは，上のようなRTCの活動はRTCにとってどのような処理コストになったのであろうか．次にその点についてみよう．

　ここで処理コストというのは，次のようなことである．RTCは被預金保険機関の破綻処理にあたって，預金を健全な機関に移転するか被保険預金者に直接ペイオフするか，どちらかで被保険預金を保護する．またRTCは，機関の処理の際に，買い手に移転されない資産を売却し，その売却金をRTCや一般債権者への配当にあてる．こうした「処理の際のRTCの支出と回収された配当との差が処理コストである」[32]．

　先に述べたように，RTCは1989年8月9日の創設から1995年末の解散まで，747機関（資産4026億ドル）の処理を手がけた．この場合，RTCは，FDICの場合とは異なり，当該機関倒産後すぐにその機関を売却するのではなく，まず財産管理人の下におき，資産売却によって資産圧縮後，当該機関を売却するというのが常であった．だから，747機関の処理時にはこれら機関の資産は2449億ドルになっていたというのも不思議ではない[33]．

　これらに要したRTCのコストは，資料によって違いがあるけれども，先のFDICの文献によれば1995年12月31日現在875億6000万ドルと見積もられている[34]．このコストは，FIRREAの資金調達予定額501億ドルのほとんど2倍であった[35]．

　以下ではFDICの文献でRTCの処理コストについてみておきたい．第5-3表は，1995年現在の処理コストを年毎に分けてみたものである．

　みられるように，RTCの処理コストは，特に1989, 1990年に高くなっており，この2年間のコスト719億2000万ドルは，7年間の総コスト875億6000

第 5-3 表 RTC の処理コスト（1989-95 年）

（単位：10 億ドル）

1989	1990	1991	1992	1993	1994	1995	合計
51.08	20.84	10.77	4.18	0.61	0.02	0.06	87.56

注：1995 年 12 月 31 日現在の数値．
資料：*Ibid.*, p.137.

万ドルの 82.1％ を占めている．この期間に破綻した貯蓄金融機関は 531 で，1989 年から 1995 年までの破綻機関 747 の 71.1％ を占めているだけであるし，またこの期間に処理された機関数でみても 352 で，全処理機関数 747 の 47.1％ を占めるにすぎないから（第 5-1，5-2 表），これら 2 年間の処理コストは破綻機関数，処理機関数と比べて大きすぎるものであった．その理由としては 2 つをあげることができる．1 つは，すでに述べたように，この時期にはコストのかかる預金清算払い，なかでも直接預金清算払いが多かったことである．これら 2 年間の直接預金清算払いは 80 で，直接預金清算払いはこれらの年に集中していた．第 2 に，この時期に処理された機関の多くは，南西部などの特に不動産市場の悪化している地域に立地し，フランチャイズ・バリューが小さかったことである．つまり，南西部，ニューイングランド，カリフォルニアでは，不動産価格，特に商業用不動産価格が低落し，多数の貯蓄金融機関が破綻したため，これらの地域では RTC の資産売却価格が暴落し，また預金売却に伴うプレミアムも低下して，RTC による破綻の処理コストもそれだけ高くなったのである[36]．

同じ理由によって，1989 年，1990 年の総資産に対する処理コストも，きわめて高かった．1989 年のそれは 36.03％，1990 年のそれは 16.00％ であった．これらの年には，他のいずれの年よりも高かった（第 5-4 表）．

それでは，処理コストは処理方法によって違いがあったのだろうか．第 5-5

第 5-4 表 破綻機関総資産に対する RTC の処理コスト（1989-95 年）

（単位：％）

1989	1990	1991	1992	1993	1994	1995	平均
36.03	16.00	13.63	9.31	9.97	11.93	14.75	21.75

資料：*Ibid.*

第 5-5 表　破綻処理別機関総資産に対する RTC の処理コスト (1989-94 年)

(単位：％)

P&A	ARP	IDT	SDP
19.71	12.88	30.60	53.07

資料：*Ibid.,* p.140.

　表は，1989 年から 1994 年までの処理方法別に資産に対する平均処理コストをみたものである．これをみると，直接預金清算払いの場合には，圧倒的にコストがかかり，大ざっぱに言えば，破綻機関の資産の半分の処理コストを要したことが分かる．

　以上では，RTC の破綻貯蓄金融機関の処理コストを FDIC の文献でみてみた．同様の分析は GAO によっても行われている[37]．

　このレポートによれば，747 機関の処理に伴う RTC の 1995 年 12 月末の推定コストは，879 億ドルであった．そのうち 92％ にあたる 813 億ドルは確定したコストで，残りの 66 億ドルは将来管理下にある資産・負債から発生が予想されるコスト・支出であった．前者のうち，最も大きな金額を占めるのが，いうまでもなく破綻機関の処理に伴うコストで 722 億ドル，次いで連邦融資銀行 (Federal Financing Bank：FFB) 借入れに対する金利が 102 億ドル，RTC の運営費 4 億ドルで，逆にコストを帳消しにする収入・金利収入が 15 億ドルであったという[38]．

　同様に，FDIC の『バンキング・レビュー』も S&L 危機に伴う処理コストの推計の一部として，RTC の処理コストを推計しているが，ここではそのコストは 827 億ドルとされていること，このコストのうち財務省の負担額が 801 億ドル（REFCORP 債利払い 242 億ドル，歳出額 559 億ドル）とされていること，を指摘するにとどめる[39]．

　以上では，S&L 危機に伴う RTC の破綻金融機関の処理コストについてみた．いくつかの文献をみたかぎりでは，RTC の破綻処理コストは，827～879 億ドルと推定されていることが分かる．それでは，これらのコストはいかにファンディングされたのであろうか．この点を詳細に分析した資料は見当たらない．その点は，恐らく RTC に関する文献の分析よりもむしろ，RTC の資金調達を担当した REFCORP や RTC の運転資金を貸し付けた FFB に関する文

献の分析によって明らかになるものと思われる．そこで，ここでは今利用できる範囲での文献から，RTCの資金調達についてごく概略を述べることとする．

第5節　RTCの資金調達

　先に述べたように，RTCは，2つの資金調達を必要とする．1つは，運転資金であり，もう1つは損失穴埋め資金である．前者は破綻機関の資産売却によって回収可能な資金であり，後者は当該機関の処理に伴い資産の売却によっては回収できない資金である．

　まず損失穴埋め資金についてみよう．すでに前章で述べたように，RTCはFIRREAでは500億ドルの資金調達を認められていた．つまり，188億ドルは財務省から，12億ドルはFHLBから，300億ドルはREFCORPによる債券の販売からの資金調達である．しかし，1991年までに，FIRREAによって認められた500億ドルではRTCの業務遂行には不十分だということがはっきりしてきた．FIRREAで認められた500億ドルは，当初予想されたように当時の多数の破綻貯蓄金融機関の処理のためには不十分であった．そのことはすでに1990年の春には明らかになった．1990年6月に当時のブレイディ財務長官は，RTCの最終コストが900～1300億ドルになりそうだと表明せざるをえないほどであった[40]．その後，実際に1991年1月には，RTCは500億ドルのうちの最後の70億ドルを受け取ったが，この額ではRTCはたとえ破綻機関の処理活動を減速したにしても，1991年3月以降もその活動を継続するということはできないという状況が生まれるに至った[41]．

　そこで，同財務長官は，1991年1月には，下院銀行金融都市問題委員会の公聴会で，RTCが追加的な資金を得ることができなければ，同年1月の終わりまでには破綻機関の閉鎖と売却を止めなければならないとしたうえで，次のようなことを警告した．すなわち，追加の資金がなければ，債務超過機関を開けたままにしておくことになって，結局のところ1990年秋のRTCの休止状態による2億5000万ドルから3億ドルに付け加えて，1四半期につき7億5000万ドルから8億5000万ドル，合わせて10億ドル以上の破綻機関処理の遅延による追加的な納税者負担が生ずることになる，と[42]．同財務長官は，

第5章　RTCの活動：FIRREA後の連邦貯蓄保険制度（その1）　　105

さらにこの公聴会で，追加の300億ドルがあれば，今利用可能な177億ドルと合わせて，1991年度の終わりまでにRTCが計画している225機関（資産1450億ドル）の処理を完了することができ，しかもRTCの推定営業損失477億ドルをカバーすることができるとして，同年3月1日またはそれ以前の300億ドルの歳出承認を議会に要請したのである[43]．

その要請に応えて，同年3月19日に上院を，また3月21日に下院を通過し，3月23日のブッシュ大統領の署名を経てできたのが，1991年整理信託公社資金調達法（Resolution Trust Corporation Funding Act of 1991）である．これは，財務省が破綻機関の損失をカバーするためにRTCに300億ドルを供与するというものであった．

この追加的資金でも足りないことは，同年の半ばには明らかになった．というのは，FDICの議長であるとともにRTCの議長でもあるシードマンが，同年6月21日の上院銀行委員会で，RTCの任務完了のためには800億ドルが必要であると証言しているからである[44]．しかし，当時RTC問題はやっかいな問題であったし，なによりも上下両院の銀行委員会は銀行法全体をいかに整備していくかという困難な課題に忙殺されていたので，さらなる追加資金の問題はしばらく沙汰やみとなった．

この問題が下院で取り上げられたのは，10月に入ってからである．下院銀行委員会金融機関小委員会がまずこの法案（H.R.3435）を審議し，次いで11月になると，下院銀行委員会が同法案を審議した．しかし，議会の閉会間際の11月27日に，下院本会議を，次いで上院本会議を通過した法案は，下院の委員会案の単なる修正案ではなく，同案とは多くの点で異なる代物だったという[45]．

それはともかくとして，同年12月12日に，ブッシュ大統領の署名を得て成立したこの法律は，1991年整理信託公社再融資再構成改善法（Resolution Trust Corporation Refinancing, Restructuring and Improvement Act of 1991：RTCRRIA）と呼ばれる．同法によって，RTCは財務省から破綻貯蓄金融機関の処理に伴う損失をカバーするために250億ドルを供与されることになった．また同法では，以前のFIRREAではRTCはFIRREA立法日以前にFSLICに加入し，1989年1月1日からFIRREA立法日までとFIRREA立法日から

3年内（つまり1992年8月8日）に管財人が任命される金融機関を管理・処理するとされていたが，この1992年8月8日が1993年9月末日まで延ばされ，それ以降に破綻する機関の処理はFDICに委ねられることになった．さらに同法には，RTCの運営にあたるCEO（chief executive officer）を新たに創設して，ここにそれまではFDIC理事会が遂行していた日々の経営を委ねることによって，RTCの経営の一部をFDICから分離させるとともに，従来の整理信託公社監視理事会を改組して，名称も貯蓄金融機関預金者保護監視理事会（Thrift Depositor Protection Oversight Board）と改めるなど，一連のRTCの組織改革も盛り込まれた．

　もっとも，上のRTCRRIAに規定された250億ドルは上限であって，その資金は1992年3月31日までのみ使用可能であった．ところが，1992年3月末までにRTCが使った資金は67億ドルだったので，残りの資金使用権限は消滅した．RTCは，先のRTCRRIAのところで触れたように，1993年9月末までは破綻S&Lの唯一の管理・処理機関だったので，破綻機関の処理を続けることができなくなった．資金使用権限の消滅後も，RTCは合計預金額532億ドルに達する85機関を管理下においていたという[46]．そこで，残りの資金の使用を可能にすべく議会，政権が動き，未使用の183億ドルの使用制限期限を解除した．1993年12月17日に議会を通過した整理信託公社完了法（Resolution Trust Corporation Completion Act）である．と同時に同法では，RTCの終了日は1996年12月末から1995年12月末へ早められた．さらにまた同法には，財産管理人あるいは破産管財人としてのRTCの被任命期限が，RTCRRIAで規定された1993年9月30日から1995年1月1日より早くなく1995年7月1日より遅くない日で，貯蓄金融機関預金者保護監視理事会議長によって決められる日まで延長される規定も盛り込まれた．そして，実際には，その日時は1995年7月1日に決められた．

　こうして，議会はFIRREAによる500億ドルを含め，総額1050億ドルの資金調達をRTCに認めた．しかし，先に見たように，RTCの処理コストは，FDICの文献『危機管理―FDICとRTCの経験―』では，875億6000万ドル，GAOでは879億ドル，FDICの『バンキング・レビュー』では827億ドルであった．それでは，議会がRTCに認めた1050億ドルとRTCの処理コストと

第5章　RTCの活動：FIRREA後の連邦貯蓄保険制度（その1）

の差はどうなるのであろうか．つまり，FDICの文献『危機管理』の場合でいうと，174億ドル余りはどうなるのであろうか．

この点は，整理信託公社完了法に次のように規定された[47]．RTCに歳出が認められたが，RTCによって支出されなかった資金は，RTCの終了後2年内では，SAIFの損失支払いにあてられる．しかし，その資金がSAIFの損失をカバーする以上である時には，その超過分は財務省の一般基金に預けられる，と[48]．

さて，運転資金についてはどうだったのだろうか．運転資金はRTCによる破綻機関の処理の際に，一時的に被保険預金者へのペイオフと破綻機関の資産売却による回収とのつなぎに必要とされる資金であるから，この部分はRTCの損失となるわけではない．つまり，FFBからの借入れは，RTCの破綻機関の資産売却による回収によって担保されているのである[49]．そこで，これは連邦融資銀行（FFB）からの借入れによってまかなわれた．

RTCの運転資金の借入れについては，FIRREAは，①RTCは1回に付き50億ドルを超えない範囲で財務省から借り入れることができる，②整理資金調達公社（REFCORP）からの供与額と財務省からの借入れを含むその他の債務からRTC所有の現金およびRTC所有資産の市場価値の85％を引いた金額が500億ドルを超えてはならない，と規定し，さらに②のその他の債務として次の4つをあげている[50]．

・FSLICより引き継いだ債務
・保証契約
・①による財務省からの借入金
・RTCが支払うべきその他債務

会計検査院によれば，FIRREAで認められた財務省からの188億ドルは，法律的にはここで規定された500億ドルに入らないとはされるものの[51]，ここでは明らかにRTCが調達することのできる金額は，RTC所有の現金，所有資産の85％を別として，REFCORPからの調達を含め500億ドルとされているのである．しかし，これを逆にみれば，RTC所有の資産が増大すればそ

の分だけ RTC の債務も増大しうるということを意味している．

　RTC は，この FIRREA による規定の範囲内で FFB から運転資金を借り入れることができる．その場合の運転資金借入れは，四半期ベースで RTC とその納税者資金の使用を監視する監視理事会による承認が必要である．例えば，監視理事会は，1990 年財政年度第 2 四半期には 110 億ドル，第 3 四半期には 453 億ドル，第 4 四半期には 606 億ドル，さらに 1991 財政年度前期には 389 億ドルを上限とする運転資金の借入れを RTC に認めている[52]．

　しかし，損失穴埋め資金だけではなく，運転資金も少なくとも一時的には不足気味であったことは次のことからも明らかである．

　1991 年 9 月 12 日の下院銀行金融都市問題委員会の金融機関監督規制保険小委員会で，RTC 監視理事会を代表して証言した財務省副長官ロブソン（John Robson）は，RTC の任務の遂行のためにはもう 800 億ドルの追加的な損失穴埋め資金が必要であることを述べた後に，運転資金の不足について次のように訴えた．

　1991 財政年度の終わりまでに，RTC は FIRREA によって決められる借入限度（1250 億ドル）内に収まる 700 億ドルの運転資金借入残高を有することになるが，しかし RTC は 1992 年内にはこの限度を超え，さらに 1993 年中頃までにはピークの 1600 億ドルの運転資金を必要とすることになる．だから，同小委員会には RTC の借入限度を 1600 億ドルまで引き上げて欲しい．限度を引き上げてもらえなければ，RTC は借入限度内でのスリフトの処理や預金者の保護をせまられるので，焼け残り品特売さながら資産の投げ売りをせざるをえない，と[53]．

　こうした運転資金不足の声にもかかわらず，運転資金の借入れについての FIRREA の規定は，改正されることがなかったようである．そこで，運転資金借入れは，FIRREA の規定に基づいて行われた．

　実際の年末の RTC の運転資金の調達状況は次の通りであった（第 5-6 表）．ここで，1989 年末の財務省借入れがゼロとなっているのは，RTC と FFB との運転資金に関する協定が 1990 年に始まったことによっている．

　これをみると，FFB からの借入残高が最も多かった 1991 年末でも，その額は 600 億ドルほどであった．このように，RTC の FFB からの借入れは，少

第 5-6 表　RTC の運転資金借入れ

(単位：10 億ドル)

1989	1990	1991	1992	1993	1994	1995
0	53.9	57.5	37.5	30.8	23.2	10.5

注：年末の借入残高．
資料：GAO, *Financial Audit : Resolution Trust Corporation's Financial Statements,* various issues.

なくとも先のロブソン財務省副長官の要求額と比べれば著しく少額だった．これは，RTC が資金調達のために FFB に発行する債券の満期は各四半期の終わりに設定されていたため，12 月末の借入残高は必ずしもその年の借入状況を反映していたわけではないことによるものと思われる．と同時に，同副長官の運転資金の増額要求は，まだ破綻機関の処理活動を始めたばかりで，所有する資産もそう多くはなかった当時の RTC の状況の反映であったとも理解することができるであろう．

第 6 節　小括

　以上，本章では FIRREA 後の預金保険制度の一環として，RTC の活動についてみてきた．RTC は，その創設から閉鎖までの期間に 747 という多数の破綻貯蓄金融機関を処理した．そのうち 706 が財産管理人制度によるもので，39 が ARP，その他によるものが 2 だった．このように RTC が多数の機関を財産管理下においたのは，この機関の預金者にサービスを提供しながら，これら機関を経営・処理することができるためであった．

　この間，RTC は巨額の資産，資金不足，それに経済状態の変化という条件のもとで，新たな処理方法を開拓した．最初は市場性の乏しい機関の預金者にペイオフすることによってこれらの機関を処理した．しかし，この方法は，毎日生ずる巨額の損失を減らしはしたけれども，RTC の資金を大きく減少させ，また RTC に巨額の資産をかかえこませることにもなった．

　RTC は，そこで，P&A によって資産と負債をともに売却するようになった．しかし，その手法では，入札参加者が少なく，破綻機関の処理が進まなか

ったため，RTC は，資産の売却と負債（預金）の売却を分離する戦略を取り始めた．これは，RTC が預金フランチャイズの販売を重視したことを意味する．預金フランチャイズのために，RTC は短期間に多数の機関を販売できるよう多様な入札オプションを取り入れるとともに，支店単位の入札も取り入れた．

こうした財産管理人制度を中心とする破綻機関の処理によって，RTC は747 の機関を処理し，最終的には元々の 4026 億ドルの資産のうち 2.5％ にあたる 77 億ドルを FDIC に移管して，その使命を終わったのである[54]．

RTC はまた，2500 万口座にのぼる被保険預金者を保護した．処理時の負債およそ 2770 億ドルのうち 2210 億ドルが預金負債であった．これらは一般的には健全な機関に移転された．しかし，これらの機関が清算される場合には，RTC は清算配当金を預金保険金支払いの一部回収金に充てる一方，預金者以外の債権者への支払いにあてた[55]．

しかし，こうした RTC の破綻の処理には巨額の損失穴埋め資金，運転資金が必要であった．とくに，損失穴埋め資金についていえば，この資金不足が破綻の処理を遅らせ，RTC の運営損失を膨らませたことは否めない．RTC の閉鎖時の推定処理コスト 875 億ドル 6000 万ドルは，破綻機関の資産のおよそ 22％ にあたる巨額であった[56]．

もっとも，既述のように，RTC は 4 回の立法によって 1050 億ドルの損失穴埋め資金の調達を認められたが，RTC はその全額を実際に調達したわけではない．RTC が実際に調達したのは 913 億ドルであった．RTC はそれを 747 の破綻の処理に伴う損失にあてたわけである．しかも，その全額が損失にあてられたわけでもなかった．その推定コストは資料によって異なるものの 800 億ドル台だったからである．RTC の実際の調達額と推定コストの差数十億ドルはどうなるかというと，RTC 完了法によれば，1997 年末までは SAIF の損失補塡に使われ，その後には財務省の一般基金に繰り入れられる．

この小括の最後に，次のことにも触れておく必要がある．すなわち，貯蓄金融機関の処理コストはこの RTC のコストにとどまらなかったことである．これらの資金調達のための金利が処理コストには含まれないとしても[57]，貯蓄金融機関の処理コストには FSLIC と FSLIC 整理基金のコストもあったから

第 5 章　RTC の活動：FIRREA 後の連邦貯蓄保険制度（その 1）　　111

である．しかし，この点については次章でみることにしたい．

注
1)　以下の RTC 組織の概要は RTC, *1989 Annual Report*, による．
2)　FIRREA, Sec. 501(a). ただし，FIRREA 制定日より 3 年以内という規定，つまり 1992 年 8 月 8 日までという規定は，後述するように，後日の立法措置により 1995 年 6 月末日まで延長された．
3)　U.S. Congress, House, Subcommittee on General Oversight and Investigations of the Committee on Banking and Financial Services, *Oversight of the Resolution Trust Corporation : Hearing*, 104th Cong., 1st Sess., Government Printing Office, 1996, p.115.
4)　FDIC, *Managing the Crisis : The FDIC and RTC Experience 1980-1994*, 1998.
5)　*Ibid*., p.116.
6)　RTC, *op. cit*., p.13.
7)　FSLIC のこの権限は全国住宅法によって与えられた．
8)　FDIC, *Managing the Crisis*, p.116.
9)　*Ibid*., pp.117-18 ; GAO, *1992 Thrift Resolutions : RTC Policies and Practices Did Not Fully Comply With Least-Cost Provisions*, June 1994, p.17.
10)　http://www.fdic.gov/search97cgi.
11)　FDIC, *Managing the Crisis*, p.118.
12)　*Ibid*., p.125.
13)　ただし，なぜか上の FDIC の文献は，FIRREA では RTC は不振貯蓄金融機関の処理のために 501 億ドル供与されることになっていたとしている．この文献では，501 億ドルのうち 188 億ドルはオンバジェット分，残りのオフバジェット分 313 億ドルのうち 301 億ドルは REFCORP を通じた長期借入れ，12 億ドルは連邦住宅貸付銀行による供与となっているから（*ibid*., p.122），本文の 500 億ドルとの差 1 億ドルは REFCORP による資金調達に関わっているものと思われるが，なぜ FDIC の文献が 501 億ドルとしているのか不明である．
14)　*Ibid*., p.123.
15) 16)　*Ibid*., p.126.
17)　他の理由としては，破綻機関の処理が進展していることを印象づけて投資家や買い手の信認を維持すること，および現存資金を使ってできるだけ速やかに破綻機関を処理することによって，次の選挙の動きが始まる前に，追加的な資金の入手の承認を議会から得ること，にあった（*ibid*., p.127）．特に，後者の理由が重要であった．金融機関の破綻の急増に対処するためには，RTC は追加的な資金の入手が不可欠であった．
18)　*Ibid*., p.127.
19) 20)　*Ibid*., p.128.
21)　*Ibid*., p.128. ここでいうプット・オプションは，GAO のレポートではプット・バ

ックス (put backs) と呼ばれている (GAO, *1992 Thrift Resolutions*, p.15). また, アセット・プッツ (asset puts) とも呼ばれるようである (U.S. Congress, House, Committee on Banking, Finance and Urban Affairs, *Semi-Annual Appearance of the Resolution Trust Corporation Oversight Board : Hearing*, 102nd Cong., 1st Sess., Government Printing Office, 1991, p.106).

22) FDIC, *ibid.*, pp.129-30.
23) *Ibid.*, p.132.
24) *Ibid.*, pp.132-33.
25) *Ibid.*, p.132.
26) *Ibid.*, p.130.
27) GAO, *1992 Thrift Resolutions*, pp.6-7.
28) FDIC, *Managing the Crisis*, p.130.
29) 30) GAO, *1992 Thrift Resolutions*, p.3.
31) U.S. Congress, House, Subcommittee on General Oversight and Investigations of the Committee on Banking and Financial Services, *op. cit.*, p.118.
32) *Ibid.*, p.115.
33) FDIC, *Managing the Crisis*, p.137.
34) 見積もられているというのは, 1995年現在ですでに現実化しているコストの他に, 現存資産・負債から将来損失の発生が予想されるからである.
35) 36) FDIC, *Managing the Crisis*, p.137.
37) GAO, *Financial Audit : Resolution Trust Corporation's 1995 and 1994 Financial Statements*, July 1996.
38) *Ibid.*, p.10.
39) Curry, Timothy, and Lynn Shibut, "The Cost of the Savings and Loan Crisis : Truth and Consequences," *Banking Review*, FDIC, Vol.13, No.2, 2000, p.31.
40) *1991 CQ Almanac*, p.98.
41) GAO, *Financial Audit : Resolution Trust Corporation's 1989 Financial Statements*, April 1991, p.8.
42) U.S. Congress, House, Committee on Banking, Finance and Urban Affairs, *Semi-Annual Appearance*, pp.9-10.
43) *Ibid.*, p.10.
44) *1991 CQ Almanac*, p.103.
45) *Ibid.*, p.104.
46) U.S. Congress, House, Committee on Banking, Finance and Urban Affairs, *Resolution Trust Corporation Completion Act : Report,* Report, No. 103-103(I), 103rd Cong., 1st Sess., Government Printing Office, p.27, reprinted in *United States Code Congressional and Administrative News*, West Publishing, 1994, p.3042.
47) Resolution Trust Corporation Completion Act, Sec.8(c) and (f).
48) 実際にRTCが調達した資金は1050億ドルではなく, 913億ドルであったともいわれている (Curry and Shibut, *op. cit.*, p.29). したがって, RTCが使い残してSAIF

第5章　RTC の活動：FIRREA 後の連邦貯蓄保険制度（その1）　　113

に移転された資金は，100億ドルはなかったようである．
49)　U.S. Congress, House, Subcommittee on General Oversight and Investigations of the Committee on Banking and Financial Services, *op. cit.*, p.124.
50)　FIRREA, Sec.501(a).
51)　GAO, *Obligations Limitation : Resolution Trust Corporation's Compliance as of March 31, 1990,* July 1990, p.4.
52)　U.S. Congress, House, Committee on Banking and Financial Services, *H.R.2343 —The Thrift Depositor Protection Oversight Board Abolishment Act : Hearing*, 105th Cong., 1st Sess., Government Printing Office, 1997, pp.45, 49.
53)　U.S. Congress, House, Subcommittee on Financial Institutions Supervision, Regulation and Insurance of the Committee on Banking, Finance and Urban Affaires, *Resolution Trust Corporation Refinancing and Restructuring Issues : Hearing*, 102nd Cong., 1st Sess., Government Printing Office, 1992, pp.15-16, 92-93.
54)　FDIC, *Managing the Crisis*, p.144.
55)　GAO, *Financial Audit : Resolution Trust Corporation's 1995 and 1994 Financial Statements*, p.9.
56)　FDIC, *Managing the Crisis*, p.144.
57)　Curry and Shibut, *op. cit.*, p.30.

第6章
FRF：FIRREA 後の連邦貯蓄保険制度（その2）

第1節　FRF の機能

　すでに述べたように[1]，FIRREA は FSLIC 整理基金（FRF）を創設した．これは，FSLIC によって，1989年1月1日以前に破綻した貯蓄金融機関の処理や 1988年，1989年に行われた資金援助活動にともなう資産の運用・処分，債務の支払いを目的として，設立されたものであった．この基金には，RTC によって引き受けられたものを除くすべての FSLIC の資産・負債が移転された．その意味では，これは同法によって廃止された FSLIC の清算業務にあたる基金であるといってよい．同法はまた，基金の債務支払いの際の資金源として，基金の資産収入，整理資金調達公社（REFCORP）や金融公社（FICO）によって要求されない閉鎖スリフトの資産販売金，金融公社借入れ，1991年12月末まで他目的に使われない貯蓄貸付組合保険料，を規定し，さらに同法は，基金が同法によって規定された資金では債務を支払いえない場合には，不足部分を財政資金で賄う権限を財務省に与えた[2]．

　FRF に移転された FSLIC の資産・負債のうち重要なのは 1988，1989年になされた資金援助協定（assistance agreement）である．この点を少し説明しておこう．FSLIC は，貯蓄金融機関の貯蓄保険機関であった．1980年代後半の相次ぐ貯蓄金融機関の破綻によって資金が枯渇した FSLIC は，1988年に破綻金融機関の買収者に対して長期の金融援助を与え始めた．資金援助協定といわれるものである．同年と翌年にかけて FSLIC は，破綻機関の買収者と 96 の資金援助協定を結んで 199 の破綻機関（資産合計 1101億8800万ドル）を処理

第6章　FRF：FIRREA後の連邦貯蓄保険制度（その2）

したといわれる[3]．

　FSLICの当初の推定では，この協定によるコストの90％以上[4]は，次のいずれかの形から生じるとされていたから，多様な協定の内容のなかではこれらの取り決めが重要であった．

　①マイナス純資産資金援助（negative net worth assistance）
　これは，FSLICが破綻機関の買い手に対して被買収破綻機関のマイナスの有形純資産部分を保証してやるものである．この場合，FSLICは一般的には破綻機関のマイナスの純資産に対して利付ノート（interest-bearing note）を交付したが，現金で払うこともあったようである．
　利付ノートは，その地域のS&Lの平均資金コストに一定のマージンを加えた可変金利であった．また，その満期は典型的には3，5，10年の援助期間と同一であった[5]．第6-1表は，96の援助協定のうち19について[6]マイナス純資産ノートの満期，金利，FSLICによる推定元本残高，推定支払利子をみたものである．
　この表を見ると，このノートの償還期限は5～10年で，とりわけ10年が多かったこと，金利はその貯蓄金融機関の存在する地域の貯蓄金融機関の預金・借入れ平均コストに50ベーシスポイント程度上乗せした水準であったこと，これらの機関の大部分がテキサスに立地していたこと，これらの機関のなかにはサンベルト・セイビングズ連邦貯蓄銀行のように25億ドル近くのノートを受け取っていた例もあるが，これらは平均すると6億1000万ドルのノートを受け取っていたこと，これらに対するFSLICの支払利子は102億6000万ドルに達すると見込まれていたこと，などがわかる．

　②収益維持（yield maintenance）
　買い手に移転された劣悪資産（不動産，不良債権，デフォルトに陥る可能性の高い債権，金利変動リスクの高いモーゲージ・バックト・セキュリティ）は，カバー付き資産プール（covered asset pool）にまとめられ，収益維持が保証された．この場合の保証収益率は，その地域の全貯蓄金融機関の資金の平均コストに所定のスプレッドを付け加えることによって決められた[7]．

　③資本損失カバリッジ（capital loss coverage）

第6-1表 FSLICの資金援助協定（マイナス純資産ノートの推定元本および推定支払利子）

(単位：100万ドル)

援助を受けた機関	期間（年）	金利（ベーシスポイント）	推定元本残高	推定支払利子
American Federal Bank, FSB	10	TXCOF＋40	535.7	472.6
AmWest. SA	10	TXCOF＋60	303.4	297.2
Beach FSLA, SB, FSB	5	11 DCOF＋175	1,002.4	903.6
Beverly Hills FSB	10	11 DCOF＋200/50	793.9	810.1
Bluebonnet SB, FSB	10	TXCOF＋45	836.7	807.1
First Gibraltar Bank, FSB	10	TXCOF＋50	865.6	804.9
First Nationwide FSB	10	TBill＋25	1,199.9	947.9
Franklin Federal Bancorp, FSB	10	TXCOF＋60	264.4	259.0
Guaranty FSB	10	TXCOF＋40	710.1	681.5
Heights of Texas, FSB	10	TXCOF＋40	311.8	326.9
Merabank Texas, FSB	10	TXCOF	187.6	158.2
New West FSLA	10	7％	250.0	175.0
Pacific Southwest Bank, FSB	10	TXCOF＋50	161.7	150.4
Southwest SA	10	TXCOF＋40	569.7	510.2
Sunbelt Savings, FSB	10	TXCOF＋50	2,459.8	2,260.8
Superior Bank FSB	10	7 DCOF＋140	205.0	106.0
Texas Trust SB, FSB	10	TXCOF＋50	221.2	205.7
United SA of Texas, FSB	10	TXCOF＋50	261.0	242.7
Western FSLA	5	TBill＋175	492.5	136.2
合計			11,632.4	10,256.0
その他の協定			2,442.3	1,732.7
合計			14,074.7	11,988.7

注：1) TXCOF（＝Texas cost of funds）は，テキサスの貯蓄金融機関預金借入平均コスト．
2) DCOF（＝District cost of funds）は，連邦住宅貸付銀行地区の貯蓄金融機関預金借入平均コスト．数字の7はシカゴ連邦住宅貸付銀行地区，11はサンフランシスコ連邦住宅貸付銀行地区を表す．
3) TBill（＝Treasury Bill rate）は，財務省証券レート．
4) Beverly Hills FSBの「金利」200/50は，当初のスプレッド200ベーシスポイント，最終のスプレッド50ベーシスポイントであることを示す．

資料：GAO, *Thrift Resolutions : Estimated Costs of FSLIC's 1988 and 1989 Assistance Agreements Subject to Change,* September 1990, p.28.

これは，破綻したスリフトによって保持され，買い手スリフトに譲渡された資産中の不良資産の帳簿価値を保証するもので，その資産が保証価格以下で売却されたときに，買い手は保証を受けるというものであった．

第6-2表は，②と③に関連して，FSLICによって破綻機関の買収者に与えられた保証収益率，推定の収益保証のための支出額及びやはり推定の資本損失カバリッジを示したものである．

この表からもわかるように，FSLICは19機関に対しても少なくとも帳簿価値で308億4000万ドルの資産プールについて収益保証や資本損失保証を与え，

第6-2表 FSLICのカバー付き資産プール・保証収益率・収益保証のための支出額（推定）及び資本損失カバリッジ（推定）

(単位：100万ドル)

援助を受けた機関	カバー付き資産プール（帳簿価値）	保証収益水準	収益保証のための支払額（推定）	資本損失カバリッジ（推定）
American Federal Bank, FSB	1,889	TXCOF+275/160	617.3	752.2
AmWest. SA	2,144	TXCOF+250/120	726.3	996.8
Beverly Hills FSB	765	11 DCOF+250/150	96.1	181.4
Bluebonnet SB, FSB	1,648	TXCOF+235/173	762.2	946.4
Eureka FSLA	150	11 DCOF+12	17.9	9.5
First Gibraltar Bank, FSB	4,115	TXCOF+225/150	2,007.8	2,819.7
First Nationwide FSB	4,760	11 DCOF+250	453.4	482.3
Franklin Federal Bancorp, FSB	914	TXCOF+250/185	496.0	471.9
Guaranty FSB	1,617	TXCOF+240/170	523.8	578.8
Heights of Texas, FSB	946	TXCOF+250/155	164.6	218.4
Merabank Texas, FSB	344	TXCOF+250/160	163.2	279.0
New West FSLA	a	a	a	a
Pacific Southwest Bank, FSB	564	TXCOF+260/185	254.6	388.7
Southwest SA	2,944	TXCOF+275/200	826.8	1,820.6
Sunbelt Savings, FSB	5,231	TXCOF+220/135	2,423.9	4,067.3
Superior Bank FSB	504	7 DCOF+275	168.5	19.3
Texas Trust SB, FSB	329	TXCOF+250/150	110.0	140.6
United SA of Texas, FSB	1,598	TXCOF+220/180	684.3	921.6
Western FSLA	375	TBill+250/150	80.2	35.9
合計	30,837		10,576.9	15,130.4
その他の協定	3,629		1,040.1	1,263.0
合計	34,466		11,617.0	16,393.4

注：1) 第6-1表の注を参照されたい．
2) New West FSLAとの協定では，同組合の資産（221億ドル）に対して損失保証をしているため，この表の各項目には何も記載されていない．なお，後日のFDICによる推定では，同組合に対する推定の収益保証のための支払額，資本損失カバリッジはそれぞれ16億ドル，20億ドルであった．

資料：*Ibid.*, pp.29-30.

それらにそれぞれ105億8000万ドル，151億3000万ドルの支払いを予定しており，さらに資金援助協定全体では344億7000万ドルの資産プールについて，116億2000万ドルの収益保証と163億9000万ドルの資本損失保証にかかる支払いを予定しているのである．

先に述べたように，上のマイナス純資産資金援助，収益維持，資本損失カバリッジは，援助協定によるコストの90％以上を占める重要な取り決めであったが，その他にも，プット・アンド・コール（put and call）という取り決め[8]や，前経営陣にその責めを負わせるべき訴訟コストや債務からの免責，以前の経営陣，債権者，株主その他からの訴訟コストや債務からの免責，取得財産に新たに見つかる毒性廃棄物に対する支出からの免責を買い手に与える取り決め，も行われた．

また，連邦住宅貸付銀行理事会がある特殊な状況では，規制監督上の執行を行わないという猶予（forbearance）条項を含む協定もあったようである．これには，最低所要資本量に従わなくともよいという資本猶予（capital forbearance）とか，最低の流動資産を維持しなくともよい流動性猶予（liquidity forbearance），当該機関が持つことのできるエクイティの制限規制を猶予するエクイティ・リスク猶予（equity risk forbearance），持つことのできる子会社所有制限の猶予（service corporation forbearance），全国住宅法で規定された貯蓄金融機関適格規定の猶予（qualified thrift lender forbearance），一借り手への貸出制限規定の猶予（loans to one borrower forbearance），GAAPでは資本と見なされない資産を資本として認める会計猶予（accounting forbearance），破綻機関から受け継いだ分類資産を不良資産と見なさない資産分類猶予（asset classification forbearance）があった[9]．

このように，FSLICは1988年，1989年には，預金保険基金の枯渇のもとで様々な内容を含む援助を破綻金融機関の買収者に与え，破綻機関の処理をはかったわけであるが，しかしこれらの援助は，後に見るように，FSLICの一部資産・負債を受け継いだFRFに巨額の損失をもたらすことになるのである．他面では，FSLICの預金保険機能を受け継いだFDICのコスト削減のために，将来的に被援助機関やその持株会社の株式（普通株あるいは優先株）を買う権利がFDICに与えられるということもあったようである[10]．しかし，この後

者の点は指摘するにとどめ，次に移ろう．

FSLIC から FRF に移転された資産・負債でもう1つ重要なものに，FSLIC が管財下に置いた資産，および破綻機関の売却を容易にしたり破産管財人を終了したりするために FSLIC が買い入れた自己所有資産，がある．このうち前者については，1991年末で破産管財人に対する同基金の請求権は 119 億ドルあるものの，この請求権に関連した資産は 70 億ドルにすぎず，さらにこの資産の売却によって得られる回収額は 20 億ドル程度にすぎないと見積もられていた．また，後者については，同基金はおよそ 36 億ドルの資産を所有しているが，同じく同年末では同資産からの回収可能額は 6 億ドル程度と見込まれていた[11]．こうしたことからも明らかなように，FSLIC から FRF に移転されたこれらの資産からも FRF に巨額の損失が発生することが予想された．

第2節　FRF の貸借対照表の変化

このような FSLIC から引き継いだ資金援助協定，管理下にある資産，自己所有資産を含め FRF は，1989年8月9日に，第6-3表のような財務状態から出発した．

第 6-3 表 FRF の貸借対照表 (1989年8月9日)

(単位：100万ドル)

資産		負債	
現金およびその同等物	1,936	支払勘定	37
資金援助・破綻から生じた受取債権（純）	7,634	資金援助・破綻から発生した債務	20,711
所有資産（純）	1,286	推定の資金援助のための債務	19,920
その他資産	19	訴訟によって生じた推定損失	0
		負債合計	40,770
		資本	
		拠出資本	0
		累積欠損	△29,794
		資本合計	△29,794
資産合計	10,875	負債資本合計	10,875

資料：GAO, *Financial Audit : FSLIC Resoluion Fund's 1989 FInancial Statements,* August 1991, p.18.

この対照表は，必ずしも1989年8月8日のFSLICの対照表とは一致しない．というのは，FSLICの対照表では負債に計上されていた552億4000万ドルの推定未処理コストがRTCに移転された[12]ため，FRFの貸借対照表に計上されていないという大きな変更があるばかりでなく，推定の資金援助に伴う債務（estimated assistance liability）の再分類が行われたからである[13]．しかし，この対照表は基本的にはFSLICの最終の貸借対照表を受け継いでいる．このことをふまえた上で，この表について，いくつかのことを説明しておこう．
　まず資産について．ここの「資金援助・破綻から生じた受取債権（純）」というのは，被保険機関に対する抵当ローン（collateralized loan），資金援助に伴う優先株など18億4000万ドルの被保険機関関連資産と，代位弁済勘定（subrogated accounts），抵当前貸し・ローン（collateralized advance/loan）などからなる管財人関連資産57億9000万ドルからなっている．特に管財人関連資産では，代位弁済勘定の金額が145億1000万ドルと大きいこともあって，損失引当金も95億3000万ドルが計上され，資産からの控除項目になっていることが目立つ．
　「所有資産（純）」は，FSLICが破綻機関の合併あるいは売却のために当該機関から取得した資産を表している．これらの資産の多くは不動産およびモーゲージ・ローンであって，その取得原価は39億5000万ドルであった．
　負債について．FSLICは，先にみたように，破綻被保険貯蓄金融機関の売却促進を図るために，買収機関と資金援助協定を結んだ．これらの協定はそのままFRFに引き継がれた．「資金援助・破綻から発生した債務」は，この資金援助協定に基づく支払債務（未払部分）を含んでいる．その内訳は，第6-4表の通りであった．
　ここにも明らかなように，「資金援助・破綻から発生した債務」207億1000万ドルのうち援助協定ノートが90.6%にあたる187億5000万ドルという大きな割合を占めている．これは，先に述べたマイナス純資産ノートに相当するものと思われるが，しかし先の推定元本が140億7000万ドルだった（第6-1表）のに対してこの資金援助協定ノートは187億5000万ドルになっていて，大きな食い違いがある．
　次に，「推定の資金援助のための債務」は，破綻機関の買収者への将来発生

第 6-4 表 資金援助・破綻から発生した債務の明細

(単位：100万ドル)

FHLB/財務省への支払手形	835
所得資本証書ノート（income capital certificate notes）	93
純資産証書ノート（net worth certificate notes）	0
資金援助協定ノート（assistance agreement notes）	18,750
未払援助協定コスト（accrued assistance agreement costs）	376
未払利息（accrued interest）	243
貯蓄金融機関へのその他債務	414
	20,711

資料：*Ibid.*, p.26.

第 6-5 表 FRF の貸借対照表（1994年12月31日）

(単位：100万ドル)

資産		負債	
現金およびその同等物	1,279	支払勘定	13
スリフト処理から生じた受取債権（純）	1,054	スリフト処理から生じた債務	2,164
所有資産（純）	370	資金援助協定のための推定の債務	278
SAIF からの受取勘定	9	訴訟損失のための推定の債務	2
その他資産（純）	13	負債合計	2,457
		資本	
		拠出資本	43,991
		累積欠損	△ 43,726
		資本合計	265
資産合計	2,723	負債資本合計	2,723

資料：FDIC, *1994 Annual Report,* p.96.

する援助金の推定値の現在価値である．FRF がこの協定で債務を負っているのは，次のようなものからなることについては，先に述べた．①協定による資産から生じる損失（資産の償却，資本損失，のれんの償却等），②買収者が規定の収益を得る（保証収益）のに必要な資産からの収益の補塡[14]．

　FRF は，1989 年 8 月 9 日にこのような状態から出発した．しかし，およそ 5 年後の同基金の貸借対照表は第 6-5 表のように変化した．

　この表を，FRF の発足時の先の貸借対照表と比べると，資産，負債が急減していることがわかる．資産合計は当初の 108 億 8000 万ドルから 27 億 2000 万ドルへ，また負債合計は 406 億 7000 万ドルから 24 億 6000 万ドルへ急減し

た．FRFは文字どおり破綻したFSLICを整理する基金であったから，資産合計，負債合計も減少していくことは理解できる．問題はどのようにして減ったのかである．

まず資産のうち「スリフト処理から生じた受取債権（純）」についてみると，これは次の①②の結果であった．①管財人に対する債権（純）の減少——同基金は管財人に対して基金発足当初には，153億2000万ドルの請求権を持っていたが，FDICはこのうち回収可能額を57億9000万ドルと推定し，残りの95億3000万ドルを貸倒引当金に計上していた．しかしその後，1994年末には一部の管財人制度の終了が行われたなどの理由で，管財人に対する請求権が96億2000万ドルに減少する一方では，回収可能額は4億4000万ドルあまりしかなかったため，貸倒引当金は91億8000万ドルとなった．この額は，当初とくらべると，3億ドルほど低い額にすぎない．いいかえれば，年により，貸倒引当金繰入れが行われた年，貸倒引当金戻入れが行われた年があるが，管財人に対する請求権が大きく減ったにもかかわらず，貸倒引当金はほぼ同水準が維持されたわけである．管財人に対する債権はネットであるから，当初の57億9000万ドル（153億2000万ドル－95億3000万ドル）は4億4000万ドル（96億2000万ドル－91億8000万ドル）へ大きく減少した．

②被保険機関に対する債権（純）の減少——これは破綻を免れた機関に対する債権であって，担保付き貸出し，被保険機関の発行した所得資本証書（income capital certificate），純資産証書（net worth certificate），援助に伴う優先株などからなる基金の債権である．1989年8月9日の基金発足日には，これらの債権は20億5000万ドルほどであったが，2億1000万ドルの貸倒引当金があったため，ネットの被保険機関に対する債権は，18億4000万ドルであった．しかし，およそ5年後の1994年末には，貸倒償却により10億4000万ドルの資産に減少するとともに，貸倒引当金が4億2000万ドルだったため，被保険機関に対する純債権は，6億2000万ドルに減少した．

同様に，公社「所有資産」についても，発足当時は資産39億5000万ドルに対して26億7000万ドルの貸倒引当金が積まれていたため，ネットの公社所有資産は12億8000万ドルだったが，1994年末には資産が34億4000万ドル，貸倒引当金30億7000万ドル，ネットの公社所有資産3億7000万ドルになっ

第6章　FRF：FIRREA 後の連邦貯蓄保険制度（その2）

た．

　次に，負債についてみよう．特にここでは「資金援助協定のための推定の債務」についてみておこう．この基金の特徴は，毎年将来の資本損失（破綻機関の買取り機関がカバー付き資産を保証価格以下で売却した場合には保証価格と売却価格の差額を補填する）や収益保証（カバー付き資産が協定で規定された収益を生まなかった場合には補填する）が推定しなおされ，その額が，割引ベースで，援助に伴う推定の債務として負債に計上されることがあげられる．基金の発足時のこの債務は，199億2000万ドルであった．

　しかし，この債務はマイナス純資産補填のための利付きノートの繰り上げ償還，資金援助協定の再交渉，協定の買取り，保証資産の評価切り下げ，リパーチェス・アグリーメントでのカバー資産プールの売却[15]によって削減がはかられた．もちろんこの債務は，特に不動産市況の変化，市場金利の影響を受けることはいうまでもないが，これらによる影響は別にしても，こうした努力の結果，援助に伴う推定の債務は，1994年末には，2億8000万ドルと大きく減少した．

　同様に，「スリフト処理から生じた債務」も，同期間に207億1000万ドルから21億6000万ドルに減少したが，どの部分の減少が大きかったのかは，第6-4表と次の第6-6表を照らし合わせるだけで十分である．

　このように，資産合計，負債合計は，さまざまな理由で急減した．これは，FRFは文字どおり破綻したFSLICを整理する基金であったから，当然といえば当然である．もう一度，資産合計についてのみ第6-3表，第6-5表をみよう．

第6-6表　資金援助・破綻から発生した債務の明細（1994年12月31日）

(単位：100万ドル)

FHLB/財務省への支払ノート	360
資本証書（capital instruments）	0.7
資金援助協定ノート	189
未払資金援助協定コスト	1,530
未払利息	3
貯蓄金融機関へのその他債務	81
	2,164

資料：*Ibid.*, p.103.

第 6-7 表　貸倒引当金勘定の推移（1989 年 8 月 9 日―1994 年 12 月 31 日）

(単位：100 万ドル)

	1989	1990	1991	1992	1993	1994
期首残高	32,338	32,754	30,907	21,152	16,292	14,338
貸倒引当金繰入額	5,479	4,312	1,669	799	860	△ 364
償却済債権回収額	456	2,723	2,417	1,665	2,240	2,437
貸倒償却	△ 5,519	△ 8,882	△ 13,841	△ 7,323	△ 5,054	△ 3,436
期末残高	32,754	30,907	21,152	16,292	14,338	12,975

注：1)　1989 年は 8 月 9 日が期首．
　　2)　貸借対照表の負債に計上された①援助協定②訴訟損失，のための引当金も含まれる．
資料：GAO, *Financial Audit : FSLIC Resolution Fund's 1990 and 1989 Financial Statements,* December 1991 ; FDIC, *Annual Report,* various issues, より作成．

　基金の創設から 1994 年末までの 5 年間余の間に資産合計は 108 億 8000 万ドルから 27 億ドル 2000 万ドルへ大きく減少した．資産のなかでも最も減りかたが大きかったのは，貯蓄機関の処理に伴う受取債権である．FRF の発足時には 76 億ドルを超える受取債権があったが，1994 年末には 10 億ドル強に減っている．次に減少したのが基金所有資産で，およそ 13 億ドルから 3 億ドル余に減少した．

　こうした FRF の資産処理には巨額の貸倒損失が伴ったことは想像に難くない．第 6-7 表は，貸倒引当金勘定の推移をみたものである．（ただし，ここには，貸借対照表で負債に計上されている①資金援助協定に基づいて破綻貯蓄機関の買収者に将来支払われる推定額（割引ベース），②訴訟による推定の損失，も含まれる．）

　みられるように，同基金の創設から 5 年余りの間に，毎年かなりの金額の償却が行われ，この期間に総額で 440 億 6000 万ドルを超えていることがわかる．もっとも，この間償却済債権の回収も 119 億 4000 万ドルほど行われているから，正味の貸倒償却は 321 億 2000 万ドルであった．

　こうした巨額の貸倒償却を可能にしたのは，同公社創設時にすでに積まれていた 323 億 4000 万ドルの貸倒引当金と，その後 1994 年を除いて毎年繰り入れられた貸倒引当金繰入額である．特に，後者の貸倒引当金繰入額は，損益計算書の費用に計上されることから直接に当期純利益に影響する．

　実際，同基金の損益計算書をみると，費用に占める貸倒引当金繰入額の割合

第 6-8 表　FRF 純損益・累積欠損金の変化（1989-94 年）

（単位：100 万ドル）

	1989	1990	1991	1992	1993	1994
純損益	△ 6,092	△ 5,997	△ 1,611	△ 224	△ 760	702
累積欠損金	35,886	41,883	43,494	43,667	44,427	43,725

注：1)　△印は純損失．
　　2)　1989 年は 8 月 9 日から 12 月 31 日まで．
　　3)　1989 年 8 月 9 日の創設時に，基金にはすでに 297 億 9000 万ドルの累積欠損金があった．
　　4)　1992 年の累積欠損金については後日の改定により，1991 年 12 月 31 日の累積欠損金に 1992 年の純損失を加えたものとはなっていない．

資料：*Ibid.*

は圧倒的である．1989 年：85.8％，1990 年：67.4％，1991 年：58.2％，1992 年：55.9％，1993 年：84.7％となっている．貸倒引当金戻入額が 3 億 6000 万ドルほど出たため，7 億ドルの純利益が出た 1994 年を含め，1989 年 8 月 9 日から 1994 年 12 月 31 日までの期間を通してみても，その割合は 71.4％という高い割合を占めている[16]．このような貸倒引当金繰入れは，同基金の純損益を純損失へ傾けさせる最大の要因となった．

第 6-8 表は，同期間の純損益・累積欠損金の変化を示したものである．

ここでも明らかなように，この基金の純損失は，1989 年の 60 億 9000 万ドルから年々減少し，1994 年には 7 億ドルの純利益に転じている．1994 年の純利益の計上は，先にみたごとく貸倒引当金繰入額の戻入れがあったためであることは言うまでもない．この表と先の第 6-7 表とを照らし合わせると，基金の純損益は大きく貸倒引当金繰入額に依存していたことがわかる．

こうした純損失の結果，同基金の累積欠損金は，同じ表に示されているように，1993 年まで急増することとなった．1989 年末の 358 億 9000 万ドルが 1993 年末には 444 億 3000 万ドルへ，85 億 4000 万ドル増加した．しかし，翌 1994 年には純利益に転じたため，同基金の累積欠損金は 7 億ドル減少して，437 億 3000 万ドルとなった．したがって，同基金の累積欠損金は，1989 年末から 1994 年にかけて，78 億 4000 万ドル増加したということになる．もっともこの 78 億 4000 万ドルというのは，過小なのである．というのは，1989 年 8 月 9 日に同基金が創設された時，同基金はすでに 297 億 9000 万ドルの累積欠損金を抱えていた．同基金がどのくらい累積欠損金を抱え込むことになったか

をみるのならば,この創設時からみる必要があるからである.そのように考えると,同基金の累積欠損金は,創設時の297億9000万ドルから1994年末には437億3000万ドルへ,139億4000万ドル増加したということになるわけである.

このような,1989年8月から1994年末までのわずか5年余りの間に,同基金が計上した139億ドル余の純損失は,どのようにファンディングされたのであろうか.FRFについて,最後に,この点をみておきたい.

第3節　FRFの資金源

FIRREAは,FRFが次の順序で資金調達すべきと規定した[17].①FRFの資産からの収益および資産処分に伴う収入,②破産管財人に対する請求権になされ,REFCORPおよびFICOによって要求されない限りでの清算配当,③FICOによって借り入れられた額,④FIRREAの立法時から1991年12月31日に終わる期間にあっては,FDICによってSAIFメンバーに課され,FICO及びREFCORPによって要求されることのない保険料.

しかし,FIRREAは同時に,上の資金だけではFRFの業務遂行には不十分とみたのか,財務長官に対してFRFの業務目的に必要とされる金額を議会の

第6-9表　FRFの収支計算書の変化 (1989-94年)

(単位:100万ドル)

	1989	1990	1991	1992	1993	1994
営業活動収支						
入金	595	2,859	3,646	2,664	2,350	2,519
出金	2,482	7,969	11,566	7,332	2,960	2,350
SAIFへの移転	6	56	41	30	7	0
営業活動純収入	△1,893	△5,166	△7,961	△4,697	△617	169
財務活動収支						
入金	1,829	5,924	20,482	13,793	1,963	0
出金	296	1,078	13,010	8,075	1,529	494
財務活動純収入	1,533	4,846	7,472	5,718	433	△494
現金および現金同等物純増	△360	△320	△489	1,020	△184	△325

資料:*Ibid.*

議決を経てFRFに供与する権限を与えている．

　実際，FRFの営業活動には上の③を除く[18]①〜④の現金収入だけでは不十分であった．第6-9表は，FRFの収支計算書の推移をみたものである．
ここでは，営業活動に基づいて生じた入出金（＝営業活動収支）と営業活動外の負債・資本の増減に伴う入出金（＝財務活動収支）にわけて，その収支が示されている．ここでも明らかなように，保険料，償却済債権回収額等からなる営業活動収支の入金だけでは営業費用（operating expenses），負債に支払われる利子（interest paid on indebtedness incurred from thrift resolutions），スリフト処理用支出金（disbursements for thrift resolutions），公社所有資産用支出金（disbursements for corporate-owned assets）等からなる営業活動収支の出金をまかなうことができず，1989年から1993年まで毎年営業活動収支は純支出が続いている．1994年になってようやく1億7000万ドルの純収入となったにすぎない．しかも，1994年の純収入への変化も，入金が大きく増えたというよりも出金が減少したことによることは，同表から明らかである．

　それでは，営業活動収支の純支出をファンディングしたものはなにか．同表は，それは財務活動収支の純収入であることを示している．同表からはわからないが，実はここでの入金は財務省支払い（ただし，後述のように，この入金には1989年については6億7000万ドルのFICOからの借入れが含まれる），出金はスリフト処理に伴う負債の支払い（payments of indebtedness incurred from thrift resolutions）を意味している．だから，営業活動収支の純支出をファンディングしたのは，財務省支払いであった．つまり，先のFRFの資金源のところで触れた最後のもの——FIRREAは，財務長官に対してFRFの業務目的に必要とされる金額を，議会の議決を経てFRFに供与する権限を与えた——が，営業活動収支の純支出をファンディングしたのである．そこで，ここでこの財務省支出について，2，3みておく．

　まず第1に，財務省の支払いが毎年どのくらい行われたかというと，その金額は次のようであった．1989年：11億5900万ドル，1990年：59億2400万ドル，1991年：204億8200万ドル，1992年：137億9300万ドル，1993年：19億6300万ドル．これらを合計すると，なんと433億2100万ドルになる．これらの財務省支出は，議会の議決を経たものであることはいうまでもない．

第 6-10 表　FRF の整理基金の推移（1989-94 年）

（単位：100 万ドル）

	1989	1990	1991	1992	1993	1994
整理基金						
拠出資本	1,829	7,753	28,235	42,028	43,991	43,991
累積欠損金	△ 35,886	△ 41,883	△ 43,494	△ 43,667	△ 44,428	△ 43,726
整理基金計	△ 34,057	△ 34,130	△ 15,259	△ 1,640	△ 437	265

注：12 月 31 日の数値である．
資料：*Ibid.*

　第 2 に，これらの財務省支出は，拠出資本（contributed capital）として整理基金（Resolution Equity）に繰り入れられた．この整理基金は FRF の自己資本に相当する部分である．したがって，財務省支出は FRF の貸借対照表の拠出資本として累積欠損金とともに第 6-10 表のように記録されている．

　この表で，1990 年から 1993 年の拠出資本は前年の拠出資本に，先に述べた当該年の財務活動収支入金（＝財務省支出）を加えた金額になっている．しかし，1989 年については注意が必要である．というのは，上で触れたように 1989 年の財務省支出は 11 億 5900 万ドルであったにもかかわらず，第 6-10 表では 1989 年の拠出資本は 18 億 2900 万ドルとなっているからである．これは，この年には財務省拠出資本 11 億 5900 万ドルとは別に，次の事情で FRF から同年 9 月 28 日に 6 億 7000 万ドルの資本証書（capital certificate）が発行され，それによって得られた資金が拠出資本に加えられたからである．つまりその事情というのはこうである．先に述べたように，FRF は 1989 年 8 月 9 日に FSLIC の累積欠損金 297 億 9000 万ドルを受け継いだ．このなかには 75 億ドルの無償還資本証書（non-redeemable capital certificate）と償還資本株式（redeemable capital stock）が含まれていた．これらの証券は，資本調達のために FSLIC によって金融公社（FICO）に発行されたのである．1989 年 9 月に発行された 6 億 7000 万ドルの資本証書も，発行主体が FSLIC から FRF に替わっただけでこれらと同じ性格を持ち，FRF が 1989 年の第 4 四半期に必要な資本の調達のために FICO に発行したものであった．だが，FRF による FICO からの資本調達はそれが最後となった．というのは，以後 FRF に対する財務省支払いの道が開かれたからである[19]．

第6章　FRF：FIRREA後の連邦貯蓄保険制度（その2）

以上からも明らかなように，1989年から1993年までの433億2100万ドルに達するFRFへの財務省支出は，FSLICの清算業務にあたったFRFが創設当初から抱えていた巨額の累積欠損金（297億9000万ドル）及びその後1993年まで抱え込むことになった純損失分（139億4000万ドル）を解消して，FRFの自己資本にあたる整理基金を黒字化たらしめる役割を果たしたのである。

注
1) 本書第4章．
2) GAO, *Thrift Resolutions : FSLIC 1988 and 1989 Assistance Agreement Costs Subject to Significant Uncertainties*, November 1991, pp.2-3.
3) GAO, *Thrift Resolutions : Estimated Costs of FSLIC's 1988 and 1989 Assistance Agreements Subject to Change*, September 1990, p.2. ただし，この破綻機関199の中には，買収者がいないため，買収者が現れるまで，新たな5つのスリフトに再編された後に新しい経営陣のもとで経営安定化のため金融的援助が与えられた18の破綻機関も含まれる．
4) *Ibid.*, p.3.
5) *Ibid.*, p.15.
6) これら19の資金援助協定に，マイナス純資産ノートを受け取らなかったもう1つの資金援助協定を加えた20の協定は，資金援助協定に関するFSLICの予想コストで全予想コストの87％を占めるものであったから，これら19の協定は資金援助協定全体の性格を示していたといってよいであろう（*ibid.*, pp.4, 15）．
7) *Ibid.*, p.15.
8) プットというのは，延滞あるいは劣悪資産となった貸付けを1年限度で資産のプールに入れる権利を買い手に与えるものであり，またコールというのは，資産を保証価値でFDICに買取りを認める規定であった．特に後者の場合には，FDICは資産の時価と保証価値との差額をノートあるいは現金で即刻支払うものであった（*ibid.*, p.16）．
9) *Ibid.*, pp.18-20.
10) *Ibid.*, p.17.
11) GAO, *Financial Audit : FSLIC Resoluion Fund's 1991 and 1990 Financial Statements*, June 1992, p.13.
12) 現にRTCの設立時（1989年8月9日）の貸借対照表では，552億4000万ドルの累積欠損金が計上されている（RTC, *1989 Annual Report*, p.32）．
13) GAO, *Financial Audit : FSLIC Resoluion Fund's 1989 Financial Statements*, August 1991, pp.22-23.
14) *Ibid.*, p.27.
15) GAO, *Financial Audit : FSLIC Resoluion Fund's 1991 and 1990 Financial*

Statements, p.11.
16) GAO, *Financial Audit : FSLIC Resolution Fund's 1990 and 1989 Financial Statements*, December 1991 ; FDIC, *Annual Report*, various issues.
17) FIRREA, Sec. 215.
18) というのは，後でも触れるように FICO からの借入れは拠出資本の中に組み入れられたからである．
19) GAO, *Financial Audit : FSLIC Resoluion Fund's 1989 Financial Statements*, p. 28.

第7章
SAIF：FIRREA 後の連邦貯蓄保険制度（その3）

第1節　SAIF の機能

すでにみたように[1]，FIRREA によって，貯蓄金融機関の保険制度である FSLIC は，大きく改編された．その要点は次のようなものであった．
① 連邦貯蓄貸付保険公社（FSLIC）を廃止すること．
② 恒久保険基金（Permanent Insurance Fund）を廃止して，銀行保険基金（Bank Insurance Fund：BIF）にし，加入銀行の預金を付保すること．
③ 以前の FSLIC に代わる貯蓄組合保険基金（Savings Association Insurance Fund：SAIF）を設立して，加入貯蓄金融機関の預金を付保すること．
④ BIF と SAIF の資産・負債は別個に，FDIC によって管理されること．
⑤ 整理信託公社（Resolution Trust Corporation：RTC）を設立して，FSLIC に付保されていた破綻貯蓄金融機関の処理を引き継ぐこと．
⑥ FDIC 管理下に連邦貯蓄預金保険公社整理基金（FSLIC Resolution Fund：FRF）を設立して，FSLIC の最終処理にあたること．
⑦ 整理資金調達公社（Resolution Funding Corporation：REFCORP）を設立して，RTC に資金供与を行うこと．
⑧ 1987 年の競争的均等銀行法（Competitive Equality Banking Act：CEBA）によって創設された金融公社（Financing Corporation：FICO）は，FRF への融資機関に編成替えされること．

これらのうち，ここでは特に上の③，④に関連して，SAIF についてみてお

こう．まず，SAIFの機能についてみてみると，次の2つがあげられる．

第1に，加入機関の預金保険の機能である．SAIFの設立に伴い，FIRREA以前にFSLICに付保されていた貯蓄金融機関は，1989年8月9日以降自動的にSAIFの加入機関になった．もっとも，この点もすでに触れたように，同じFIRREA以前にFSLICに加入していたといっても，FSLICに加入していて，1989年1月1日から1992年8月8日（その後1995年6月30日まで延長された）までに財産管理人あるいは破産管財人が任命されたスリフトはRTCによって管理・処理されることになっていたから，FIRREA以前にFSLICに付保されていた貯蓄金融機関のすべてがSAIFの加入機関になったというわけではない．FIRREA以前の1989年1月1日から同年8月8日までに管財人のもとにおかれた貯蓄金融機関を除くFSLIC加入機関が1989年8月9日にSAIFに加入した[2]．また，その後，銀行によって買収された貯蓄金融機関の預金（いわゆるOakar bank）や，銀行免許に移行後も引き続いてSAIF被保険機関に留まるSAIF被保険機関の預金（いわゆるSasser bank）も，SAIFに付保された（オカー・バンクとサッサー・バンクについては後述する）．このように，SAIFの第1の機能は，FSLICを引き継いで加入貯蓄組合の預金を保護することであった．

第2に，「SAIFは，FSLICによって以前に付保されていなかった連邦被保険貯蓄金融機関」[3]と，1995年7月1日以降に破産管財人あるいは財産管理人が任命される旧FSLIC被保険貯蓄金融機関を含むSAIF被保険貯蓄金融機関の破綻処理の責任を引き受けた．加えて，SAIFは，BIF加入オカー・バンクのSAIF被保険部分の破綻処理責任も引き受けた．つまり，連邦預金保険法第5条(d)(3)では，BIF加入の連邦被保険銀行がSAIFに付保されている金融機関を買収し引き受けた場合，買収し引き受けられた金融機関の預金は引き続いてSAIFによって付保されているものとして取り扱われる．このオカー・バンクが破綻した場合には，その破綻から生じる損失は，当該銀行のSAIFに付保されている預金額とBIFに付保されている預金額に比例してSAIFおよびBIFに配分される[4]．

このような2つの機能を遂行するために，SAIFは次のような資金調達を認められた．① 1989年8月9日から1991年9月30日までの管理・監督費用は，

FRFによってまかなうこと，②金融公社（FICO），整理資金調達公社（REFCORP），FSLIC整理基金（FRF）によって要求されない加入機関の保険料，③1992年度から1999年度までは，SAIFに預託される保険料を超えて20億ドルまでの財務省支出，④1992年度から2000年度まではSAIFがFIRREAによって設定された最小の純資産（net worth）を保証するために必要な財務省の追加的な支払い，⑤RTCによる任意の支払い，⑥連邦住宅貸付銀行からの借入れ，⑦50億ドルまでの財務省からの借入れ，⑧その他の収入源（SAIFへの加入料，投資収入等）[5]．

ここで特に，あとの記述の関係上③と④についてのみ，もう少し敷衍しておこう．SAIFは財務省から資金の提供を受けることができる．その場合，2つのケースがある．1つは上の③の場合であって，SAIFは，FIRREAの目的達成のために，1992年度から1999年度まで必要に応じて，SAIFに払い込まれる保険料のうちFICO（後述するようにこの場合はFICO債の利払いが重要である），REFCORP，FRFによって要求される部分を除いた保険料に加えて，少なくとも20億ドルの保険料受け取りとなるように財務省から支払いをうけることができる[6]．もう1つは④の場合であって，SAIFはその純資産または基金残高（fund balance）を維持するために，財務省から支払いを受けることができる．この支払いは1992年度から2000年度にかけて行われ，その支払額はFIRREAで予め規定された毎年度初めの最小基金残高を維持できるようFDICおよび財務長官によって決定された金額とされている[7]（第7-1表を参照されたい）．この場合の財務省支払総額は，160億ドルを超えることはできない．もっとも，こうした2つの財務省の支払いは，SAIF準備金比率（reserve ratio），つまりSAIF被保険機関の被保険預金に対するSAIFの純資産（net worth）の比率が1.25％に達した場合には停止される．

第7-1表 FIRREAによるSAIFの最低純資産（1992-2000年度）

（単位：10億ドル）

年度	1992	1993	1994	1995	1996	1997	1998	1999	2000
最低純資産額	0.0	1.0	2.1	3.2	4.3	5.4	6.5	7.6	8.8

第2節　創立直後の SAIF

さて，SAIF は，1989年8月9日に，RTC にそのごく一部が移転された部分を除いて前身の FSLIC の資産・負債が FRF に移転されたため，資産・負債ゼロから出発した[8]．そのため，SAIF の 1989 年 12 月末の貸借対照表は，第 7-2 表のような状態であった．

この表の解明は，SAIF が当時おかれていた状況をよく説明してくれるので，この表について少しみておこう．まず，「準備保有の SAIF 加入機関の脱退料」「SAIF 加入機関からの加入料・脱退料未収金（純）」(entrance and exit fee receivable, net) についてである．FIRREA は，金融機関が SAIF と BIF との間を出入りした場合の脱退・加入料について規定している．SAIF からみると，いままで BIF に加入していた機関が SAIF に加入の場合には加入料が，また逆に今まで SAIF に加入していた機関が BIF 加入に転換する場合には脱退料が，SAIF に支払われる[9]．FDIC 理事会によって承認され，1990 年 3 月 21 日付けの『連邦官報』(Federal Register: FR) に掲載された FDIC の臨時規則は，この FIRREA の規定をさらに次のように具体化した．①SAIF に支払われる脱退料は，金融公社の債務利払いにもはや必要とされないということを FDIC および財務長官が決定するまでは，準備勘定 (reserve account) に保有されること[10]，②脱退料（または加入料）が 5000 ドルを超える場合には，支払いは 5 年を超えない期間の年均等払いも認められること[11]．

第 7-2 表の「準備保有の SAIF 加入機関の脱退料」「SAIF 加入機関からの

第 7-2 表　SAIF の貸借対照表（1989 年 12 月 31 日）

（単位：1000 ドル）

資産		負債・基金残高	
現金およびその同等物	0	買掛金，未払債務その他	2,153
SAIF 加入機関からの加入料・脱退料未収金（純）	3,153	準備保有の SAIF 加入機関の脱退料	3,151
その他資産	2,153	基金残高	2
資産合計	5,306	負債・基金残高合計	5,306

資料：GAO, *Financial Audit : Savings Association Insurance Fund's 1990 and 1989 Financial Statements,* January 1992, p.17.

第7章 SAIF：FIRREA 後の連邦貯蓄保険制度（その3）

加入料・脱退料未収金（純）」は，上の FDIC 臨時規則を考慮すると次のように理解することができる．まず第1に，SAIF に払い込まれた脱退料は FICO 債の金利支払いにもはや必要とされない時期まで準備勘定に保有される．したがって，同表にある 315 万 3000 ドルの「SAIF 加入機関からの加入料・脱退料未収金（純）」のうちの脱退料（これはすぐ後にみるように 315 万 1000 ドルを占め，加入料は 2000 ドルにすぎない）は，SAIF にとっては使途制限があって，SAIF の業務展開に自由に使える収益となっているわけではないのである．第2に，当該機関が上の臨時規則の②の規定によって脱退料（または加入料）を支払う場合には，SAIF はその脱退料（または加入料）をその現在価値で記録する．したがって，同表の 315 万 3000 ドルの「SAIF 加入機関からの加入料・脱退料未収金（純）」は，当該機関の脱退料（または加入料）の現在価値であって，SAIF が実際に受け取る将来価値ではない．ちなみに，1989年 12 月 31 日の加入料・脱退料未収金の明細は第 7-3 表のようであった．

第 7-2 表については，第 2 に，「現金およびその同等物」が 0 であることについても説明が必要である．すでに述べたように，SAIF は 1989 年 8 月 9 日に発足している．他方，第 7-2 表の決算日は同年 12 月 31 日である．だから，決算期日までの SAIF の活動期間は 4 か月余ということになる．活動期間が 4 か月あまりあるにもかかわらず，SAIF の現金等がゼロというのはおかしなものである．なぜだろうか．この点については，SAIF 加入機関からの保険料と上述の SAIF からの脱退料についてみておく．というのは，これらの 2 項目は SAIF の通常の業務活動によって得られる収入源として大きな部分をなしているからである．

ここでは，脱退料の方からみよう．脱退料は，第 7-3 表からも明らかなように，この時期には全く回収金がなかった．だから，脱退料の現金での受け取りはまったくなかったわけである．

それでは，保険料の方はどうか．この点については，より詳細な説

第 7-3 表 SAIF 加入機関からの加入料・脱退料未収金（純）の明細(1989 年 12 月 31 日)

（単位：1000 ドル）

加入料未収金	2
加入料回収金	0
脱退料未収金	3,716
脱退料回収金	0
未償却割引（Unamortized Discount）	(565)
計	3,153

資料：*Ibid.*, p.23.

明が必要である．SAIF の年間保険料は，FIRREA によって，FIRREA の立法時から 1990 年 12 月 31 日までは加入機関の国内預金の 0.208% であった．しかし，同じ FIRREA によって SAIF に対する保険料の支払いが，それまでの年間払いまたは半年払いから半年払いに変わったため，FIRREA の立法時から 1989 年末にかけて SAIF が加入機関に賦課したのは移行に伴う特別保険料のみであった．この特別保険料は総額 6 億 3956 万 5000 ドルに達した[12]．ところが，この特別保険料も SAIF の収益（revenue）として記録される性格のものでもなかった．なぜかといえば，次のような規定が競争的均等銀行法（CEBA）には盛り込まれていたからである．

　まず第 1 に，上の特別保険料から第 2 次準備金（secondary reserve）分が控除された．というのはこうである．もともとこの準備金は，FSLIC の基金増強のために，1961 年に新設されたものであった．これに先立つ 1950 年代に，加入機関の貯蓄預金は年率 15～20% 増加したのに対して，FSLIC の準備金はゆっくりしか増加せず，1959 年には，被保険預金に対する第 1 次準備金（primary reserve）の割合が 0.63% という低いレベルに達したことをうけて，連邦議会は FSLIC に対して既存の準備金とは別の第 2 次準備金の設立を認めたのである[13]．FSLIC がこの基金のために加入機関に賦課した保険料は，総預金の予想純増分の 2% であったと言う[14]．この準備金は，この設立の経緯からもわかるように，本来的には第 1 次準備金とともに加入機関に対する保険料支払準備金として位置づけられるものであったが，他方では，第 1 次準備金も合わせた FSLIC の基金残高が高いレベルに達した場合には，既存払込金の払い戻しの措置をとる[15]など，いわば FSLIC の基金の調整弁的な役割をもはたしたことは否めない．

　こうした基金増強にもかかわらず，1984 年までには預金に対する準備金の割合は 0.53% に下がったため，1985 年には FSLIC は被保険機関に総預金の 1% の 1/8 の追加的な特別保険料を賦課し始める一方，さらなる基金残高の減少・枯渇に直面した FSLIC は，1986 年には，第 2 次準備金にも次のような措置をとることになった．すなわち，1986 年末の第 2 次準備金残高 8 億 2370 万 5000 ドルを，同年には 109 億 4000 万ドル近くに達した第 1 次準備金の損失処理に充て，第 2 次準備金を廃止したのである．しかし，上で触れたように，こ

第7章　SAIF：FIRREA 後の連邦貯蓄保険制度（その3）

の第2次準備金は保険料の先払いであったので，1987年のCEBAは，この準備金に関して，FSLIC加入機関が第2次準備金への拠出額に比例して準備金残高相当額（1986年末の残高は8億2370万5000ドル）を1987年から1993年に（または1992年以後）特別保険料から控除すること（ただし，1987年から1993年の間に開始する場合には，1年で比例配分額全額を控除することは認められず，1年当たりの控除額の上限はあったが，1992年以後に開始する場合には，1年当たりの控除額の上限はなかった）を認めたのである[16]．

　SAIF創設後の1989年にも，特別保険料からのこの控除が行われた．その額は6498万6000ドルであった．この額だけ，特別保険料は減ったのである．

　第2に，FICO債の利払いもSAIFの特別保険料収益を減らした．それはどういうことであろうか．まず，FICO債については，CEBA[17]は次のように規定した．FICOは，(1)連邦住宅貸付銀行（FHLB）への発行済み無議決権株式（nonvoting capital stock）の5倍または元本の返済を確実にするために分離勘定で保有するゼロクーポン債等の額面総額とどちらか大きい額と，(2)108億2500万ドルとのどちらか小さい額を超えない範囲で債券（FICO債）を発行することができる．その債券の満期は発行後30年を超えることはできないし，2026年12月31日以降であってはならない．その発行による資金はFSLICの発行する株式証書または株式（capital certificates or capital stock）の購入に充てられる[18]．

　CEBAはFICO債についてこのように規定した上で，さらにFICOによる保険料賦課についても次のように規定した．FICOは，①被保険機関の全勘定額の1%の1/12を超えない範囲で被保険機関に保険料を賦課することができる，②FICOの債務利払いに必要であるにもかかわらず，他の資金源からは調達できないと判断された場合には，さらに全勘定額の1%の1/8を超えない範囲で補足の保険料を賦課することができる，③被保険機関であることを止める機関には脱退保険料（termination assesement）を賦課することができる[19]．

　問題はここから先にある．同じCEBAは，FSLICの資本証書・株式や上で少し触れた分離勘定で所有するゼロクーポン債，連邦債，連邦抵当金庫（Federal National Mortgage Association）債，政府抵当金庫（Government National Mortgage Association）債，連邦住宅貸付抵当公社（Federal Home

Loan Mortgage Corporation) のモーゲージ等を FICO の資産として認める一方，他方では FSLIC の資本証書・株式やゼロクーポン債を除く資産を FICO 債の発行費用や利払いにあてうるとしている．ということは，上で述べた FICO によって徴収される保険料こそが，FICO 債の利払いの原資に他ならないということを意味している．

ところが，CEBA は，FSLIC が賦課する通常保険料と特別保険料について，FSLIC の受け取るこれらの保険料総額は FICO に支払われた保険料だけ減少するとしているのである[20]．FSLIC が年間賦課することができる通常保険料と特別保険料は上限が決められているから[21]，これは FSLIC にとって極めて重要なことであった．この点は先走ることになるが，現に 1990 年代前半の時期には，FICO 債への利払いが FSLIC を引き継いだ SAIF の経営上の大きな問題となっていくのである．

こうした FICO 債に関する CEBA の規定を念頭におきながら，先の SAIF の貸借対照表にもどろう．先に述べたように，FIRREA の立法時から 1989 年末にかけて SAIF が加入機関に賦課した（ここのところは正確には，以上の記述からも明らかなように，SAIF の加入機関が SAIF および FICO に払うべき保険料ということになる）特別保険料は総額 6 億 3956 万 5000 ドルであった．この保険料に対しても，FICO は請求権があった．この特別保険料のうち FICO の手に渡ったのは 2 億 9500 万ドルであった．

以上のように，FIRREA 以降の 1989 年に SAIF の加入機関が SAIF および FICO に払うべき保険料は 6 億 3956 万 5000 ドルあったが，同保険料からはまず第 2 次準備金の控除分が 6498 万 2000 ドル，FICO 分が 2 億 9500 万ドル差し引かれたわけである．しかも，同保険料からは，さらにその他の調整分等が 1 億 8075 万 6000 ドル差し引かれたため，同保険料の残額は 9882 万 7000 ドルになった．その上さらに，この残額はしばらく SAIF に預けられた後，その金利とともに，FIRREA によって創設されたものの同保険料の賦課当時にはまだ保険料に対する賦課の権限をもたなかった REFCORP に代わって FSLIC 整理基金（FRF）に供与されたのである[22]．

こうして，第 2 次準備金の控除分を除く SAIF 加入機関の支払い保険料は，一部が FICO に，残額が FRF に供与され，SAIF の 1989 年の保険料収入は，

実質的にはゼロであった．このほかに SAIF の収入として大きなものには脱退料があるが，1989 年についていえば，この全額が受取勘定で，現金での回収分がゼロ（第 7-3 表）であったから，この面からも SAIF の「現金およびその同等物」がゼロであっても不思議ではなかったのである．

　第 7-2 表については，第 3 に，次のことを付け加えておきたい．何らかの事業体が何らかの事業を遂行するためには，管理営業費用を必要とすることはいうまでもない．SAIF の場合も例外ではない．SAIF の管理営業費用については，FIRREA は次のように規定した．FSLIC 整理基金（FRF）は，第 1 に 1989 年 8 月 9 日から 1991 年 9 月 30 日までに SAIF に必要とされる管理費用（administrative expenses）を SAIF に供託すること，第 2 に，その費用支払いを他のいかなる債務の支払いより優先すること，と[23]．

　1989 年に SAIF が必要とした管理営業費用（administrative operating expenses）は 560 万 2000 ドルであった．しかし，第 7-2 表の 1989 年 12 月 31 日の決算時点では，上述の FIRREA の規定どおりに，これらの費用の全額が FRF から移転されたのではなく，FRF からは 448 万 2000 ドルが移転されたにすぎなかった．そのため，SAIF の決算時点ではまだ SAIF の FRF に対する債権 112 万ドルが残っていた．この SAIF の FRF に対する債権 112 万ドルは，第 7-2 表では「その他資産」に含まれている．

　第 7-2 表に関連しては，最後に，被保険機関の破綻に際して破綻機関の処理原資となる基金残高が，わずか 2000 ドルにとどまったことにも注意が必要である．これは，1989 年の SAIF の活動により生じた唯一の収益（revenue）である加入料未収金である．というのは，すでに述べたように，SAIF の収益源の大きな柱である脱退料は，準備勘定に所有されるため，SAIF の収益とは認識されなかったし，またもう 1 つの収益源である預金保険料は，第 2 次準備金の拠出額に応じた控除や，FICO による賦課権限，FRF への移転によって，やはり SAIF の収益には計上されなかったからである．

第 3 節　その後の SAIF

　1989 年 8 月 9 日に，資産・負債ゼロから出発し，同年 12 月末にはまだそん

な状態のSAIFだったが，5年後の1994年12月31日の貸借対照表は第7-4表のように大きく変化した．

みられるように，1989年末にはわずか530万ドルに過ぎなかった資産が25億8000万ドルと急増した．また，負債も530万ドルから4400万ドル，さらに基金残高もわずか2000ドルから19億4000万ドルと急増した．これらはなぜだったのだろうか．第7-2表から第7-4表への変化は，SAIFが当時おかれていた状況をよく示しているので，しばらく第7-4表について考察しよう．

まず第1に，資産についてみよう．5年間ほどの間に25億ドル余の資産が積み上がった．なかでも「財務省証券投資（純）」が，93.7%という大きな割合を占めている．これは，SAIFが受け取った現金は運営費，清算活動支出，一日物財務省特別証書（one-day special Treasury certificate）[24]への投資分を除いてすべて合衆国財務省証券に投資されることになっているからである[25]．

第2に，負債の方に眼を転じると，「予想される破綻被保険機関のための推定債務」がとくに大きくなっている．この項目は，第7-2表にはみられない項目である．それはなぜかというと，すでに述べたように，RTCが旧FSLICに付保されていて1989年1月1日から1995年6月30日までに破綻して管財人が選定された貯蓄金融機関の破綻処理を引き受ける一方，SAIFは①FSLICによって付保されていなかった連邦貯蓄金融機関，②1995年7月1日

第7-4表 SAIFの貸借対照表（1994年12月31日）

(単位：1000ドル)

資産		負債・基金残高	
現金およびその同等物	80,200	買掛金その他債務	5,617
財務省債券投資（純）	2,422,230	FRF未払金	6,812
加入料・脱退料未収金（純）	35,692	貯蓄金融機関処理債務	0
投資・その他資産未収利息	38,863	予想される破綻被保険機関のための推定債務	432,000
貯蓄金融機関処理未収金（純）	6,892	負債合計	444,429
		Escrow所有のSAIF加入機関脱退料および投資収入	202,733
		基金残高	1,936,715
資産合計	2,583,877	負債・基金残高合計	2,583,877

資料：GAO, *Financial Audit : Federal Deposit Insurance Corporation's 1994 and 1993 Financial Statements,* March 1995, p.45.

第7章　SAIF：FIRREA 後の連邦貯蓄保険制度（その3）　　　141

以降に破産管財人または財産管理人が任命される旧 FSLIC 被保険貯蓄金融機関を含む SAIF 被保険貯蓄金融機関，③オカー・バンクの破綻処理を引き受けた．したがって，SAIF の創設直後の 1989 年末に SAIF が破綻処理の責任を負っていたのは，①の FSLIC によって付保されていなかった連邦貯蓄金融機関にすぎなかった．第 7-2 表に「予想される破綻被保険機関のための推定債務」の項目が存在していなかったのも不思議ではない．

　ところが，SAIF も創立後何年かすると，この項目も必要になってくる．「未処理案件のための推定債務」という表現で貸借対照表に初めて現れてくるのは，1992 年の決算書である．この時に，未だ破綻はしていないが自己資本比率が 2% 以下で，予見しうる将来に破綻しそうな貯蓄金融機関及びオカー・バンクの推定の損失[26]が 370 万ドル計上された．さらに，その推定損失は，翌年の 1993 年の 1800 万ドルを経て，1994 年には 4 億 3200 万ドルに達したというわけである．1994 年にこのように推定損失が大きくなったのは，1995 年 7 月 1 日（SAIF が破綻貯蓄金融機関の処理を RTC から引き継ぐ日）から 1996 年 12 月 31 日までの間に，およそ合わせて 50 億ドルの資産の貯蓄金融機関が破綻し，SAIF の損失が 4 億 3200 万ドルに達すると推定されたからである[27]．したがって，このように 1994 年に SAIF の「予想される破綻被保険機関のための推定債務」が急増したのは，破綻貯蓄金融機関の処理が RTC から SAIF に全面的に移転されるということと無関係ではない．

　第 3 に，「Escrow 所有の SAIF 加入機関脱退料および投資収入」は，第 7-2 表では「準備保有の SAIF 加入機関の脱退料」に相当する項目である．SAIF が加入機関の脱退料を「準備」勘定から「Escrow 所有」に移した理由は明らかではない．貯蓄金融機関制度では，エスクロウ勘定は，モーゲージの借り手とオリジネーターの合意に基づいて，不動産税，モーゲージ保険料等の支払い用に第三者（この場合はモーゲージのサービサーが普通である）の管理下におかれる勘定である．エスクロウ勘定への支払いは，モーゲージの借り手からサービサーへの月々の支払いとともに行われ，税や保険料の支払いはサービサーによって適宜行われる[28]．SAIF のエスクロウ勘定もやはり第三者の管理におかれる勘定であろう．それはともかくとして，この項目が 300 万ドル余りから 2 億 273 万ドルへ急増したことに注目しておこう．

142

　最後に，この点は最も重要なことであるが，SAIFの基金残高が1989年末の2000ドルというわずかな金額から，2004年末には19億3671万5000ドルへ急増したことである．5年ほどの間に基金残高がこのように急増したのはなぜか．また，こうした残高の急増にもかかわらず，基金の状況にはどんな問題点があったのだろうか．

　これらの2つの点について次にみよう．

第4節　基金残高の急増の要因

　まず，基金残高の急増した理由についてみておこう．

　第7-5表は1989年から1994年までのSAIFの経営状況をみたものである．この表から多くのことがわかるが，ここではさしあたり純利益の発生原因のみをみておこう．というのは，SAIF基金残高というのはSAIFの純利益の累積であるから，純利益の発生原因をみればSAIF基金残高がどのように増加したのかがわかるからである．同表をみる限りでは，純利益の発生原因として重要なのは，保険料収入，貸倒損失引当金繰入額，FSLIC整理基金（FRF）からの資金移転，の3つであるといってもよいであろう．これらについて——順序は逆だが——もう少し敷衍しておくと，次のようになる．

　まず，FSLIC整理基金（FRF）からの資金移転について．同表からも明らかなように，SAIFの純利益は，創立後3，4年はFRFからの資金移転によって支えられた．このFRFからの資金移転は，すでに触れたように，SAIFの管理・監督費用の範囲内ではあるが，FIRREAによって認められていたものである[29]．この規定によって，FRFからSAIFに，1989年から1991年にかけてはSAIFの管理運営費全額相当額が，さらに1992年にもその一部相当額が移転されたわけである．

　次に，貸倒損失引当金繰入額について．本来費用の1項目である貸倒損失引当金繰入額を純利益の発生原因とするのには無理がある．だが，ここでは次のように考えたい．同表より明らかなように1989年，1990年のSAIFの貸倒損失引当金繰入額はゼロであり，また翌年には2000万ドル余が計上されているものの，1992年には約1500ドルの戻入れ益（貸倒引当金取崩し益）が発生し

第7章 SAIF：FIRREA 後の連邦貯蓄保険制度（その3）

ている．また，その翌年の貸倒損失引当金繰入額は 1653 万ドルに過ぎない．そしてその額が数億ドルに達したのは，ようやく 1994 年になってからであった．このように，SAIF の貸倒損失引当金繰入額が 1989 年から 1993 年にかけて極めて少額にとどまることができたのは，いうまでもなく破綻貯蓄金融機関の破綻処理には RTC があたっていたことによっている．それだけでなく，当時は第 7-6 表に明らかなように，貯蓄金融機関の状況は，特に 1980 年代後半の危機的状況から一歩抜け出しつつあったことにもよっている．いずれにせよ，マイナスの貸倒損失引当金繰入額が極めて少なくてすんだことは，それだけ純利益にとってのプラス要因として働いたと考えられる．

最後に保険料収入について．これについてはその急増について論じないわけにはいかない．第 7-5 表をみると，1992 年より前には 1 億ドルに満たなかった保険料収入が，同年には 1 億 7208 万ドル，翌年の 8 億 9769 万ドル，そして 1994 年には 11 億 3210 万ドルと急増しているのである．1992 年から 1994 年までの純利益のほとんどを説明するのがこの保険料収入である．このように保険料収入が増えたのはどうしてであろうか．

SAIF の保険料収入は，付保された預金額，保険料率，それに加入機関が払う保険料のうち控除される額によって決まる．これらのうち，まず付保された預金額についてみると，第 7-5 表でも明らかなように，この預金額は 1989 年末の 8829 億ドルから 1994 年末の 6926 億ドルへ漸減したから，付保された預金額が SAIF の保険料収入を増加させたのではなかった．次に保険料率は，同じく第 7-5 表にあるように，上がる傾向にあったから，これは SAIF の保険料収入の増加に寄与した．だが，この保険料率の上昇は，先にみた SAIF の保険料収入急増の最大の要因であったかというと，そうでもないのである．なぜかといえば，第 7-5 表の SAIF 被保険預金と実効保険料率から保険料を計算してみると，本来 SAIF には多い時では 1991 年の 17 億 8561 万ドル[30]から，少ない時でも 1994 年の 16 億 9001 ドルの保険料が入らねばならないにもかかわらず，SAIF の保険料収入ははるかに少なく，最も多い 1994 年でさえも 11 億 3210 万ドルに過ぎなかったからである．

とすれば，SAIF の保険料収入を左右したものは加入機関が払う保険料のうち，控除される額だったと考えるのが自然である．この点は，1990 年代初め

第 7-5 表　SAIF の経営状況（1989-94 年）

(単位：1000 ドル)

	1989	1990	1991	1992	1993	1994
(収益)						
SAIF 保険料収入	0	18,195	93,530	172,079	897,692	1,132,102
投資収入その他	2	0	2,916	6,564	25,824	83,187
合計	2	18,195	96,446	178,643	923,516	1,215,289
(費用)						
貸倒損失繰入額	0	0	20,114	△14,945	16,531	414,000
管理運営費	5,602	56,088	42,362	39,374	30,283	20,303
金利支出	0	0	609	△5	0	0
合計	5,602	56,088	63,085	24,424	46,814	434,303
FSLIC 整理基金からの資金移転	5,602	56,088	42,362	35,446	0	0
純利益	2	18,195	75,723	185,107	876,702	780,986
SAIF 加入金融機関数	N/A	N/A	N/A	2,121	1,929	1,844
SAIF 被保険預金(100 万ドル)−〔A〕	882,920	830,028	776,351	729,458	695,158	692,626
SAIF 基金残高(100 万ドル)−〔B〕	0.0	18.2	93.9	279.0	1,155.7	1,936.7
SAIF 被保険預金に対する保険基金残高の割合(%)−〔B〕/〔A〕	0.00	0.00	0.01	0.04	0.17	0.28
実効保険料率(%)	0.208	0.208	0.230	0.230	0.250	0.244
SAIF 問題金融機関数	N/A	446	337	207	100	54

注：1)　SAIF 加入金融機関数には RTC の管財下にある機関は含まれない．
　　2)　1993，1994 年の実効保険料率は，加入機関が支払った保険料の平均値である．
資料：FDIC, *Annual Report,* various issues, 等より作成．

第 7-6 表　SAIF 加入金融機関の経営状況（1989-94 年）

(単位：機関，100 万ドル)

	1989	1990	1991	1992	1993	1994
SAIF 加入貯蓄金融機関数	2,598	2,346	2,119	1,977	1,860	1,765
SAIF 加入貯蓄金融機関資産	N/A	1,085,319	882,113	820,420	741,521	750,359
SAIF 加入貯蓄金融機関総預金	N/A	836,994	705,958	646,062	564,279	533,437
SAIF 加入貯蓄金融機関純損益	N/A	△7,965	2,153	5,443	5,436	4,013

注：SAIF 加入貯蓄金融機関数には RTC の管財下にある機関は含まれない．
資料：FDIC, *Statistics on Banking,* various issues, より作成．

の SAIF をめぐる論点と深いかかわりがあった．だから，この点については今触れることはせず，次節で明らかにしたい．

第 7 章　SAIF：FIRREA 後の連邦貯蓄保険制度（その 3）

第 5 節　1990 年代初めの SAIF をめぐる最大の論点

　1990 年代の SAIF をめぐる最大の論点は，SAIF の基金残高が少ないので，いかにその増強をはかるかということであった．先にみたように，この時期には，SAIF の純利益も増加し，それに伴って基金残高も急増したのではあるが，まだその水準が低く，それをいかに増加させていくかということが最大の論点だったのである．そこで次に，その論点について考察を加えることによって，本章の結びとしたい．

1.　過少な SAIF 基金残高

　まず，いかなる意味で基金残高が過少だったのだろうか．それは，次の 2 点で示される．第 1 に，残高が FIRREA によって要求された水準をはるかに下回っていたということである．FIRREA は，その第 208 条で SAIF の指定準備金比率（DRR）を，推定の被保険預金の 1.25％，あるいは SAIF に巨額の損失をもたらしそうな状況のもとでは 1.50％ を超えない範囲内で 1.25％ を超える率，としていたし，また，第 211 条では，1992 年度から 2000 年度にかけて SAIF の最低の純資産が年度に応じて第 7-1 表の額となるよう，財務省に SAIF への支払いを命じていた．ところが，7-5 表にあるように，1990 年代初めの SAIF の基金残高は，被保険預金に対する割合でみると最も高い 1994 年末でさえも 0.28％ に過ぎなかったし，またその金額でみても同じく 1994 年についてみると 19 億ドル余に過ぎなかったから，それは法規上要求される基金残高と比べるとものすごく過少だったのである．
　第 2 に，基金残高は，単に法規上の規定と比べ過少だっただけではなく，現実的にも過少であった．1994 年末の基金残高 19 億 4000 万ドルは，SAIF 加入金融機関のうちの問題金融機関（1994 年末で 54 機関．第 7-5 表参照）の資産の 6％ に過ぎなかった[31]．また，それは付保された預金の 0.28％（被保険預金 100 ドル当たり 28 セントにあたる）に過ぎなかった．
　なるほど，SAIF は 1989 年に全くゼロから出発していたし，また前に少し

触れたように，そしてすぐ後でも詳述するように，SAIF 加入金融機関が払う保険料が控除され，全額 SAIF の収入になったわけではなかったから，1990年代前半に SAIF の基金残高が過少だったのもごく自然の成り行きであった．しかし，当時，SAIF は基金残高の増強を迫られていた．というのは，破綻貯蓄金融機関については，1995年6月までは RTC が処理にあたったけれども，それ以後の処理は SAIF に任されていたから，SAIF はその任務の遂行のためには過少な基金残高を是正し，その増強を図らなければならなかったのである．

2. SAIF 基金残高増強の方策

それでは，基金残高の増強にはどんな方策があったのだろうか．それには，費用の切り詰めを別にすると，①被保険預金の増加，②保険料の引き上げ，③外部からの資金導入，があげられる．だが，こうした方策は不可能であったり，別の問題を引き起こすという問題点があった．というのは次のような状況だったからである．

まず，①被保険預金の増加についてみると，第7-6表に明らかなように，SAIF 加入貯蓄金融機関総預金は，1990年末から1994年末にかけて減少傾向にあり，1994年末のレベル（5334億ドル）は1990年レベル（8370億ドル）の63.7％にとどまった．このように，この期間に SAIF 加入機関の預金が縮小傾向にあったのは，2つの理由による．まず第1に，FIRREA 直後の時期には，破綻機関の預金が RTC に移転されたうえ売却されたことによる．第2に，1990年代初めの時期には，後述のように，SAIF の預金保険料率が上昇したため，SAIF 加入機関は預金に代わって資金源を連邦住宅貸付銀行（FHLB）からの借入れやその他の借入れに依存したことによるほか，また SAIF と BIF の保険料率の格差が存在したため，BIF 加入機関は SAIF 加入機関と比べその格差分だけより高い預金金利の預金を提供することができ，そのため SAIF 加入機関から BIF 加入機関へ預金が流出したということによっている[32]．FIRREA 立案時には，政権は貯蓄組合が年に 7％ で成長することを想定していたといわれる[33]が，しかし，いずれにせよこれでは SAIF の被保険預金を増やして，保険料収益を増やし，それによって基金残高を増加させ

第7章 SAIF：FIRREA 後の連邦貯蓄保険制度（その3） 147

るというのは不可能なことは明らかである．

　次に②の保険料の引き上げについては後述するとして，先に③外部からの資金導入についてみよう．すでにみたように，SAIF には FRF から 1989 年から 1992 年にかけて資金の移転が行われた．しかし，これは SAIF の管理運営費相当分に過ぎなかった．これとは別に，FIRREA では，これについても先に少し触れたように，1992 年度から 2000 年度にかけて SAIF の最低の純資産が年度に応じて一定の額となるよう，財務省に SAIF への支払いを命じていた（最高限度は総額 160 億ドル）．実は，FIRREA はもう 1 つ別の SAIF への支払いを財務省に命じていたのである．すなわち，FIRREA はその第 211 条(3) で，SAIF の目的達成のために，1992 年度から 1999 年度にかけて，毎年度 FICO，REFCORP，FRF への移転分を控除後の SAIF 保険料収益が 20 億ドルとなるように財務省に拠出を命じていた（最高限度は同じく総額 160 億ドル）．このように，FIRREA は，FRF からの資金移転を別として，最高で総額 320 億ドルの財務省支出を規定していたのである．

　財務省に対するこの SAIF への拠出規定は，その後 1993 年の整理信託公社完了法第 8 条によって改正され，最高拠出額が 320 億ドルから 80 億ドルに減額されるとともに，これら資金は SAIF の損失補填に限定されるといった変化がみられたが，いずれにしても 1994 年末現在ではこの財務省拠出は実行されなかったため，外部からの資金導入は，FRF を別とすると，SAIF の基金増強には役立たなかった．

　最後に②保険料の引き上げはどうか．実はこれは実際にとられた方策であった．それについて少しみてみよう．年間の預金保険料率は，FIRREA では，1990 年 12 月 31 日までは 0.208%，1991 年 1 月 1 日から 1993 年 12 月 31 日までは 0.23%，1994 年 1 月 1 日から 1997 年 12 月 31 日までは 0.18%，1998 年 1 月 1 日以降 0.15% と規定されていた．また，同法では，1995 年以降，毎年 1 月 1 日の時点で，準備金比率（reserve ratio）が先に述べた指定準備金比率よりも少ないと予想される場合には，FDIC 理事会は適当な期間内に準備金比率を指定準備金比率にまで回復させることができるよう保険料率を決定することができた．ただし，この場合，保険料率は 0.325% を超えてはならないし，また 1 年についてその上昇率も 0.075% を超えてはならない，とされた[34]．

ところが，1990年のオムニバス法（Omnibus Budget Reconciliation Act of 1990）は，このFIRREAによる保険料率の上昇率制限を取り除き，さらに保険料率の引き上げを半年毎とすることも認めた[35]．さらに，1991年の連邦預金保険公社改善法（FDICIA）は，FDICに対して，SAIFの任務遂行に必要な基金残高となるよう保険料の引き上げ権限を与えた[36]．それに加えて，同法は，よく知られているように，SAIFに損失を生じさせる可能性に応じて加入機関に対する保険料を半年毎に算出するリスクベースの保険料賦課システム（risk-based assessment system）を導入した[37]．

こうした一連の保険料に関する法規定の変化を受けて，SAIFの加入機関に対する保険料率は上昇した．第7-5表の「実効保険料率」の欄に示されているように，実効保険料率は1989年には0.208%（国内預金100ドル当たり20.8セント）だったが，1994年には0.244%（同じくの国内預金100ドル当たり24.4セント）へ，17.3%上昇した．もっとも，同じく実効保険料率といっても，1992年までと1993，1994年とではその内容が異なることに注意しなければならない．というのは，1992年までの実効保険料率はSAIF加入金融機関すべてに均等に適用されたものであったが，1993，1994年のそれはリスクベースの保険料率が適用されたため，加入機関加重平均の保険料率だったからである．

だが，こうしたSAIFの保険料の上昇は，大きな問題を引き起こした．それはどういうことか．結論的にいえば，上昇したSAIFの預金保険料とFIRREAによって再編成された銀行保険基金（BIF）の預金保険料との間の格差が拡大したため，それまでSAIFに付保されていた機関が相次いでSAIFを脱退し，BIFに加わる動きを強めることとなったこと，そしてそのことがSAIFの保険料収益を減らし，基金残高増強の妨げとなったということ，なのである．この点を少し敷衍しよう．

今ここで，SAIFとBIFとの保険料格差が拡大したため，SAIF加入機関がSAIFを脱退してBIFに加わる動きを強めたといったが，これはあまり正確ではない．なぜかといえば，それ以前にも2つの預金保険機関（BIFの前身であるFDIC管理下の恒久保険基金とSAIFの前身であるFSLIC）の預金保険料率には格差があり[38]，FSLICから恒久保険基金への転換の動きがあったからである．それを織り込んだためと思われるが，FIRREAでは，わざわざ

次に述べるいくつかの例外を除いて、預金保険機関間の転換の5年間凍結とBIF被保険機関とSAIF被保険機関との間の合併・買収その他の結合の禁止をうちだすとともに、さらにBIFからSAIFへあるいはSAIFからBIFへ転換する場合には、脱退する預金保険機関には脱退料を、新たに加入する預金保険機関には加入料を払わなければならないと規定せざるをえなかったのである[39]．

ここでいう預金保険機関間の転換の5年間凍結とBIF被保険機関とSAIF被保険機関との間の合併・買収その他の結合の禁止の例外として重要なのは次の3つである．①破綻状態にあるSAIF加入機関あるいはBIF加入機関は、5年間の凍結期間において転換した場合の同保険基金に対する利益が同基金の推定の保険料損失と同等かそれを上回ると推定される時には、加入預金保険機関を転換することができる．②SAIF加入貯蓄組合であっても、銀行への転換後引き続きSAIF加入機関として留まる限り、凍結期間内に銀行免許に転換が可能である――いわゆるサッサー・バンク――．③貯蓄組合をコントロールしている銀行持株会社は、その貯蓄組合の資産・負債をBIF加入銀行子会社と合併・結合できるが、その場合の貯蓄組合の預金はSAIFに付保された預金として取り扱われる――いわゆるオカー・バンク――．

さて、上で述べたように、1980年代までにも2つの預金保険機関間の預金保険料率には格差があり、貯蓄金融機関の預金保険機関たるFSLICから商業銀行の預金保険機関たるFDICへの預金保険機関変更の動きはあったが、この時期にはこの問題は表面化しなかった．なぜかといえば、商業銀行、貯蓄銀行、貯蓄貸付組合それぞれの預金保険機関は決まっていたからである．しかし、1990年代には、SAIFからBIFへの転換の動きは大きな問題となった．上述のようにFIRREAでは、預金保険基金の転換は厳密に枠がはめられていたのに、なぜそのことが問題になったのだろうか．それは、ひとえに、SAIFからBIFへの預金保険基金間の転換が次々と起きるようになると、それが今度はSAIFの保険料収入の減少をもたらし、最終的にはSAIFの経営基盤を危うくしてしまう、という危機感に基づいていたのである．

このように、保険料値上げによるSAIFの基金残高増強の方策が、SAIF加入機関からの預金の流出やSAIFからの脱退の動きを促すとなると、保険料

値上げによるSAIF基金残高増強に限界があることは明らかである．

こうして，1990年代前半のSAIF基金残高増強策は，自ずからSAIF保険料から控除されるFICO債利払い資金等に収斂していくこととなった．

3. FICO問題

念のため，FICOについて整理しておこう．1987年の競争的均等銀行法は，スリフト処理のための資金調達のため金融公社（FICO）を設立し，この公社に債券の発行権限を認めた．同法では，この債券発行限度は，連邦住宅貸付銀行への発行済み無議決権株式の5倍または分離勘定で所有するゼロクーポン債の額面総額とどちらか大きい額と，108億2500万ドルとのどちらか小さい額を超えない額で，調達資金はFRFに移転されるということになっていた．しかし，1991年の整理信託公社再融資再構成改善法の成立に伴い，FICOのこの権限は停止されたため，FICOの債券発行額は81億7000万ドルにとどまった[40]．

ここでの問題は，このFICOの金利支払にSAIFへの保険料が充てられたことである．SAIFへの保険料は，まず何よりも先にFICOの利払いに充てられなければならなかった．1992年12月までは，SAIFに帰属する保険料は，オカー・バンクの保険料のみであった[41]．FICOがFSLICの資金調達のために発行した債券の利払いのために，SAIFに払い込まれる保険料の第1の請求権を持っていたからである．FICOのこの請求権は，30年満期のこのrecapitalization bondsが満期になるまで続く．加えて，FIRREAによって，RTCに300億ドルの資金供与をするために設立されたREFCORPも，その債券の元本の返済にこの預金保険料を請求する権利を持っていた．REFCORPは，預金保険料を売却された債券と同一の満期日，価格を持つ非市場性，非利付きの（すなわち，ゼロクーポン債）財務省証券に投資することによって，債券の支払に備えた．REFCORPは，最後の債券を1991年1月に発行したから，それ以上の保険料に対する請求権を持たない．最後に，FRFも，1992年12月31日まではFICOやREFCORPによって取得されない保険料に対して請求権を持つ[42]．

第7章 SAIF：FIRREA 後の連邦貯蓄保険制度（その3）

こうした FICO その他への支払いに充てられる SAIF 加入機関の保険料は大きかった．第 7-1 図にみるように，1989 年から 1994 年までに SAIF には合わせて 93 億 100 万ドルの保険料の払込みがあったが，このうちじつに 75.2% にあたる 69 億 9200 万ドルが FICO を始めとした債券利子等の支払いにあてられ，SAIF の収益としては 1993 年，1994 年を中心として残りのわずか 23 億 900 万ドルが計上されたにすぎない．また，別の面からみれば，1994 年には，SAIF 加入機関は付保された預金の平均 24.4 ベーシスポイント（付保された預金 100 ドル当たり 24.4 セント）という高い預金保険料を払っていたが，

第 7-1 図　SAIF 預金保険料の SAIF 以外への流出（1989-94 年）

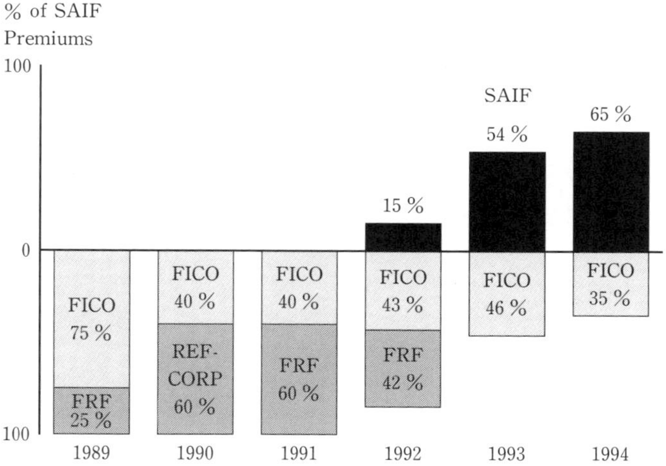

（単位：100 万ドル）

	1989	1990	1991	1992	1993	1994
SAIF からの流出額	394	1,828	1,883	1,512	779	596
FICO	295	738	757	772	779	596*
FRF	99	0	1,155	740	0	0
REFCORP	0	1,090	△29	0	0	0
SAIF 保険料収入	0	0	0	265	911	1,133
SAIF 保険料総額	394	1,828	1,883	1,777	1,690	1,729

注：＊印については本章注 43 を参照されたい．
資料：U. S. Congress, House, Subcommittee on Financial Institutions and Consumer Credit of the Committee on Banking and Financial Services, *Condition of Deposit Insurance Funds and the Impact of the Proposed Deposit Insurance Premium Reduction on the Bank and Thrift Industries : Hearings*, 104th Cong., 1st Sess., Government Printing Office, 1995, p. 183.

そのうち8.4ベーシスポイントはFICO債の利払いにあてられ，SAIFには16.0ベーシスポイントの保険料が入ったにすぎない[43]．

これでは，SAIF加入機関から高い預金保険料をとっても，高い預金保険料を賦課されるSAIF加入機関では，預金の流出，資本の流入停止，収益の悪化，破綻の増大等が生じ，さらにSAIFの基金残高の枯渇，SAIFの破綻という筋書きが懸念されるのもごく自然な成り行きだった．「SAIF問題はまさにFICO問題」[44]だったのである．

このFICO問題の解決については，その解決の1つの方策として出されたSAIFとBIFとの合併という問題とともに，後に触れる．

注
1) 本書第4章．
2) 1989年8月9日のSAIFの発足時に，いくつの旧FSLIC被保険機関がSAIFに加わったかは不明である．1988年12月末のFSLIC被保険機関数が2948であること，1989年1月1日から8月8日までに管財人のもとにおかれたスリフトは262であること，1989年8月9日から12月末までにRTCの管財下におかれたスリフトが56であること，1989年末のSAIF被保険機関が2596であること，を考え合わせると，SAIFの発足当時の被保険機関は2660ほどであったと思われる（RTC, *1989 Annual Report*, p.50 ; OTS, *1997 Fact Book*, Table 8）．
3) GAO, *Financial Audit : Savings Association Insurance Fund's 1991 and 1990 Financial Statements*, June 1992, p.6. なお，ここで，「SAIFは，FSLICによって以前に付保されていなかった連邦被保険貯蓄金融機関」の破綻処理を引き受けたとされているが，このところは理解しにくい．というのは次のように思われるからである．すでに述べたように，FIRREA以前にFSLICに付保され，1989年1月1日から1995年6月30日までに破綻し管財人が任命される貯蓄金融機関はRTCによって破綻処理される．これに対して，ここでいう「FSLICによって以前に付保されていなかった連邦被保険貯蓄金融機関」というのは何か．これは以前にFDICによって付保されていた貯蓄金融機関のことを指すようにも思われる．しかし，もしそうだとすると，奇妙なことになろう．なぜかといえば，FIRREA以前にFDICに付保されていた貯蓄金融機関が，同じくFDICの管理下にあるとはいえ，FIRREAによって新設されたSAIFによって破綻処理されるということになってしまうからである．商業銀行を中心にするとはいえ，一部の貯蓄金融機関をも付保するBIFが自らの加入機関の破綻を処理しないということはありえない．

ここでいう「FSLICによって以前に付保されていなかった連邦被保険貯蓄金融機関」というのは，FIRREA後に新たに設立され，SAIFに付保されるようになった貯蓄金融機関を指していると考えれば納得いくように思われる．

第7章　SAIF：FIRREA 後の連邦貯蓄保険制度（その3）　　153

4)　*Ibid.* p.7.
5)　GAO, *Financial Audit : Savings Association Insurance Fund's 1989 Financial Statements*, March 1991, p.21.
6)　本文のような理解は問題があるかもしれない。というのは，ここで引用した GAO, *ibid.* では，次のようになっているからである。U.S. Treasury payments for the amount, if any, by which $2,000,000,000 exceeds the amount of assessments deposited in the SAIF for each of the fiscal years 1992 through 1999. このところの "$2,000,000,000 exceeds" の理解がむずかしい。念のため FIRREA ではどうなっているかをみると，この文の他個所では表現の違いはあるものの "the amount, if any, by which $2,000,000,000 exceeds the amount" のところは全く同じ表現になっている。GAO の原文を本文のように理解したのは，1989年8月1日にゴンザレス（Henry B. Gonzalez）によって提出された FIRREA に関する「両院協議会報告の共同説明」でも次のように記されているからである。「財務省は，SAIF が財務省資金で不足分を埋め合わせることによって1999年まで保険料から毎年最低20億ドルを受け取ることを保証する」(U.S. Congress, House, *Financial Institutions Reform, Recovery, and Enforcement Act of 1989 : Conference Report*, Report 101-209, 101st Cong., 1st Sess., Government Printing Office, 1989, p.400)。
7)　FIRREA, Sec. 211(3)。
8)　GAO, *Financial Audit : Savings Association Insurance Fund's 1989 Financial Statements*, p.21.
9)　FIRREA, Sec. 206(a)(7)。
10)　なお，脱退料は，GAO の FDIC 監査報告では，1994年のそれで初めて準備金（reserve）の代わりにエスクロウ（escrow）に保有されるとし，それ以後エスクロウに保有されることとなった。
11)　55 *Federal Register* 10413, 10414, March 1990. See also *Code of Federal Regulations*, Title 12, Part 312, Section 312.5, 312.10, Government Printing Office, 1995.
12)　1989年に貯蓄金融機関の預金保険機関が加入機関に課した保険料には，この他に，同年8月8日以前に FSLIC が加入機関に課した通常保険料2939万7000ドル，特別保険料6億221万8000ドル（ただし，本文で述べる第2次準備金控除前の金額），FICO が課した保険料4億5280万ドルがあった（GAO, *Financial Audit : Federal Savings and Loan Insurance Corporation's 1989 and 1988 Financial Statements*, July 1990, pp.17, 21)。
13)　Federal Home Loan Bank System, *A Guide to the Federal Home Loan Bank System*, 5th ed., 1987, pp.48-49.
14)　Barth, Feid, Riedel, and Tunis, *op. cit.*, p.6.
15)　じっさい1969年末には，第1次準備金，第2次準備金残高の被保険預金に対する割合が2％を超えたため，FSLIC は，1975年に第2次準備金の払い戻し10年プログラムを開始した。ただし，このプログラムは，1979年には，上の割合が1.25％以下になったため中止された（Federal Home Loan Bank System, *op. cit.*, p.49)。
16)　Competitive Equality Banking Act of 1987, Sec. 307(a)。

17) CEBA については，本書第3章を参照されたい．
18) 19) CEBA, Sec. 302.
20) CEBA, Sec. 305.
21) 1988年についてみると，FSLIC と FICO 両公社合わせて，年間，通常保険料では被保険機関の全勘定額の1％の1/12，特別保険料では1％の1/8が被保険機関に賦課できる保険料の限度であった．なお，特別保険料の賦課限度は，CEBA では1987年から1991年にかけて引き下げられるとされている．ただし，この限度の引き下げも，連邦住宅貸付銀行理事会が公社に追加的な資金の注入の必要性を決定した場合には，延期できるとされている．
22) GAO, *Financial Audit : Savings Association Insurance Fund's 1989 Financial Statements*, p.23.
23) FIRREA, Sec. 211(3).
24) この証券は，財務省が特別な状況のもとで一時的な資金調達のために市場を通さずに直接に発行する証券である．なお，ローゼンバーグの『銀行金融辞典』によれば，連邦準備銀行がこの証券を合衆国と直接売買できるようになったのは1971年だったという（Jerry M. Rosenberg, *Dictionary of Banking and Finance*, John Wiley & Sons, 1982, p.366）．この記述を手がかりにして，いかなる形で同証券の発行が認められるに至ったのか，また連邦預金保険機関がいかなる形で同証券に投資するようになったのかを追求してみた．そうすると①1942年の連邦準備法の改正によって，連邦準備銀行は「合衆国の直接の債務（obligations）であるかあるいは元利に関して合衆国によって完全に保証されている bonds, notes あるいはその他債務」を，「満期にかかわらずオープンマーケットにおいてかあるいは合衆国から/へ直接にかどちらかで売買」することができるとの条項（12 USC, Sec. 355）が盛り込まれたこと，②連邦準備制度理事会による『連邦準備法』は，上の条項に関して農家信用法（Farm Credit Act of 1971）の参照を指示していること（Board of Governors of the Federal Reserve System, *Federal Reserve Act As Amended Through 1976*, p.30）が明らかになった．おそらく先のローゼンバーグは，1971年に農家信用法によって発行を認められた一日物財務省特別証書を連邦準備銀行が直接財務省と売買するようになったと言っているのであろうが，しかし，農家信用法には一日物財務省特別証書の発行権限についての規定を見つけることはできなかった．同様に，連邦預金保険機関がいかなる形で同証券に投資するようになったのかについても資料的な裏付けを得ることはできなかった．ついでながら，連邦準備銀行が市場においてだけではなく合衆国と直接に債券を売買することができるという上の連邦準備法の規定は現行法では削除されている．
25) GAO, *Financial Audit : Federal Deposit Insurance Corporation's 1994 and 1993 Financial Statements*, March 1995, p.51.
26) FDIC, *1993 Annual Report*, p.82.
27) GAO, *Financial Audit : Federal Deposit Insurance Corporation's 1994 and 1993 Financial Statements*, p.54．なお，この推定損失額の中にはサッサー・バンクの分も含まれている．

28) U.S. Congress, House, Subcommittee on Housing and Community Development of the Committee on Banking, Finance and Urban Affairs, *H.R.27 ; Escrow Account Reform Act of 1993 : Hearing*, 103rd Cong., 1st Sess., Government Printing Office, 1993, p.179.
29) ただし，FIRREA では FRF から SAIF への管理・監督費用の支払いは，1989 年 8 月 9 日から 1991 年 9 月 30 日までとなっていたが，1991 年の整理信託公社再融資再構成改善法（RTCRRIA）は，この期間を 1992 年 9 月 30 日まで延長した．
30) ただし，計算上の保険料は，1989 年の方が多く，18 億 3640 万ドルになるが，この年は SAIF が設立された特殊な年なので除かれている．
31) U.S. Congress, House, Subcommittee on Financial Institutions and Consumer Credit of the Committee on Banking and Financial Services, *Condition of Deposit Insurance Funds and the Impact of the Proposed Deposit Insurance Premium Reduction on the Bank and Thrift Industries : Hearings*, 104th Cong., 1st Sess., Government Printing Office, 1995, pp.109, 116.
32) U.S. Congress, Senate, Committee on Banking, Housing, and Urban Affairs, *The Condition of the Bank and Thrift Industries : Hearing*, 103rd Cong., 2nd Sess., Government Printing Office, 1994, p.78.
33) *Ibid*., pp.76-77.
34) FIRREA, Sec. 208(3).
35) FDIC, *1992 Annual Report*, p.106.
36) 37) FDICIA, Sec. 302(a).
38) それについて，例えば次のような説明を参照されたい．「貯蓄組合は銀行よりも幾分かより高い預金保険料を払ってきた．1935 年から 1980 年まではこの格差は 4 から 5 ベーシスポイントで，1980 年から 1991 年までは格差は 12.5 ベーシスポイントの高さまで及んだ．1992 年には格差はゼロであった．1992 年以来リスクに関連した保険料の下で，SAIF 加入機関は BIF 加入機関の平均保険料率よりおよそ 1 から 2 ベーシスポイント高い平均保険料率を支払った」(U.S. Congress, House, Subcommittee on Financial Institutions and Consumer Credit of the Committee on Banking and Financial Services, *op. cit*., p.123).
39) FIRREA, Sec. 206(a).
40) GAO, *Financial Audit : Savings Association Insurance Fund's 1990 and 1989 Financial Statements*, January 1992, p.11.
41) 1989 年の FIRREA 施行以来そうだったのではない．同法では，オカー・バンクの保険料は SAIF 加入銀行によって支払われる保険料と全く同じく扱われ，したがって同保険料も FICO, REFCORP, FRF へ優先して分配されることになっていたが，1992 年 3 月になって FDIC の法規部は FIRREA のもとではオカー・バンクによって SAIF 被保険預金に支払われる保険料は SAIF に留保され，したがって FICO 等に分配されるものではないとの見解をうちだした．しかも，FDIC はこの措置を FIRREA 法制定時まで遡及してとったため，SAIF には 1990 年，1991 年にはそれぞれ 1700 万ドル，9100 万ドルのオカー・バンク保険料の収入があり，1991 年には 1 億

800万ドルのFRF受取勘定が生じた．なお，1989年にはオカー・バンクは1行も存在しなかった（GAO, *Financial Audit : Savings Association Insurance Fund's 1991 and 1990 Financial Statements*, pp.7-8, 30）．
42) GAO, *Financial Audit : Savings Association Insurance Fund's 1990 and 1989 Financial Statements*, p.10.
43) 1994年にはFICOから1億8500万ドルの払い戻しがあったため，これらの数字は過少となっている．ちなみに，同じことを1993年についてみると，SAIF加入機関は付保された預金の平均25.0ベーシスポイントという高い預金保険料を払っていたが，そのうち46.1%にあたる11.5ベーシスポイントはFICO債の利払いにあてられ，SAIFには13.5ベーシスポイントの保険料が入ったにすぎないということになる．
44) U.S. Congress, Senate, Committee on Banking, Housing, and Urban Affairs, *The Condition of the Bank and Thrift Industries : Hearing*, p.76.

第 II 部　連邦預金保険制度の危機と改革

第8章
商業銀行の破綻

第1節　1980年代後半と1990年代初めの商業銀行の状況

　第I部では，1980年代，ことにその後半の貯蓄金融機関の危機は，破綻貯蓄金融機関を処理するRTCの設立とそれによる破綻機関の処理によって，また貯蓄金融機関の危機の結果生じた連邦貯蓄金融機関の預金保険機関たる連邦貯蓄貸付保険公社（FSLIC）の危機は，その全面的な改編によって解決がはかられたことを述べた．1980年代の貯蓄金融機関の危機とその連邦預金保険機関たるFSLICの危機とがこのような形で一応の解決が図られたにしても，連邦預金保険制度の危機はこれで終わったのではなかった．よく知られているように，1980年代後半から1990年代初めには，これと似た構図で商業銀行の危機的状況とその預金保険機関たる連邦預金保険公社（FDIC）の危機とが生じたのである．次に，貯蓄金融機関制度から商業銀行制度の方に眼を転じて，1980年代後半から1990年代初めにかけての商業銀行の陥った状況，FDICの危機，さらに連邦預金保険制度の改編についてみておきたい．

　1980年代の後半および1990年代初めには経営危機，破綻に陥る銀行が続出した．この点については，以前の拙稿でも論じたところである[1]．だが，今考えてみると，その部分は論じ方が不十分だったとも思われるので，ここで改めてこれらの時期の商業銀行の状況についてみておきたい．もっとも，この時期の商業銀行の状況についてはかなり論じられている[2]．そこで，ここでは主として，預金保険との係わりという観点からこの時期の商業銀行を眺めることとする．

第 8-1 表　FDIC 加入銀行（商業銀行・貯蓄銀行）の経営指標

(単位：行，100)

	1980	1985	1986	1987	1988	1989	1990	1991	1992
商業銀行									
銀行数	14,434	14,417	14,210	13,723	13,137	12,715	12,347	11,927	11,466
総資産	1,854,687	2,730,672	2,940,699	2,999,949	3,130,796	3,299,362	3,389,489	3,430,682	3,505,663
自己資本	107,594	169,117	182,143	180,651	196,546	204,822	218,616	231,698	263,403
純利益	14,010	17,977	17,418	2,803	24,812	15,575	15,991	17,935	31,986
貯蓄銀行									
銀行数	323	392	471	485	492	489	474	464	414
総資産	152,565	205,280	235,629	261,885	284,241	279,929	260,709	243,721	N/A
自己資本	9,533	11,440	17,341	20,111	21,138	19,770	17,290	16,366	N/A
純利益	△ 251	1,408	2,264	2,027	1,230	△ 780	△ 2,580	△ 1,249	N/A

資料：FDIC, *Statistics on Banking : A Statistical History of the United States Banking Industry,* Vol.1, FDIC, *Historical Statistics on Banking : A Statistical History of the United States Banking* 等より作成．

　第 8-1 表は，1980 年代と 1990 年代初めの FDIC 加入商業銀行の経営指標を概括したものである．同表では，この時期の FDIC 加入商業銀行及び貯蓄銀行それぞれの銀行数，総資産，自己資本，純利益が示されている．

　この表から，いくつかのことが読み取れる．まず第 1 に，銀行数については，次のことが明らかである．貯蓄銀行が 1988 年まで増加する傾向があったのに対して，商業銀行は 1980 年代後半から 1990 年代前半にかけて一貫して減少した．実は，第 8-1 表からは分からないけれども，このような FDIC 加入商業銀行の趨勢的な減少は，FDIC 創立後初めて経験する現象であった．FDIC 創立時の 1934 年から趨勢的な減少の始まる 1985 年までは，1 万 3100 行台から 1 万 4400 行台の間を増減していた加入商業銀行が，1985 年から急速な減少に転じたわけである．

　それでは，この時期に商業銀行が趨勢的に減少するようになったのはなぜか．その理由の第 1 として考えられるのは，この時期から銀行の M&A が急速に進展したということである．

　第 8-2 表は，1980 年代および 1990 年代初めの FDIC 加入商業銀行の新設・破綻・合併数を示したものである．このうち，合併数に注目すると，1980 年代後半〜1990 年代にかけて商業銀行の合併が進展したことがわかる．1980 年

第 8-2 表 FDIC 加入商業銀行の新設数・破綻数及び合併数（1980-93 年）

（単位：行，10 億ドル）

	1980-84 年平均	1985	1986	1987	1988	1989	1990	1991	1992	1993
新設	297.4	318	248	212	228	201	175	107	73	59
破綻	34.2	116	139	183	200	205	158	105	100	40
銀行合併数	367.6	475	573	649	468	350	366	345	401	436
被買収銀行資産額	41.00	67.12	94.41	123.29	87.71	43.39	43.74	150.29	165.42	103.05
巨大合併数	2.8	9	9	18	14	3	6	16	23	15

注：1）「巨大合併数」は，買収・被買収銀行資産が 10 億ドルを超えるものをいう．
　　2）「破綻」に資金援助は含まれていない．
資料：U.S. Congress, House, Committee on Banking and Financial Services, *Bank Mergers : Hearing,* 105th Cong., 2nd Sess., Government Printing Office, 1998, pp. 229-30, 232. ただし，破綻数については，FDIC, *Statistics on Banking : A Statistical History of the United States Banking Industry,* で修正した．

代前半には年平均 367 行ほどに過ぎなかった合併が，1980 年代後半から 1990 年代前半にかけて，1980 年代前半を上回るペースで起きている．しかも，その合併も巨大化し，買収された銀行の資産額もかなり高額化していることがわかる．

ところで，このような商業銀行の合併の隆盛の背後には，一般企業の M&A ブームがあったことはいうまでもない．いまここで，当時の M&A ブームについてこと細かに論じる余裕はないが，次のことだけは指摘しておいてもよいだろう．当時の M&A ブームは，①国際競争圧力の存在，②機関投資家化に代表される金融イノベーション，③よりリベラルな反トラストの運用，といったことを原因とし，①多様化の解消（bust-up），つまり多様化した企業の一部の売却，②被買収企業の規模の大きさ，③敵対的買収，マネジメントバイアウト，債務ファイナンスの隆盛，といった点で過去のそれとは異なる[3]ものであった．

しかし，いずれにせよこのような銀行の合併は，1980 年代から 1990 年代にかけての商業銀行数の減少の大きな原因であった．第 8-2 表からも明らかなように，1985 年から 1993 年にかけて実に 4063 行が合併によって消滅しているのである．

1980 年代半ばからの商業銀行急減のもう 1 つ重要な原因としてあげられる

のは，破綻である．FDIC被保険商業銀行・貯蓄銀行の破綻は，1982年から急増し，1989年にはピークに達した．第8-2表にみられる銀行破綻数は，FDICに付保されている商業銀行の破綻だけのため若干の違いはあるが，ここでもやはり破綻に追い込まれた商業銀行が1980年代半ばには急増し，1989年にはピークの205行にまで達していることがわかる．

これらの銀行破綻の原因として挙げられるのは，農業の不振，エネルギー価格の急落，不動産価格の急落といったことに基づく地域経済の不振である．この点については後述するので，ただここでは，1985年から1993年の間に，1246行が破綻に追い込まれたため，商業銀行数もこれによって同数が減少したということを確認しておけばよい．

このようにしてみると，1980年代後半から1990年代初めの商業銀行数の減少は，合併と破綻によって説明可能である．第8-1表によると，1985年から1993年の間に，商業銀行は1万4417行から1万960行へ3457行も減少した．他方，上述のように，同じこの間，合併と破綻によって減少した商業銀行はそれぞれ4063，1246行，合わせて5309行も減少しているからである．もっとも，商業銀行は，こうした合併や破綻によって一方的に減少したかというと，そうではない．この期間にも，年々減りつつあるとはいえ新設される銀行が多数あったからである．同じ第8-2表に見るように，この間新たに設立されFDICに新規に加わった商業銀行は，1621行を数えた．したがって，この間のFDIC加入商業銀行の純減は3688行ということになる[4]．

しかし，このようなかなりの数に達するFDIC加入商業銀行の純減がFDICにどのような影響を及ぼしたのかは微妙である．というのは，たとえこのようにFDIC加入商業銀行が激減したといっても，FDICに影響を与えるのは加入銀行数よりもむしろ付保された預金額だからである．

第8-1表をみると，第2に，商業銀行では，上述のような銀行数の急減にもかかわらず総資産は一貫して増加していること，他方貯蓄銀行では，総資産と銀行数とはほぼパラレルに変化していることがわかる．だが，この点は，FDICとの係わりで言うとあまり重要ではないので，ここでは指摘するにとどめる．

第3に，純利益の変化が注目される．純利益は，商業銀行では，1980年代

中ごろから低下し，1987年の急減を経て翌年には大きく回復した後再び低下し，以後増加基調となっている．それ以上に注意を要するのは貯蓄金融機関である．貯蓄金融機関の純利益は，この時期についてみると，1986年の22億6400万ドルから低下し，1989年からは純損失を計上するようになっている．そして，1990年には25億8000万ドルという巨額の純損失を計上していることがわかる．なお，この点に関連して，1992年のFDIC加入貯蓄銀行の純損益は，14億ドルの黒字であったから[5]，貯蓄銀行の純損失は3年続いたということになり，その間の純損失額は46億9000万ドルに達したということにも注意をしておこう．

こうした第8-1表から得られる商業銀行，貯蓄銀行の純損益の状況は，一口に言えば，この時期の商業銀行，貯蓄銀行の経営悪化を示すものに他ならない．だが，これらの金融機関の経営悪化がFDICの状況といかなる関係をもったのかを分析するためには，もっと別の観点を必要とする．なぜかといえば，これら商業銀行，貯蓄銀行の純損益は，業態別に個々のFDIC加入機関の純損益を総計したものにすぎず，個々の銀行をとってみると，この時期においてさえ，経営上何ら問題のない銀行が数多く存在する一方，他方では，経営破綻に陥る銀行が数多く存在し，これらの一群の銀行群こそがFDICの経営に影響を及ぼしたからである．1980年後半から1990年代初めにかけてのFDIC問題を考えるためには，経営破綻に陥った一連の銀行群の考察が必要である．

第2節　問題銀行・破綻銀行

1. 問題銀行とその破綻率

第8-3表は，FDIC加入問題銀行数・破綻銀行数を示したものである．1980年には212に過ぎなかった問題銀行数が1980年代後半から1991年にかけて毎年1000行を超えるにいたっている．そのピークは1987年で，1575行であった．ここで，問題銀行というのは，3連邦銀行監督当局によって用いられる統一金融機関格付制度（Uniform Financial Institutions Rating System）に基づいて格付けされた銀行のうち，4ないし5に格付けされた銀行を指す．すなわち，

第 8-3 表　FDIC 加入問題銀行数・破綻銀行数

(単位:行,10億ドル)

FDIC 加入商業銀行・貯蓄銀行	1980	1985	1986	1987	1988	1989	1990	1991	1992	1993
問題銀行数	212	1,140	1,484	1,575	1,406	1,109	1,046	1,089	856	472
総資産	N/A	237.8	335.5	358.5	352.2	235.5	408.8	609.7	464.3	269.2
破綻銀行数	11	120	145	203	279	207	169	127	122	41
総資産	8.1	8.4	6.8	9.2	52.7	29.4	15.7	63.2	44.2	3.5

資料:FDIC, *Annual Report,* various issues ; U.S. Congress, House, Subcommittee on Financial Institutions Supervision, Regulation and Insurance of the Committee on Banking, Finance and Urban Affairs, *Banking Industry in Turmoil : A Report on the Condition of the U.S. Banking Industry and the Bank Insurance Fund,* 101st Cong., 2nd Sess., Government Printing Office, 1990, p.24 ; U.S. Congress, House, Committee on Banking, Finance and Urban Affairs, *To Examine the Current Condition of the U.S. Banking Industry and Projections for the Bank Insurance Fund : Hearings,* 102nd Cong., 2nd Sess., Government Printing Office, 1993, p.211 ; FDIC, *Managing the Crisis,* pp.794, 797.

capital adequacy, asset quality, management, earnings, liquidity の 5 分野で評価された後に行われる総合格付け (CAMEL rating) で,4 ないし 5 と格付けされた[6]銀行のことである.ここでいう 4 格付けは,当該銀行に「主要で重大な問題あるいは不健全な状態が存在」していて,「効果的なアクションがこれらの是正のためにとられなければ,これらの状態は将来の存続をそこない,預金者の利益に対する脅威となり,そこで,あるいはもしかすると預金機関の資金支払いの可能性を引き出す状況に当然に展開しうる」ということを示し,また 5 格付けは,当該銀行には「極めて切迫したあるいは近いうちの破綻の可能性」があって,「株主あるいは公私の財務援助資金による緊急の援助」がなければ,当該機関は「恐らく破綻に陥って,被保険預金者への保険資金の支払いかあるいは緊急の援助,合併あるいは買収のいずれかをもたらす」ということを示している[7].4 に格付けされたにせよ 5 に格付けされたにせよ,これらの銀行は,連邦銀行監督当局によって,財務的・経営的に弱点があって,その存続が危機にさらされているとみなされている銀行群なのである.もちろん問題銀行数が 1980 年代後半から 1990 年代初めにかけて急増したといっても,これらすべてが破綻に陥ったというわけではない.問題銀行に分類された後に,適当な措置がとられ,問題銀行から抜け出した銀行も沢山あったからである.

　それでは,問題銀行のうちどれだけが破綻に陥ったのであろうか.それにつ

いては，個々の銀行のCAMEL ratingが非公表のため，十分明らかになっているわけではないが，FDICの『80年代の歴史—将来のための教訓—』はそのあたりのことを少し明らかにしている．同書は，1980年から1994年にかけて4あるいは5に格付けされた銀行，つまり問題銀行が4808あったが，そのうち1311行（27％）が破綻したものの，3497行（73％）は独立行として存続するか，銀行持株会社によって買収されるか，あるいは他行と合併されたりすることによって，FDICの現金支援なしに再建された，としている[8]．

このように，FDICによって問題銀行とされた銀行の破綻率が必ずしも高くないのは，次のようなことの結果である．1980年代中頃には，通貨監督庁（Office of the Comptroller of the Currency : OCC），連邦準備制度（Federal Reserve System : FRS），FDIC等の銀行監督当局は，平均すると14～20か月の間隔で，それぞれが主管する国法銀行，連邦準備加盟州法銀行，連邦準備非加盟州法銀行の実地検査を行った．これらの検査で，CAMEL格付けで4ないし5の銀行が特定された場合，これら当局は，こうした問題銀行のリスク・テイキングや破綻を防止する公式の強制措置をとった．FDICの場合で言うと，特定業務停止命令（cease-and-desist order），預金保険の終了，銀行役職員の排除といった措置である．このうち，特に多かったのが特定業務停止命令で，インサイダー取引の濫用，不健全な預金取り入れ，不適正な貸倒引当金の計上，無分別な配当金政策，不法な資金移転等の抑制を目的とするものであった[9]．実際，こうした強制措置によって，問題銀行のリスクテイキングや配当金の分配の抑制がはかられ，こうしたことが，当該銀行への新資本の注入とあいまって，当該銀行の自己資本の増強に役立ち，当該銀行の立ち直りに役立ったというのである[10]．

このように，CAMELで4ないし5と格付けされた銀行の破綻率は必ずしも高いものではなかった[11]．しかも，これらに分類された銀行の破綻が全体

第8-4表 1980-94年の間に破綻した銀行の破綻2年前のCAMEL格付け別割合

(単位：％)

格付け	1または2	3	4	5
割合	36	25	31	8

資料：FDIC, *History of the Eighties : Lessons for the Future,* Vol.I, 1997, p.433.

の破綻のなかでどんな割合を占めたかというと，その割合も決して高いものではなかった．第8-4表は，1980年から1994年の間に破綻した銀行が，その破綻2年前にいかなるCAMEL格付けを得ていたかを示したものである．

これをみると，明らかなように，この間に破綻した1617行のうち，破綻2年前に4または5の格付けを得ていた銀行は全体の39％にとどまる．

これに反して，その破綻2年前の銀行検査では，1または2の格付けの銀行が破綻全体の36％という大きな割合を占めていた（銀行数では565行）．この1という格付けはその銀行が「基本的に健全」で，「外部的な経済的・金融的混乱に抵抗」でき，「監督上の懸念」もないことを意味し，また2はその銀行が「通常の業務で是正可能なわずかな弱点」をもつものの「基本的に健全」で「事業上の変動に耐えることができ」るということを意味する[12]．つまり，銀行検査では「基本的に健全」とされた1あるいは2の銀行の破綻が破綻銀行全体の36％という高い割合を占めていたわけである．

なぜ，このように高い格付けの銀行の破綻が多かったのかについては，FDICはそれなりの説明を加えている[13]．すなわち，FDICは，1970年代後半から1980年代前半にかけて行われた2つの誤った決定——①実地検査よりもオフサイト・サーベイランスを重視したこと，②預金保険と金融システムの安定性に対するリスクとなりそうな金融機関に検査を集中し，非問題銀行には力を入れなかったこと——が，カーター及びレーガン政権下の検査官を含む政府職員の新規採用の抑制方針と検査官の高離職率とによる検査官の大幅減少[14]と結びついて，銀行監督当局による銀行検査回数[15]を，したがって個々の銀行の検査と検査の間の期間[16]を延長させたことを指摘し，さらに，ことにその期間の延長はCAMEL高格付けの機関で著しく，1格付けの機関では392日から845日に，2格付けの機関では396日から656日に長期化したと指摘したうえで，こうした検査体制の変化が問題銀行の早期発見とこれらの銀行に対するコントロールを困難化させた，というのである．換言すれば，しばらくぶりに行われた検査で1あるいは2の高格付けを得た金融機関であっても，次の検査まで2年ほどの間隔があるため，その間に当該銀行は業容悪化が急速に進み，破綻に至ったというのであろう．

むろん，高格付けの銀行の破綻が多かった理由として，FDICは上述の理由

第8章 商業銀行の破綻

のほか, 検査によって発見が困難な不正行為や, 1980年代後半に破綻したテキサスの2大銀行持株会社——ファースト・シティ・バンコーポレーション (First City Bancorporation), ファースト・リパブリックバンク・コーポレーション (First RepublicBank Corporation)——の例のように, 持株会社の破綻から生じる銀行破綻等もあげているが, それ以上に, 上述のように, たとえ高格付けの銀行であっても, 検査後かなりの日数が経過しているために, 当該銀行の現況を把握しえず, その間の地域経済の不振や長期リスクの表面化といった検査時には予期せぬ事態が進行し, それによって破綻に陥る銀行が多かった[17]ことを重視していると言ってよい.

2. 銀行破綻に関する2つの見解

(1) FDICによる分析

このように, 1980年代, 1990年代初めには, 問題銀行, 高格付け銀行の別を問わず, 数多くの銀行が破綻するに至ったとすれば, これらの銀行はいかなる理由によって破綻したのであろうか. これについては, 様々の見解がありえるが, 次の2つの見解を紹介するにとどめたい.

1つは, 先にふれたFDICの『80年代の歴史—将来のための教訓—』である. ここでは, 1980年代の銀行破綻の原因が次の3点の合成によるとし, それぞれを詳細に分析する. まず第1に, 銀行業をめぐる環境といってもよい「経済的, 金融的, 立法的, 規制的」[18]要因の変化である. これには, 為替や金利のボラティリティの増大, 銀行業内部での競争の激化, 直接金融市場の拡大, MMFの発展, 預金金利の自由化, 金融技術革新の進展, スリフトの業務権限の拡大, 銀行業への新規参入, 等が含まれる.

第2に, 一部の地域を襲った厳しい経済不振である. こうした例としては, エネルギー産業の不振 (アラスカ, ルイジアナ, オクラホマ, テキサス, ワイオミング), 不動産価格の急落 (カリフォルニア, 北西部, 南西部), 農業不振 (アイオワ, カンザス, ネブラスカ, オクラホマ, テキサス)[19]が挙げられる. さらに, 同書では, 上とは違った角度から, 銀行免許の殺到 (カリフォルニア, テキサス), 支店開設の制限 (コロラド, イリノイ, カンザス, テキサス, ワ

イオミング），大銀行の破綻（イリノイ，ニューヨーク，ペンシルバニア）といった銀行業をめぐる各州の特色も，各州の銀行破綻と結びついた要因として挙げられている．もっとも，地域の経済不振がすべての場合に，多数の銀行破綻と結びついたというのではなく，地域経済の不振の前に，銀行の融資によってますます火に油をそそがれるかたちの急速な地域経済の拡張があった——「経済活動のブーム・破裂パターン」（"boom-and-bust" patterns of economic activity)[20]——場合に，概して銀行の破綻と結びついた，とされている点には注意をしなければならない．

　第3に，こういった地域のいくつかの銀行が過剰なリスクをとったことである．1980年代から1990年代初めにかけて地域経済の不振とともに破綻に陥った銀行は，経済不振に先立つ経済拡張期に，過剰なリスクテイキングを行った．それは，次のことからも明らかである．第8-5表は，北東部およびカリフォルニアの破綻銀行，非破綻銀行の財務比率をそれぞれの景気後退が始まる1年前及び3年前についてみたものである．ここでは，まず，自己資本比率（equity/assets）から自己資本利益率（return on equity：ROE）までの諸比率に注目しよう．非破綻銀行では，これらの諸比率は概して非健全化の傾向がみられるものの，中には自己資本比率のように，より健全化する比率もみられる．

　ところが，破綻銀行では，すべての比率が大幅に悪化した．こうした点以上に，同表で注目したいのは，資産・貸出比率（loans/assets），資産・商業モーゲージ比率（commercial mortgage/assets）である．破綻銀行では，非破綻銀行と比べ，前者では3.5～8.0ポイント高く，また後者でも，北東部だけではあるが5ポイント弱高かった．もちろん，こうした高い資産・貸出比率，資産・商業モーゲージ比率は，直ちに破綻に結びつくものではないが，しかし特に高い資産・貸出比率は，その銀行が高い自己資本・引当金ポジション，有利なリスク・リターン・トレードオフ（risk/return trade-offs），政策転換能力，地域経済の改善やタイムリーな監督活動[21]を欠く場合には，破綻と結びつく最大のリスク要因であった[22]．

　このようにしてみると，FDICのこの書では，1980年代以降の競争の激化の下で，リスクテイキングに走った銀行は，ひとたび地域経済の不振に直面すると，財務力，リスク管理能力，経営手腕を欠いている場合には，急速にその

第8-5表 地域リセッション開始1年前・3年前の破綻銀行・非破綻銀行の財務状態（北東部・カリフォルニア）

A 地域リセッション開始1年前 （単位：％）

比率	1989年 北東部		1990年 カリフォルニア	
	破綻	非破綻	破綻	非破綻
自己資本／資産	6.67	9.21	5.71	10.47
自己資本＋貸倒引当金／資産	8.34	9.93	7.20	11.46
不良債権／貸出金	8.60	2.95	6.23	2.39
ROA	−1.68	0.67	−0.63	0.36
ROE	−23.65	6.73	−7.78	9.88
貸出／資産	75.16	68.05	73.12	69.63
商業モーゲージ／資産	13.91	9.44	10.79	11.91

B 地域リセッション開始3年前 （単位：％）

比率	1987年 北東部		1988年 カリフォルニア	
	破綻	非破綻	破綻	非破綻
自己資本／資産	7.96	8.86	6.95	9.58
自己資本＋貸倒引当金／資産	8.53	9.37	8.02	10.52
不良債権／貸出金	1.70	1.14	4.86	2.28
ROA	0.62	1.04	0.08	0.78
ROE	11.66	14.32	2.29	10.85
貸出／資産	74.31	66.33	68.72	63.01
商業モーゲージ／資産	13.08	8.25	7.78	8.76

資料：*Ibid.,* p.30.

業容を悪化させ，破綻に陥っていった，とされていると言ってよい．

(2) CBOによる分析

1980年代の銀行破綻を分析したものにもう1つ，議会予算局（Congressional Budget Office：CBO）の『銀行業の変化―1987年から1992年までの破綻銀行の研究―』[23]がある．ここでは，次のような趣旨の議論が展開されている．1980年代初めまでのディスインターミディエーションをうけて行われた金利自由化，業務規制の緩和と，コンピュータ・通信技術の発達による情報処理のスピード化・大量化によって，競争的市場のもとに置かれるようになった

銀行は，その国内業務を CP，ジャンクボンド，投資信託やノンバンクによって侵食され，金融資産に占めるシェアを低下させることになっただけでなく，国際的にも預金，資産の争奪戦に脅かされることになった．特に，100億ドル以上の資産を持つ銀行は，優良格付けを持つ大手製造業を含むメジャー市場で地歩を失った．商工業貸付けは銀行ポートフォリオのなかで大きく低下した．もはや銀行は，収益を支えるためにリスクの小さい商工業貸付けに依存することはできなくなった．そのうえ，預金金利上昇と貸出金利低下という資産・負債両サイドの圧力で，利ざやも低下傾向にあった．

そこで，銀行，特に大銀行はハイリスク資産投資に向かうようになった．商業モーゲージ，発展途上国向け融資，エネルギー産業向け融資，高いレバレッジ効果のある取引（オフバランスシート取引），ジャンクボンド等である．こうした市場はその後軟化したため，銀行は不良債権を大量に抱え込み，利益・自己資本双方で巨額の損失を受けることとなった．他方，地域市場と結びつきの強い銀行はエネルギー，不動産，農業の不振に苦しんだ．例えば，南西部では石油や不動産価格の低落によって，テキサスでは石油・ガス市場や不動産市場の低落によって，北東部，南東部，西海岸では不動産価格の低落によって，最後に西部，中西部では農業不振によって，多くの銀行が苦境に陥った．

こうした銀行を取り巻く諸問題は，いわば外部的に（externally）与えられるものであったが，一歩進んで銀行破綻が起きるかどうかはこうした問題に銀行経営陣が適切に対処できたかによっていた．同じ経済環境のもとでも，破綻に陥る銀行もあれば，逆に営業状態のよい銀行も存在したからである．そこで，1979年から1987年の間に，処理された171の国法銀行，弱体財務状態から復活した51の国法銀行，及び健全にとどまった38国法銀行を比較研究したある研究は，この間処理された銀行の90%の没落原因が不満足な経営に——他の要因と結びついてはいるが——基づいていたとしているほどである[24]．破綻銀行の経営陣は，往々にして資産ポートフォリオの多様化，リーズナブルな貸出慣行に失敗し，とりわけデフォルトを考慮せずにアグレッシブな貸出政策を追及した．

それを，もっと具体的に言えば，次のようになる．「銀行は多くの理由で破綻した．地域市場やマクロ経済的な影響，監督環境，経営パフォーマンスすべ

第 8 章　商業銀行の破綻

てが銀行破綻とそれに関連した損失に寄与した．サーベイは，詐欺・濫用もまた破綻に寄与したことを明らかにしているが，しかしこの要素が第 1 の原因だったのはたった 25% にすぎない．ほとんどの銀行は，それらの資産ポートフォリオの重要部分がデフォルトであった，換言すれば，これらの銀行は不良貸出しをしてしまったために，破綻した」[25]．

さらに生き残った銀行と比較していえば，次のようになる．「処理された銀行と生き残った銀行とを区別する特徴は，破綻何年か前の機関のバランスシートに現れ始めた……．銀行業のデータは，生き残った銀行は，破綻処理より 3 年前の被破綻処理銀行よりも高い自己資本比率（帳簿価値で測って）とより低い資産・貸出比率を持つ傾向があった，ということを示している．入手できる限られたデータをもってしても，この時期に生き残った銀行は，より多くの流動資産を持ち，多様な資産に程よく運用し，資本の適度のバッファーを保ち，監督上の必要事項を遵守することによってこれをなしたと推論することができる．破綻し，処理された銀行は処理前 1 年以内に――相対的に短期間に――帳簿上の自己資本比率で劇的な損失を経験した」[26]．

このようにしてみると，1980 年代から 1990 年代初めの銀行破綻を研究したFDIC およびCBOの研究は，いずれも金融業の競争激化，地域経済の不振という銀行をめぐる外的な状況を分析した上で，それぞれの銀行の稚拙な経営に破綻の原因を帰していると言える．

それでは，どんな銀行が破綻したのであろうか．

第 3 節　破綻の実際

まず，1980 年代後半から 1990 年代初めにかけて破綻した銀行にはどんな銀行があったであろうか．

第 8-6 表は，この時期に破綻した銀行のうち総資産 10 億ドル以上の破綻銀行を年次別にみたものである（ただし，総資産 10 億ドル以上の銀行破綻は 1993 年には 1 件もなかった）．この表からいくつか重要な点を読み取ることができる．

まず第 1 に，年別にみると，10 億ドル以上の総資産の銀行破綻は，1980 年

第 8-6 表　総資産 10 億ドル以上の銀行破綻（1985-92 年）

破綻年月日	破綻銀行名	所在州	総資産 （100 万ドル）
1985 年 10 月 1 日	Bowery Savings Bank	ニューヨーク	5,277
1986 年 7 月 14 日	The First National Bank & Trust Co. of Oklahoma City	オクラホマ	1,754
1987 年 5 月 13 日	Syracuse Savings Bank	ニューヨーク	1,183
1988 年 1 月 28 日	Alaska Mutual Bank	アラスカ	1,183
4 月 20 日	First City Bancorp	テキサス	12,972
7 月 29 日	First RepublicBank-Austin, N.A.	テキサス	1,688
7 月 29 日	First RepublicBank-Dalas, N.A.	テキサス	17,086
7 月 29 日	First RepublicBank-Ft. Worth, N.A.	テキサス	1,957
7 月 29 日	First RepublicBank-Houston, N.A.	テキサス	2,712
1989 年 3 月 28 日	MBank Dalas, N.A.	テキサス	6,556
3 月 28 日	MBank Houston, N.A.	テキサス	3,307
7 月 20 日	Texas American Bank/Ft. Worth, N.A.	テキサス	1,975
12 月 15 日	First American Bank & Trust	フロリダ	1,383
1990 年 4 月 18 日	The Seamen's Bank for Savings, FSB	ニューヨーク	3,392
8 月 10 日	The National Bank of Washington	ワシントン, D.C.	1,651
1991 年 1 月 6 日	Bank of New England, N.A.	マサチューセッツ	13,429
1 月 6 日	The Connecticut Bank & Trust Co.N.A.	コネチカット	7,211
1 月 6 日	Maine National Bank	メイン	1,046
2 月 1 日	Maine Savings Bank	メイン	1,183
5 月 22 日	The First National Bank of Toms River	ニュージャージー	1,418
5 月 31 日	Goldome	ニューヨーク	9,891
6 月 28 日	First Mutual Bank for Savings	マサチューセッツ	1,130
8 月 9 日	Citytrust	コネチカット	1,919
8 月 9 日	Mechanics & Farmers Savings Bank, FSB	コネチカット	1,084
9 月 19 日	Southeast Bank of West Florida	フロリダ	11,027
10 月 10 日	New Hampshire Savings Bank	ニューハンプシャー	1,172
11 月 14 日	Connecticut Savings Bank.	コネチカット	1,045
1992 年 1 月 24 日	Crossland Savings Bank, F.S.B.	ニューヨーク	7,432
2 月 21 日	Dollar Dry Dock Bank	ニューヨーク	4,028
6 月 12 日	American Savings Bank	ニューヨーク	3,202
10 月 2 日	First Constitution Bank	コネチカット	1,571
10 月 2 日	The Howard Savings Bank	ニュージャージー	3,461
10 月 30 日	First City, Texas-Dallas	テキサス	1,359
10 月 30 日	First City, Texas-Houston	テキサス	2,802
11 月 20 日	The Merchants Bank	モンタナ	1,452
12 月 4 日	Heritage Bank For Savings	マサチューセッツ	1,288
12 月 11 日	Meritor Savings Bank	ペンシルバニア	4,127

注：A/A は assistance transaction, P&A は purchase and assumption, PTR は pass‐through chase & assumption‐insured deposit, BB は bridge bank, FAM は financially assisted
資料：FDIC, *Statistics on Banking : A Statistical History of the United States Banking Industry,* Vol.

第8章　商業銀行の破綻　　　　173

総預金 (100万ドル)	破綻処理方法
5,002	A/A
1,301	P&A
1,099	FAM
925	A/A
9,503	A/A
1,315	P&A
7,680	P&A
1,569	P&A
2,275	P&A
4,034	P&A
2,567	P&A
1,354	P&A
1,006	P&A
3,142	P&A
1,268	P&A
9,407	P&A
6,860	P&A
945	P&A
1,191	P&A
1,381	P&A
6,525	P&A
1,081	P&A
1,808	P&A
904	P&A
8,909	P&A
947	P&A
898	P&A
5,515	PTR
3,733	P&A
2,827	P&AI
1,351	P&A
3,379	P&A
1,307	P&AI-BB
2,520	P&AI-BB
1,395	P&AI-BB
1,001	P&AI
2,909	P&A

receivership, P&AI は pur-merger を意味する.
1, より作成.

代の後半から増え始め，1991年にピークに達した．この年には，マサチューセッツ州の大銀行バンク・オブ・ニューイングランド（Bank of New England）（総資産134億2900万ドル）[27]をはじめとして，12行（合計の総資産515億5500万ドル）が破綻した．翌年の1992年のそれも多く，10行（合計の総資産307億2200万ドル）に達した．このように，大銀行の破綻は，1990年代に入ってから急増したが，これは次のことを意味している．前掲の第8-3表によると，商業銀行全体の破綻は，1988年をピークとして減少しつつあった．商業銀行の破綻は，1990年代には，中小の銀行から大銀行へ移りつつあったのである．

　第2に，大商業銀行の破綻は，地理的に一部地域に集中していた．これらの破綻のほとんどは，南西部，東部諸州に属していた．特に，テキサス（10行），ニューヨーク（7行），コネチカット（5行）諸州に所在した銀行だけで，全体の59.5％を占めた．これについては，次のように考えてもいいだろう．第8-7表にみるように，これらの大銀行を含む銀行の総破綻数は，テキサス州では群を抜いて多かった（その総数は実に527行に達した）．したがって，テキサス州で大銀行の破綻が多かったのも不思議ではない．実にテキサスでは，10大銀行持株会社のうち，1つを除く9行が破綻した[28]．だが，この間に破綻した銀行数が25行，30行と少なかったニューヨーク，コネチカット州で大銀行の破綻が多かったというのはそれでは説明がつかない．それは，これらの地域をふくむ東部地域では，貯蓄金融機関に代表されるように，大手の銀行が多数存在すると

第8-7表　地域別破綻銀行数（1985-93年）

	1985	1986	1987	1988	1989	1990	1991	1992	1993	計
北東部	4	1	5	2	5	17	54	49	4	141(10.4)
(内, ニューヨーク)	4	0	2	1	3	5	2	7	1	25(1.8)
(内, コネチカット)	0	0	0	0	1	1	17	10	1	30(2.2)
南東部	9	7	6	3	7	8	15	7	2	64(4.7)
中部	4	5	7	7	0	2	5	3	1	34(2.5)
中西部	52	48	40	29	10	6	2	10	3	200(14.7)
南西部	29	54	110	158	167	120	41	36	10	725(53.5)
(内, テキサス)	12	26	62	118	134	103	31	31	10	527(38.9)
西部	22	30	35	23	18	16	10	17	21	192(14.2)
合計	120	145	203	222	207	169	127	122	41	1356(100.0)

注：1）　各地域に含まれる州は次のとおりである．北東部―コネチカット，デラウェア，メイン，メリーランド，マサチューセッツ，ニューハンプシャー，ニュージャージー，ニューヨーク，ペンシルバニア，プエルトリコ，ロードアイランド，バーモント，ワシントンD.C.，南東部―アラバマ，フロリダ，ジョージア，ミシシッピー，ノースカロライナ，サウスカロライナ，テネシー，バージニア，ウエストバージニア．中部―イリノイ，インディアナ，ケンタッキー，ミシガン，オハイオ，ウィスコンシン．中西部―アイオワ，カンザス，ミネソタ，ミズーリ，ネブラスカ，ノースダコタ，サウスダコタ．南西部―アーカンソー，ルイジアナ，ニューメキシコ，オクラホマ，テキサス．西部―アラスカ，アリゾナ，カリフォルニア，コロラド，ハワイ，アイダホ，モンタナ，ネバダ，オレゴン，ユタ，ワシントン，ワイオミング
　　　2）　合計欄カッコ内は構成比である．
資料：FDIC, *ibid.*, より作成．

いうことによっていたのである．

　第3に，1988年には，ファースト・リパブリックバンク（First Republic-Bank）という銀行が，翌1989年には，Mバンク（MBank）という銀行が，さらに1992年には，ファースト・シティ・テキサス（First City, Texas）という銀行が，それぞれ複数行破綻している．これはどのようなことを意味しているのだろうか．言うまでもなく，これらは，それぞれの銀行持株会社のもとにあったからである．もっとも，これらの銀行の破綻の経緯は大きく異なる．いま，アメリカの銀行破綻史上でも，コンチネンタル・イリノイ（Continental Illinois National Bank & Trust Co.）に次ぐ第2，第3番目の破綻にあたる，ファースト・リパブリックバンク，Mコープ（MCorp）の破綻について少しそのあたりの状況をみておこう．

　［ファースト・リパブリックバンク］
　まず，ファースト・リパブリックバンクというのは，41銀行子会社を持ち，

第8章　商業銀行の破綻　　　　　　　　　　　175

テキサス最大で，全米でも14番目に位置付けられるダラスを本拠地とする銀行持株会社であった．1988年初めに同行の悪化した財務状態が明らかになると，預金の流出が強まった[29]．そこで，FDICは，同年3月に，同持株会社傘下の2大銀行子会社に6か月の劣後債（subordinated note）のかたちで10億ドルの緊急金融支援を実施した．このローンは，30銀行子会社の株式を担保とし，全銀行子会社の保証の下に実施された．と同時に，FDICは，全銀行預金者及び債権者を保護する保証も与えた．しかし，FDICは，銀行子会社間の預金及び同持株会社の債務に対しては何らの保証も与えなかった．その後，10億ドルのFDICによる融資が更新されないこととなったため，同持株会社傘下の最大の子会社は存続不可能な事態に陥った．子会社間の損失及び銀行間の相互保証のため，ファースト・リパブリックバンク全体が破綻した（同年7月29日）．40銀行子会社は閉鎖された．この1日だけで40銀行が破綻したというのは，FDIC史上最大の破綻数であった．しかし，その資産・負債はノースカロライナのNCNBコーポレーション（NCNB Corporation）によって経営される新ブリッジバンク，NCNBテキサス・ナショナル・バンク（NCNB Texas National Bank）に移され，直ちに営業は再開された．なお，少し後のことを述べれば，同年11月に，NCNBコーポレーションとFDICとは，同ブリッジバンクに対して10億5000万ドルの資本を注入している．また，このブリッジバンクとは別に，もう1つの銀行子会社，ファースト・リパブリックバンク・デラウェア（First RepublicBank Delaware）（同年8月2日閉鎖）と，デラウェアのファースト・リパブリックバンクのクレジットカード子会社の資産・負債を継承するブリッジバンクも設立されたが，こちらの方は同年9月に，デラウェアのシティバンク・デラウェア（Citibank (Delaware)）に売却された[30]．

[Mコープ]

次に，MCorpというのはどうであったであろうか．同行は，テキサス州ダラスを本拠地とし，25の銀行子会社をもつ銀行持株会社であった．これらの銀行子会社は，南西部の経済不振によって長期にわたる貸出損失を記録していた[31]．1989年3月24日になって，持株会社所有の現金を傘下の銀行子会社の資本増強に使うこと[32]を恐れた3人の持株会社の債権者が，合衆国破産法（U.

S. Bankruptcy Code）第7条による同持株会社に対する非任意破産手続き（involuntary bankruptcy proceeding）開始をニューヨークの合衆国破産裁判所（U.S. Bankruptcy Court）に申請した．それに対応して，Mコープは，経営を継続しながら再生を図ることができ，かつ同法第7条に取って代わることのできる同法第11条による債権者からの保護を計画していた．そうした動きがある時期に，Mコープの主力銀行であるMバンク・ダラスが以前にした「何億ドル」（hundreds of millions）かの連邦準備借入れを返済できず，またそれとは別に，同持株会社傘下のMバンク・ニュー・ブラウンヘルス（MBank New Braunhels）という州法銀行がMバンク・ダラスにフェデラルファンズの返済要求を行うという事態が生じると，銀行規制監督当局（ことにFDIC）は銀行の破綻処理に破産裁判所判事が加わるという事態の複雑化を恐れ，3月29日のOCCによる25行のうちの20行に対する破産宣告を待って，20行の接収をしたのである．このFDICによる20行の接収は，債務超過によるものは5行のみで，他のMバンク・ダラスを含む15行は連邦準備や他のMバンクからの債務に応じることができなかったことによる，と言う[33]．その結果，Mコープには，総資産計30億ドルの5銀行及び2子会社（MCorp Financial, MCorp Management）が残った．FDICは，ダラスにブリッジバンク（Deposit Insurance Bridge Bank, N.A.）を設立し，Mコープのほとんどすべての資産・負債をそこに移転するとともに，それらの銀行の運営にあたりながら，買い手を求めた．同ブリッジバンクは，後日オハイオのバンク・ワン・コーポレーション（Bank One Corporation）に買収され，名前もバンク・ワン・テキサス（Bank One, Texas, N.A.）と変えられるに至っている[34]．

　ついでながら言うと，上述のファースト・リパブリックバンク，Mコープの他に，1989年には，24の銀行子会社を持つテキサス・アメリカン・バンクシェアズ（Texas American Bancshares）が不動産市況の悪化による貸出し損失と同子会社銀行間の損失により破綻し，ブリッジバンクが設立され，そのブリッジバンクも売却されるという上と同様の過程で処理されているが，第8-6表からはそのことを窺い知ることはできない．

　このように，ファースト・リパブリックバンクやMコープの破綻では，銀

第8章　商業銀行の破綻　　　　　177

行持株会社傘下のある銀行子会社が流動性不足で破綻すると芋づる式に他の子会社も破綻に追い込まれるという図式になっている．ただ，銀行子会社とその持株会社との関係は微妙である．ファースト・リパブリックバンクの場合には，子会社の破綻とともに持株会社も破綻したが，Mコープの場合にはそうではなかった．先に触れたように，存続する銀行もあったからである[35]．しかし，こうしたMコープの破綻処理に関連しては，次のことを指摘しておく必要がある．この場合のように，同一の持株会社傘下の銀行でも，FDICのコストに基づいて一部の銀行が破綻処理される一方，一部の銀行が健全な銀行として存続するというのは，つまり「連邦援助が提供される前に，持株会社の健全な銀行が支払い不能の銀行（insolvent bank）の損失をカバー」[36]しないというのは，破綻処理上の問題点として後日の課題とされるに至っている．

　最後に，破綻処理方式として，P&Aが大多数を占め，その他にはPTR（pass-through receivership），P&AI‐BB（purchase & assumption-insured deposits-bridge bank）が10件あるにすぎない．これらの処理方法については，後述する．

注
1) 野村重明「米国連邦預金保険制度の危機と改革(1)」名古屋経済大学『経済経営論集』第7巻第1号，1999年6月．
2) 例えば，宮崎義一『複合不況―ポスト・バブルの処方箋を求めて―』中公新書，1992年．
3) Browne, Lynn E., and Eric S. Rosengren, "The Merger Boom: An Overview," in *The Merger Boom*, Lynn E. Browne and Eric S. Rosengren, eds., Federal Reserve Bank of Boston, 1987, p.2.
4) ただし，FDIC, *Statistics on Banking : A Statistical History of the United States Banking Industry*, Vol.1, 1997，によれば，1984年末にFDIC被保険商業銀行は1万4496行存在していたが，1993年末には1万960行になったとある．これでみると，その純減は3536行ということになる．本文での3688行との差152行はなぜ生じたのだろうか．これは，①本稿が依拠している資料が複数にわたるため各種数値間で齟齬が生じること，②商業銀行から他の免許へ，また他の免許から商業銀行の免許へ転換する例があるが，こうした例はここでは考慮されていないこと，によるものと思われる．現に①の例として，本稿の商業銀行への新規参入数，合併数は別の資料ではかなり異なった数値になっていることを挙げておきたい（Holland, David, Don Inscoe, Ross Waldrop, and William Kuta, "Interstate Banking―The Past, Present and

Future," *Banking Review*, FDIC, Vol.9, No.1, 1996, p.6）.
それによれば次のようになっている.

商業銀行新免許数・閉鎖商業銀行数・合併によって吸収された商業銀行数

(単位：行)

	1985	1986	1987	1988	1989	1990	1991	1992	1993
商業銀行新免許数	331	257	219	229	192	165	106	72	59
閉鎖商業銀行数	116	137	183	201	205	158	105	98	42
合併によって吸収された商業銀行数	336	341	543	598	411	393	447	428	481

5) FDIC, *1992 Annual Report*, p.9.
6) なお，同格付制度は 1990 年に SAIF 被保険機関にも適用された（FDIC, *1989 Annual Report*, p.14). また，同格付制度は，1996 年に，本文で述べた5つの項目のほかに，新たに sensitivity to market risks を一項目として付け加えるなど，1979 年の同制度発足以来初の改革を行っている．それまでの CAMEL に "S" が加わったため，CAMEL が CAMELS となったのもこの時である（FDIC, *1996 Annual Report*, p.20. See also 61 *Federal Register* 37472, July 18, 1996).
7) CAMEL rating の定義については，FDIC, *History of the Eighties : Lessons for the Future*, Vol.1, 1997, pp.471-72, を参照した．
8) *Ibid.*, pp.439-40. See also Speeches and Testimony, Remarks by Ricki Helfer, Chairman, Federal Deposit Insurance Corporation, at the Brookings Institution, December 19, 1996.
9) *Ibid.*, p.443.
10) *Ibid.*, pp.450-52.
11) もっとも，次のことには注意が必要である．問題銀行には CAMEL 格付けで 4 と 5 とが含まれている．そこで問題銀行にもう一歩立入って，4格付けの銀行の破綻率と5格付けのそれとではどのくらい違いがあるかというと，5格付けの破綻率は大きかった．例えば FDIC の資料は，1984 年から 5 年間の CAMEL 格付け 4 の破綻率が 16.2% だったのに対して，5 の破綻率が 49.7% に達したことを明らかにしている（FDIC, *Deposit Insurance*, Options Paper, August 2000, p.12. ただし，この数値には，商業銀行だけでなく貯蓄銀行も含まれている). とすれば，格付け 5 の銀行の破綻率は 5 割に達していることになる．本文で述べたのは，問題銀行全体をとると，これらの銀行の破綻率はそれほど高いものではなかったということである．
12) FDIC, *History*, p.471.
13) 以下は，*ibid.*, pp.422-36 ; Speeches and Testimony, Remarks by Ricki Helfer, Chairman, Federal Deposit Insurance Corporation, at the Brookings Institution, による．
14) 1979 年から 1984 年にかけて，連邦及び州レベルの検査官は，連邦準備を除く各監督当局で大きく減少し，7165 人から 6132 人へ 14% も減少した（FDIC, *ibid.*, p.426).
15) 検査回数は，州法非加盟銀行を中心として，1981 年の 1 万 2267 回から 1985 年に

第 8 章　商業銀行の破綻

は 8312 回へ 32.2％ も減少した（*ibid*., p.428）．
16) 全商業銀行および貯蓄銀行の検査から次回検査までの平均の期間は，1979 年には 379 日であったが，1986 年には 609 日にまで長期化した（*ibid*.）．
17) 実際，後で述べるように，テキサスでは，1980 年代後半に多数の銀行が破綻した．そのテキサスでさえも，銀行検査が十分行われなかった．次の記述を参照されたい．1989 年初めまでに「テキサスの 73 銀行の帳簿は 1985 年以来一度も検査されていないし，11 のテキサスの銀行は 1982 年以来一度も検査されていない」(*Wall Street Journal*, February 22, 1989)．
18) FDIC, *History*, p.4.
19) *Ibid*., p.16.
20) *Ibid*., p.19.
21) *Ibid*., p.31.
22) 1990 年代の中頃に FDIC の議長を務めたヘルファー（Ricki Helfer）によれば，1980 年代の銀行破綻では，リスク要因が重要であった．1982 年から 1987 年にかけて破綻した銀行は，1982 年当時，生き残った銀行と比べ，①高い資産貸出比率（loan-to-asset），②貸出し・リースポートフォリオに対する高い金利・手数料収入，③高い成長率，をもっていたという（Speeches and Testimony, Remarks by Ricki Helfer, Chairman, Federal Deposit Insurance Corporation, at the Brookings Institution）．この趣旨は，本文と特に異なっているわけではない．特に，②の貸出し・リースポートフォリオに対する高い金利・手数料収入の項目は，目新しいようにみえるが，この点もいま参考としている FDIC の書物に言及されている（*ibid*., p. 483）．
23) CBO, *The Changing Business of Banking : A Study of Failed Banks from 1987 to 1992*, A CBO Study, June 1994.
24) Graham, Fred C., and James E. Horner, "Bank Failure : An Evaluation of the Factors Contributing to the Failure of National Banks," in *The Financial Services Industry in the Year 2000 : Risk and Efficiency*, Proceedings of a Conference on Bank Structure and Competition, Federal Reserve Bank of Chicago, 1988, p.406. See also, CBO, *ibid*., pp.19-20. なお，シカゴ連銀のこの資料では，「外部的要因」＝経済環境（農業，石油・ガス，商業用不動産）を破綻の重大な要因（significant factor）とすることができる破綻銀行は，調査対象となった破綻銀行の 35％，それを唯一の要因とすることができる破綻銀行は同じく調査対象となった破綻銀行のたった 7％ に過ぎない，とされている（*ibid*., p.413）．この調査結果は，国法銀行に関するものとはいえ，破綻原因に関する一般的な見方の修正を迫るものになっていると言うことができる．
25) CBO, *ibid*., p.xi.
26) *Ibid*., p.xiii.
27) バンク・オブ・ニューイングランドの破綻については，拙稿「バンク・オブ・ニューイングランドの倒産と連邦預金保険制度（上）(中）(下）」名古屋経済大学『経済経営論集』第 2 巻第 1 号，第 3 巻第 1 号，第 4 巻第 2 号，1994 年 12 月，1995 年 12 月，

1996 年 12 月, で考察した. ご参照いただければ幸いである.
28) Grant, Joseph M., *The Great Texas Banking Crash : An Insider's Account*, p.2. なお, 10 大持株会社は, RepublicBank Corporation, MCorp, InterFirst Corporation of Dallas, Texas Commerce Bancshares, Allied Bancshares, First City Bancorporation of Houston, Texas American Bancshares, National Bancshares of Texas, Cullen/Frost Bankers of San Antonio, BancTexas Group で, このうち, 生き残ったのは Cullen/Frost Bankers of San Antonio にすぎない.
29) 同行の 1988 年第 1 四半期の損失は, 15 億ドルに達した. これは銀行史上第 2 番目に相当する額であった. ちなみに, 四半期最大の損失は前年にシティコープ (Citicorp) が対外貸付けに関連して計上した 25 億 9000 万ドルであったという (*Wall Street Journal*, April 27, 1988). また, 同行からは, 1988 年の最初の 2 か月で, 19 億ドルの預金が流出した (*Wall Street Journal*, March 30, 1988). さらに, 3 月末までには 36 億ドルが流出した (*Wall Street Journal*, April 27, 1988).
30) FDIC, *1988 Annual Report*, pp.9-10, 23-24. See also *Wall Street Journal*, March 18, 1988.
31) 『ウォールストリート・ジャーナル』紙によれば, FDIC の記録では, MCorp25 銀行のうち, 3 分の 1 は, 1988 年終わりまでに自己資本を食い潰していた (*Wall Street Journal*, March 27, 1989).
32) 実際, 1989 年 10 月に連邦準備制度理事会は,「力の源泉」論 ("source of strength" doctorine) に基づいて, MCorp の利用可能な資産を銀行子会社の資本増強にあてるよう警告書 (notice of charges) を出していた. もっとも, この「力の源泉」論は, 後に係争問題になり, 1990 年 5 月に合衆国第 5 巡回控訴裁判所 (Court of Appeals for the 5th Circuit) は, FRB が銀行持株会社に「力の源泉」論を強制することはできないとして,「力の源泉」論を否認している (*American Banker*, September 12, 1990).
33) *Wall Street Journal*, March 30, 1989.
34) FDIC, *1989 Annual Report*, pp.13, 27.
35) M コープは, 最終的には, 1991 年 3 月に持株会社及び 2 子会社 (MCorp Financial, MCorp Management. なお, 5 銀行子会社はすでに売却されていた) の清算をヒューストンの破産裁判所に申請することにより, 消滅した (*Wall Street Journal*, March 13, 1991).
36) *Wall Street Journal*, March 30, 1989.

第9章
連邦預金保険公社による破綻処理

第1節 破綻銀行処理方法の推移

 それでは，以上みたような連邦預金保険公社（FDIC）加入銀行の破綻処理はどのようなものであったのであろうか．この点の考察は，1980年代終わりから1990年代初めのFDICの苦境を理解するためにも重要である．ここではまず，1980年代中頃までのFDICによる破綻処理方法はどんなものであったのかをみてから，1980年代後半のそれがどう変わったのかをみよう．

 破綻銀行の処理は，大きく分けると，次の3つに分けられる．①預金清算払いまたはペイオフ（payoff），②P&A（purchase and assumption），③オープンバンク・アシスタンス（open bank assistance：OBA）である．それらがFDIC創立から1990年代初めにかけてどのような時期に使われる傾向にあったのかは，第9-1表をみれば一目瞭然である．

 FDICの創設後の十数年間は，ペイオフが主力であった．1934年から1949年までをみると，全部で414の破綻があったが，そのうち直接預金ペイオフ（straight deposit payoff：SDP）と呼ばれる処理方法が59.2%を占め，P&A（40.3%）よりも多用された．リオープン（reopen）と呼ばれる処理方法は，一旦閉鎖された後に，FDICからの支払いを伴うことなしに再度営業を再開するというものであったが，これは2件あったにすぎない．

 ところが，1970年代に入ると，ペイオフよりもP&Aが主力になり，以後1980年代，1990年代初めを通して，P&Aが圧倒的となった．その結果，FDIC創設から1993年までに破綻処理された2172の銀行（ただしここには資

第 9-1 表　FDIC による破綻銀行処理方法の推移

	ペイオフ		P&A	オープンバンク	リオープン	計
	ストレート	トランスファー				
1934-49	245	0	167	0	2	414
1950-69	39	0	33	0	3	75
1970-79	23	0	52	4	0	79
1980-84	23	14	137	17	0	191
1985	22	7	87	4	0	120
1986	21	19	98	7	0	145
1987	11	40	133	19	0	203
1988	6	30	164	79	0	279
1989	9	23	174	1	0	207
1990	8	12	148	1	0	169
1991	4	17	103	3	0	127
1992	11	14	95	2	0	122
1993	5	0	36	0	0	41
計	427	176	1,427	137	5	2,172

注：1）　資金援助を含む．
　　2）　1974 年に American Bank & Trust という銀行が一旦連邦預金保険法第 13 条(c)によって資金援助を受け，その後 P&A によって処理された．この銀行の破綻は P&A としてのみ数えられている．
資料：FDIC, *Statistics on Banking : A Statistical History of the United States Banking Industry*, Vol. I ; FDIC, *Resolutions Handbook : Methods for Resolving Troubled Financial Institutions in the United States*, 1998, より作成．

金援助も含まれる）のうち，なんと 65.7% にあたる 1427 行が P&A によって破綻処理された．また，1970 年代から使われ始めたオープンバンクという手法は 1988 年には 79 行という多くの銀行破綻処理に使われたが，これはその後には年間わずかの銀行処理に使われているに過ぎない．さらにペイオフでは，1980 年代の前半から使われた被保険預金振替（insured deposit transfer : IDT）がその後直接預金ペイオフに取って代わってペイオフの主役に躍り出ていることがわかる．

　こうした破綻銀行の処理方法の変化はなぜ生じたのであろうか．これを明らかにするためには，FDIC の創設後の FDIC の破綻処理手法の展開を跡付ける必要がある．

第9章　連邦預金保険公社による破綻処理　　　　　　　183

第2節　1980年代半ばまでの展開

　FDICの破綻処理手法は，すでに1980年代中頃までに次の順序で開発されてきていた．

1. ペイオフ・P&A

　1933年銀行法は，FDICに，破綻し，破産管財人下に置かれた被保険銀行の預金者に2500ドルまで支払う権限を与えた．いうまでもなく，ペイオフと呼ばれる破綻処理方法である．もっとも，当初のFDICは資本なしで有期の新設の国法銀行＝預金保険国法銀行（Deposit Insurance National Bank：DINB）を設立することによって，破綻銀行の預金者に支払うことしかできなかった．1934年1月1日から1935年8月23日までの間に，こうしたDINBを通して，24の被保険銀行が処理されたという[1]．
　しかし，1935年銀行法はFDICに，直接あるいは既存の銀行を通して預金者に支払う権限を与えることになった．これによって，先のDINBを通した預金者への支払いはその後29年間は行われなくなり，以後ペイオフといえばこちらの処理方法がもっぱら用いられることとなった．
　1935年銀行法は，同時に，FDICに対して，銀行の合併・買収を容易にするために，貸付けをしたり，資産を買い取ったり，保証を与えたりする権限を与えた[2]．後に資産負債承継（P&A）[3]として知られるようになるFDICのこの新たな権限は，破綻寸前の銀行を健全な銀行と合併させることによって，破綻寸前の銀行の負債を健全な銀行に承継（assumption）させ，もってFDICの損失を軽減させるとともに，合併を通じて銀行数の秩序だった縮減をはかるというところにそのねらいを持っていた[4]．当初のこの処理では，FDICは，破綻寸前の銀行を閉鎖し，破産管財人の手に委ねることなしに[5]，合併される銀行の預金と健全資産額（この健全資産はFDICによって決定される）との差額を，健全資産以外の資産を担保として合併される銀行に貸し付けたうえ，同行を買収銀行と合併させるというかたちで行われた．買収銀行からすれば，同行

は引き受けた預金負債と同額の現金と健全資産とを手に入れたのである．FDIC は，担保資産の回収金を貸付金の返済に充てたが，もし回収金が貸付金プラス利息を上回る時には，その超過回収金を被合併銀行の株主に配分した[6]．

　数年後，FDIC が破綻寸前の銀行へ貸付けする代わりに同行から資産を購入するようにすれば，銀行の借入額制限とか担保物権処理手続とかの厄介な法的問題をクリアすることが明らかとなったため，FDIC のこの銀行の破綻処理では，以後，資産の購入が標準的手法となった[7]．

　さて，このように 1935 年から 10 数年にわたって，FDIC の破綻銀行処理にはペイオフと P&A とがあったわけであるが，これらの 2 つの処理方法は，とくに付保されていない預金者，一般債権者，および株主に異なった影響を与えた．つまりこういうことである．FDIC 加入銀行が破綻すると，ペイオフでは FDIC によって保護されるのは付保された預金のみである[8]．付保されていない預金者は，FDIC を含む一般債権者と同列の請求権を破産管財人に対して持つだけである[9]．したがって，一般的には付保されていない預金者は，かれらの預金全額を受け取ることはできない．ところが，P&A ではそれとは異なり，付保されていない預金も買収銀行に移転される結果，付保されている預金と同様に保護される．

　このように，P&A では，単に付保されている預金とともに付保されていない預金も保護される．実は，P&A の特色はそれだけではないということが後に明らかとなった．P&A は，その他にも，ペイオフと比べると，FDIC の損失をより少なくできるより効率的な処理方法であり，支払い不能に陥った銀行の処理をより弾力的に行うことができ，銀行サービスの中断が避けられるためにコミュニティに対する影響をより少なくすることができる処理方法だ，というのである[10]．

　こうした P&A の特色から，1945 年から 1952 年にかけて 21 の破綻銀行処理が行われているが，そのすべてが P&A によるものであった．この状況に異を唱えたのは，連邦議会であった．FDIC は，コスト計算をせずに 破産管財人制度を避けて P&A を多用し，「議会が意図した保険の保護範囲を超えて」「事実上銀行に 100％ の保険を供与し」[11]ている，と．そこで，1951 年秋以後 31 年間にわたって，FDIC は破綻銀行を処理する際には，P&A がペイオフよ

第9章 連邦預金保険公社による破綻処理　　　185

りも低廉にできるかどうかのコスト計算（コストテストと呼ばれる）を行い始めた．

　このFDICの破綻銀行の処理方針の変更が影響したのか，FDICの銀行破綻処理は，1950年代中頃から1960年代中頃にかけて，ペイオフが中心に置かれることとなった．1955年から1958年にかけて9回のペイオフが行われたが，この間P&Aは3回に過ぎなかった．また，1959年から1964年にかけては18回ペイオフが行われたが，P&Aは全く行われなかった[12]．

　ところが，1960年代の半ばにP&Aは新たな意義を獲得し，復活した．すなわち，まず第1に，破綻しそうな銀行を閉鎖して，破産管財人の下に置き，その後にP&A処理をするというプロセスをとれば，こうした銀行の株主の承認を得る必要がなく，また預金の流出などによる買収銀行に対するリスク（さらにはFDICに対するリスク）を減らすことができると認識されるようになったことである．第2に，FDICは，破綻銀行のP&A処理に際して，買収銀行からプレミアムを受け取るようになったことである[13]．第3に，破綻銀行のP&A処理に際して，入札方式をとり始めたことである[14]．こうして，破綻銀行は閉鎖された後，破産管財人の下に置かれた上，破綻銀行の預金その他負債，資産，入札プレミアムからなる統一パッケージが入札者に提供されて，入札にかけられるというのがP&Aの標準になった．

2. オープンバンク・アシスタンス

　さて，P&Aに次いで新たな破綻銀行の処理方法が1950年に生まれた．1950年連邦預金保険法（Federal Deposit Insurance Act of 1950）は，よく知られているように，連邦準備法に含まれていた連邦預金保険に関する規定が連邦準備法から独立させられることによって成立したものであった．同法には，破綻銀行処理のための新たな規定が盛り込まれた．すなわち，オープンバンク・アシスタンス（OBA）である．この処理方法は，FDICが貸付けか資産の買取りによって破綻寸前の被保険銀行に資金援助を行い，被保険銀行の破綻を防止する，というものなので，救済（bailout）とも呼ばれる．もっとも，この処理は，無条件に適用できるわけではなかった．いわゆる不可欠性原理（essentiality doctrine）と言われるものである．つまり，FDIC は，破綻の危機に陥っている保険加入銀行の営業継続がその銀行の立地している地域に不可欠である（essential）と FDIC 理事会が決定した場合にのみ，同援助を与えることによって営業を継続させる——またはすでに閉鎖された銀行の場合には営業を再開させる——ことができるのである[15]．だが，オープンバンク・アシスタンスは，1971 年まで適用されることがなかった[16]．ところが同年から 1979 年までに 4 件の OBA が適用されている[17]．

　1982 年のガーン＝セントジャーメイン預金金融機関法は，この不可欠性テストを次のように変えた．資金援助は，公社が破綻し閉鎖されていたり，破綻の危機にあったりする「被保険銀行の被保険勘定への支払いを含む清算コストをセーブするのに適当と決定した金額を超えて供与されてはならない．ただし，その被保険銀行の継続した営業がそのコミュニティにおける十分な銀行サービスの提供に不可欠であると公社が決定した場合には，その制限は適用されるべきではない」[18]，と．つまり，FDIC による資金援助については次のように変えられたのである．それまでは，FDIC が資金援助を与えることができるのは，その銀行の継続的な営業がその銀行の立地する地域にとって不可欠な場合だけであった．しかし，ガーン＝セントジャーメイン預金金融機関法では，まずなによりも破綻機関の清算コストを超えて資金援助をしてはならないという，いわゆるコストテストが原則で，不可欠性原理のほうはその例外と位置づけされたわけである．とはいえ，この点はむしろ FDIC の資金援助（これは救済と言い換えることもできる）権限の拡大と見たほうがよい．というのは，FDIC は従来と同様に不可欠性原理に従って資金援助ができる上に，今度新たに，当該機関の営業の継続が不可欠ではなくとも当該機関の清算コストを超えさえしなければ，資金援助できるようになったからである．

　1980 年代の後半に商業銀行の破綻の続出が生じる直前には，FDIC は上のようなペイオフ，P&A，OBA という 3 つの破綻処理が可能であった．だが，1980 年代の後半の商業銀行破綻の続出を受けて，FDIC はこれらの破綻処理方法を多様化する一方，これら 3 つに帰属させるのが困難な新たな破綻処理方法も開発することになった．そこで次に，1980 年代後半の破綻処理政策の展開をみておこう．

第3節　1980年代半ば以降のFDICによる新たな破綻処理方法の開発

1．被保険預金振替（IDT）

　まず，ペイオフについてである．加入銀行の破綻処理では，第8-1表でも明らかなように，特に1980年代以降では，P&Aが多用された．ペイオフは，実はP&Aが使えない場合，すなわち当該機関の負債や資産の引受け手がない場合に使われるのである．したがって，ペイオフでは，破綻銀行は，免許授与機関によって閉鎖された後，破産管財人に任命されるFDICによって清算される．この場合，FDICは，被保険預金者には保険限度額までの預金額プラスその利息に相当する額を小切手で支払い，付保されていない預金者や一般債権者には破綻機関の財産に対する請求権を示す管財人証書（receiver's certificate）を交付し，後日当該機関の清算配当で支払うことになる[19]．

　またペイオフは，大規模銀行よりも小規模銀行の破綻処理でしばしば使われた．1982年までの最大のペイオフは，1971年のシャープスタウン・ステート・バンク（Sharpstown State Bank）であったが，この時期までの最大のペイオフとなったこの銀行でも資産は7890万ドルにすぎなかった[20]．このように，ペイオフが小銀行の破綻処理で多用されるのは，①たまたま破綻した小銀行が所在する州で単位銀行制度が採用されているような場合には，当該銀行の買い手を見つけるのが困難であること，②ペイオフの処理では，破産管財人は破綻機関の全資産を清算しなければならないだけでなく，被保険預金者にペイオフするためのコストを負担しなければならず，また債権者のために財産管理をしなければならない，といった理由で，ペイオフはFDICにとってもっとも高くつく処理方法であるが[21]，小銀行のペイオフ処理はFDICにとってコスト負担が小さくてすむこと，③小銀行をペイオフ処理しても，それによって地域経済や信用システムが大きな影響を受けることはないと考えられていること，によっている．

　だが，1980年代のように，銀行が次々と破綻し始めると，特に上の②③に関連してFDICは新たなペイオフを開発することとなった．すなわち，FDIC

は，すでに述べた2種のペイオフ——DINB の設立と FDIC による直接の保険金支払い——の他に，1983年には被保険預金振替（IDT）という新たなペイオフを開始したのである．この新たなペイオフは，特にそれまでは普通に用いられたペイオフが直接預金ペイオフ（SDP）と呼ばれることにも示されるように，FDIC によって直接保険金が支払われるのに対して，破綻銀行の被保険預金や担保付負債が健全な代理機関（agent institution）に移転されたうえ，この代理機関が被保険預金者に保険金を支払うというものであった．この処理は，次のような特徴がある．①FDIC は，代理機関に移転された預金等の負債から代理機関が破綻機関の預金に対して支払うプレミアムを引いた金額に見合った破綻銀行の資産や現金を代理機関に交付する．②被保険預金者は，預金口座を代理機関に設定することによって，破綻機関に預けていた時と全く同様に代理機関の預金を使うことができ，小切手も振り出せるなど，破綻銀行で受けていた銀行サービスを引き続いて受けることができる．

こうした IDT の特徴のため，IDT は FDIC の破綻銀行の処理コストを引き下げることができるほか，直接預金ペイオフではしばしば引き起こされた預金者やコミュニティに対する混乱を最小化することができるのである[22]．1980年代後半から1990年代初めにかけて銀行がペイオフで処理される場合には，IDT が SDP よりもはるかにしばしば適用されているが（第9-2表），それはなぜかというと上の IDT の特徴に由来しているのである．

2. 新たな P&A の開発

(1) ベーシックな P&A

すでに述べたように，1960年代半ば以降の P&A では，破綻銀行は閉鎖された後，破産管財人の下に置かれた上，破綻銀行の預金その他負債，資産，入札プレミアムからなる統一パッケージが入札者に提供されて，入札にかけられるようになった．その場合，1980年代半ばまでは，買収機関はデューディリジェンス（due diligence）といわれる破綻機関の帳簿や記録のレビューをすることなしに，破綻機関に買入れ入札するのが普通であった．また，買い手は，破綻機関の閉鎖前に選考されることもなかった．こうしたことは，次の2つの

第9-2表 ペイオフによる破綻銀行の処理 (1985-93年)

	1985	1986	1987	1988	1989	1990	1991	1992	1993
SDP	22	21	11	6	9	8	4	11	5
	(75.9)	(52.5)	(21.6)	(16.7)	(28.1)	(40.0)	(19.0)	(44.0)	(100.0)
IDT	7	19	40	30	23	12	17	14	0
	(24.1)	(47.5)	(78.4)	(83.3)	(71.9)	(60.0)	(81.0)	(56.0)	(0.0)
計	29	40	51	36	32	20	21	25	5
	(100.0)	(100.0)	(100.0)	(100.0)	(100.0)	(100.0)	(100.0)	(100.0)	(100.0)

注：カッコ内は構成比である．
資料：FDIC, *Resolutions Handbook,* pp.41, 43.

理由によっていた．第1に，デューディリジェンスを認めると，当該銀行の閉鎖が近いと一般に明らかとなり，預金が急速に流出し，FDICにとっての破綻処理コストが急増することとなるからである．第2に，多くの破綻処理では，破綻機関の現金及びその同等物のみが買い手に移転され，その他の資産は買い手にオプション・ベースで提供される．また，買い手に移転される負債は，一般的にはFDICに付保されている預金負債に限定される．こうした状況では，入札者は自分達の破綻銀行に関する知識や検査官によって提供される預金情報によって当該機関の価値を決定することができたのである[23]．

このように，1980年代中頃までのP&Aでは，資産の買い手は，当該機関が閉鎖されるまで選考されず，資産のレビューをすることなしに入札し，落札によって決定された．また，破綻機関の現金及びその同等物と付保されている預金とが買い手に移転され，現金及びその同等物以外の資産，ことに土地建物は買い手にオプション・ベースで提供された．また買い手によって継承される負債は，一般的にはFDICに付保されている預金部分のみであった（ベーシックなP&A＝Basic P&A）[24]．

ところが，1980年代の後半に銀行の破綻が急増すると，この破綻処理には問題が生じた．すなわち，たとえオプション・ベースであるとはいえ，買い手に移転される現金及びその同等物以外の資産の買入価格は帳簿価格であったから，買い手に移転される資産も限定され，FDIC（破産管財人でもあった）のもとに残る資産が急増したからである．そこで，FDICは，まず第1に多数の銀行破綻によるFDICへの資産の累積がFDICの流動性を減少させることを

防ぐためにも，また第 2 に破綻機関の資産が長期にわたって破産管財人の手元にあることによる資産価値の毀損を防ぐためにも，さらに第 3 に資産の取得，維持，再販売，回収コストを減らす必要からも，そして最後に民間資産は民間の手に残すことが望ましいとされ，さらに資産が破綻機関の立地するコミュニティに残すことが経済的混乱を少なくするとも考えられたことからも[25]，できるだけ多くの破綻銀行の資産を買い手に移転する方針を取り始めた．換言すれば，1980 年代後半の銀行破綻の増加とともに，FDIC はより多くの資産の売却を迫られ，新たな処理方法を開発することになったのである[26]．その場合，FDIC の破綻銀行の処理方法は，2 つの方向をとることになった．1 つは，資産処理の新たな技術の開発であり，もう 1 つはブリッジバンクの設立による破綻銀行の処理である．そこで次に，まず前者についてみておこう．

(2) 新たな P&A の開発

① ローンパーチェス P&A (loan purchase P&A)．これは，落札者が現金及びその同等物に加えて，一部のポートフォリオを引き受けるタイプのものである．こうしたポートフォリオとしては，確実性が高く，容易に買い手に移転されうる割賦債権があげられる．典型的なローンパーチェス P&A では，破綻機関資産の 10～25% が買い手に移転される[27]．

② モデファイド P&A (modified P&A)．この P&A では，上の①に付け加えて，モーゲージ貸付ポートフォリオが加えられる．この P&A では，典型的には 25～50% の破綻銀行の資産が買い取られる[28]．

③ プットオプション付き P&A (P&A with put option)．この P&A は，FDIC が移転される資産にプットオプション (put option) を提供するものである．この P&A には，A option と B option の 2 プログラムがある．A option は，買い手に全資産を移転した上，買い手が持つことを望まない資産を移転後 30 日か 60 日して返却することを認めるものである．B option は，管財人の手にある資産のなかから買い手の欲する資産の選択期間を 30 日か 60 日与えるものである．したがって，P&A 実行後とはいえ，ここで初めて買い手にデューディリジェンスが与えられるようになったといってよい．ただ，この P&A は，買い手に市場価値が高いかほとん

どリスクのない資産のみをつまみぐいすることを可能にしてしまうとか，買い手の資産評価の期間に資産の劣化が起こるとかの問題点を持つことから，FDIC は，1991 年にはこれを止め，それに代わってロス・シェアリング（loss sharing）やローン・プール（loan pool）を始めることとなる[29]．

④ホールバンク P&A．できるだけ多くの破綻銀行の資産を買い手に移転させようとする努力のなかで，以上述べた P&A に増して重要だったのは，ホールバンク P&A（whole bank P&A）である[30]．この P&A では，入札者は破綻機関の総ての資産の入札を求められる．この P&A が重要なのは，①破綻機関の借り手は買い手によって同じサービスがそのまま継続されること，② FDIC の一時的な現金支出が極限まで縮減されうるほか，FDIC は買い手に負債を負うことがないこと，③ FDIC によって清算用に保有される資産が縮小されること，といった利点があるためである．

FDIC は，この P&A を導入した 1987 年から 1989 年にかけて，216 の破綻銀行をこの P&A によって処理した．第 9-1 表でみると，この間破綻処理された被保険銀行は 689 であったから，この P&A による処理は全体の 31.3% を占めた．また，同様に，この間の P&A による破綻銀行処理は 471 であったから，ホールバンク P&A は P&A による破綻処理の 45.9% を占めたということになる．このように，1980 年代の後半の破綻銀行の処理において，ホールバンク P&A の比重が高かったのは，この時期の FDIC の破綻処理では，ホールバンク P&A が他の処理以上に優先して用いられたからである．すなわち，破綻銀行の入札では，まずホールバンク P&A が開札され，ペイオフ以下のコストであれば最高入札者が落札するが，ホールバンク P&A による落札がない時には，次のタイプの P&A，さらに IDT，SDP という順序で開札されたのである[31]．

ホールバンク P&A は，買い手に全資産を移転しようとする努力の結果生まれた処理方式であった．買い手からすれば，優良・不良を問わず全資産を FDIC の何らの保証もなしに買い取るのであるから，買い手は入札の際に「潜在的な全損失」[32]をカバーすべく極めて保守的に入札せざるをえない．これは，FDIC にとっては最小コストの処理方法ではないことを意味した．後述する 1991 年の連邦預金保険公社改善法（FDICIA）によっ

て，最小コストテスト (least cost test) が導入されるとともに，ホールバンク P&A は，その使命を終え，急減することとなった．

このように，1980 年代の後半の銀行破綻の増大とともに，P&A の様々なバリエーションが開発された．それは，一言でいえば，FDIC からいかに多くの資産を買い手に移転して，FDIC の流動性を高めるか，逆に言うと管財人としての FDIC の手元に残る破綻銀行の資産を減らし，FDIC の損失を減少させるか，というところにあった．だが，1987 年の競争的均等銀行法（CEBA）で設立が認められたブリッジバンクは，こうした P&A の流れの中に位置付けられるものだが，以上とはまったく異なった手法をとった．

(3) ブリッジバンクの多用

このブリッジバンクは，FDIC によって設立され，一旦認可当局によって閉鎖され，破産管財人下に置かれた破綻銀行の負債・資産を継承して，一定期間 FDIC の管理下で経営され，最終的には新たな買い手に売却されるのを待つ新たな，一時的な，フルサービスの国法銀行である．

それをもう少し敷衍すれば，次のようになる．同法によれば[33]，①ブリッジバンクの設立・運営に必要な額が被保険勘定への支払いを含む破綻機関の清算コストを超えず，②被保険銀行（＝破綻銀行）の継続的運営が同行の立地するコミュニティで十分な銀行サービスを提供するのに不可欠（essential）であり，③被保険銀行（＝破綻銀行）の継続的運営が同行の預金者の最良の利益になる，と FDIC 理事会が決定したときのみ，ブリッジバンクは設立可能である．

ブリッジバンクが設立されると，破産管財人は，管轄の裁判所の承認を得て閉鎖された被保険銀行の資産・負債をブリッジバンクに移転する．それぞれのブリッジバンクは，FDIC 理事会によって任命された 5 人の役員の下で経営される．ブリッジバンクは株式の発行を要求されないので，経営に必要な運営資金は FDIC によって工面される．

ブリッジバンクは次のことによって終了する．①他のブリッジバンク以外の銀行との合併あるいは統合，②FDIC あるいは他のブリッジバンク以外へのブ

リッジバンクの全部あるいは実質的に全部の株式の売却，③持株会社あるいはブリッジバンク以外の他銀行による，ブリッジバンクの預金あるいはその他負債の全部あるいは実質的に全部の承継，④ブリッジバンクの設立後2年間の経過（ただし，1年を超えない期間の延長が可能）．

　このように，ブリッジバンクでは，先に述べたP&Aのバリエーションとは異なってまったく新しい銀行の設立を伴う．しかもブリッジバンクでは，2年内に最終的に他の銀行に売却されるまで，入札にオファーする銀行に破綻銀行の状態についての十分な評価期間が与えられる，という特色もある．さらに，通常のP&Aとは異なって，ブリッジバンクの設立の際には入札は行われない．また，ブリッジバンクの場合には，このブリッジバンク自身が再度閉鎖・売却されて，先に述べたブリッジバンクの終了のところでも明らかなように，売却先がないため清算されるという場合を別にすれば，P&A，合併，株式の売却といった手法で，処理される必要があるという点でも，通常のP&Aと大きく異なっている．こうしたブリッジバンクの特色から，ブリッジバンクは他のP&Aとは性質を異にするように見える．だが，ブリッジバンク自身が破綻銀行の資産・負債を承継するという点では他のP&Aと同じである．すなわち，ブリッジバンクでも，資産の面では，破綻銀行の稼動資産と不稼動資産とが峻別され，不稼動資産は破産管財人へ移転される一方，負債の面では，全預金あるいは被保険預金のみが移転される．

　しかし同時に，ブリッジバンクの上のような特色から，ブリッジバンクはしばしば大銀行の処理に使われた．1987年から1992年末までにブリッジバンクで処理された銀行は第9-3表のとおりである．これを見ると，2つのことが明らかになる．まず第1に，大手銀行がブリッジバンクによって処理されていることである．このリストに含まれるファースト・リパブリック・バンクス，Mコープ，バンク・オブ・ニューイングランドは，これまでの米国の銀行破綻史でも上位に入る大規模破綻であった（第9-4表）．第2に，ファースト・リパブリック，Mコープ，テキサス・アメリカン・バンクシェアズ（Texas American Bancshares）のように，銀行持株会社の傘下にある20行を超える銀行子会社が破綻処理されているが，これらの場合，ファースト・リパブリックでは全41銀行子会社のうち40行が1つのブリッジバンクにまとめられ（残りの1

第 9-3 表 ブリッジバンクによる破綻銀行処理（1987-92 年）

(単位：100 万ドル)

破綻年月日	ブリッジバンク	破綻銀行数	総資産	総預金
1987 年 10 月 31 日	Capital Bank & Trust Co.	1	386	304
1988 年 7 月 29 日	First RepublicBanks (Texas)	40	32,835	19,528
8 月 2 日	First RepublicBank (Delaware)	1	582	165
1989 年 3 月 28 日	MCorp	20	15,749	10,578
1989 年 7 月 20 日	Texas American Bancshares	24	4,734	4,150
12 月 15 日	First American Bank & Trust	1	1,670	1,719
1991 年 1 月 6 日	Bank of New England, N.A.	1	14,036	7,737
1 月 6 日	Connecticut Bank & Trust Co., N.A.	1	6,976	6,048
1 月 6 日	Maine National Bank	1	998	780
1992 年 10 月 30 日	First City, Texas-Alice	1	128	119
10 月 30 日	First City, Texas-Arkansas Pass	1	54	48
10 月 30 日	First City, Texas-Austin, N.A.	1	347	319
10 月 30 日	First City, Texas-Beaumont, N.A.	1	531	490
10 月 30 日	First City, Texas-Bryan, N.A.	1	340	316
10 月 30 日	First City, Texas-Corpus Christi	1	474	406
10 月 30 日	First City, Texas-Dallas	1	1,325	1,224
10 月 30 日	First City, Texas-El Paso, N.A.	1	398	367
10 月 30 日	First City, Texas-Graham, N.A.	1	94	86
10 月 30 日	First City, Texas-Houston, N.A.	1	3,576	2,240
10 月 30 日	First City, Texas-Kountze	1	51	46
10 月 30 日	First City, Texas-Lake Jackson	1	103	95
10 月 30 日	First City, Texas-Lufkin, N.A.	1	157	146
10 月 30 日	First City, Texas-Madisonville, N.A.	1	120	112
10 月 30 日	First City, Texas-Midland, N.A.	1	313	289
10 月 30 日	First City, Texas-Orange, N.A.	1	129	120
10 月 30 日	First City, Texas-San Angelo, N.A.	1	139	128
10 月 30 日	First City, Texas-San Antonio, N.A.	1	263	245
10 月 30 日	First City, Texas-Sour Lake	1	54	50
10 月 30 日	First City, Texas-Tyler, N.A.	1	254	226
1992 年 11 月 13 日	Missouri Bridge Bank, N.A.	2	2,829	2,716

資料：FDIC, *ibid.*, p.38.

行は単独でブリッジバンクが設立されている)，また M コープ，テキサス・アメリカン・バンクシェアズでもそれぞれ 20 行，24 行が 1 つのブリッジバンクに集約されていることがわかる．もちろん，複数の銀行子会社はまとめられて 1 つのブリッジバンクに集約されなければならないかというと，そうではない．そのよい例は，バンク・オブ・ニューイングランドである．同表では，1991

第9-4表　大規模破綻上位10行（1934-94年）

（単位：100万ドル）

順位	破綻年月日	破綻銀行名	処理方式	総資産
1	1984年5月17日	Continental Illinois National Bank & Trust	OBA	33,633
2	1988年7月29日	First RepublicBank Corporation	P&A[1,2]	33,448
3	1991年1月6日	Bank of New England	P&A[1,2]	21,754
4	1989年3月28日	MCorp	P&A[1,2]	15,749
5	1988年4月20日	First City Bancorporation	OBA	11,200
6	1991年9月19日	Southeast Bank	P&A[3]	10,478
7	1992年10月30日	First City Bancorporation	P&A[1,3]	8,852
8	1991年5月31日	Goldome FSB	P&A[2]	8,690
9	1980年4月28日	First Pennsylvania Bank	OBA	7,953
10	1992年1月24日	CrossLand Savings Bank, FSB	P&A[1,3]	7,269

注：1)　総資産に基づく順位である．
　　2)　「処理方式」の欄，1はブリッジバンク設立後の処理，2は資産サービス取決め（asset servicing agreement）を含む処理，3はロス・シェアリングを含む処理，を意味する．
資料：FDIC, *Managing the Crisis : The FDIC and RTC Experience 1980-1994*, 1998, p.860.

年1月6日にバンク・オブ・ニューイングランドをはじめとして3行のブリッジバンクが設立されている．実はこれら3行はいずれもバンク・オブ・ニューイングランド・コーポレーション（Bank of New England Corporation）の子会社であった．このように，銀行子会社毎にブリッジバンクが設立されるというのも珍しいことではない．

3. オープンバンク・アシスタンス

　先に述べたように，オープンバンク・アシスタンスは，FDICが資金援助を行って，破綻寸前の被預金保険銀行の破綻を防ぐというものであった．また，これは1982年のガーン＝セントジャーメイン預金金融機関法で一定の修正が行われ，FDICにとってはより広い資金援助の権限が与えられることとなった，ということも述べた．
　このより広い資金援助権限の下でFDICは，1982年から1985年にかけて，17行をOBAによって処理した．この数は，1950年の連邦預金保険法の改正によるOBAの導入から1981年までにOBAによって処理した数8行と比べると，急増といってもよいものであった．ただ急増したというだけではない．

OBA 処理を受ける銀行の多くが相互貯蓄銀行ということもあって，規模も格段に大きくなっていた．また，これに伴い，FDIC の損失も大きくなった．こうした OBA による破綻機関の処理の急増，規模の拡大と FDIC の損失拡大に直面して，FDIC は，1986 年に，OBA の申請をする際の一般的条件に関する 1983 年の政策ステートメント（policy statement）を大幅に改定した．すなわち①援助を供与するコストは，代替的処理（当時は清算コストとされていた）以下でなければならない，②援助申請は，FDIC 外からのものも含め十分な資本増強を規定していなければならない，③当該銀行あるいは当該銀行持株会社の株主や劣後債所有者に対する援助の財務効果は，当該銀行が破綻した場合とほぼ同じでなければならない，等であった[34]．

ここに明らかなように，①は 1982 年のガーン＝セントジャーメイン法の事実上の修正である．ガーン＝セントジャーメイン法では，たとえその銀行の清算コストを超えていても，その銀行の営業がその銀行の立地するコミュニティに不可欠であれば，OBA の発動は可能であった．しかし，このステートメントでは，援助コストは清算コスト以下でなければならないとされたわけである．また後に触れるように，OBA におけるコスト重視は，1 つの流れとなって後の FDIC IA にも受け継がれることとなる．②は破綻しそうな銀行が援助を受ける場合には，自己資本の増強によって確固とした経営基盤を築かねばならないとしたものであり，③は援助が株主や劣後債所有者をも救済することがあってはならない，というものであった．これらはいずれも，OBA による FDIC の損失拡大を防ぐための規定であったといってよい．

さらに FDIC は，1990 年にも 1989 年の FIRREA での連邦預金保険法第 13 条(c)の改正，および第 13 条(k)(5)の追加を受けて，上の政策ステートメントを改定しているが，この新政策ステートメントは「援助を申請する機関は FDIC によって認可されたすべての関係者による無制限のデューディリジェンスに応じなければならない」といったいくつかの新たなポイントを除けば，基本的には 1986 年のステートメントを踏襲しているものであった[35]．

このように，不可欠性原理といった見方によればきわめて曖昧な初期の OBA[36] とくらべると，1980 年代中ごろの OBA の発動にはコストテストという大きな枠がはめられた．にもかかわらず，1987 年，1988 年には，98 の機関が

OBA によって処理された．これは，この時期の OBA 及び破綻処理の 20.3%に達するほど数の多いものであった．この時期に OBA が増大したのは，①OBA のコストが清算コストより小さい場合には，FDIC のスタッフは銀行を閉鎖する必要のない OBA を積極的に利用しようとしたこと，②税制の面で，再編成の際の無税化，営業純損失の繰り延べ期間の延長，破綻寸前の機関が受け取る援助金の税制上の優遇，といったことによる[37]ものであった．

しかし，OBA は，1989 年から 1992 年にかけて劇的に減少した．この間，FDIC によって 625 の破綻処理が行われているが，OBA による処理は 7 行のみであった．その理由としてあげられるのは，①OBA のコストが，一旦閉鎖後入札によって売却される閉鎖銀行処理（closed bank transaction）と比べて，高くつくこと，② 1989 年の FIRREA が上述の税制面の優遇を廃止したこと，③ 1988 年に行われたテキサスのファースト・シティ・バンコーポレーション（First City Bancorporation）の OBA 処理に際して，FDIC は社債所有者と株主との交渉に長期間を要し，FDIC の OBA に対する不満が高まったこと，④何よりも，1987 年の CEBA がブリッジバンクの設立を認めたこと．このブリッジバンクでは，FDIC は破綻処理に十分な時間を持てるようになっただけでなく，社債所有者や株主の請求権を管財人に委ねることになったので，FDIC にはコストの面ではるかに少額で済ませることができた[38]．

なお，少し先走ることにはなるが，その後の OBA について述べれば，次のようになる．FDIC は 1992 年に OBA に関する政策ステートメントを再度修正した．これは，後にみるように，困難に陥っている機関の「早期処理」とその際の預金基金にとっての最小コスト処理を要求する FDICIA の規定を受けたものであった．さらに，1993 年の整理信託公社完了法第 11 条による連邦預金保険法第 11 条(a)(4)の改正では，FDIC は，システミック・リスクの場合を除いて，破綻した，あるいは破綻の恐れのある機関の株主に利益を与えるような仕方での基金の使用を禁止された．この法とともに，OBA 発動の可能性は極めて低くなるに至った．そこで，FDIC 理事会は，1997 年に，1992 年の政策ステートメントを廃止し，法規制に基づいてのみ，すなわち①最低コスト，②経営陣の能力，③株主に対する便益の排除，の観点から OBA の申請を審査するに至っている[39]．

以上では，特に1980年代後半を中心として，FDICの破綻処理策の変化についてみてきた．これまでの記述から，FDICの破綻処理は1980年代の後半の銀行の大量破綻時代を迎えると，様々な破綻処理策を導入して，何とかFDICの損失の軽減化を図ることであったといってよい．実際，FDIC基金残高は1980年代後半には目減りし，1990年代初めにはFDIC自身の存立が危ぶまれる——ちょうどFSLICがそうであったように——に至るのである．次に，大量の被保険銀行の破綻に追われ，FDICの存立自身が危ぶまれるようになった1980年代後半と1990年代初めのFDICの状況についてみることとする．

注
1) FDIC, *The First Fifty Years*, p.81；FDIC, *A Brief History of Deposit Insurance in the United States*, p.38.
2) FDIC, *The First Fifty Years*, p.81；FDIC, *Managing the Crisis*, p.66.
3) P&Aに対しては，いろいろな訳が与えられている．高木仁氏は，「買収・承継」，馬淵紀壽氏は，「買取り・肩代り方式」，翁百合氏は「資産・負債承継」，松本和幸氏は「資産・負債継承方式」とされている（高木仁「アメリカの預金保険制度と銀行破綻」宇沢弘文・花崎正晴編『金融システムの経済学—社会的共通資本の視点から—』東京大学出版会，2000年，162頁；馬淵紀壽『アメリカの銀行持株会社』東洋経済新報社，1987年，213頁；翁百合『銀行経営と信用秩序—銀行破綻の背景と対応—』東洋経済新報社，1993年，43頁；松本和幸「アメリカの銀行監督と破綻処理」大蔵省財政金融研究所編『フィナンシャル・レビュー』第51号，1999年6月，217頁）．また，預金保険機構のように，「売却」あるいは「営業譲渡」としている場合もある（預金保険機構監訳『預金保険の国際ガイダンス』財務省印刷局，2001年，65，287-88，358頁）．ここでは，処理の実態に注目して資産負債承継とした．
4) FDIC, *The First Fifty Years*, p.81.
5) このように，閉鎖し，管財人の手に委ねる前に破綻寸前の銀行を合併によって処理してしまう手法は，1966年まで行われた．それ以後には，こうした銀行の株主の承認を得る必要がなく，また預金の流出などによる買取銀行に対するリスク（さらにはFDICに対するリスク）を減らすことができるという観点から，いったんこうした銀行を閉鎖して破産管財人の手に委ね，しかる後にP&Aによる破綻処理を行うようになった（*ibid*., pp.82, 87）．
6) 7) *Ibid*., p.82.
8) 1935年から1949年までの保険限度額は5000ドルで，1950年からは1万ドルに引き上げられた．
9) 銀行破綻では，このように付保されてない預金者は，一般債権者と同列の請求権を破産管財人に持つにすぎなかった．もっとも，いくつかの州では，預金者は債権者に

優先（FDIC, *The First Fifty Years*, p.85）していたようである．
10) 11) *Ibid*., p.86.
12) *Ibid*., p.87. これは，FDIC の『最初の 50 年（1933-1983 年）―FDIC 史―』の記述であるが，同じ FDIC の『銀行業統計―合衆国銀行業の統計史―』（第 9-1 表資料参照）では，1959 年から 1964 年にかけては，18 回のペイオフのほかに 1 回の P&A が記録されている（1962 年にペンシルバニアの 1 銀行が P&A で処理された）．
13) 買収銀行によるプレミアムの支払いは，のれんその他の無形資産に対して行われるのが普通で，引き受けた負債以下の有形資産を受け取るというかたちでなされた．なお，このプレミアムは，入札者数と正の相関があったため，FDIC はこのプレミアムを高くするためにできるだけ多くの入札者を求める必要があったという（Benston, George J., Robert A. Eisenbeis, Paul M. Horvitz, Edward J. Kane, and George G. Kaufman, *Perspectives on Safe & Sound Banking : Past, Present, and Future*, MIT Press, 1986, pp.94-95）．
14) FDIC, *The First Fifty Years*, p.88.
15) 不可欠性原理は貸付けをめぐる FDIC と連邦準備との権限争いの産物であった．1950 年に FDIC が破綻寸前の銀行に資金援助する権限を求めた際，連邦準備は自らに属する「最後の貸し手」機能の侵害であるとして FDIC の要求に反対した．しかし，議会は FDIC にオープンバンクへの資金援助権限を与えた．ただし，この FDIC の資金援助には厳格な一言が付け加えられた．これが預金保険法第 13 条(c)である．それにはこうあった．閉鎖後の被保険銀行の再開と閉鎖の危険性のある被保険銀行の閉鎖防止のため，FDIC「理事会の意見では当該銀行の継続的営業がコミュニティにおける十分な銀行サービスを提供するのに不可欠である時に，FDIC は……理事会が指示する条件で当該銀行に貸し付けたり，当該銀行の資産を買い入れたり，当該銀行に預金したりする権限が与えられる．」See *ibid*., p.94 ; FDIC, *Managing the Crisis*, pp. 153-54.
16) FDIC, *1971 Annual Report*, pp.5-6 ; FDIC, *Managing the Crisis*, p.66.
17) すなわち，Unity Bank & Trust Company（マサチューセッツ州，1971 年），Bank of the Commonwealth（ミシガン州，1972 年），Farmers Bank of the State of Delaware（デラウェア州，1976 年），Banco Economias（プエルトリコ，1977 年）である．
18) Garn-St Germain Depository Institutions Act of 1982, Sec. 111.
19) 付保された預金に支払い後の FDIC も，一般債権者と同様，支払保険金と同額の請求権を破産管財人に対して持つ．ただし，いくつかの州では，預金者優先条項がある（1990 年の時点では，24 州に存在した）．この場合には，付保されていない預金者は一般債権者に優先するから，この FDIC の請求権は破綻機関の資産からまず付保された預金を差し引き，次に付保されていない預金を差し引き，残った資産に対する請求権に留まることになる（Bovenzi, John F., and Maureen E. Muldoon, "Failure-Resolution Methods and Policy Considerations," *Banking Review*, FDIC, Vol.3, No.1, Fall 1990, p.2 ; FDIC, *Resolutions Handbook : Methods for Resolving Troubled Financial Institutions in the United States*, 1998, p.40）．

20) FDIC, *Resolutions Handbook, ibid.*
21) *Ibid.*, p.39.
22) *Ibid.*, p.42.
23) *Ibid.*, pp.19-20.
24) *Ibid.*, p.22. ここで，買い手に移転される破綻機関の「現金及びその同等物」のうち「その同等物」というのは，合衆国政府債，州・郡・市債などのように市場性のある良質の証券や，『ウォールストリート・ジャーナル』やいくつかの証券ブローカーによる相場表に基づいて容易に価格付けされ売買されうる証券を含む．そこでここでいう「現金及びその同等物」はクリーンな資産（clean assets）ともいわれることから，ベーシックなP&AはクリーンバンクP&A（clean bank P&A）と同じものである（FDIC, *Managing the Crisis*, p.67）．
25) FDIC, *Resolutions Handbook*, pp.20-22.
26) そのことを，FDICの資料は，「P&Aの処理構成は，時とともに買い手に対して破綻機関のより多くの資産を受け取るように誘導する手続きやインセンティブを組み入れるために進化してきた」と表現している（*ibid.*, p.22）．
27) *Ibid.*, p.23.
28) *Ibid.*, pp.23-24.
29) *Ibid.*, pp.24-25.
30) これは，トータル・アセットP&A（total-asset P&A：TAPA）とも呼ばれる（Bovenzi and Muldoon, *op. cit.*, p.3）．
31) 32) FDIC, *Resolutions Handbook*, p.27.
33) CEBA, Sec. 503(a).
34) FDIC, *Managing the Crisis*, p.155; FDIC, *Resolutions Handbook*, p.46.
35) FDIC, *Managing the Crisis*, p.157; FDIC, *Resolutions Handbook*, p.47.
36) 1980年以前には，OBAが4行に適用された（先の注17参照）．これらの銀行サービスがどういう点で「不可欠」であったかというと，次のように曖昧であった．FDICは，ある場合にはこれらの銀行サービスが少なくともコミュニティの一部に「不可欠」であると宣言したし，また別の場合には買い手が見つかるまで一時的に資金供給を可能ならしめるためにその銀行を「不可欠」な存在だと宣言することもあった．さらに，その機関が部分的に州によって所有される同州の唯一の預金機関だったため，それは「不可欠」だと宣言する場合もあった（FDIC, *Managing the Crisis*, p.154）．
37) *Ibid.*, p.156; FDIC, *Resolutions Handbook*, p.46.
38) FDIC, *Managing the Crisis*, pp.156-57; FDIC, *Resolutions Handbook*, p.47.
39) FDIC, *Managing the Crisis*, p.158; FDIC, *Resolutions Handbook*, p.48.

第10章
連邦預金保険公社の危機

第1節　預金保険基金の枯渇

　それでは，1980年代後半と1990年代初めの連邦預金保険公社（FDIC）の状況はどうであったのだろうか．それを知るためには同公社の財務諸表をみるのが一番よい．第10-1表は，商業銀行の破綻が急増し始めてから3年後の1985年から破綻が収束した1993年までのFDICの経営状況を示したものである．

　これをみると，いくつかのことがわかる．

　まず第1に，1989年以前と1990年以後とには断絶がみられることである．それは3つのことから言える．1つは，1989年から1990年にかけて「保険料収入」「保険損失引当金繰入額」項目で金額が急増したことである．前者について言うと，これは金融機関改革回復執行法（FIRREA）によって，保険料率に関する政策が大きく変えられたことを反映している．すなわち，同法はFDICに対して被保険預金に対する保険料率を一定の限度内で毎年設定することができるとしたため，FDICは銀行保険基金（BIF）の基金残高の減少を防ぐために1990年から基本保険料率を前年までの0.0833%から0.12%へ高くしたのである[1]．後者については，すぐ後に詳しく触れる．

　第2に，損益計算書そのものの形式が変わっていることである．1989年までは「費用」項目に「合併資金援助」（merger assistance losses and expenses），「回収不可能保険支出」（nonrecoverable insurance expenses）という項目があったが，これらは1990年以降なくなり，それに代わって「利息及びその他保険支出」（interest and other insurance expenses）と「公社所有資産関連支出」

第10-1表　FDICの損益計算書（1985-93年）

(単位：100万ドル)

	1985	1986	1987	1988	1989	1990	1991	1992	1993
収益									
保険料収入	1,433	1,517	1,696	1,773	1,885	2,855	5,160	5,588	5,784
財務省債務証書利息収入	1,600	1,634	1,535	1,396	1,372	855	471	299	165
その他収入	352	109	89	178	238	147	158	414	481
計	3,385	3,260	3,319	3,348	3,495	3,858	5,790	6,302	6,431
費用									
運営費支出	179	180	205	224	214	220	284	361	388
合併資金援助	199	△86	20	1,024	235	-	-	-	-
保険損失引当金繰入額	1,569	2,828	2,997	6,298	3,811	12,133	15,476	△2,260	△7,677
回収不可能保険支出	10	42	49	42	86	-	-	-	-
公社所有関連資産支出	-	-	-	-	-	-	55	226	191
利息及びその他保険支出	-	-	-	-	-	670	1,047	837	307
計	1,958	2,964	3,271	7,588	4,346	13,023	16,862	△836	△6,791
純利益								7,137	
会計原則変化に伴う調整								△210	
純利益	1,428	296	49	△4,241	△852	△9,615	△11,072	6,927	13,222
基金残高(期首)	16,529	17,957	18,253	18,302	14,061	13,210	4,044	△7,028	△101
基金残高(期末)	17,957	18,253	18,302	14,061	13,210	4,044	△7,028	△101	13,122

資料：FDIC, *Annual Report*, various issues, より作成.

(corporate-owned asset expenses) が登場している.

　第3に,「保険損失引当金繰入額」の急増を反映して,純損失が急増し,それに伴い基金残高が急減し,1991年末には70億ドルの赤字に転化したことである.この点は重要な点なので次に詳述する.

　「保険損失引当金繰入額」(provision for insurance losses) は,①当該年に生じた破綻機関処理の見積損失 (estimated loss) と当該年以前に生じた破綻処理損失,それに②未だ破綻してはいないが監督当局によって破綻しそうであると特定された機関の見積損失とを含む.FDICの各年の財務諸表によれば,この繰入額は1984年から急増した.しかし,この時期の繰入れは,1987年までは繰入額が年間収益の範囲内に収まっていたから,基金残高に影響することなく1987年までは基金残高は増加した.ところが,1988年に繰入額が急増し,前年の29億9700万ドルから一気に62億9800万ドルに急増すると,そうもいかなくなった.1988年のFDICの収益は33億4800万ドルであったから,同年

第10章　連邦預金保険公社の危機　　　　　　　　　203

のFDIC純損失は42億4100万ドルとなり，それとともに基金残高も同額減少した．同様に以降1991年まで，純損失を計上したため，基金残高が減少し，1991年には同基金は70億ドルの赤字に転化した．これは，後に詳しく触れるように，FDICの1991年の大改革に結びつくことになる．

それでは，これらの損失に結果した繰入額の具体的な状況はどのようなものであったのであろうか．この点は，BIFの財務諸表から確認することができる．

第10-2表は，1985年から1993年までのBIF貸倒引当金繰入額の推移を処理方法別にみたものである．この表の原資料である『連邦預金保険公社年報』では年により繰入れの項目が異なるため，この表は1985年から1993年まで一貫したものとはなっていない．

そこでここでは，1990年と1991年について，いかなる繰入れが基金残高を急減させることとなったのかをみておく．まず，この時期の大きな繰入れは「未処理案件見積負債」(estimated liabilities for unresolved cases) であった．この繰入れは，1990年では76億8500万ドル，1991年では154億2700万ドル，2年間合わせると，231億1200万ドルとなり，この2年間の繰入れ276億900万ドルの83.4％を占めたから，1990年代の基金減少の説明には重要であった．

「未処理案件見積負債」は，未だ破綻してはいないが，資本の支払い不能＝債務超過 (equity insolvent) か，あるいは実質的に (in-substance) 資本の支払い不能の状態にある金融機関の「発生の可能性の高い」(probable) 見積り損失を「偶発債務」(contingent liability) として財務諸表に記録されたものである[2]．FDICがどのような銀行をこれらの破綻しそうな銀行とみなしていたかは明らかでない．ただ，FDICが1991年に推定コストの算出の際に使った次の2つの数字には注目しておいてもいいであろう．つまり，FDICは，1991年の中頃，1992年から1993年には合わせて1680億ドルから2360億ドルの資産におよぶ375の銀行が不動産市場の軟化や地域経済の弱化により破綻し，それに要するFDICの処理コストは258億ドルから353億ドルに達すると推定していたのである[3]．FDICは，こうした大量の銀行破綻に備えて，特に1990年，1991年にそれぞれ76億8500万ドル，154億2700万ドルの貸倒引当金繰入れを「未処理案件見積負債」科目に行い，1991年末には同負債勘定に163

第10-2表　BIF貸倒引当金繰入額の推移（処理方法別）（1985-93年）

(単位：100万ドル)

	1985	1986	1987
純資産証書	△46	△62	△75
特別資金援助	9	187	1,310
資金援助による取得資産	642	350	△51
破綻機関からの取得資産	950	2,360	1818
訴訟による推定損失	14	△6	△6
計	1,569	2,828	2,997

	1987	1988	1989
オープンバンク・アシスタンス	△1	53	43
CINB	△51	△202	△222
破綻機関からの取得資産	1,818	2,570	1,975
内ペイオフ	660	424	1,173
P&A	1,089	1,966	878
銀行買収	69	180	△75
資金援助見積負債	1,237	3,877	2,003
訴訟による推定損失	△6	0	13
計	2,997	6,298	3,811

	1990	1991
オペレーティング・バンク	88	131
閉鎖銀行		
内貸出関連資産	62	37
ペイオフ・P&A	3,407	△268
銀行買収	145	258
資金援助見積負債	716	△118
訴訟損失見積負債	30	9
未処理案件見積負債	7,685	15,427
計	12,133	15,476

	1992	1993
オープンバンク・アシスタンス	△131	△850
公社所有資産	△223	317
閉鎖銀行	△4,215	△125
資金援助見積負債	495	34
訴訟損失見積負債	△142	2
未処理案件見積負債	1,956	△7,055
計	△2,260	△7,677

資料：FDIC, *Annual Report,* various issues,より作成.

億4587万ドルを積み立て，上のような新規の銀行破綻に備えていたというわけである．

1990年代の初めの損失引当金繰入れで「未処理案件見積負債」に次いで重要なのは，閉鎖銀行に係わる繰入れであった．1990年では，閉鎖銀行に係わる繰入れは，36億1400万ドルで，全繰入額121億3300万ドルの29.7%を占めている．中でもペイオフ・P&A関連のものが多かった．しかし，1980年代後半から毎年のように繰り入れられてきた閉鎖銀行関連の引当金は，1992年になると，戻し入れが行われるようになったことも同表からも明らかである．

第3に，「資金援助見積負債」(estimated liabilities for assistance agreements)は，1980年代の後半に次々と行われた大手銀行の破綻処理に際して，破綻銀行の債権の買収銀行に対して，資産悪化の際にはFDICが同行に損失及び同資産の処理コストを補償するという取り決めから生じる負債のことである．

これがどのようなものなのかは，例えば，次のような銀行の破綻処理の実例をみると明らかになる．

①ファースト・リパブリックバンク・コーポレーション

同行は，傘下に41行を持ち，総資産325億ドルを有するテキサス州ダラスを本拠地とする大手持株会社であった．同行は，1988年に，エネルギー・不動産・農業市場の不振に基づく巨額の資金流出から経営危機に陥った．そこでFDICは，同年3月に，同行に対して2つの支援策を発表し，実行した．その1つは，同行のすべての預金者と債権者に保護の保証を与えることであった[4]．もう1つは，同行傘下のダラス，ヒューストンの2銀行に対して，同持株会社と傘下のその他の銀行の保証及び傘下のその他30行の株式を担保として，10億ドルのローンを提供することであった．

この支援の実施によって，同行からの預金の引き出しのテンポは弱まったものの，同行の状況は一層悪化した．そこでFDICは，同年7月ファースト・リパブリックバンク傘下の40行[5]を閉鎖し，自らを管財人とするとともに，ノースカロライナのNCNBコーポレーション（NCNB Corporation）との取り決めにしたがって，それらの資産と負債を，暫定的にNCNBによって運営される新設のブリッジバンク，NCNBテキサス・ナショナル・バンク（NCNB

Texas National Bank）に売却した[6]．

その後，同年11月になって，FDICはNCNB，NCNBテキサス・ナショナル・バンク（及びすぐ次に触れるNCNBテキサス・バンコーポレーション）と最終的な取り決めを結んだ．この取り決めによって，このブリッジバンクは株式形態に転換され，新設される持株会社NCNBテキサス・バンコーポレーション（NCNB Texas Bancorporation）が普通株200万株の買入れによって2億1000万ドルを，FDICがB種無議決権普通株（class B nonvoting common stock）800万株の買入れによって8億4000万ドルを同行に注入することとなった．またこの最終取り決めによって，ブリッジバンクNCNBテキサス・ナショナル・バンクはそれまでに引き取っていた資産・負債のうちおよそ92億ドルの不良資産を分離した資産プールの下に置き，同行の特別資産部（Special Asset Division）がこれらの資産を運用・管理する一方，FDICはこれら資産のファンディング・コストを含むこの部門の運営費用を負担するとともに，これら資産の価値低下による損失を補償することとなった．しかもこの資産プールの取り決めは，1993年11月22日までの5年間有効で，取り決めが失効する同日以後には，FDICが残りのプール資産を公正な市場価格で買い取るとの条項も含んでいた[7]．加えて，この取り決めでは，FDICは同行に対して，同プールへの2年間にわたる資産の移転と，1989年には受け継いだ資産の無制限の，また1990年には最高7億5000万ドルの資産のFDICへの返却をも認めていた[8]．

こうしたFDICとNCNB等との取り決めによって，具体的にいえば，例えば，FDICは，NCNBテキサス・ナショナル・バンクが資産プールの簿価を市場価値まで引き下げたのに対して，こうした資産の簿価引き下げに伴う同行の株主資本毀損を防ぐために，1988年だけでも合わせて11億3180億ドルに達する同行に対する債務免除や同行の連邦準備に対する債務肩代わりを行っている．

なお，ついでにその後のことについて言えば，上記の取り決めは，プールに残っている資産の性格上の観点から，当初の取り決めとは異なり2年繰り上げて1991年11月に終了し，またFDICによるファースト・リパブリック41行のうち33行の破産管財業務も1996年末に終了した．FDICのこのファース

ト・リパブリックバンクの破綻処理では，FDIC は先のプール資産の評価損補償 22 億 3200 万ドルをはじめ，資産の運用・管理コスト 18 億 8700 万ドル等合計 42 億 7400 万ドルの支出を強いられることとなった．もっとも，FDIC には株式売却益など 4 億 1800 万ドルの回収があったため，FDIC によるファースト・リパブリック・バンクの処理コストは，実際には 38 億 5600 万ドルだったという（1995 年 12 月末現在）．この処理コストが FDIC による処理コストのなかでも，それまでで最も高額のものであったという点は，記憶しておいてよいことかもしれない[9]．

② M コープ

M コープも，テキサスを本拠地としていたため，ファースト・リパブリックと同じような地域経済の不振から 1989 年 3 月に破綻に追い込まれた．M コープの破綻経過は，もちろんファースト・リパブリックの場合とは異なっていた．この場合には，持株会社 M コープ（MCorp）が経営悪化によりその債権者への利払いを停止した後，1988 年 3 月 24 日に同持株会社の 3 人の債権者が債権者による同持株会社資産の確保を狙って，M コープに対する破産法第 7 条の適用申請をニューヨークの合衆国破産裁判所に行ったことに始まる．M コープは，それに対抗して，3 日後，債権者の第 7 条適用を第 11 条適用に転換する申請を行った．それとともに，M コープ傘下の銀行から，預金の流出が始まった．特に，M バンク・ダラスからのそれは多かった．連邦準備は以前に貸していた同行及びその他の 5 行に対する貸付金の回収を決定した．これらの銀行は支払うことができなかった．同月 28 日，OCC は，これらの銀行の破綻を宣言し，即時に閉鎖した．また，M バンク・ダラスに貸していた M コープ傘下のその他 14 行も資金取り戻しができないため，OCC はこれらの銀行も破綻宣告し，同日から翌日にかけて次々と閉鎖した．こうして閉鎖された銀行は 20 行に達し，その総資産は 157 億ドルであった[10]．

FDIC は，これら銀行のうち 19 行については持株会社預金とこれら銀行の銀行間預金を除くすべての一般債権及び預金を，また残りの 1 行については付保されている預金のみを新たに設立した預金保険ブリッジバンク（Deposit Insurance Bridge Bank, National Association）に移転し，保護した．そして，FDIC は，同行の入札手続きを始めた．その後，入札のあった 6 行のなかから

同行の買い手として決定されたのが，オハイオ州コロンバスのバンク・ワン（Bank One）である．ブリッジバンクの名称は，バンク・ワン・テキサス（Bank One Texas, N.A.）と変えられ，バンク・ワンの子会社が買収完了（1990年1月30日）まで同行を経営することとなった[11]．

このFDICとバンク・ワンとの交渉の結果，FDICは次のような処置をとることとなった．①FDICはバンク・ワン・テキサスの非議決権普通株4兆1600万ドルを買入れ，バンク・ワンは5年以内に同株を買入・消却すること，②FDICは，B種非議決権転換普通株（class B nonvoting convertible common stock）337万5000株を3億380万ドル，C種非議決権普通株125万株を1億1250万ドルで買い入れ，それと交換にバンク・ワンは4億1630万ドルの支払手形を譲渡すること，③FDICは，その経営期間中（1989年3月29日から1989年12月31日）の営業損失およびバンク・ワンの買収日（1990年1月1日）時点の資産・負債の市場価額再評価（mark-to-market）から生じる自己資本マイナス分を穴埋めすること[12]．

特に，③についていえば，次のようであった．まず，1990年1月にFDICは，連邦準備に対するブリッジバンクの債務15億1900万ドルの肩代わり，FDICの同行に対する3億ドルの劣後債（subordinated note）の放棄，バンク・ワン・テキサスへの7億3700万ドルの譲渡不能約束手形（non-negotiable promissory note）の贈与，によって，26億ドルの資金援助を行った．次に，資産プールが設けられ，まず最初に25億ドルの不良資産がそこに移された．バンク・ワン・テキサスはそれとは別に，最初の2年間，追加の資産を同プールに移転することが認められた．これらの資産はバンク・ワン・テキサスによって所有されるけれども，このプールの運営・資金調達コストはプールの経営期間5年間はFDICが負担することとなった[13]．

こうしたMコープの破綻処理に，FDICは結局28億2825万ドルのコストをかけることとなった．すなわち，ブリッジバンクの営業損失5億5600万ドル，銀行資産の評価損20億7800万ドル，バンク・ワン・テキサスの優先株購入4億1625万ドル，資産プール運営コスト5億4500万ドル，Mバンク債権者への配当3300万ドル，合わせて36億2825万ドルの支出があった一方，優先株の売却4億8200万ドル，回収3億700万ドル，合わせて7億8900万ドルの資金

回収があったからである．この処理コストは，先に述べたファースト・リパブリックに次いで，FDIC史上第2位にあたるものであった．

以上でみたファースト・リパブリック，Mコープでは，まず①傘下の銀行が免許授与当局から破綻宣告されて閉鎖され，②FDICによって設立されたブリッジバンクがそれらの資産・負債を買い入れ，③このブリッジバンクは入札によって他の商業銀行に買い取られる，という手順を取った．そして，これら一連の破綻処理に際して，FDICはブリッジバンクの営業損失負担とブリッジバンクの売却時および売却後の売却資産劣化に対する補償を行ったわけである．

以上では，1990年代初めに「保険損失引当金繰入額」が急増して，純損失が急増し，それに伴い基金残高が急減した状況をみた．第10-1表から明らかなように，この繰入れは，1990年，1991年だけで276億ドルに達し，1989年末には132億1000万ドルあったBIF基金を91年末には70億ドルの赤字に追い込むことになったのである．

こうしたBIFの保険基金の赤字化は，預金保険制度を危うくするものであった．また，状況はさらに悪化する可能性があった．1991年末には，なおBIFに付保されている問題銀行（商業銀行および貯蓄銀行）は1090行，これらの総資産は6098億ドルもあって[14]，これらの銀行破綻にはもはや預金保険基金は対処できなくなっていたからである．こうした預金保険の状況は，ほぼ時期的に重なる貯蓄金融機関の処理の場合と同様に，納税者の負担をもたらすかも知れない．

1990年代初めに，BIFを中心とした預金保険制度の改革案が様々議論され，1991年のFDIC改革に結びついていくことは当然の成り行きであった．そこで次に，1991年の連邦預金保険制度の改革に関して米国議会ではどんな議論がなされたのか，またその議論のなかからどのような改革案が立法化されるに至ったのかをみていくが，その前に1980年代後半から1990年代初めにはFDICの改革についてどのような議論があったのかをみておこう．1991年のFDIC改革はこうした議論の集約といっていいものだったからである．

第2節　FDICIA以前の連邦預金保険制度改革の論点

1. 預金保険とモラルハザード

　FDICIA成立に先立つ1988年ごろから，先に触れたFSLICの改革案[15]とは別に，商業銀行の預金保険機関であったFDICの改革案が多方面から数え切れないほど出されている[16]．これらの改革案は多様にわたるためまとめるのは難しいが，幸いリッチモンド連邦準備銀行の『経済レビュー』が1989年初めまでの改革案の論点をうまくまとめている[17]ので，ここではそれを参考にしながら，1991年のFDIC改革法に先立つFDIC（特にBIF）改革案の論点をまとめておくこととしたい．

　議論の前提になったのは，預金保険がもたらすモラルハザード（moral hazard）である．もともと預金保険は，預金者による銀行取付けを減らし，銀行システム全体の安定化をはかることにある．しかし，預金保険のこの機能が，モラルハザードをひき起こす．そのことをはっきりさせるため，預金保険が存在しない場合と存在する場合とを比較して考えてみよう．まず，預金保険が存在しない場合，預金者は自らの取引銀行が破綻すれば損失を受けることになるから，当該銀行のリスクテイキングに対してはリスクに対応した金利プレミアムを要求するということを通して，あるいは破綻が切迫しているような場合には，預金の引き上げという形で，当該銀行のリスクテイキングを抑制する[18]．

　ところが，預金保険によって個々の預金者が保護されるようになると，預金者は自分の取引銀行の健全性には余り注意を払わなくなる．すなわち，預金保険によって自己の預金が保護されると，預金者は，経営不振に陥った銀行に平気で預金するし，また今まで健全だった銀行が経営不振に陥ったとしても当該銀行から預金の引き出しを行って損失を回避するという行動をとらなくなる，というわけである．

　預金保険の存在のもとでは，モラルハザードは単に預金者のみならず，銀行の株主，経営陣にも生じる．なぜかというと，次のように考えられるからである．銀行が破綻した場合，最大の損失を引き受けるのは株主である．しかし，

預金保険の存在のもとでは，株主はその損失のすべてを負担するわけではなく，損失の一部を預金保険機関に負わせることが可能となる．他方，銀行利益が好調な時には，株主は高配当を入手することができる．とすると，預金保険制度の下では，銀行経営陣はリスクの一部を預金保険機関に負担させつつ過剰なリスクをとりがちとなる．ことにこの過剰なリスクテイキングは，債務超過に近づいているか，またはもう債務超過に陥った銀行では顕著となる．こうした銀行は，失うものはわずかで，破綻によって監督当局に接収される前に再建可能な利益を生み出すべく過剰なリスクを取る傾向があるからである[19]．

当時は，既述のファースト・リパブリック，Mコープの例でも明らかなように，特に大銀行では預金保険が実際上全預金を保護していたし，さらには銀行持株会社の株主や債権者を保護するまでになっていたから，預金保険のもたらすモラルハザードが当然に問題視されることとなったわけである．

このように，預金保険には前述のモラルハザードが不可避で，したがって，預金保険のもとでは銀行のリスクテイキングが避けられないとすれば，少なくとも預金保険の存在を前提とすれば[20]，とるべき手段は預金保険に伴う銀行のリスクテイキングを抑制する手段である．その手段としては，直接規制と市場規制とが考えられる．それはどういうことだろうか．

2. 直接規制

まず，直接規制についてみてみよう．これは，被保険預金銀行のリスクテイキングをルールや監督によって抑制しようとするものである．この種の規制の中には，銀行に多様な業務権限を与えるということも含まれるが，当時議論の中心に置かれたのは銀行のリスクテイキングを監視しコントロールする当局の監督・検査権限であった[21]．当局には，銀行システムと預金保険基金をまもるために，銀行の過剰なリスクテイキングと詐欺行為を抑制し，それにもかかわらず問題が生じた場合には，問題の早期是正，当該銀行の再組織化，あるいは当該銀行の閉鎖が求められる，といった議論である[22]．

しかし，この直接規制による銀行のリスクテイキングの抑制には，多額のコストが必要とされる．そこで，そういったコスト削減のため，リスクベースの

所要資本量（risk-based capital requirements）が提案されるが，これなどもこの直接規制の中に含められるであろう．

そこで，以下では，直接規制について重要と思われる2,3の議論をみておこう．

(1) 自己資本比率規制

周知のように，1988年にG-10諸国中央銀行総裁会議の下にある銀行規制監督委員会（Committee on Banking Regulations and Supervisory Practices）によって，リスクベースの自己資本比率規制（「バーゼル合意」，いわゆるBIS規制）が導入された．これは，自己資本比率計算の際に，銀行資産のリスクに応じてウエイトをかけて分母の資産額を算出するというものであったから，銀行のリスクテイキングと自己資本とをリンクさせたわけである．こうした自己資本比率規制は，各種リスク（ただし，この時点では信用リスクのみ）の増大に起因する銀行破綻に対するバッファーの役割を担わされ，銀行経営の健全性，さらには金融システムの安定性に役立つと考えられたのである．

「バーゼル合意」にみられる「リスク・アセットに対する自己資本の比率の目標基準を8%に設定すべきである」という自己資本の目標基準は，「バーゼル合意」という国際的枠組みの中で，G-10各国の国内法の制定手続きを経て，G-10各国で一律に課されることとなった．したがって，当時においては，米国国内では，リスクベースの自己資本比率規制の採用に対しては特に際立った反対があったというわけではなかった[23]．自己資本比率に関しては，先のモラルハザードとの関連でとらえ直されるのが一般的であったように思われる．すなわち，リスクベースの自己資本比率規制は，銀行経営がリスキーになればなるほど，より多くの自己資本が求められるということを通して，銀行のリスクテイキングを抑制し，そうすることによって預金保険制度の下で生じる株主・預金者のモラルハザードの抑制手段[24]としても位置付けされているのである．

(2) 破綻銀行の早期の閉鎖

経営困難に陥った銀行の処理にあたっては，規制監督当局は当該銀行をめぐる経済環境の回復やその収益状況の回復を過度に期待しがちのため，当該銀行

第10章　連邦預金保険公社の危機　　213

の自己資本がマイナスになるまで当該銀行の閉鎖をためらう傾向がある[25]．そうした銀行の場合，営業を続ければ続けるほど損失が拡大する．そこで，被保険預金銀行が債務超過に陥る前に，そうした銀行の閉鎖ルールが求められることになる．

　そうした論者の代表は，ベンストン（George J. Benston）とカウフマン（George G. Kaufman）である．かれらは，「銀行システムの安定性と効率性を増加させるために示唆されてきたより信頼のおける市場志向の提案」[26]として，「連邦預金保険の廃止，連邦預金保険カバリッジ・保険料賦課の改革，リスク関連所要資本量，ナロウバンクの提案及び経済的資本がマイナスになる前の銀行の再組織化（reorganization of banks before their economic capital becomes negative）」[27]を挙げ，それぞれの案に詳細な検討を加えた上，次のように述べている．

　これらの案のうち，はじめの4つ，つまり連邦預金保険の廃止，連邦預金保険カバリッジ・保険料賦課の改革，リスク関連所要資本量，ナロウバンクの提案の4つは，銀行の支払い不能を「効果的・コスト節約的」[28]に処理できない．連邦預金保険機関及び付保されていない預金者への一番の損失となっているのは破綻処理の遅れであるにもかかわらず，これらの案では，破綻が迅速に処理されることにはならず，支払い不能の銀行が損失を出し続けることを許され，また支払い不能の罰が大きくはないというシグナルを支払い可能な銀行に送ることによって，銀行構造は経済に対して不必要なリスクとコストを負わせることになる，とする．

　そこで，ベンストンらが提唱するのは，最後の「経済的資本がマイナスになる前の銀行の再組織化」という案である．すなわち，「預金金融機関がそれらの資本（純資産及び劣後債）の市場価値がゼロまで下がる前に再組織化（資本増強，売却，合併，あるいは最後の手段として清算）されれば，それらの経営者や所有者による過剰なリスクテイキングの動機が大きく減らされ，保険の提供に伴う補助金は取り除かれるであろう」[29]と．そこで，この案では，具体的な銀行の再組織提案としては，預金保険基金や付保されていない預金者に損失を与える前に損失を吸収しうる多目の純資産や劣後債の維持＝最適所要資本量（optimal capital requirement）[30]，が提案されている．また，この案では，上に

関連して次の点も重要である．言うまでもなく，この案では，再組織化される前の「資本」が正確に計測される必要がある．当時は，銀行等の金融機関は一般に公正妥当と認められた会計原則（GAAP）か規制的会計原則（RAP）によって財務諸表が作成されていた．しかし，これらの原則は，「預金保険機関が再組織化の時期を決定するのに明らかに必要とする経済的市場価値の尺度を与えるものではない」[31]．こうして，この案では，銀行の市場価値会計（market-value accounting）を強く主張するに至っている．

こうした破綻銀行の早期閉鎖論には，債務超過前の銀行閉鎖は私的所有の収奪で，憲法違反にあたるという反論がある．しかし，ここでは指摘にとどめよう．

(3) 時価会計

資産・負債の時価会計は，銀行の真の純資産を表すのに役立つと考えられている．銀行の破綻時にはことにその意味は大きい．資産市場価値と負債市場価値との差＝純資産がどのくらいプラスであるかまたはマイナスであるかによって，付保されていない預金，その他の債権者，株主の損失の度合いも異なってくるからである．ところが，当時の会計原則では，資産・負債の市場価値変化は，資産の売却，貸倒引当金の繰入れ，不良債権の償却，トレーディング目的のポートフォリオの市場価額再評価（mark-to-market）の際にのみ，貸借対照表に反映されるにすぎなかった[32]．

マーク・ツゥ・マーケット・アカウンティング（mark-to-market accounting：MMA）あるいは市場価値会計（market-value accounting），時価会計（current-value accounting）が議論に上り始めたのは，1980年代の初めの貯蓄金融機関の内部やその周辺からだといわれるが[33]，それが頻繁に議論されるようになったのは1980年代の後半からである．

そのような著作としては，アメリカ銀行協会[34]，ホワイト（Lawrence J. White）[35]，ベンストン[36]，財務省[37]，ビーバー（William H. Beaver）他[38]のものがある．

これらでは，時価会計の利点を，①帳簿価値で支払い不能となる前に，市場価値で支払い不能となるから，当該銀行の損失の拡大，さらに預金保険機関の

損失拡大が回避されること，②資本比率の算定の際に，金利リスクや期間リスクを計算に入れることになるから，自己資本比率規制はより有効なものとなること，③帳簿価値会計のもとでは，銀行は，損失回避と益出しのために，劣った質の資産を売却せずに保持する一方，優良資産を売却するというインセンティブを持つが，時価会計のもとでは，損益がすでに認識されているため優良資産売却のインセンティブをそれほどもたないこと，にみている[39]．

こうした時価会計に対する一番の反対論は，銀行資産の価値評価の可能性に関するものであった．銀行のポートフォリオのうち，特にトレーディング勘定の証券については当時すでに時価評価されており，また投資目的の証券については実際に活発に取引されていて，これらの証券の市場価値を知ることができることから，証券についてはこれらの市場価値評価の点では大きな問題はない．しかし，銀行のポートフォリオのうち，ローン，とりわけ第2次市場のない消費者や中小企業向けのローンは数多くの多種多様の借り手を含んでいるから，市場価値評価が難しい，というのである．しかし，このような市場価値評価反対論も，その後急速に進展した証券化によるモーゲージローン，自動車ローンやクレジットカードの証券化，銀行間のローンセールスの進展を背景に足場を失うこととなった[40]．

(4) 預金保険料率

預金保険料率を決めるにあたって最も考慮されなければならないのは，預金保険基金が十分なレベルにあるということである．しかし，この水準を維持するために，全般的に保険料を上げることに対しては，健全な銀行をも罰してしまうことにもなりかねないという強い批判があった．

そこで，預金保険基金の一定水準の維持のために，リスクに応じたプレミアム，いわゆるリスクベース・プレミアム（risk-based premium）が以前から主張されていた[41]．これは，銀行がリスク性資産を持てばより多くの預金保険料を賦課されるということを通じて，当該銀行の健全性に役立てようとするものであった．

預金保険料については，リスクベース・プレミアムとは別に，保険料の賦課ベースが，議論の対象となっていた．この点について，FDICは保険料賦課ベ

ースを例えば連邦住宅貸付銀行等からの担保付借入れにまで拡大すべきと主張した．というのは，こうした借入れは，優良資産が担保となっていることが多く，当該銀行が破綻しても，これらの貸し手は担保付のゆえに良質の資産を入手する一方，FDICのほうはどうかといえば問題資産を手に入れるに過ぎない，というのである[42]．他方，FDICは外貨預金が賦課ベースに含まれるとすることには反対した．というのは，外貨預金を多額に持っているマネーセンターバンクが外貨預金にも預金保険料を課されると，これらの銀行は同種の保険料を課されない他国の銀行と較べてハンディキャップを負うというのである．

いずれにせよ，預金保険料については，後日の論議に委ねられることとなった．

3. 市場規制

次に，市場規律のほうに眼を向けよう．この時期に，銀行のリスクテイキングを抑制しようとする手段として，直接規制以上に議論されたのは，市場規制のありかたであった．

直接的な規制によって銀行の安定性を維持するというのは，監督に当たる人材という面でもコストという面でも限界がある．また，規制の発動が遅延しがちだという問題もある．そこで，安定性を市場規律に委ねたらという考え方が出てきてもおかしくはない．つまり，リッチモンド連銀の論文表現を借りれば，「直接規制の補足として，被保険預金取扱機関に対して，自発的に行動するインセンティブを与えることによりシステムをより安全なものにすることができるような政策やルールが展開できれば，［金融システムの：引用者］安全性と健全性は強化される」[43]と考えたのである．ここで，市場規律というのは，当該銀行の関与者のうち，当該銀行の破綻によってリスクにさらされるものがリスク回避行動を取る結果，当該銀行が破綻してしまうということを恐れて，銀行経営者がリスクテイキングを控える，といったほどの意味である．

こうした銀行の安定性の維持に役立つ市場規律としては，①株主，②預金者，③債権者，経営陣などがある[44]．これらのうち，主なものについて触れておこう．ただし，ここでは市場規律を高める具体的な方策については触れない．

①株主

　株主の持分は，資産の請求権に関しては優先度が一番低いから，破綻による銀行閉鎖の際に最初に損失を受けるのは株主である．また，たとえ閉鎖されず引き続き FDIC の援助によって営業が継続される場合でも，株主は投資額の全部またはその一部を失う．こうした損失を避けたい株主は，銀行のリスクテイキングを妨げ，市場規律を強化する一要因となる．他面では，株主は自己の投資額の範囲内でのみ損失を負担すればよいのに対して，銀行のあげる高利潤を手にすることができるから，株主はリスキーな銀行の営業活動を熱望するという側面も持っている．実際，いくつかの研究によれば，当該銀行が他行と比較してより低い自己資本比率を持ったり，より高い貸倒引当金比率を持つといったこと，つまり銀行のリスキーな活動と，株主（及び債権者）による高いリターンの要求との間には，相関関係があることが示唆されているという[45]．

②預金者

　預金者が銀行の市場規律の最大の立役者であることにはほとんど異論はないであろう．多くの市場規律について触れている文献はそのことを教えている[46]．すなわち，この点ついてはすでに触れたが，もう少し敷衍すれば次のようなことである．

　預金保険に付保されていない預金の場合，預金者が自分の預金先の経営困難を知り，同行からの将来の元本の引出しに不安を感じた時，最初にとる行動は当該銀行からの預金の引出しである．もし，多数の預金者が同様な行動を取って，自分の預金を他行に移すようになれば，当該銀行がたとえ債務超過でないにしても，同行は支払い不能に陥る．いわゆる取付けがこれである．この取付け及びその金融システム全体への波及こそが市場を律するものとなる．つまり，銀行の経営陣は，こうした取付けを恐れて，リスクテイキングをしなくなり，堅実な経営に徹するというわけである．また，預金者は銀行経営陣がリスクを取った経営をしているとみれば，それに応じたより高い金利を要求することになるが，こうした資金調達コストの上昇も，同じく経営陣のリスクテイキングを抑制することになるだろう[47]．預金保険に付保されていない預金は，こうした形で銀行に市場規律を強制する．

　しかし，預金が付保された場合は，こうした市場規律は働かない．この場合

には，預金者は，預金先の銀行が安定性を脅かす活動に従事しているとしても，当該銀行の安定性に注意を払わない．当該銀行の経営陣は，引き続いてこのリスキーな活動に従事し続けることになる．特にこのリスクテイキングは，当該銀行が債務超過に近づくか，債務超過となってしまった場合に顕著となる．こういう時期には，株主も経営陣も失うものはわずかである一方，過剰なリスクテイキングによって一気に経営の改善を目指すからである．預金保険がこのようなモラルハザードを引き起こすというのは，ほぼ共通の理解であった．当時は，すでに見たように，特に大銀行では預金保険が実際上全預金を保護していたし，さらには銀行持株会社の債権者の保護まで至っていた[48]から，余計にその考えが強かった．そこで，この点については預金保険制度を前提とした上で，市場規律をいかに活用するか，逆にいえばモラルハザードをいかに減らすかが論点となった．この点に関連して，「大きすぎてつぶせない」，つまりToo Big Too Fail も当然に大きな論点となってくることは，後の1990年代，2000年代の議論が示すとおりである．

　以上では，リッチモンド連銀の論文を手がかりに，当時の預金保険をめぐる論点について考えてみた．これらは数多くある論点のうちの一部，しかも重大な論点であった．しかし，その他にも預金保険をめぐる論点はいくつかあった．そこで次に，その他の論点についてみておこう．

4. その他の論点

　この時期の預金保険制度改革論としては，上で述べたような預金保険に伴う銀行のリスクテイキングを抑制しようとする考え方のほか，預金保険制度の運営を連邦政府からはずし民間の手に委ねるべきだとする議論や，預金保険制度の最大の目的である銀行の破綻の波及とその連鎖を防ぎ，金融システムの安定維持をはかる方策として，預金保険制度とは異なったシステムを構築する考え方もあった．ここでは，後者の考え方についてみておこう．

　まず第1に，預金保険の1つの重要な機能である銀行取付けの回避を最後の貸し手たる連邦準備に委ねるのがよい，という議論があった．周知のように，連邦のセーフティネットは，連邦準備によるディスカウント・ウインドウ

（discount window）と預金保険制度によって構成され，米国の金融システム，さらに経済全体の安定に寄与しているとされる．いうまでもなく，これらのうち預金保険制度は，個々の預金者を保護することを通じて，金融システムの安定化を図る[49]．

　この意見によれば，銀行破綻の連鎖を引き起こす銀行取付けを回避する最良の方法は預金保険制度ではなくて，連邦準備の最後の貸し手にある．特に，銀行破綻の連鎖が起こる際には，良質の資産を持ち，経営内容に問題のない銀行にも取付けが波及するのが普通である．このような時には，経営状態に問題のない銀行も，預金払い戻し資金確保のために資産を投げ売りしなければならない．この場合には，当該銀行に連邦準備が資産を担保として貸付けすれば，こうした銀行は流動性危機を免れ，破綻の波及も防止できるというわけである．

　これに対して，連邦準備は取付けには機敏に対処しえないという反対論がある．つまり，連邦準備は真に債務超過の銀行に対して貸し付けることを避けるためには，担保資産の質について常に情報をもっていなければならないが，連邦準備にはそれは不可能である，もし仮にある銀行がリスクを取り経営困難に陥った場合にも連邦準備から借入れできるということになれば，連邦準備は当該銀行の過剰なリスクテイキングに対して補助することになってしまう，と考える[50]．

　もう1つは，ナロウバンク（narrow bank）論である．これは，ライタン（Robert E. Litan）によって代表される．この考えでは，預金保険の必要性を減少させるために，被保険預金は非リスク性資産，例えば短期財務省証券，連邦機関債投資に充てられる．ナロウバンクは，1銀行持株会社の子会社として設置され，その他の銀行活動は別の子会社によって営まれ，非被保険預金によってファンディングされる．こうすれば，ナロウバンクでは，信用リスク，金利リスクから遮断されてその資産安全性は保たれるから，銀行の破綻の波及とその連鎖を防ぎ，金融システムの安定維持をはかることができ，ひいては預金保険が巨額の損失をこうむり，預金保険が破綻の淵に追い込まれることもなくなる，と言うのである[51]．

　だが，これは，銀行の破綻とその波及・連鎖をナロウバンクから同一持株会社傘下の銀行子会社にシフトするだけのことである．というのは，付保されて

いない預金によってファンディングされ，決済機能を営む非ナロウバンクがリスク資産を持つことになるから，これらの銀行は破綻することになるだろうし，もしそうなった場合には，決済システムを通してその波及・連鎖が生じるだけでなく，持株会社の破綻をとおしてナロウバンクの破綻にまで及ぶことになるからである．とすれば，このようなナロウバンク論も，全く預金保険機関の破綻防止に役立つとは思われない[52]．

このように，銀行の破綻の波及とその連鎖を防ぎ，金融システムの安定維持をはかる方策として，預金保険制度とは異なったシステムを構築する考え方は，十分納得できるものではない．

そこで，次章では，以上のような論点を踏まえて，いかなる連邦預金保険制度の改革案が出されたのかを検討しよう．

注
1) FIRREA, Sec. 208. ちなみに，BIFの被保険預金は，1989年から1990年にかけては1兆8740億ドルから1兆9300億ドルへ3.0％増加したに過ぎない（次表）．
2) FDIC, *1991 Annual Report*, p.57. ここで，引当金が「偶発債務」として記録されていることに関して一言しておきたい．FDICの損失の認識は一般に公正妥当と認められた会計原則（GAAP）に基づいている．この原則では，当時は，財務会計基準審議会（Financial Accounting Standards Board：FASB）財務会計基準ステートメント第5号（SFAS第5号）「偶発事象会計」（Accounting for Contingencies）が貸倒損失会計の第1の基準になっていた（SFAS第5号は，1975年3月に発せられたものであった）．ここでは，「偶発事象」を「将来，1つまたはより多くの事態が発生し，または発生しないことによって究極的に明らかとなる企業にとっての利得の可能性または損失の可能性が不確実である現在の状態，状況または環境である」と定義した後（SFAS No.5, Paragraph 1），この「不確実性の解消は，資産の取得または負債の減少，あるいは資産の損失または毀損または負債の発生によって確認される」（*ibid.*）とし，さらに次の2条件が存在する時，「偶発損失による見積損失」（estimated loss from a loss contingency）を損益計算へ賦課することによって（by a charge to income）引当てられる，としている．すなわち①財務諸表が作成される会計期間の最終日に，すでに資産が毀損し，または負債が発生していそうな（probable）こと，②損失額が合理的に見積もられうること（*ibid.*, paragraph 8）．換言すれば，この2条件は，見積り損失が現在及び過去の活動に関連し，その金額が合理的に見積もられるものでなければならない，ということを示している．

こうして上の2条件が満たされると判断されると，損失額が見積もられる．この時期の貸付損失の見積りは次のような方法を取った．貸付機関は，個々のベースの場合

BIF 被保険預金残高・基金残高及び被保険預金に対する基金残高の割合

(単位：10億ドル，％)

	BIF 被保険預金残高(A)	BIF 基金残高(B)	被保険預金に対する基金残高の割合(A/B)
1985	1,503	18	1.19
1986	1,634	18	1.12
1987	1,659	18	1.10
1988	1,750	14	0.80
1989	1,874	13	0.70
1990	1,930	4	0.21
1991	1,958	−7	−0.36
1992	1,946	0	−0.01
1993	1,907	13	0.69

資料：FDIC, *Annual Report*.

には貸付パフォーマンス，借り手や貸し手をめぐる経済状況，担保の公正価値評価をもとに個別的に，またクレジット・リスクや延滞状態，貸付タイプといった性格で分類された貸付グループやプールの場合には，一定期間のそれぞれのプールの歴史的な損失率（historical loss rate）を基礎に現在の経済状態を勘案しつつ集合的に，貸付けを分析し，貸付損失を見積もったのである（U.S. Congress, House, Subcommittee on Financial Institutions and Consumer Credit of the Committee on Banking and Financial Services, *Loan Loss Reserves : Hearing*, 106th Cong., 1st Sess., Government Printing Office, 1999, p.365）．

しかし，損失の見積りには困難を伴う．というのは，見積りは主観的で様々な要素（例えば，機関の規模・組織構造，事業環境，戦略，貸付ポートフォリオの性格等）の影響を受けるからである．そのため，GAAP に基づく損失見積りは，あまりに主観的であるとか，①貸倒引当金会計に関する GAAP の遵守，②同引当金に関するディスクロージャーの十分さ，③同引当金を支える文献の妥当性，さらに④引当金繰入れの際の十分な指針の存在，といった点に関しても懸念が出されていた（*ibid.*, pp. 368-69）．

そこで，1993年に FASB は，ステートメント第114号（SFAS 第114号）「貸付金の減損に関する債権者の会計処理」を公表し，FASB はそこで元利の回収が個別に評価されるべき貸付金について，約定どおりに元利の回収をすることができそうもない（probable）が故に減損したとみなされる場合には，債権者は貸付金を①将来キャッシュフローを貸付金の実効金利で割り引く方法，②担保の公正価値に基づく方法，③貸付金の市場価値に基づく方法，のいずれかで貸付金の価値の測定をするという指針を示した．また，1994年に FASB によって公表されたステートメント第118号「貸付金の減損に関する債権者の会計処理—収益の認識と開示，SFAS 第114号の改訂」では，FASB は，SFAS 第114号の損益認識に関する規定を修正した．

しかし，こうした努力にもかかわらず，なお貸倒損失の見積りに曖昧さが伴ったということは，1999年になっても貸倒損失引当金に関する公聴会が，米国下院銀行業

金融サービス委員会金融機関消費者信用小委員会で開かれているということからも明らかである (*ibid*.).
3) FDIC, *1991 Annual Report*, p.57.
4) ただし，持株会社の株主，債権者は保護されなかった．当時 FDIC 議長を務めたシードマン (L. William Seidman) は後の回顧録のなかで，このように FDIC がファースト・リパブリックバンクの持株会社 (＝ファースト・リパブリックバンク・コーポレーション) の株主，債権者を保護しなかったことは，1984 年のコンチネンタル・イリノイのケースとは異なるもので，何十億ドルにも達する持株会社の債務をセーフティ・ネットから取り除いて FDIC の保険損失を減少させるとともに，持株会社の債権者に規律を与え，銀行システムの安定化に役立った，と回顧している (Seidman, L. William, *Full Faith and Credit : The Great S&L Debacle and Other Washington Sagas*, Times Books, 1993, p.150). ただし，コンチネンタル・イリノイのケースでも，持株会社の債権者は直接保護されたわけではなく，資金援助によって間接的に保護されたにとどまる．

なお，コンチネンタル・イリノイの救済については，拙稿「コンチネンタル・イリノイの破綻とツービッグ・ツーフェイル」『名古屋経済大学経済学部創立 20 周年記念論集』，2000 年，を参照いただければ幸いである．
5) ファースト・リパブリックバンク・コーポレーションはこれら 40 行のほかにもう 1 つクレジットカード子会社をデラウェアに持っていた．これは，閉鎖されることなくしばらく持株会社のもとで営業を続けたが，これも同年 8 月 2 日に閉鎖され，後述のブリッジバンクに移行した．
6) FDIC, *Managing the Crisis*, pp.597-602.
7) *Ibid*., pp.603-07.
8) *Ibid*., pp.604, 606.
9) *Ibid*., pp.609-11.
10) *Ibid*., pp.620-22. なお，M コープには，その他に 5 行と 2 子会社があったが，これらはすぐには閉鎖されなかった．
11) *Ibid*., pp.622-23.
12) *Ibid*., pp.623-24.
13) *Ibid*., p.624.
14) FDIC, *1991 Annual Report*, p.15. なお，1991 年末の問題銀行，それらの総資産はともに前年末よりも増加していた (前年末にはそれぞれ 1046 行，4088 億ドルであった)．
15) 本書第 4 章．
16) See "10. Deposit Insurance Reform in the United States : Pre-FDICIA," in *Deposit Insurance : An Annotated Bibliography 1989-1999*, FDIC, 1999, pp.162-85.
17) Kuprianov, Anatoli, and David L. Mengle, "The Future of Deposit Insurance : An Analysis of the Alternatives," *Economic Review*, Federal Reserve Bank of Richmond, May/June 1989.

第10章　連邦預金保険公社の危機　　　　　　　　　223

18) 19)　*Ibid.*, p.5.
20)　というのは，後述するように，預金保険廃止論もないわけではないからである．
21) 22)　Kuprianov and Mengle, *op. cit.*, p.7.
23)　ただ，バーゼル合意による自己資本比率規制の実施に関しては，貯蓄金融機関からの反対があった．これらの機関は，新しい自己資本比率規制に従って1991年までに自己資本比率を6%まで引き上げなければならないことになれば，巨額の資本を市場から調達せねばならないため，多数の貯蓄金融機関が廃業に追い込まれることになる，と主張した．
24)　O'Keefe, John P., "Risk-Based Capital Standards for Commercial Banks: Improved Capital-Adequacy Standards?" *Banking Review*, FDIC, Vol.6, No.1, Spring/Summer 1993, p.2 ; Hanc, George, "Deposit Insurance Reform: State of the Debate," *Banking Review*, FDIC, Vol.12, No.3, 1999, p.11.
25)　米国議会予算局の報告は，FSLICに関してではあるが，連邦預金保険機関による迅速なペイオフや資産の売却を妨げる要因として次の3つを挙げている．①銀行当局はコミュニティにとって貴重な資金源である機関を閉鎖したがらなかったこと．当局は当該銀行が回復不可能なほどに支払い不能に陥っていると確信するまでは閉鎖しなかったのである．②保険基金残高が減少していることから，FSLICは支払い不能の機関を閉鎖せず，健全な機関に支払い不能機関の買収を促すため，将来の支払約束書を使用せざるを得ない状況にあったこと．③せっかちなペイオフや売却は，資産価格の暴落というリスクを保険機関に負わせることから，資産価格が今後より高くなるという期待もあって，資産売却はよりコントロールされたペースでなされたこと (CBO, *Budgetary Treatment of Deposit Insurance : A Framework for Reform*, May 1991, p.x)．これらの点は，単にFSLICにとどまらず，連邦預金保険機関一般に当てはまる．
26) 27)　Benston, George J., and George G. Kaufman, "Regulating Bank Safety and Performance," in *Restructuring Banking & Financial Services in America*, William S. Haraf and Rose M. Kushmeider, eds., American Enterprise Institute for Public Policy Research, 1988, p.63.
28)　*Ibid.*, p.75.
29)　*Ibid.*, pp.75-76.
30)　*Ibid.*, p.85．この案では，連邦被保険商業銀行の最適所要資本量は，市場価値ベースで資産の10%とされており，それ以下になった場合には，以下の再組織化のルールが適用される．①6〜9.9%—潜在的に問題がある．より強い監督・監視が必要で，配当や親会社・子会社への支払いの削減・中止もありうる．②3〜5.9%—問題がある．強い監督・監視が必要で，配当，劣後債への金利支払い・償還や親会社・子会社への資金流出の強制的中止が求められる．③3%以下—再組織化される．連邦保険機関によって強制的な資本増強，売却，合併あるいは清算される (*ibid.*, p.91)．こうした再組織化のルールは後にみるように，早期是正措置を思わせる．
31)　*Ibid.*, p.78.
32) 33)　White, Lawrence J., "Mark-to-Market Accounting Is Vital to FSLIC and

Valuable to Thrifts," *Outlook*, Federal Home Loan Bank System, January/February 1988, p.20.
34) Benston, Eisenbeis, Horvitz, Kane, and Kaufman, *op. cit.*
35) White, L.J., "Mark-to-Market Accounting Is Vital to FSLIC and Valuable to Thrifts," *op. cit.*
36) Benston, George J., "Market-Value Accounting: Benefits, Costs and Incentives," in *Banking System Risk: Charting a New Course*, The 25th Annual Conference on Bank Structure and Competition, Federal Reserve Bank of Chicago, 1989.
37) U.S. Treasury, *Modernizing the Financial System: Recommendations for Safer, More Competitive Banks*, 1991.
38) Beaver, William H., Srikant Datar, and Mark A. Wolfson, "The Role of Market Value Accounting in the Regulation of Insured Depository Institutions," in *The Reform of Federal Deposit Insurance: Desciplining the Government and Protecting Taxpayers*, James R. Barth and R. Dan Brumbaugh, Jr., eds., HarperBusiness, 1992.
39) Kuprianov and Mengle, *op. cit.*, p.11.
40) *Ibid.*, pp.11-12.
41) カウフマン，ベンストンによれば，リスクベース・プレミアムの考え方は，1933年の連邦預金保険制度の立法時に示唆され，1960年代の後半にマイヤー（Thomas Mayer）とスコット（Kenneth Scott）によって論述されたという（Kaufman, George G., and George J. Benston, "The Intellectual Histoy of the Federal Deposit Insurance Corporation Improvement Act of 1991," in *Assessing Bank Reform: FDICIA One Year Later*, George G. Kaufman and Robert E. Litan, eds., The Brookings Institution, 1993, p.20）．

その後，この考え方は，1983年のFDICの報告書『変化する環境における預金保険』（FDIC, *Deposit Insurance in a Changing Environment*, April 1983）や，1984年のブッシュ報告（Task Group on Regulation of Financial Services, *Blue Print for Reform*, Government Printing Office, 1984）に受け継がれている．特に，後者の報告では，預金保険料が被保険金融機関によって預金保険当局にもたらされるリスクに応じて変化するのではなく，被保険預金額にのみ基づいて決められているため，健全に運営されている機関が非現実的な低保険料のハイリスクの機関に補助金を与えることになっているとし，FDICやFSLICにリスクベースの可変保険料（risk-based variable insurance premium）の確立を勧告している．こうすれば，預金保険保護のための現実的な預金保険料を設定できて預金保険システムの強化に役立ち，より安全な機関に対する懲罰的な保険料を取り除いて当該機関のよりプルーデントなビヘイビアを促し，金融機関の過剰なリスクテイキングへの動機を取り除いて金融システムの安定性改善に役立つ，というのである．

ここで，次のことが注意されてよい．すなわち，リスクベース・プレミアムは，この時期においては，個々の金融機関のリスク・イクスポージャーに応じて，当該銀行により多くの預金保険料を賦課するという形で考えられていたことである．

第10章　連邦預金保険公社の危機　　　　　　　　　　　　225

　さらに，次の点にも注意が必要である．すなわち，ここでは，金融機関のリスク測定については，民間部門によるものの利用を示唆しているのみで，それ以上のことは触れられていない（Task Group on Regulation of Financial Services, *ibid.*, pp.83-85）．この点では，翌年の経済閣僚会議ワーキング・グループ（Working Group of the Cabinet Council on Economic Affairs）の報告書『連邦預金保険システム変化のための勧告』（*Recommendations for Change in the Federal Deposit Insurance System*, Government Printing Office, 1985）はより率直に次のように述べている．「潜在的な問題は，リスクを測定するのに有用な一連の客観的基準に関する一致した意見の欠如と，損失が実際に発生する前に損失に結果するリスクを測定しようとする試みはしばしば不可能であるという事実から生じる」（*ibid.*, p.50）．

　このように，個々の銀行のリスクベース・プレミアムを当該銀行のリスク・イクスポージャーを尺度として決定するということは，リスクベース・プレミアムが提唱された時から，困難視されていた．そこでこの尺度は，後にみるように，別の観点から決められるようになった．

42) Kuprianov and Mengle, *op. cit.*, p.12.
43) *Ibid.*, p.8.
44) 前記のアメリカ銀行協会の研究は，こうした関与者による市場規律の有効性についての先行研究のサーベイをしている（Benston, *et al., Perspectives*, pp.179-86）．
45) *Ibid.*, p.182.
46) For example, see *ibid.*, Chapter 7 ; Kuprianov and Mengle, *op. cit.*, pp.13-15.
47) Benston *et al., ibid.*, pp.173-74 ; Kuprianov and Mengle, *ibid.*, p.5.
48) Kuprianov and Mengle, *ibid.*, p.6. なお，FDIC によって全預金が保護されただけでなくその他の債権者も保護された例として，コンチネンタル・イリノイ，ファースト・シティ・バンコープ，Mコープの破綻がある．同じ頃のファースト・リパブリックバンク・コープの破綻の際には，保護されたのは全預金にとどまり，債権者は保護されず損失を受けた（*ibid.*, p.14）．ただし，ここにあるように，ファースト・リパブリックバンク・コープの場合債権者が保護されなかったという主張については疑問がある．なお，この点については，本章の注4も参照されたい．
49) U.S. Congress, House, Commerce, Consumer, and Monetary Affairs Subcommittee of the Committee on Government Operations, *Deposit Insurance Issues and Depositor Discipline, Hearing*, 101st Cong., 2nd Sess., Government Printing Office, 1991, p.79.
50) Mester, Loretta J., "Curing Our Ailing Deposit-Insurance System," *Business Review*, Federal Reserve Bank of Philadelphia, September/October 1990, p.17.
51) Litan, Robert E., *What Should Banks Do ?*, The Brookings Institution, 1987, pp. 144-48（馬淵紀壽・塩沢修平訳『銀行が変わる─グラス＝スティーガル体制後の新構図─』日本経済新聞社，1988年，189-95頁）．
52) Mester, *op. cit.*, pp.17-18.

第11章
FDICIA の成立過程

第1節 財務省報告『金融システムの近代化』

1. 概要

　先に述べたように，1980年代後半以降商業銀行の破綻が急増するとともに，1990年代の初めには連邦預金保険公社の基金は枯渇することになった．そこで，1989年の貯蓄金融機関保険制度の改革に引き続いて，今度は商業銀行の預金保険制度の改革が急がれることとなった．

　そのことについては，米国連邦議会では，1990年に上院銀行住宅都市問題委員会にリーグル同委員会委員長によって預金保険制度改革案（S.3103）が提出されている[1]から，議会での改革の動きはこの頃から始まったといってよい．

　しかし，議会で本格的な商業銀行の預金保険制度改革が始まったのは1991年に入ってからであった．その出発点をなしたのは，同年2月の財務省報告『金融システムの近代化―より安定的でより競争的な銀行のための勧告―』(Modernizing the Financial System : Recommendations for Safer, More Competitive Banks) である．これは同省が1989年のFIRREA第1001条に従って作成したレポートである．このレポートの目的は，①連邦預金保険制度の改革と強化，②国内外で銀行をより安全でより競争的にするための金融システムの近代化，③銀行規制機構の効率化，にあった．

　こうしたレポートが求められたのには，もちろん理由がある．銀行が破綻した際には当該預金者への預金の一部補償や破綻処理を行い，また破綻寸前の銀

行に対しては当該銀行を救済することによって，金融システムの安定化に寄与する連邦預金保険制度が，1980年代の後半から1990年代初めにかけての多数の商業銀行・貯蓄銀行の破綻によって，大きく傷つき，場合によっては，1980年代の後半の貯蓄金融機関保険制度の破綻の際にみられたような巨額の納税者負担を迫られる恐れがあったからである．

同報告によれば，金融システム改革が求められるのは，次の4つの理由による．①銀行に対して金融市場や金融技術の革新に対応することを妨げてきた時代遅れの法規制によって，銀行の競争力や金融力がそがれてきたこと，②納税者の過剰なイクスポージャーや銀行の市場規律の弱まりに結果している預金保険の過大拡張，③重複した規則を出したり決定的な改善法を生み出しえないばらばらな規制システム，④過小資本の預金保険基金[2]．

同報告は，次いで「生産的投資及び経済成長のエンジンとしての役割を果たし続けることのできる，より安全でより競争的な銀行システムを確実にするための4つの根本的改革」[3]を提唱している．すなわち，①「銀行の競争力を強化するため」，納税者を保護するにたる十分な資本の銀行を仮定したうえで，「全国的な銀行業，新たな銀行活動，一般企業による銀行所有権を認める」こと，②「納税者のイクスポージャーを減らし，市場規律の喪失を是正するために」，「預金保険の過大拡張を抑制すること，資本の役割を強化することによって監督を改善すること，リスクベースの保険料を課すること」，③「ばらばらな規制システム」を効率化すること，④業界資金によるBIFの資本増強[4]．

財務省報告にみられるこれら4つの銀行システム改革の「根本的改革」は，その後の金融システム改革をリードしていく根本的な改革理念であった．

上の特に①及び③を少し敷衍してみると，①では，銀行の競争力強化のため，銀行業の全国的展開，銀行による全面的な金融サービスの提供，銀行と一般企業との系列化の容認，が提案され，また，③では，監督機関の縮減による規制監督の説明力の強化，重複の解消による消費者便益の改善，保険機関からの規制監督当局の分離を図るため，現行の複雑な銀行や貯蓄金融機関の規制システムを2連邦規制当局（連邦準備（Federal Reserve）及び連邦銀行庁（Federal Banking Agency））に再編するとともに，FDICの業務を保険・処理業務に専念させること，が提案されている[5]．すなわち，この報告書では，金融システ

ム改革が広くとらえられているわけである．この点は，後述するように，この時期の金融システム改革の最大の論点であった．

とはいえ，この報告書でも，預金保険制度改革が金融システム改革の眼目として置かれていたことに注意しなければならない．それは，本報告の「結論と勧告」で，「この報告は，われわれの経済で決定的な役割を演じる銀行システム能力を強化する一方，〔連邦預金保険による納税者への損失：引用者〕イクスポージャーを減少させるために勧告を与える」[6]としていることからも明らかである．上の「4つの根本的改革」でいえば②と④がそれに該当する．先の①と③は，預金保険制度改革の枠を出る大きな金融システム改革ではあるが，すぐ後にみるように，常に預金保険制度との関連を意識して触れられているのである．

本報告書では，上の「4つの根本的改革」の①と②は「第1部 預金保険及び銀行業改革」に，③は「第2部 規制組織改革」に，そして④は「第3部 銀行保険基金の資本増強」に配分されている．

2. 連邦預金保険制度の改革案

それでは，本報告書の預金保険制度改革案はどのようなものであったのだろうか．第1部の主要部分をなしているのは，預金保険制度の改革案であるから，預金保険の改革案をみるというのは，同時にまず第1部をみるということにもなろう．

この点は，次のように考えられる．預金保険は少額預金者を保護し，経済的安定性を維持しながら，過大な保護を抑制しなければならない．過大な保護の抑制は，今度は，銀行に対するリスキーな取引を抑制し，資金を健全な，収益性のある銀行に向けることを通して，市場規律の確立に役立つ．とはいうものの，市場規制があれば十分というわけではない．なぜかといえば，預金保険は個々の銀行のかなりの部分の預金を保護するのであるから，市場規律を補足するものとして資本の役割の強化，監督の改良が決定的に重要である．すなわち，前章で述べた言い方をすれば，直接規制である．それらのうち，資本について言えば，資本こそ銀行の過剰なリスクテイキングを抑制するだけでなく，損失

を吸収するということを通して，預金保険基金の減少，さらには納税者への負担転嫁の可能性を減じる役割を果たす．また，監督の改良について言えば，特に早期是正措置の導入が重要で，これによって十分な資本所有へのインセンティブを高めることが可能となる．それに加えて，市場規律を補足するものとして，リスクベース・プレミアムも重要である．このリスクベース・プレミアムは，資本の水準によって異なり，より高いレベルの資本を維持している銀行はより低いプレミアムを支払えばいいという形で，上の早期是正措置と同様に，より十分な資本所有へのインセンティブを高める効果を持っている[7]．

次に，④に関してはどうか．当報告書は BIF 基金の資本増強の必要性を説く．FDIC が破綻機関の処理に必要な十分な資金を持つために，銀行システムへの不必要なストレスを与えることなく，業界出資で基金増強が図られなければならない，というのである[8]．

同報告書では，当時の処理コストが増大した理由として，次の3つを挙げている．「第1に，競争と新しい金融市場で顧客にサービスする銀行の能力に対する時代遅れの制限によって，伝統的な銀行の権限が侵食されたことである．利潤は減少し，損失は増大し，資本レベルは低下した．第2に，預金保険の範囲が劇的に拡大し，納税者のイクスポージャーを増大させ，弱体の銀行がよりリスクを取ろうとする時には市場規律をより一層取り除いてしまったことである．第3に，市場規律を補足する政府の試み——例えば，所要資本量と監督——は当該産業では新たな諸問題をチェックするのに十分ではなかったことである」[9]．

要するに，銀行利潤の侵食，過大な預金保険のカバリッジ，不十分な政府の市場規律補完政策が，被保険預金機関の破綻数とコストを増加させ，連邦預金保険機関の損失の急増を通して，納税者を巨額の損失の危険に晒しているというのである．それだけでなく，続発する破綻による巨額の損失は，預金保険の意図とは全く逆の，銀行システムに対する預金者の信頼の低下をさえもたらしている，という[10]．

そこで，この報告書の第1部の具体的な改革案は，次のように9項目に及ぶこととなった．

①資本の増強（Strengthened Role of Capital）
②預金保険カバー範囲の縮小（Reduction of Overextended Scope of Deposit Insurance）
③リスクベースの預金保険料（Risk-Based Deposit Insurance）
④監督の改善（Improved Supervision）
⑤リスキーな活動の制限（Restrictions on Risky Activities）
⑥銀行業務及び支店開設の全国展開（Nationwide Banking and Branching）
⑦金融サービス規制の近代化（Modernized Financial Services Regulation）
⑧信用組合の改革（Credit Union Reforms）
⑨その他預金保険の勧告（Other Deposit Insurance Recommendations）[11]

　もっとも，先に少し触れたように，これら9項目の改革案には，「4つの根本的改革」のうちの②，つまり「納税者のイクスポージャーを減らし，市場規律の喪失を是正するために」，「預金保険の過大拡張を抑制すること，資本の役割を強化することによって監督を改善すること，リスクベースの保険料を課すること」以外に，これらの⑥や⑦のように「4つの根本的改革」のうちの①，つまり「銀行の競争力を強化するため」，納税者を保護するにたる十分な資本の銀行を仮定したうえで，「全国的な銀行業，新たな銀行活動，一般企業による銀行所有権を認める」ことに関連した改革案，別の言い方をすれば預金保険制度改革の枠を出る大きな金融システム改革案も含まれていることには注意しなければならない．
　今，これらのそれぞれについて，仔細にみる余裕はないので，本書に関連する主要な項目についてのみ触れておく．まず，①の資本の増強はどうか．

(1) 資本の増強

　銀行をより安全なものとする一番のものは，資本である．資本こそが，銀行の損失吸収の緩衝材となり，また銀行による過剰なリスクテイキングを抑制するからである．しかし，連邦準備と預金保険というセーフティネットの存在があるため，銀行はよりわずかの資本でよいとされてきたし，銀行の規制システムも資本の重要性に十分な注意を払ってこなかった，というのが資本に関する

本報告書の基本的認識となっている[12]．

そこで，この報告書では，銀行が十分な資本レベルを達成し，維持できるようなインセンティブを与える銀行規制が推奨されることになった．すなわち，次のような方策である．

①資本ベースの規制

規制当局は一定レベル以上の資本の銀行には新金融サービスに従事することを認め，またより緩い規制を加えることとするのに対して，一定レベル以下の銀行には早期の，次第に強まる是正措置をとることである．

②資本ベースの保険料

リスクベースの資本が大きければ大きい銀行ほど，支払保険料が少なくすむということである．

③資本ベースの営業活動の拡大

十分な資本の銀行を持つ新たな金融サービス持株会社（financial services holding company：FSHC）の子会社に新たな営業活動を認めるというものである．

④金利リスク感応型の資本基準

リスクベースの自己資本基準は，主に信用リスクに基づいているので，金利リスクを反映したリスクベースの資本基準が確立される必要がある，ということである[13]．

次に，本書に係わっては，先の9項目のうち，②預金保険カバー範囲の縮小と，③リスクベースの預金保険料が重要である．まず②はどうか．

(2) 預金保険付保範囲の縮小

②の具体的な方策としては，①多様な被保険口座の付保範囲の削減，②パススルー付保（pass-through coverage）の廃止，③ブローカー預金の付保の廃止，④非預金債権者の付保の廃止，⑤非被保険預金者の付保の制限，⑥外国預金への保険料の非賦課，といったようにかなり重要な勧告が盛り込まれている．これらの勧告を一言でいうと，それまでに拡大してきていた保険の保護範囲を[14]（したがって，そのことによる納税者の損失イクスポージャーの増大及び銀行に対する市場規律の減退を）縮小し，少額預金者を保護するという預金

保険の原点に返ることであった．これらを簡単にまとめてみると，次のようなことである．

①多様な被保険口座の付保範囲の削減

アメリカにおける預金保険の補償限度額は，1人当たり10万ドルとされている．しかし，FDICによって付保されている口座には，個人口座（individual account），共同口座（joint account），個人退職口座（IRA account），キーオ口座（Keogh account），取消可能信託口座（revocable trust account），パススルー年金基金口座（pass-through pension fund account）等があり，これらの口座はそれぞれが同一銀行において10万ドルまで補償されるため，1人当たりの付保されている預金額は10万ドルをはるかに超えているのが実態である[15]．そこで，本報告は，共同口座の半分及び取消可能信託口座を付保限度額10万ドルの個人口座と統合するほか，FDICがその口座の保険からの分離を適切と決めない限り，これらの様々な諸口座のうちキーオ口座，個人退職口座，年金基金口座を統合して退職貯蓄用の口座として10万ドルまで付保すること，そして長期的には付保される預金は全預金金融機関を通じて10万ドルとすること，を提案している．

②パススルー付保の廃止

パススルー預金保険は，年金基金のように多数の受益者から委託を受けた機関投資家の資金が銀行に預金され，それぞれの受益者に10万ドルの預金保険がパススルーされることによって生じる．しかし，本報告書では，こうした年金基金とマネーマーケット・ミューチュアル・ファンドや従業員健康福祉プラン（employee health and welfare plan）とに違いをみることができないだけでなく，年金には提供スポンサーや年金給付保証公社（Pension Benefit Guaranty Corporation：PBGC）による損失支払い責任があって受益者保護の面で十分であるから，年金のパススルー預金保険は不必要だとしている[16]．

また，年金基金とは別に，パススルー預金保険として銀行投資契約（bank investment contracts：BICs）があるが，これは預金保険に付保されているにもかかわらず，これと似た性格を持ち，保険会社によって売り出されている保証付投資契約（guaranteed investment contracts：GICs）は付保されていないという競争上の不平等から，このBICsについても連邦預金保険の付保対象からは

ずすのが適当である，と主張している[17]．

③ブローカー預金の付保の廃止

ブローカー預金というのは，ブローカー会社によって付保範囲内の10万ドルにパッケージされた預金のことである．本報告では，家計によって所有されるブローカー預金のほとんど3分の2が預金機関に10万ドル以上預金している家計によって所有されていることに示されているように，ブローカー預金の付保は豊かな預金者を損失から保護することになってしまうこと，またブローカー預金が保護されていると，市場規律が働かなくなる結果，金融機関のリスクテイキングや資金の不適正な配分が促進されることになるとして，ブローカー預金の付保の廃止が勧告されている[18]．

④非預金債権者の付保の廃止

非預金債権者の付保については，預金者以外の債権者，つまり一般債権者，劣後債権者，及び持株会社債権者は，預金者と同じ流動的性格を持たないので，銀行破綻の際にこうした債権者を保護しなくとも，システミック・リスクの面で問題となることはないから，こうした債権者の救済コストは納税者に負担させるべきではないと言うのが本報告の趣旨である．また，本報告書では，当時は，付保されていない預金もシステミック・リスクの観点から保護されていたから，銀行経営者のリスクテイキングをモニターし，銀行経営者に規律を与えるためには，上述の債権者が決定的に重要性を持つ，とされている[19]．しかし，本報告でも認めているように，1989年のFIRREAが債権者に対してプロラタ方式で破綻損失を負担することを規定した[20]から，本報告書に盛られた非預金債権者の付保の廃止は，それほど重要性は持たない．

⑤非被保険預金の付保の制限

本報告は，システミック・リスクの観点からすると，時には付保されていない預金も保護する必要があるとしながらも，それを当たり前と考えることには批判的である．というのは，当時ごく普通に行われていたように，付保されていない預金まで全面的に保護するようになると，銀行には市場規律が働かなくなり，納税者を損失の危険にさらすことになるからである．そこで，本報告は，FDICの政策転換を次のように主張する．すなわち，「可能ならいつでも非被保険者へ保護を拡大しようとするよりも，可能なら被保険者へのその〔FDIC

のこと：引用者〕保護を制限しようとすべきである」，と[21]．

こうした基本的スタンスに基づいて，本報告書では，具体的には次のようなことが勧告されている．すなわち，銀行の破綻処理に際しては，財務省やFRBがシステミック・リスクの観点からその他の方策の使用を決定しない限り，FDICは最小コストの破綻処理策の使用を求められる，ということである[22]．

⑥外国預金への保険料の非賦課

最後に，外国預金の付保については，海外預金は，1933年の銀行法以来，付保されず，したがって保険料の納付の義務もないにもかかわらず，FDICによる銀行破綻処理の際には，ことに大銀行の破綻では，FDICによって保護されてきたという経緯がある．これに対して，本報告は，こうしたFDICの外国預金の取り扱いは，法律によって要求されているのでなく，FDICの任意によっているのであるから，外国預金の付保をやめ，市場規律の拡大と政府債務の縮減をすべきである，と勧告している[23]．

(3) リスクベースの預金保険料

ここでは，大きくは，

①資本レベルに基づいた預金保険料
②民間再保険業者による保険料

という2つのテーマが取り扱われて，勧告が盛り込まれている．その後の議論の展開を考慮すると，①はきわめて重要な内容を含んでいる．

預金保険料に関して，本報告は，当時の均一な預金保険料システムでは，銀行は追加的な保険料を払う必要がないため，よりリスクテイキングしがちとなり，その結果，より多くの銀行とより高コストの破綻が生じる可能性があること，またこうした預金保険料システムはうまく経営されている銀行や納税者を犠牲にして，高リスクで経営下手の銀行に補助金を与えることとなっているとして，その他の過剰なリスクテイキングを抑制する手段——リスクベースの所要資本量，直接的な市場規律，強力な監督，リスクテイキングの直接的な抑制——を補足するものとして，2つのリスクベース・プレミアムを提唱している．すなわち，第1に短期的には，資本レベルを銀行のリスク尺度とするリスクベ

ース・プレミアムの確立権限を FDIC に与えること，第2に長期的には，銀行保険料の価格付け過程に民間保険市場を導入すること，である．

ここで，「短期的には」と限定されているが，なぜ資本を銀行の保険料の尺度とすることができるかというと，資本は損失を吸収しうることから銀行破綻の可能性を低下させうること，したがって資本は銀行の破綻リスクを測る正確な目に見える尺度となること，保険料を資本と結びつけると銀行所有者はより多くの資本を維持するインセンティブを持つようになること，等によっている[24]．

なお，本報告では，リスクベース・プレミアムの基準となる資本はリスクベースの資産，具体的にいえばリスク加重資産に対する「基本的項目＋補完的項目」(Tier I＋Tier II) の割合が推奨されていることにも注意が必要である．

②の民間再保険業者による保険料にも触れておく必要がある．というのは，この案についてこの報告書は少なからぬ力点を置いているようにみえるからである．これは次のような考え方である．すなわち，この制度の骨格は FDIC が民間の業者に再保険をかけ，当該銀行が破綻した場合にはその損失の一部を再保険業者に負担してもらうということである．しかも，この考え方では，預金保険料は，再保険業者と付保される銀行との間の交渉によって決定され，FDIC は保険料決定には関与しないというのがポイントとなっている[25]．つまり，ここでは，預金保険料は政府機関よりもむしろ市場によって決定されるべきだとされているのである．

(4) その他の論点

④「監督の改善」以下については，後に議論がしばしばされるようになったり，FDICIAに盛り込まれるようになった項目をいくつか摘記してみよう．

まず④「監督の改善」では，資本は銀行破綻を抑制し，したがって FDIC や納税者の損失を抑制するという観点から，資本をベースにした監督 (capital-based supervision) の重要性が指摘されている．すなわち，高いレベルの資本を維持している銀行には監督上の褒賞が与えられ，他方，高レベルの資本を維持できない銀行には制裁が与えられるという考え方である．

それはどういうことだろうか．それは，一言で言えば，資本力のある銀行に

対しては，褒賞として新たな業務への参入や新支店の開設，新たな銀行・ノンバンクの買収を認め，資本力の弱い銀行に対しては問題が大きくなる前に様々な措置をとる，ということである．特に，後者は早期是正措置（prompt corrective action）として後に知られるようになる政策であって，この政策自体は1980年代後半にS&L危機の際の監督当局の対応に対して殺到した批判，つまり当局の対策があまりに遅きに失したという批判に応えるものであった[26]．本報告では，未だ具体的な数値基準は示されていないものの，最小所要資本量未達の銀行には配当制限，資産の拡大制限，資本調達計画の提出，財産管理人または破産管財人による早期処理等の措置が勧告されている．

もちろん，このような資本をベースとした監督が機能するためには，正確な，しかも最新の資本を計測することができなければならない．そこで，本報告では，そのための方策として，毎年のオンサイト検査，将来の貸倒損失見積相当の迅速かつ正確な貸倒損失引当金の維持，預金金融機関の状況評価改善のための時価会計，の導入が勧告されている[27]．

以上では，報告書に盛られた預金保険制度改革案についてみてきた．これらの預金保険制度改革案は預金保険制度に限定されているという意味で，言わば狭い銀行制度改革案といってよい．これに対して，先にも述べたように，同報告書には，「より安定した，より効率的な，より競争的な銀行」[28]を目指した方策，つまり先の①「銀行の競争力を強化するため」，銀行に対して，納税者を保護する十分な資本の銀行を仮定したうえで，「全国的な銀行業，新たな銀行活動，一般企業による銀行所有権を認める」こと，に関連した勧告も盛られている．これらの改革案は，上の狭い改革案に対して，広範な金融システム改革案だと言うことができる．

3. 広範な金融システム改革案

そのうちの重要な勧告が州境を越えた全国的な銀行業の容認である．州境を越えた銀行業は，持株会社方式と支店開設方式とがあるが，当時は州境を越える銀行業は33州で持株会社方式で認められているにすぎず[29]，またごく例外を除けば支店方式による州際銀行業は認められていなかった．そうした時に，

本報告書は，銀行持株会社法ダグラス修正条項（Douglas Amendment）の廃止による銀行持株会社方式による州際銀行業を勧告する一方，1927年マクファーデン法（McFadden Act of 1927）廃止による全国的な支店の開設の容認を勧告している．ことに後者の全国的な支店網の開設は銀行業の安全化・健全化，コストの節約，消費者の便宜拡大に役立つ，と強調しているのは興味深い．

「銀行の競争力を強化するため」の方策として，もう1つ重要なのが銀行に対する多様な業務の容認である．すなわち，本報告では「市場のイノベーションへ順応」[30]して銀行に金融サービス持株会社（FSHC）の設立を認め，その傘下に広汎な金融業——銀行，証券，保険，投資信託——の設置を認める一方，一般事業会社（commercial company）に対しても銀行子会社と一般事業子会社との間の強力なファイアーウォールを前提として同様にFSHCの設立を認めること，が勧告されている．こうすれば，非銀行関連金融業務からの利潤獲得や非銀行関連金融業や系列一般企業からの資本流入によって銀行，さらに銀行システムが競争力を持つようになり，納税者をより大きなリスクにさらすこともなくなるとともに，消費者便宜の拡大がもたらされる，と言うのである[31]．

なお，この場合のように，FSHC，銀行子会社，その他金融子会社よりなる組織体が作られた場合，預金保険との関わりが問題となる．当然ながら本報告でもこの点には触れていて，銀行以外の2者，つまりFSHC及びその他金融子会社まで連邦セーフティネットが拡大されれば，市場規律が侵食され，納税者が追加的な損失にさらされるだけでなく，非銀行子会社に不当な補助金が与えられることとなるので，連邦セーフティネットは銀行を越えて拡大されるべきでない，としている[32]．

以上では，本報告書では「第1部 預金保険及び銀行システム改革」にあたる部分について縷々見てきた．以上からも明らかなように，この部分は「4つの根本的改革」で言えば②に関連する勧告が大部分を占めているが，しかし，上述のとおり，この第1部では，預金保険制度改革案だけではなく，その枠を越える金融システム全体についても常に預金保険制度を意識しつつ触れられていた．つまり，「4つの根本的改革」の①「銀行の競争力を強化するため」，銀行に対して，納税者を保護する十分な資本の銀行を仮定したうえで，「全国的な銀行業，新たな銀行活動，一般企業による銀行所有権を認める」という提案

である.

4. 規制組織改革及びBIFの資本増強案

この報告書には,上の「全国的な銀行業,新たな銀行活動,一般企業による銀行所有権を認める」という提案とは別に,第2部として「規制組織改革」の勧告が盛り込まれている.それは,先に述べたように,監督機関の縮減による規制監督の説明力の強化,重複の解消による消費者便益の改善,保険機関からの規制監督当局の分離をはかるため,現行の複雑な銀行や貯蓄金融機関の規制システムを2連邦規制当局(連邦準備及び連邦銀行庁)に再編するとともに,FDICの業務を保険・処理業務に専念させる,という提案である.言うまでもなく,この提案は,「4つの根本的改革」のうちの③,つまり「ばらばらの規制システム」を効率化することに関連した提案である.

ただ,この提案については,その他の包括的提案が実行された後に始めて徐々に時間をかけて実行されるべきものとされていることから,見取り図的なものにとどまっていること,及び1984年の『金融サービス規制に関するタスク・グループ報告書』[33]の提案に依拠したものであること,を指摘するにとどめたい.

本報告書では,預金保険制度に関連しては第1部だけではなく,第3部でも扱われている.第3部の表題が「銀行保険基金の資本増強」とされていることからもわかるように,この部は,先の「4つの根本的改革」の④,つまり「業界資金によるBIFの資本増強」に関する提案である.

第3部では,BIF基金の資本増強の必要性を説く.FDICが破綻機関の処理に必要な十分な資金を持つために,銀行システムへの不必要なストレスを与えることなく,業界出資で基金増強がはかられなければならない,と言うのである[34].

それはどういうことだろうか.BIF基金(1989年以前はFDIC基金)残高は,1934年のFDIC設立以来1987年までは1947年を除いて,一貫して増加してきた.また,FDIC設立から1987年までは,被保険預金100ドルに対して1ドル以上の基金残高を維持してきた.だが,1988年から基金は減少し,

第11章　FDICIA の成立過程　　　239

1991年には基金残高はマイナスとなった．

　もっとも，この報告書が出たのは，1991年の2月であるから，この時点ではまだ基金残高はゼロではなかった．しかし，1990年12月末の基金残高は40億4500万ドルに減少していたし，法律的にはBIFが負うことのできる債務は基金残高（純資産）の9倍以内，またこれとは別にBIFは財務省からの50億ドルのクレジット・ラインを持つにすぎなかった[35]にもかかわらず，この時点ではFDICは破綻銀行の処理にまだ巨額の資金を必要とする見込みだったから，本報告書はFDIC基金の資本増強を勧告したのである．

　この場合，本報告では，基金の「最適レベル」を導き出す科学的手段があるわけではないとして，被保険預金に対する基金残高の割合をFIRREAに盛り込まれた1.25%とした上で，そのレベルにまで基金残高を増やそうとすれば，1991年に通常の50億ドルのほかに200億ドルの特別保険料を銀行に課さなければならなくなるが，1933年のFDIC創設以来，銀行の損失は銀行業が完全に担ってきたという伝統に基づき，銀行破綻とクレジット・クランチを激化させないよう長期にわたり，かつ銀行債務に明白な限度を設定しつつ銀行業界の資金によってBIFの資本増強をはかるべきだ，と勧告している[36]．

　以上では，1991年2月の財務省報告書『金融システムの近代化―より安定的でより競争的な銀行のための勧告―』の概略を，本書に必要な論点に対象をしぼってみてきた．同報告は連邦預金保険をめぐる報告書の中ではきわめて重要な報告書で，以降の連邦預金制度の方向を決定付けたものであった．同時に，同報告書の内容自体は前章で述べたような，すでに行われていた議論を集約したものでもあった，ということに注意が必要である．

第2節　財務省原案

1. 概要

　この財務省報告を受けて，同年3月20日に財務省は議会に法案を提出した．財務省法案として知られている1991年金融機関安定及び消費者選択法（Financial Institutions Safety and Consumer Choice Act of 1991）である．この法

案は，下院では銀行金融都市問題委員会委員長民主党ゴンザレス（Henry B. Gonzalez），共和党ワイリー（Chalmers P. Wylie）によって下院に提出され（H.R.1505），また上院では銀行住宅都市問題委員会委員長民主党リーグル，共和党ガーン（Edwin J. Garn）によって上院に提出された（S.13）．

同原案は，先にみた財務省報告書を踏まえているから，その内容もほぼ同じである．念のため，重要な条項について確認しておこう．

同法案は，次の6章からなる．

第 I 章　連邦預金保険改革（Federal Deposit Insurance Reform）
第 II 章　金融サービスの近代化（Financial Services Modernization）
第 III 章　規制の再編（Regulatory Restructuring）
第 IV 章　銀行保険基金の資本増強（Bank Insurance Fund Recapitalization）
第 V 章　雑則（Miscellaneous Provisions）
第 VI 章　技術的・整合的修正（Technical and Conforming Amendments）

一見して明らかなように，同原案の構成は，先の報告書のそれと異ならない．ただ，原案では，報告書では預金保険制度改革と一緒にされていた金融システム改革案が連邦預金制度改革と切り離されて，独立した章にされていることには注意しなければならない．つまり，報告書でいう「生産的投資及び経済成長のエンジンとしての役割を果たし続けることのできる，より安全でより競争的な銀行システムを確実にするための4つの根本的改革」の4つに，同原案では各章が割り当てられているのである．「銀行の競争力を強化するため」，銀行に対して，納税者を保護する十分な資本の銀行を仮定したうえで，「全国的な銀行業，新たな銀行活動，一般企業による銀行所有権を認める」という①には第 II 章が，「納税者のイクスポージャーを減らし，市場規律の喪失を是正するために」，「預金保険の過大拡張を抑制すること，資本の役割を強化することによって監督を改善すること，リスクベースの保険料を課する」という②には第 I 章が，「ばらばらの規制システム」を効率化するという③には第 III 章が，そして業界資金による BIF の資本増強に相当する部分には第 IV 章が，割り当てられていることがわかる．

第11章　FDICIAの成立過程

このことからもわかるように，同原案の骨格は先の報告書とは異ならない．しかし，これは法律案であるから，報告書よりもはるかに精緻化されていることに疑いはない．そのことをもう少し詳細にまで立ち入って確認しておく．

2. 連邦預金保険制度の改革

まず，第Ⅰ章からみてみよう．
①付保範囲について（第101条）
1預金者当たりの被保険預金の最高額は，当該預金者によって維持される当該機関のすべての預金を合算して，被保険預金金融機関当たり10万ドルとし，パススルー・ベースの保険のカバリッジは認められない（ただし，個人年金勘定は10万ドルまで別に認められる）．
②最小コスト処理原則（第103条(a)）
FDICは，被保険預金者に対する責務を果たすにあたり，預金保険基金に対して最小コストとなる額でのみ資金援助または支払いをなさなければならない．ただし，連邦準備制度理事会（FRB）及び財務長官によってこの処理が金融システムに重大なマイナスの影響を与えると決定された場合には，FRB及び財務長官は，FDIC及び行政管理予算局長（Director of the Office of Management and Budget）と協議の上，FDICにリスクを減らすために被保険機関に資金援助又は支払いをなすように指示することができる．
③リスクベース・プレミアム（第104条(b)）
公社理事会は，被保険預金機関が保険基金に与えるリスクに応じたリスクベースの保険料システムを規則によって確立せねばならない．その場合のリスクは，被保険預金金融機関のリスクウエイト資産に対する資本の比率及びそれら機関の活動，資産・負債，その他のリスク要因を勘案するものとする．
④市場価値及びディスクロージャー（第107条(a)）
連邦銀行規制監督当局及び証券取引委員会（Securities and Exchange Commission: SEC）は，この法律の立法後1年以内に，財務諸表や提出レポートの資産・負債の公正市場価値による補足的なディスクロージャーに必要な手法を開発すべきである．

⑤再保険実証プロジェクト（第116条(a)）

FDICは財務省と協議して，リスクベース・プレミアムの価格構成の確立，保険契約の定式化，被保険機関のリスク評価・監視に必要な情報の特定と取得などを目的とする民間の再保険システムの可能性を決めるため，再保険実証プロジェクトを確立すべきである．

以上は，第Ⅰ章，つまり連邦預金保険改革の主な条文である．

3. 金融サービスの近代化

次に，「第Ⅱ章 金融サービスの近代化」についてみよう．

①金融サービス持株会社の設立（第201条(a)，第203条(a)，第204条）

1956年銀行持株会社法（Bank Holding Company Act of 1956）第2条を改正して，銀行持株会社を廃止し，新たに2つのタイプの持株会社の設立を認める．1つは，金融サービス持株会社（FSHC）である．金融サービス持株会社は，「銀行をコントロールする（多角持株会社（diversified holding company）以外の）会社を意味する」．もう1つは，多角持株会社である[37]．これは一般企業に対して，自己資本比率の高い銀行をFSHCのコントロールを通して間接的に所有することを認めるものである．

加えて，自己資本比率の高い銀行を所有するゾーン1及び2の金融サービス持株会社には，子会社を通して証券，保険その他金融的性格のある業務に従事することが認められる．

②早期是正措置（第251条(a)）

連邦銀行規制監督当局によって採用されるリスクベースの最小所要資本比率（required minimum risk-based capital ratio）や最小所要中核的資本（required minimum for Tier 1）等を基準として，被保険銀行はゾーン1からゾーン5に分類される．これらの中でも，ゾーン1の銀行は，支店の開設，新業務の開始，被保険銀行との合併，被保険銀行からの資産の買収・負債の引受け，銀行法のもとで可能な業務に従事する企業の資産・投票権付き株式の買収，が簡易な手続（書類届出等）で可能となる．同様に，ゾーン1のFSHCも簡易な手続

きで新業務の開始，買収が可能である．なお，この場合のゾーン1のFSHCというのは，この持株会社傘下の被保険預金機関の全資産の少なくとも80％がゾーン1の被保険預金機関の下にあり，残りの20％はゾーン2の被保険金融機関の下にある時とされている．

FSHCが上のゾーン1の資格を失った時には，FSHCはゾーン1の資格回復のために，資格喪失後45日内に傘下の被保険機関の資本の増強を行う必要がある．期限内に資格を回復できない場合には，当該のFSHCは直ちにその資本増強額に相当する社債発行の公表を行うとともに，社債発行に沿った資本回復計画の連邦銀行当局への提出とその実行を行う必要がある．しかし，1年以内に，FSHCが資格を回復できない時には，当該FSHCは被保険預金機関の権益を放棄するか，すべての新たな金融業務を終了しまたはそういった業務に従事する企業の権益を放棄しなければならない．FSHCが上述のような求められる行動を取らない場合には，当該連邦銀行当局はFSHCのゾーン1の資格喪失をもたらしている被保険預金機関の財産管理人を任命することができる．

ゾーン2から4に分類される被保険銀行は，その段階に応じて投資，拡大，買収，配当支払い（capital distribution），経営陣への報酬の支払いの制限を受けるほか，資本回復計画の提出とその実行，取締役・CEO・CFOの解任，役員へのボーナス・退職金の支払いの削減あるいは廃止，系列関連会社の放棄等を迫られる．

被保険銀行がゾーン5に属すると決定された場合には，その処理の修正や回避あるいは実施の延期が公衆の利益となる場合を除いて，連邦銀行当局によって同行の販売又は合併，財産管理人又は破産管財人の任命が行われる．

③全国銀行業と支店制度（第261条(a)，第262条，第263条，第264条）

金融サービス持株会社，多角持株会社，あるいは外国銀行は，いかなる州の被保険預金機関あるいは金融サービス持株会社の投票権付株式，権益，資産を直接的あるいは間接的に買収することができる．この買収は，州法が同様の買収を禁止あるいは制限していても，実行されうる．また，国法銀行は，一定の制限付ではあるが，新しい支店を州外に設置・運営することができる．さらに，国法銀行または州法銀行と国法銀行との州を越えた合同・合併も認められる．

加えて，州は他州で免許を与えられたまたは他州で銀行業務に従事している被保険銀行に対して州内に1つまたはそれ以上の支店を設立・維持することを禁止してはならない．ただし，これは，当該被保険銀行に免許を与えた州の法律が支店の開設・維持を認める場合に限られる．

4. 規制の再編

次に「第Ⅲ章 規制の再編」についても簡単に触れておく．
①預金金融機関監督庁の設立（第301条，第303条，第304条，第312条，第313条，第322条）

通貨監督庁（OCC），貯蓄金融機関監督庁（OTS）を廃止し，これらの権限，義務，スタッフ，資金を継承する預金金融機関監督庁（Office of Depository Institutions Supervision）を設立する．これは，財務省の1ビューローであって，連邦免許のすべての金融機関，外国銀行の連邦免許の支店，州免許貯蓄組合，貯蓄貸付組合持株会社の免許・監督当局である．
②FDICの監督・規制権限の移転（第331条，第332条(a)）

従来FDICにあった非加盟被保険州法銀行の監督・規制権限は，FRBに移される．

5. 銀行保険基金の資本増強

最後に「第Ⅳ章 銀行保険基金の資本増強」にもぜひ触れておかなければならない．
①FDIC借入権限の拡大（第401条）

FDICは，BIFの流動性確保，破綻金融機関処理のため，新たに連邦準備銀行から250億ドルまでの借入れが認められる．
②最高保険料率（第411条，第412条）

BIFの加入機関に課される最高保険料は加入構成機関の預金の0.30％である．ただし，第401条の連邦準備銀行からの借入れがある場合には，FDIC理事会はその金利，元本の支払いに必要な保険料率を決定する権限が与えられる．

第11章　FDICIAの成立過程

　以上では，財務省原案に盛られた主要な条項をみてきた．上からも明らかなように，財務省原案は，単に連邦預金保険制度の改革にとどまらず，銀行持株制度，州際銀行業務や銀行規制監督当局の再編をも含み，きわめて広範な金融システム改革法案であった．
　何度も触れたように，「銀行の競争力を強化するため」，銀行に対して，納税者を保護する十分な資本の銀行を仮定したうえで，「全国的な銀行業，新たな銀行活動，一般企業による銀行所有権を認め」ようとしたのである．しかし，この改革の広範さは，他面では様々な利害対立を生むことと裏腹の関係にあった．財務省原案は，その後連邦議会で審議されていくことになるが，同議会での審議の大きな流れは，審議が進むにつれ，同原案からは，利害対立を含むこうした広範な改革案が次々と削除され，同年末に成立した法律は連邦預金保険制度の改革案へと変わっていくこととなるのである．そこで次に，同原案の議会での審議がどうであったのかをみていく．

第3節　議会での法案審議

1.　下院での審議

　以上のような内容の財務省原案は上下両院で審議されることとなった．まず，下院では，同法案は，早くも1991年3月21日には下院銀行金融都市問題委員会の金融機関監督規制保険小委員会（Subcommittee on Financial Institutions Supervision, Regulation and Insurance）で審査が始まっている[38]．また，上院では，1991年2月26日から銀行住宅都市問題委員会で財務省案についての公聴会が始まり，3月21日にもその6回目が開かれ，その席で財務省副長官のグラウバー（Robert R. Glauber）が同原案に触れたうえ，当日のテーマのBIFの資本増強について陳述している[39]から，上院の同原案の審議はこの時期に早くも始まっていたといってよい．
　その後，上下院では，両銀行委員会を中心として同原案は精力的に審議が進められた．その結果，下院では，6月28日に銀行金融都市問題委員会が委員

会案を採択した（H.R. 6）[40]．

その構成は，次のとおりである．

第 I 章　安定性と健全性（Safety and Soundness）
第 II 章　規制の改善（Regulatory Improvement）
第 III 章　全国的な銀行業と支店設置（Nationwide Banking and Branching）
第 IV 章　金融サービスの近代化（Financial Services Modernization）
第 V 章　連邦預金保険改革（Federal Deposit Insurance Reform）
第 VI 章　雑則（Miscellaneous Provisions）

この構成を一見したところでは，次のような特色が認められる．すなわち，「安定性と健全性」といういわば銀行制度全体に係わる改革条項が第 I 章に置かれているだけでなく，さらに第 II 章以下第 IV 章でも同様に銀行・金融システム全般の改革条項が盛り込まれる一方，財務省原案では第 I 章にあった「連邦預金保険改革」がここでは第 V 章に退いていることである．こうしてみると，下院の銀行委員会案は，銀行・金融システムの広範な改革が中心を占めているかのように見える．

しかし，この委員会案では，むしろ預金保険制度が前面に出てきているのである．それは，次のことからも明らかである．すなわち，委員会案の「第 I 章 安定性と健全性」には，同法案第 100 条で 1991 年連邦預金保険公社改善法（Federal Deposit Insurance Corporation Improvement Act of 1991）という名称が与えられていることに示されているように，同章は全面的に連邦預金保険制度の改革に係わるものとなっている．そして，銀行の競争力の強化という当時課題となっていたもう 1 つの面は，第 II 章から第 IV 章に割り当てられることとなって，預金保険制度の改革問題よりも一歩退いた位置づけが与えられている．

そのことは，個別の条項についてみると，より明らかになる．

第 I 章では，「預金保険基金」と題される第 A 節では，FDIC の資金調達として，財務省からのクレジット・ラインを従来の 50 億ドルから 300 億ドルへの増額を認める（第 101 条）一方，新たに BIF メンバーからの借入れも認めた（第 104 条）．「第 B 節 監督上の改革」では，FDIC の将来の損失を回避す

るために連邦・州規制当局が行うべき検査，被保険預金機関が毎年受ける独立監査等について規定している．さらに，第C節は会計改革があてられている．

第Ⅰ章で，ことに興味深いのは，それらに続く2つの節，つまり「第D節 迅速な規制行動」及び「第E節 最小コスト処理」である．第D節では，連邦銀行規制機関及びFDICに対して，迅速な規制行動システムの確立を要求した後，リスクベースの自己資本比率（risk-based capital ratio），中核的自己資本比率（tier 1 capital），その他の関連資本比率（relevant capital measure）を基準として被保険預金機関を5つのレベルに分類したうえ，それらのうち第3～5レベルの預金機関を未達預金金融機関（undercapitalized depository institution）とし，これらの機関に対しては資本回復プラン（capital restoration plan）の当局への提出を義務付けるほか，特に第4，5レベルの機関には株式・債券の発行，預金金利の制限，役員へのボーナスの支払い制限等8つの行動を義務付け，また第5レベルの預金金融機関には追加的に劣後債への元利支払い制限等の業務制限を課するほか，財産管理人または破産管財人を任命することを規定している（第131条(a)）．

また「第E節 最小コスト処理」も重要である．ここでは，破綻被保険預金機関の処理に際しては，FDICは保険基金にとって最小コストの手法を選択しなければならず，また，その際には現実の割引率を使った現在価値ベースで評価する方法を用いなければならないとされている．さらに，預金基金の損失増加を避けるため，被保険預金を超えて預金者を保護したり，預金者以外の債権者を保護したりすることはできないとされている（第141条(a)）．

以上は，第Ⅰ章の注意しなければならない条項であるが，預金保険に関しては，「第Ⅴ章 連邦預金保険改革」でもいくつかの重要な規定が盛り込まれている．例えば，その第A節では，最低自己資本基準を達成できない等のトラブル機関（troubled institution）のブローカー預金の取入れや市場金利よりも著しく高い金利での預金取入れが禁止されている（第501条(a)）．また，この節では，FDICにリスクベースの保険料制度の確立を認め，その制度確立以降BIF及びSAIFの0.15％という最低保険料率を取り除くことも規定されている（第502条）．

第Ⅴ章には，預金保険に関して，もう1つ注意しなければならない節があ

る.「第B節 カバリッジ」である.ここでは,FDICは,預金者本人名義であると他人名義であるとを問わず,トラストファンド (trust fund) を除き,すべての預金を総計し,10万ドルを超えて付保してはならないこと,従業員便益プラン (employee benefit plan)[41]加入者に対するプロラタ (pro rata) またはパススルー・ベースでの預金については付保しなければならないこと,しかし最小所要資本量に達していないためブローカー預金を受け入れることができない被保険預金機関により受け入れられた上記預金については,保険のカバリッジをしてはならないこと,個人退職口座や州・地方政府・非営利法人の従業員用457プラン口座,その他個人口座プランについては預金を総計し,1人当たり1被保険機関につき10万ドルを超えて付保をしてはならないこと,最後に被保険預金機関によって預金で保有される信託財産については10万ドルを超えて付保してはならない,と規定されている(第511条(b)).

以上では,下院の銀行委員会案の預金保険にあたる部分の重要な条項についてみてみた.実は,この案には,財務省原案にみられた広範な金融システムの改革案がなお盛り込まれていた.いまここでこの点を十分に論じるだけの余白はないが,この点が後の議会審議の焦点であるとともに審議を混乱させ,立法を遅らせることともなったところでもあるので,注意すべき点を中心に触れておきたい.

下院銀行委員会案には,預金残高の少ない個人に最少額の手数料で基本的な取引サービスを提供するライフライン口座 (lifeline account) の条項(第232条)とか,疲弊した地域での銀行やスリフトの活動強化を促進するコミュニティ・デベロップメント・オーガニゼーション (community development organization) という新たなシステムの導入の条項(第235条(a))とかいった目新しい条項もみられるが,やはりこの点に関して重要なのは,第III章,第IV章である.

「第III章 全国的な銀行業と支店設置」では,銀行持株会社は州境を越えて被保険預金機関を買収できること(第301条(a)),その国法銀行と本拠州を同じくする銀行持株会社が銀行を買収できる州では国法銀行は州を越えて支店を設置することができること,さらに国法銀行の本拠州で免許を受けた州法銀行が支店を開設できる州では国法銀行はいかなる地域にも支店を設置すること

ができること（第302条），が規定されている．「第IV章 金融サービスの近代化」では，金融サービス持株会社を通して銀行をコントロールし，加えて金融サービス持株会社には許されない業務に従事している会社，つまり多角持株会社の創設を規定している（第401条(a)）ほか，新たに銀行や貯蓄金融機関への民間資金の導入を促進して納税者の負担を減らすため，BIFとSAIFの加入機関同士の統合の促進を規定している（第423条(a)）．

さて，このような下院銀行委員会案は，基本的にはそれに先立つ財務省案，その後の小委員会案を踏まえたものであった．特に，この案は，銀行委員会には160の修正案が出されたにもかかわらず，小委員会案とはほとんど違わなかったと言われる[42]．しかし，この案は，財務省原案よりも背景に退いたとはいえ，金融システムの広範にわたる改革案を含むものであった．そこで，銀行委員会案は，エネルギー商業委員会，農業委員会，司法委員会及び歳入委員会に付託された．

もっとも，こうした広範な金融システム改革法に対しては，保険会社，証券会社，小銀行，それに消費者グループの反対を受けることとなった．たとえば，アメリカ独立銀行協会（Independent Bankers Association of America）は，金融力の集中を恐れる消費者グループや金融機関に対するコントロール力の喪失を望まない州政府官僚と同盟して，狭い法案（narrow bill）にするよう議会に働きかけたし，またこうした勢力は，エネルギー商業委員会に対して，銀行と一般企業，ことに証券や保険業務にたずさわる企業とが系列関係に入ることを認める条項を元に戻すように圧力をかけ，さらに農業委員会，司法委員会でも州際支店銀行業を認めないよう強く訴えた[43]．

それとは別に，銀行委員会案が付託された委員会の中では，エネルギー商業委員会が同案に徹底的に反対した．同委員会は，銀行委員会案には，銀行と証券を分離したグラス＝スティーガル法及び銀行業と一般事業を分離した銀行持株会社法の廃止が含まれているとし，同銀行委員会案を徹底的にたたいたのである．同委員会の審議は，所管の観点から，銀行委員会案でいえば「第IV章 金融サービスの近代化」に集中しているから，銀行委員会案の修正もそこに集中し，その他の部分はわずかにとどまる．

同委員会の修正案では，同委員会は，「効果的な納税者・預金者・投資家保

護を条件として銀行・証券の系列に関するグラス゠スティーガル法の制限を廃止することに同意したが，商工業会社の銀行買収は認めなかった」[44]．また，同委員会は，銀行の保険業務への進出については，保険の引受けに伴う不測のリスクとか保険のソルベンシーに関する規制システムの欠如といった観点から，銀行と保険の引受けの分離という現行法を維持し，銀行委員会案に盛られた銀行による保険業務への進出を認めなかった．上とは観点は異なるが，その他にも，同委員会は銀行や銀行規制当局の拡大権限と連邦銀行法・証券法の運営との衝突を避けるためにいくつかの修正を行うこととなった．

同委員会案がなるにあたっては，政権，銀行業界及びほとんどの共和党議員の反対が強かった．銀行業に新たな資本を導入する方策として，一般事業会社に銀行買収を認めるという政権案が否定されていたからである．銀行保険基金からの資金流出を緩めることができるとの理由で，非銀行業による破綻しそうな銀行の買収を認めるという妥協策を支持する動きがあったほど，この問題は共和党にとっては切実であった．また，政権及びアメリカ銀行協会（ABA）は，そのころまでに徐々に認められるようになってきていた銀行による保険販売の権限をひっくり返そうとする同委員会案の条項に強く反対したし，また同案に盛られた銀行と系列証券会社とのファイアーウォール規定を修正しようとした[45]．

こうした抵抗はあったものの同委員会案は，9月25日に賛成29，反対12で成立した．

ここでは，同委員会修正案の詳細には触れない．ただ，その後のH.R.6の議会での審議をみると，H.R.6をめぐる議論が常に銀行委員会案とエネルギー商業委員会案との間で揺れ動き，ややもすると同法の立法そのものが窮地に陥って危なくなるという状態も生じてくることにもなるので，両委員会案の大きな違いだけははっきりさせておいた方がよい．

この委員会の修正案は，広範な金融システム改革に関する部分では，銀行委員会案と大きく異なっていた．大きな相違は，①銀行委員会案がシーアーズ・ローバック（Sears, Roebuck & Co.）のような一般事業会社に商業銀行の所有を認めたのに対して，エネルギー商業委員会案は認めなかったこと，②両委員会とも，グラス゠スティーガル法の廃止を認めたけれども，ファイアーウォー

ルでは異なっていたこと，③エネルギー商業委員会案は，証券会社と系列関係にある銀行に対する新たな規制権限を証券取引委員会に与えていること，④両案は，保険の取扱いで異なること，にあった[46]．

両委員会案にはこのような大きな相違があったため，両委員会は下院本会議に送る法案で合意すべく交渉を行うこととなった．この場合，中軸になったのは，銀行委員会案に沿ったものにするかどうかであった．一方ではエネルギー商業委員会は，明らかに銀行委員会案の妨害に動いたし，また，銀行委員会の中にも委員長のゴンザレスのように，同委員会の改革案の広範な性格をしばしば非難するものもあったが，他方では同委員会の民主党の多数，下院共和党及び政権は連合して同委員会案の採択に動いた[47]．

特に，この交渉の過程で，政権は両委員会の妥協案に対する拒否権の発動をちらつかせた．政権は，できあがりそうな妥協案が「銀行システムを弱め，経済回復を妨げ，納税者を預金保険基金の損失により一層さらすことになる反競争的修正」[48]を含んでいる，とみなしたのである．特に政権は，すでに保険を販売したり，投資銀行サービスを提供している銀行の権限をこの新たな法律によってむしろ狭めてしまうことになりかねないことを懸念していたし，州際支店銀行業務の承認については絶対に譲れないところであった．妥協案に対する政権のこの立場は，アメリカ銀行協会や大銀行も同じであった．逆に，両委員会の妥協案の方向は，保険業界やアメリカ独立銀行協会からは強力に支持された[49]．

この妥協案をめぐる駆け引きは，10月まで続いた．しかし，交渉は10月21日に幕が下りた．というのは，ゴンザレスはエネルギー商業委員会のディンガル（John D. Dingell）委員長と証券や保険，一般事業会社と系列関係にある銀行を規制している中核的な章の取替えに合意したからである．妥協案は，①一般事業会社が銀行を所有することは認めない，②銀行委員会案よりも厳しいファイアーウォールを課すこと，③銀行の保険販売は，銀行委員会案あるいは現存法よりも厳しく制限されること，④ディンガルは，SECによる新たな銀行規制の要求を取り下げること，であった[50]．

この妥協は，大銀行を怒らせ，次に取るべき彼らの戦術を混迷に追い込む一方，小銀行や保険業者を喜ばせた．財務長官のブレイディは，この妥協は銀行

の権限の「時計の針を元に戻す」[51]ものだと言ったと言う．ブレイディは銀行委員会案を強く支持していたのである．もっとも，この妥協では，州際支店銀行業務については銀行委員会案のままであった．そこで，大銀行や一部の議員は，以後，銀行の系列会社の章をすべて法案から取り除く戦術を進める一方，他方では州際支店業務を法案のままに維持するとともに，規制の変化や裁判所の決定によって証券や保険業務に対する制限を徐々に減じていく従来の権限拡大の方策をそのまま継続していくことを望むようになった．しかし，大銀行や一部の議員のこの戦術は結局失敗に終わる[52]．

この交渉後にできたゴンザレス゠ディンガル妥協案（Gonzalez-Dingell Compromise）は，1991年10月30日から下院本会議で審議が始められることになった．しかし，その際の規則委員会（Rules Committee）は，この法案の取り扱いで混乱した．同委員会は，農業委員会で採択された先物取引に関する修正案や司法委員会で採択された反抱き合わせ（anti-tying）に関する修正案を同法に包含することに合意したものの，提出予定の78の修正案のうち24しか認めなかった．この措置は，153人に上る共和党議員や54人の民主党議員を怒らせた．加えて，同委員会が下院での銀行委員会案の検討を拒否したことは，同銀行委員会案の支持者を怒らせた．さらに，同委員会は，農業委員会で採択された州際支店業に関する修正案を無視した[53]．

こうした手続き上の混乱に加えて，先に述べたように妥協案に対する政権や大銀行等の反対も強かっただけでなく，また議員の中には，法案に盛られた銀行の業務の拡大がもう1つのS&L問題をひきおこすのではないかとか，FDICの700億ドルの新規借入れが納税者による銀行救済の第一歩となるのではないかといった疑念を持つものも多く[54]，下院の指導層が下院で同妥協案を通過させた上，両院協議会で修正したらよいではないかと議員の説得に努めたにもかかわらず，同妥協案は支持者を多数集めることはできず，11月4日の下院本会議で圧倒的多数で否決された（89対324）[55]．

そこで，銀行委員会は，あらためて2回の法案を本会議に提出した．最初のものは，H.R.2094である．これは，H.R.6の6章のうちの最初の章を含んでいるだけのものであった．条項としては，①財務省はFDICに300億ドルのクレジット・ラインを供与すること，②完全に支払い不能となる前に，破綻し

第11章　FDICIA の成立過程　　　　253

つつある銀行を閉鎖する権限が監督機関に付与されること，③大銀行の破綻の際に付保されていない預金者までも保護してしまう「ツービッグ・ツーフェイル」の抜け穴をふさぐこと，が含まれていた[56]．

　H.R.2094 が本会議に送られると，下院指導者は議員や利害グループ，政権の担当者と，法案への支持獲得のために本会議でいかに修正をはかっていったらいいのか交渉を続けた．しかし，ここでは公共政策の観点からいかなる法案の成立が望ましいのかよりも議員それぞれの利害が衝突した．政権は銀行業者や保険業者と交渉し，州境を越えて保険販売をしている現存の制度に制限を加えるという妥協案を作り上げた．この交渉が本会議で独立した2つの修正案を生み出した．1つは，銀行委員会が最も狭い法案づくりの作成過程で切り捨てた様々な銀行法改革案を復活させるというものであり，もう1つは，ワイリーの提出によるもので，州際支店銀行業務を認めるが，その代わり保険販売の現存の権限を元に戻すというものであった．前者は発声表決で，後者は賛成210，反対208で辛くも可決された[57]．

　しかし，H.R.2094 は賛成191，反対227で前回同様否決された．

　第1回，第2回の本会議否決を経て，本会議通過可能なのは，狭い法案だけだということが明らかになった．政権側もそのことは認めざるを得なくなってきた．銀行委員会は，11月19日に H.R.3768 を可決した．これは，実質的には H.R.2094 と同じもので，同法案に先の修正案のうち初めの切り捨てられた様々な銀行法改革案の復活を盛り込む一方，後のワイリーが提出した修正案，つまり州際支店銀行業務をはずしたものであった．

　そこで，この法案の骨子は，700億ドルの FDIC の借入れ権限，銀行破綻防止のための規制強化，非被保険預金者への支払い制限，保険カバリッジの縮小，FRB の外国銀行に対する規制の強化，となっていた[58]．つまり，この案では，一般企業と銀行との分離規程の廃止，全国的な支店の設置は認めるが保険の販売は認めないという規定，は盛り込まれていなかった．そこで，多くの議員は，同法案が銀行をより利益の上がるものとし，より破綻に耐えうるものとするための銀行システム近代化条項を含んでいないということに不満であった．また，政権も特に重視する州際銀行業が同案には含まれていないということで，この法案には消極的であった[59]．

しかし，H.R.3768は，下院本会議では特に強い反対もなく，11月21日にようやく可決された（賛成344，反対84）．
　もう少し，同案の詳細を述べれば次のようであった．
① FDICの資金調達——FDICは，銀行破綻コストを賄うために，300億ドルの借入れ権限を認められる．この元利は，国内預金に課される保険料によって返済される．また，FDICは，運営資金として400億ドルの借入れが認められる．この元利は，FDICによる破綻銀行の資産売却によって賄われる．
② 付保範囲——政府が付保範囲の10万ドルを超えて全預金を保護する「大きすぎてつぶせない」政策は廃止される．非被保険預金——10万ドル以上の預金と外国預金——へのFDICの払い戻しは，1994年以後制限される．また，ディスカウント・ウインドウから供与されるローンによって銀行を存続させるFRBの政策も制限される．
③ 保険料の算出——FDICは保険料の算出にあたって均一保険料率からリスクの高い業務に従事している銀行により高い保険料率を課す方式に改める．
④ ブローカー預金に対する付保——最高の資本を持つ銀行のみがブローカー預金を付保することができ，また従業員年金プラン口座を付保することができる．
⑤ 銀行資本と緊密に結びついた監督による新たな銀行規制の枠組みを確立する[60]．

2. 上院での審議

　他方，上院での審議は全体的に遅れた．しかも，上院での立法活動は，21人の銀行委員会のメンバー及び銀行，証券，保険，政権の利害を満足させるため，非公開に限定されることが多かったと言う[61]．
　上院でも，下院と同様のバトルが，しかし私的に行われた．上院の立法活動を主導したのはリーグル上院銀行住宅都市問題委員会委員長である．彼は，1991年3月に1991年包括的預金保険改革法及び納税者保護法（Comprehensive Deposit Insurance Reform and Taxpayer Protection Act of 1991）（S.543）を

提出していた．同法案は銀行住宅都市問題委員会に付託された．同法案は，全19条と条数は少ないものの，全102ページにわたって預金保険制度を大幅に改革する案であった[62]．つまり，先の政権案にみられるような銀行・金融システム全体の改革を含む広い改革案ではなく，預金保険制度に限定した狭い法案 (narrow bill) であった．

しかし，リーグルは，法案の枠組みを拡大して，法案に州際銀行業の認可及びグラス=スティーガル法の廃止を盛り込もうとする民主・共和両党の議員の圧力からナロウビルを放棄し始めた．そしてその上で，彼は，銀行委員会のメンバーと相談しながら，銀行委員会委員及び本会議に最もアピールする条項の組み合わせを模索した．彼は，7月16日に法案を公表した．同法案は，政権案あるいは下院銀行委員会案と比べると，狭い法案であったが，3月の法案と較べると銀行業務の拡大にも触れていた．すなわち，同法案は，①一般事業会社が銀行と系列関係に入ることを禁止し，②強力な銀行に対しては証券業と系列関係に入ることを認め，③当該銀行には厳格な制限を置くものの，選択しない州を除いて完全な州際支店業務を認め，④保険販売が州法銀行に認められている州では，国法銀行にも保険販売を認める，というものであった[63]．

また，同案は，銀行監督機関に破綻しそうな銀行を速やかに閉鎖する権限を与えるという規定や，財務省がFDICに300億ドルのクレジット・ラインを与えることができるという規定も含んでいた．他面では，貧しい人たちに対する低コストでの様々な金融サービスの提供を義務付けるといった下院銀行法案にはみられない条項も盛り込んでいた．

同案は，下院銀行委員会で最大の勝利をかちとった利害グループからは反対を受ける一方，同委員会で敗退したグループからは支持された．また，政権からは，表向きには，同案は包括的で，よいものとの評価を受けたようである[64]．しかし，同案は，銀行委員会内部からは大きな反対を受けることとなった．例えば，あるものはリーグル案に含まれた州際支店業に関する制限の緩和を主張したし，またあるものは同案に盛り込まれた銀行と証券のファイアーウォール規制を緩和する権限をFRBに与えることを主張した．民主党の多くは，同案が銀行にあまりに証券業務を認めすぎているとして，同案に反対した．リーグル案に盛り込まれ銀行の反発を買っていた消費者志向の諸条項の削除を

要求するものもあった[65]．

　銀行委員会の最終審議は，議会の8月の休会入り直前の3日間（7月31日〜8月2日）に行われた．そこで最後まで残ったのは，銀行の保険業務制限を強める修正案であった[66]．しかし，リーグル案はいくらかの修正は受けたものの，ほとんど無傷にとどまり，最終的に，賛成12，反対9で辛くも可決された．このように反対が強かったのは，同法案があまりに銀行に対して無制約に業務を与えすぎているとするリベラル派の議員と，反対に同法案がその点では未だ不十分だとする保守派の議員の感情を反映していたからである[67]．

　銀行委員会採択後，法案審議は進まなかった．動き始めたのは，11月が迫ってからであった．このころになって，下院では，ゴンザレス＝ディンガル妥協案の採択の動きがあったから，この案と上院案とはとても近いものになって，両院協議会は容易に食い違いを調整できると考えられ始めたからである．しかし，下院の妥協案が否決され，その計画は壊れてしまった．S.543をもとに上院案を作成するという計画も，放棄された．

　11月13日になって，下院で第2の法案が準備されると，S.543が上院本会議に上程された．ここでは20本を上回る修正案が提出され，17本が採択された[68]．11月21日の夕方，下院がH.R.3768を通過させると，2時間もしないうちに上院は議場に10人もいないにもかかわらず，発声表決でS.543を通過させた．このような状態は偶然ではなかった．誰もが投票したくなかったし，銀行保険基金に再融資したくなかったのである．また，下院が狭い法案を圧倒的多数で可決したので，同案がより広い法案である上院案の弾みを抑えるのではないかと危惧され，投票が急がれたという面もあったようである[69]．

3．両院協議会

　H.R.3768，S.543がそれぞれ下院，上院を通過した11月21日直後には，両院協議会の可能性はないと考えられ，両案の食い違いも会期末までに調整可能とは考えられなかった．下院の狭い法案は339ページ，下院案にはない多くの条項を含む上院案は，829ページもあったからである．しかも，関連する委員会が多かったから，両院協議会は構成員が多くなり，それぞれの委員会との調

第 11 章　FDICIA の成立過程　　　　　　　　　　　　　257

整は煩瑣であった．

　最大の問題は，州際支店銀行業務であった．下院では，2 回にわたり州際支店銀行業務を拒否していた．議会の指導者や財務省の官僚たちは，下院が州際銀行業を受け入れるよう努力を重ねた．しかし，保険業界や証券業界のロビイストが自分たちの問題を支店業務の問題とリンクすることに成功していたため，妥協は成立しなかった．

　ところが，11 月 25 日に，下院は S.543 を H.R.3768 で修正後，S.543 に基づく両院協議会を求めた．他方，FDIC は緊急の資金を求め，また財務省も広範な法案をあきらめ，狭い法案だけでも成立させたいと姿勢を変えていた．そうした新たな条件の下で，両院協議会は，11 月 26 日，27 日の 2 日間行われた．両院協議会案の作成は，複雑な法案のため，作業全体を終えるのに時間がかかったが，ほとんど争いごともなく終わった．協議会の合意は 11 月 27 日の早朝になされた．

　その際下院は，上院に①信用組合の監督強化，②低所得者住宅の処理促進のための FDIC の新プログラムの創設，③貯蓄真実法（Truth-in-Savings Act）を含む低所得者むけローン奨励策の銀行への付与，を受け入れさせた．また，上院は下院に①州法銀行，貯蓄金融機関，信用組合に連邦預金保険加盟要求の削除，を受け入れさせた[70]．下院は合意してから 6 時間後，発声表決で合意案を採択した．また，上院は同日の午後，合意案を賛成 68，反対 15 で可決した．

　S.543 は，1991 年 12 月 19 日のブッシュ大統領の署名をもって法律となった．

注
1)　*1991 CQ Almanac*, p.93.
2)　U.S. Treasury, *op. cit.*, p.ix.
3)　*Ibid.*, p.x.
4)　*Ibid.*, pp.x-xi.
5)　*Ibid.*, pp.67-69.
6)　*Ibid.*, p.1.
7)　*Ibid.*, p.xi.
8)　*Ibid.*, p.xii.
9)　10)　*Ibid.*, p.5.
11)　*Ibid.*, p.11.
12)　*Ibid.*, p.12.

13) *Ibid.*, pp.14-15.
14) 本報告では，保険の保護範囲の拡大は，銀行の市場規律を取り去って，銀行破綻と損失の増大をもたらし，預金保険を通して納税者を損失にさらすことになったとする．そこで，②の「預金保険カバー範囲の縮小」は，額の大きな預金者によって引き起こされる納税者の損失の減少と，こうした預金者による市場規律の維持をはかりつつ銀行システムの安定性を保つことのできる保険のカバリッジの回復，という二面性を持つこととなった (*ibid.*, p.17)．
15) こうした様々な勘定を利用すれば，個人口座，共同口座，個人退職口座，キーオロ座，取消可能口座 (revocable account) だけで，例えば夫婦子供1人の家族は1預金機関で120万ドルまで付保されることが可能である (*ibid.*, p.19)．See GAO, *Deposit Insurance: A Strategy for Reform*, March 1991, pp.146-51. なお，詳細については拙稿「バンク・オブ・ニューイングランドの倒産と連邦預金保険制度（中）」も参照されたい．
16) *Ibid.*, pp.22-23.
17) *Ibid.*, p.24.
18) *Ibid.*, pp.24-25.
19) *Ibid.*, p.25.
20) FIRREA, Sec.212(a).
21) 22) U.S. Treasury, *op. cit.*, p.26.
23) *Ibid.*, p.30.
24) *Ibid.*, pp.32-33.
25) *Ibid.*, pp.34-35.
26) *Ibid.*, p.38.
27) *Ibid.*, pp.42-44.
28) *Ibid.*, p.49.
29) その他の州では，13州で地域的な州際銀行業が認められ，4州では州境を越えた銀行業は全く認められていなかった (*ibid.*, p.50)．
30) *Ibid.*, p.55.
31) *Ibid.*, p.55. なお，本報告では，銀行業と一般事業との結合に関連して，これが容認されるようになれば，一般企業による破綻銀行の買収が可能となるので，政府の巨額の損失が回避されうるとしている．本報告では，この点は銀行業と一般事業との結合の利点としてはあまり重視されてはいないが，後との関連で言うときわめて重要な論点である．
32) *Ibid.*, p.58.
33) Task Group on Regulation of Financial Services, *op. cit.*
34) U.S. Treasury, *op. cit.*, p.xii.
35) *Ibid.*, p.71.
36) *Ibid.*, pp.70-74.
37) diversified holding company に「多角的持株会社」という訳語を与えられたのは，馬淵紀壽教授であった（同著「『1991年金融近代化法案』を読む」『金融ジャーナル』

第32巻第5号, 1991年5月, 19頁). 本書では, 高木仁教授にしたがって,「多角持株会社」とした (同著「1991年金融制度改革法 (案) の意図―アメリカ金融システム安定化への模索―」日本証券経済研究所『証券研究』第108巻, 1994年2月, 36頁;同著『アメリカ金融制度改革の長期的展望』原書房, 2001年, 204頁).

38) U.S. Congress, House, Subcommittee on Financial Institutions Supervision, Regulation and Insurance of the Committee on Banking, Finance and Urban Affairs, *Financial Institutions Safety and Consumer Choice Act of 1991 (H.R. 1505) : Hearing*, 102nd Cong., 1st Sess., Government Printing Office, 1991.

39) U.S. Congress, Senate, Committee on Banking, Housing, and Urban Affairs, *Strengthening the Supervision and Regulation of the Depository Institutions : Hearings*, 102th Cong., 1st Sess., Vol.I, Government Printing Office, 1991, pp.676-699.

40) U.S. Congress,House, Committee on Banking, Finance and Urban Affairs, *Financial Institutions Safety and Consumer Choice Act of 1991 : Report*, Report 102-157, Part 1, 102nd Cong., 1st Sess., Government Printing Office, 1991.
   H.R.6は, 下院銀行委員会委員長ゴンザレスが第102議会の開会日に預金保険法案として提出した法案名である. ゴンザレスは, 銀行法のより広範な論点よりも, 預金保険システムをオーバーホールすることが決定的に重要だと考えていたので, H.R.6は預金保険制度の救済という狭い範囲の法案であった. 銀行金融都市問題委員会案は, ゴンザレスのオリジナルのH.R.6を修正し, より広範な金融制度改革案を盛り込んだものである (*1991 CQ Almanac*, p.76).

41) 従業員便益プランは, 1974年雇用者退職所得確保法 (Employee Retirement Income Security Act of 1974 : ERISA) の第3条(3)の意であり, 1986年内国歳入法 (Internal Revenue Code of 1986) 第401条(a)のプランを含んでいる.

42) *1991 CQ Almanac*, p.84.

43) *Ibid.*, p.86. アメリカ独立銀行協会は, こうした働きかけに対する支持を得るため, 低所得の顧客に対して, 政府の小切手の現金化, 低価格の小切手勘定といった基本的な銀行サービスを提供することも容認した. ついその2, 3年前までは, 同協会のメンバーはこのような金融サービスの考えには強く反対していたのである. そして実際, このような金融サービス条項は, 後に触れるように上院銀行委員会法案に盛り込まれた (*American Banker*, July 19, 1991).

44) U.S. Congress, House, Committee on Energy and Commerce, *Financial Institutions Safety and Consumer Choice Act of 1991 : Report*, Report 102-157, Part 4, 102nd Cong., 1st Sess., Government Printing Office, 1991, p.87.

45) *Wall Street Journal*, September 26, 1991.

46) *Wall Street Journal*, October 22, 1991.

47) *1991 CQ Almanac*, p.89.

48) 49) *Wall Street Journal*, October 30, 1991.

50) 51) 52) *1991 CQ Almanac*, p.89.

53) *Ibid.*, p.90.

54) *Wall Street Journal*, November 4, 1991.
55) *1991 CQ Almanac*, p.90. 賛成の多くは民主党議員だったが，同じ民主党員でも銀行委員会委員では 31 人のうち 12 人，エネルギー商業委員会委員では 27 人のうち 17 人が賛成にまわったにすぎなかった (*ibid.*)．
56) *Ibid.*, p.91.
57) *Ibid.*, pp.91-93.
58) 59) *Wall Street Journal*, November 20, 1991.
60) *Wall Street Journal*, November 22, 1991.
61) *1991 CQ Almanac*, p.93.
62) リーグルは，1990 年 9 月に後の H.R.6 および S.543 のモデルとなった 1990 年包括的預金保険改革法及び納税者保護法 (Comprehensive Deposit Insurance Reform and Taxpayer Protection Act of 1990) (S.3103) を提出していた．この法案は，全 14 条の短いもので，後の政権案に見られる銀行の競争力強化に係わる条項を含んでいなかった．S.543 は，この 1990 年法案が修正され，再提出されたものである．
63) *1991 CQ Almanac*, p.93; *American Banker*, July 17, 1991.
64) 例えば，財務長官のブレイディは，上院銀行委員会が包括的な銀行改革法を受け入れ始めたことを讃えた．同時に，ブレイディは，一般企業と銀行との分離について触れ，「われわれは，この法案が民間資本が納税者に先立って銀行業に自由に流れていくことを認める条項を採用しなかったことに，失望している」と語り，さらに保険販売の条項についても，「銀行が利益の上がる，低リスクの金融業務に従事する現存の権限を制限するのに成功した狭い見方」だとして，強く非難した (*Wall Street Journal*, August 5, 1991)．
65) *Ibid.*; *1991 CQ Almanac*, pp.93-94; *American Banker*, July 18, 1991.
66) 同修正は，国法銀行にすでに認められている全国的な保険販売のループホールを閉じようとしたのである．例えば，シティバンク (Citibank) はデラウェア州法を利用して全国的な保険の引受け・販売を行っていた．同州法は，同州で免許を受けた子会社を通じて銀行に生命・健康・その他保険を全国規模で引き受け，販売することを認めていた．保険業界をバックとする議員は，銀行系列会社は州によって特に認められない限り，他州において保険を販売することはできないという修正案を同法案に盛り込むことに成功した (*Wall Street Journal*, August 5, 1991; *American Banker*, December 2, 1991)．
67) *1991 CQ Almanac*, p.94.
68) 主な修正点は次のとおりである．①グラス゠スティーガル法を一部廃止する条項は削除された．②州法銀行が保険の販売を認められている州では，国法銀行もその販売を認められることになった．③委員会案では州が支店開設を禁止していない限り銀行は州境を越えて支店を開設できることになっていたが，州が新たな支店の開設を認めることがなければ銀行は既存の銀行買収によってのみ支店の開設ができるということになった (*ibid.*, p.95)．
69) *Ibid.*
70) *Ibid.*, p.97.

第12章
FDICIAによる連邦預金保険制度改革

第1節　FDICIAの主要内容

1. 重要な4つの規定

　よく知られているように，銀行業と証券業とを分離したのはグラス=スティーガル法であり，また銀行業と一般事業とを分離したのは銀行持株会社法であった．財務省原案等はこれらの分離に真正面から挑戦し，これらの分離規定を修正しようとした．しかし，前章でみたように，実際に成立した連邦預金保険公社改善法（FDICIA）では，財務省原案にみられた幅広い銀行・金融システムの改革案は議会の審議の中で狭められ，最後には，預金保険制度の改革案に落ち着いたのである．

　それでは，FDICIAは，どのような内容を持つのであろうか．これについては，いくつかの要約がある[1]．それらをみても明らかなように，同法に盛られた預金保険制度の改革は多彩である．それらを分類すると，FDICの1991年の『年報』でされているように，同法の主要条項は，①保険基金，②監督制度の改革，③破綻銀行，④預金保険改革，⑤消費者保護，の5つにまとめられうる[2]．だが，ここでは，預金保険制度の改革をいわば対象別に分類しているFDICの分類とは異なって，同法によってFDICが新たに得た権限・義務という観点から，別の言い方をすれば機能という観点から，同法の内容を①保険基金の資金調達，②早期是正措置，③最小コスト処理原則，④リスクベース保険料，⑤その他の若干の重要な条項，の5つにまとめてみておく．

(1) 保険基金の資金調達（第101条，第102条(a)，第103条，第104条）

同法で，まず取り上げなければならないのは，連邦預金保険基金の資金調達に関する規定である．

FDICIA は，まず破綻金融機関の損失カバーのため，連邦預金保険法第14条(a)を改正し，FDIC が財務省から借り入れることのできる金額を50億ドルから300億ドルに引き上げた．ただし，財務省からの300億ドルには公社による BIF 加入機関からの借入れも含まれ[3]，また財務省からの借入れについては，公社への保険料収入でまかなうことができる厳密な返済計画が財務省と公社との間で取り決めされなければならない，とされたほか，他面では，財務省や BIF の加入機関からの借入れの返済等に必要な場合には，公社は被保険機関に対して特別保険料を課すことも認められた．

それと同時に，FDICIA は，同法第15条(c)を改正し，BIF 及び SAIF それぞれが発行しうる債務残高の新たな上限を規定した．すなわち，BIF または SAIF の債務総額（aggregate amount of obligations）残高が，BIF 又は SAIF それぞれ所有の現金またはその同等物の額，上記現金またはその同等物を除く BIF または SAIF それぞれ所有の資産の公正市場価値の90％相当額及び財務長官から与えられた借入権限の総額を超えたときには，FDIC はいかなる債務も発行または負うことはできない，とされた．

また，預金保険制度をめぐる今までの議論の推移から当然に予想されるところであるが，銀行保険基金の増強についても当然に規定が盛り込まれた．つまり，BIF の準備金比率が，指定準備金比率[4]以下である時には，その比率を1年内に指定準備金比率にまで増加させるのに十分な半年ごとの保険料率を設定するか，あるいは15年内に指定準備金比率の達成を目指した準備比率のスケジュールと一致した半年ごとの保険料率の設定を公社理事会に要求している．

(2) 早期是正措置（第131条，第133条(a)）

次に重要なのは，早期是正措置である．この新たな規定は後にみる可変保険料率の規定とともに，世界的にも大きな影響を与えた規定であった[5]．この規定の目的は，預金保険基金に対する影響を最小とするような方法で，預金保険加入機関の諸問題を解決しようとするところにあった．そのため，FDICIA で

は，①レバレッジ・リミット（leverage limit）と②リスクベースの所要資本量（risk-based capital requirement）を含む資本基準に応じて，被保険預金機関が5つのカテゴリーに分類されるとともに，それらのうち問題のある機関に対して早期に是正措置がとられることによって，破綻の減少とそれに基づく預金保険基金の減少の抑制がはかられる，という考え方をとっている．

それらのカテゴリーは次のようなものである．
①充実（well capitalized）——いずれの資本尺度でも最小必要レベルを著しく超えている機関
②適正（adequately capitalized）——いずれの資本尺度でも必要最小レベルを満たしている機関
③未達（undercapitalized）——いずれかの資本尺度で必要最小レベルを満たしていない機関
④大幅未達（significantly undercapitalized）——いずれかの資本尺度で必要最小レベルを著しく下回る機関
⑤危機的未達（critically undercapitalized）——連邦銀行当局が定めるレベルを満たすことができない機関

ただ，これらの資本カテゴリーのそれぞれが具体的にいかなる尺度によるかについては，同法では，ほとんど明記されていない．ただ，同法では，それは「危機的未達」についてのみ定められているにすぎない．すなわち，①総資産に対する有形自己資本（tangible equity）の割合が2％を下回り，②レバレッジ・リミットのもとで資本の必要最小限の65％以下となる水準である[6]．「危機的未達」を除くそれらの基準は，後述するように，規制監督当局の規則に委ねられている．

このように，これらの資本カテゴリーについては，同法ではその基準が示されてはいないが，連邦銀行規制監督当局がそれぞれの資本カテゴリーごとにいかなるアクションを起こすべきかについては，同法に盛り込まれている．

まず，配当をしたり，経営者報酬を支払ったら，「未達」になるような場合には，配当，経営者報酬を制限するほか，「未達」の機関については，その状態についてモニタリングをし，また当該機関に課される資本回復計画，経営上の制限，要求事項の遂行状況について綿密なモニタリングを行うべきとされて

いる．特に，資本回復プランは重要で，被保険機関が「未達」に陥ったときには当該機関に対して，「適正」に達するためのステップ，資本レベル，当該機関の事業タイプ等を含んだ資本回復プランを「未達」に陥った後45日以内に提出を求めることとされている．そのほか，「未達」の機関に対しては，平均総資産の増加制限，被保険機関の買収制限，追加的な支店開設・取得の制限，新業務の制限を行う旨が規定されている．

その他，「大幅未達」の機関や資本回復プランを出せない機関，同計画を実行できない機関についても，次のようなアクションが連邦銀行当局には求められている．①株式あるいは債券の発行による資本の充足，預金機関持株会社による当該機関の取得，被保険機関との統合，②関連会社との取引制限，③預金金利の支払い制限，④資産増加の制限または総資産の削減，⑤業務の変更・縮小・終了，⑥役員・上級経営幹部の解任・選任，⑦コルレス銀行からの預金取入れの禁止，⑧FRBによる事前承認なしの当該銀行持株会社による配当の禁止，⑨子会社の放棄，親会社による被保険預金機関以外の子会社の放棄，親会社による当該預金機関の放棄，⑩連邦銀行当局による承認なしの上級経営幹部に対するボーナスの支払い禁止，報酬の支払い制限．

最後に，「危機的未達」についての規定は特に重要である．危機的に未達の被保険預金機関は，劣後債への元利の支払いの停止を迫られるほか，業務制限等が加えられ，また当該機関には「危機的未達」に陥ってから90日以内に破産管財人あるいは財産管理人が任命されるか，連邦銀行当局によって決定されるその他のアクションを起こされる．さらに，被保険預金機関が「危機的未達」に陥ってから270日後に始まる四半期に平均して「危機的未達」の被保険預金機関は存続可能と確証される等のことがない限り，破産管財人の管理下に置かれる．

なお，同法は，連邦預金保険法第11条(c)(5)を改正し，同法改正以前にも存在した債務超過，資産・利益の事実上の消滅，全く不十分な資本を含む不安定・不健全な経営状態，特定業務停止命令（cease-and-desist order）の意図的違反，帳簿・文書・記録・資産等の秘匿・提出拒否，預金支払い不可能，債務支払い不可能，資本のすべてまたは実質的にすべてを毀損させる損失の発生，債務超過を引き起こすか当該機関の状態を弱める法令違反あるいは不安定・不

健全な業務[7]の他に，①「適正」になる合理的な見込みがない，②株式・債券の売却や，預金機関持株会社による買収，他の被保険預金機関との合併によっても「適正」となることができない，③一定期間内に当局に資本回復計画を出せない，④資本回復計画を事実上実行できない，といった「未達」の金融機関，および「危機的未達」の機関あるいは大幅に不十分な資本の機関には，財産管理人または破産管財人が任命される根拠となることを明確にした．そして，その上でさらに，同法は，こうした財産管理人，破産管財人任命の根拠の1つまたはそれ以上が存在する時には，OCCやOTS，さらにある場合にはFDIC理事会自身がFDICを当該被保険機関の財産管理人又は破産管財人に任命することができることも明確にした．

(3) 最小コスト処理原則（第141条）

同法に盛られた最小コスト処理（least-cost resolution）も重要である．これは，連邦預金保険法第13条(c)の改正の形をとっている．ここでは，「被保険預金機関に対する公社の権限の行使に関する公社による支出及び公社によって負担される債務総額が，……あらゆる可能な方法のうち預金保険基金に最小のコストとなる」方法でなければ，公社は破綻機関に対する貸付け・預金・資金援助，破綻機関からの資産または証券の買入れ，破綻機関の負債の継承等，別の言い方をすれば破綻処理をすることはできない，とされている．

この場合，コストを測る基準として，当該機関の清算コストがあげられている．それによれば，このコストは，当該機関の被保険預金マイナス当該機関資産処理から受け取る総額の現在価値，を超えない額とされている．

そのため，公社は，1994年末以降あるいは公社が適当と決定する時期以降，①被保険預金を超えて預金者を保護することや，②預金者以外の債権者を保護することによって，預金保険に対して損失の増大となるアクションをしてはならない，と厳格に規定された．ただし，同法には，この規定は，公社が財産管理人または破産管財人に任命されている被保険機関の資産を買収し，負債を承継する（つまり，P&Aの当事者たる）他人が当該機関の非被保険預金を買収することを，当該機関が清算された時に負債に生じる損失よりも保険基金の損失のほうが小さい限り，禁止するものではない，と付け加えられている．

もっとも，これらの規定には，例外があることに注意しなければならない．すなわち，システミック・リスクに係わる問題である．公社理事会及びFRBの書面での推薦に基づいて，財務長官が大統領と相談の上[8]，①FDICが上の最小コスト処理原則により破綻機関を処理した場合に，それが「経済状態あるいは金融の安定性に重大な負の影響を及ぼ」し，②別のアクションあるいは資金援助がこの負の影響を回避しまたは緩和する，と決定した時には，公社は別のアクションをとったりあるいは資金援助をすることができる．そして，公社は，この別のアクションあるいは資金援助によって保険基金に生じた損失は，基金メンバーへの緊急の特別保険料によって，回復を図る必要がある．

　こうした連邦預金保険法第13条(c)の改正による最小コスト処理原則の確立により，次のことが明記された．①債権者が破綻被保険預金金融機関に持つ担保財産のうち公正市場価値（fair market value）を超える部分は，当該金融機関に対する無担保請求権（unsecured claim）とされ，破産管財人は当該機関の無担保債権者の全請求権の処理の場合を除いて，この請求権部分に支払ってはならない，とされた．②公社は，被保険預金機関の財産管理人または破産管財人として任命された後，当該機関の処理に先立って，それぞれの処理手段が当該機関と同一のコミュニティの他の被保険預金金融機関の存続可能性に与える影響を評価し，その評価を勘案して当該機関の処理手段を決定しなければならない，とされた．③公社が財産管理人または破産管財人として任命される前に直接の資金援助を行うことができるのは，(i)当該機関の資本レベルの増強がなければ公社が財産管理人または破産管財人として任命される根拠が存在するとともに，当該機関は資金援助がなければ適用される資本基準を達成できそうにない，と公社が決定し，(ii)当該機関の経営陣は有能であり，法令や監督上の指令・命令を遵守してきたと適当な連邦銀行当局及び公社によって認められ，また当該経営陣がインサイダー取引，投機的行為，その他不正行為に従事しなかったという基準を満たす預金金融機関，に対してのみである．資金援助にはこうした枠がはめられただけでなく，資金援助の決定は，文書でなされ，『連邦官報』（Federal Register：FR）で公表されることも要求された．

(4) リスクベース保険料（第302条）

　FDICIAでは，リスクベースの保険料システムが確立されたということも重要である．リスクベースの保険料システムは，加入機関の半年保険料を，①(i)資産の種類別・集中度別，(ii)負債の種類別・集中度別（被保険・非被保険，偶発・非偶発を含む），(iii)その他の要因に帰属するリスクを考慮に入れ，預金保険基金に生じる損失の可能性，②損失の予想額，③保険基金に必要な収入額，に基づいて決めるというシステムを意味している．

　この場合，FDIC理事会は，それぞれの基金（BIF，SAIF）ごとに，指定準備金比率，つまり推定被保険預金の1.25％，または基金に巨額の損失をもたらす状況ではより高い比率，を維持するか，準備金比率がそれ以下の場合には準備金比率を，BIFの場合には，保険料率設定後1年以内または設定された準備金比率目標に従いつつ15年以内に，指定準備金比率にまで増加させることのできる水準に保険料を設定する必要がある．

　さらに，関連した条項としては，預金保険基金メンバーへの半年間の保険料は，1000ドルを下回らないこと，準備金比率が指定準備金比率以下である時には，メンバーに対する半年間の保険料は1991年7月15日有効の保険料率（つまり0.23％）以下であってはならないこと，がある．

　それでは，リスクベースの保険料システムは，どのようなものであろうか．この具体的な提案は，同法では，1992年末までに『連邦官報』に掲載され，パブリック・コメントを求めた後，1993年7月1日までに規則とされなければならないとされ，さらにその後180日以内か1994年1月1日かのいずれか早い時期に施行されなければならないとされているだけで，同法ではなんの具体的な規定も盛られていない．この点については，後述する．

2. その他の若干の重要な条項

　FDICIAには，その他にも，注意すべきいくつかの条項が盛り込まれた．そのいくつかを挙げる．
　①連邦準備銀行による「未達」の預金金融機関に対する貸出しは，一部の例外を除き60日以内に限定された（第142条(b)）．

② 1978年国際銀行法（International Banking Act of 1978）第7条が改正され，外国銀行による支店あるいは代理店の設立，商業貸付会社（commercial lending company）の買収を承認する基準が明記されたほか，また外国銀行によって運営されているこれらの支店等の営業停止に関する基準も明記された（第202条）．また，これら外銀の支店・代理店・子会社，外銀によってコントロールされている商業貸付会社あるいは銀行に対するFRBの（国法に従う支店等の場合にはOCC，州法に従う支店等の場合にはFDICとの共同検査も含め）検査権限が規定された（第203条）．

③ 被保険預金機関の顧客に対するライフライン・アカウント（lifeline account）の提供に際し，考慮されるべき事柄が明記されるとともに，この口座の預金に対する預金保険料率はその他預金に適用される保険料率の1/2とされた（第232条）．

④ 「充実」資本の被保険機関以外のブローカー預金の取入れは禁止された．ただし，「適正」資本の機関については，ブローカー預金の取入れが不安定・不健全な行為でなければ，その取入れが認められ，また公社が財産管理人として任命されていて，公社が受け入れを決定した場合にも取入れが認められる．しかし，こうした2つの場合のブローカー預金の金利は，当該機関の所在する地域において同満期の預金に支払われる金利や，同満期の全国での支払い金利を大きく超えることができないとされた（第301条(a)）．

⑤ 付保範囲についての改正も重要である．同法では，1預金者の付保限度額は当該預金者のトラストファンド以外のすべての預金を総計して，10万ドルを超えてはならないとされた．しかし，これとは別に，雇用者便益プランの加入者に対するプロラタ（pro rata）またはパススルー（pass-through）ベースでの預金は付保され，また，個人退職口座，適格据置報酬（eligible deferred compensation），雇用者退職所得確保法（Employee Retirement Income Security Act of 1974：ERISA）及び1986年内国歳入法（Internal Revenue Code of 1986）に規定された個人口座プランは総計され，被保険預金機関当たりの1加入者当たり10万ドルを超えない範囲内で付保される，とされた．また，取消不能信託（irrevocable trust）契約に基づ

き預けられているトラストファンドは，それぞれの信託財産につき10万ドルを超えない範囲内で付保される（第311条）．

以上では，FDICIA の主要内容について要約した．しかし，この FDICIA には条項が盛り込まれているものの，十分に規定されていない重要な事柄が存在する．それらのうち重要なのは，以前にも示唆しておいたように，1つは，早期是正措置に係わって資本カテゴリーのそれぞれが具体的にいかなる尺度によるかについてであり，もう1つは，リスクベースの保険料システムは，どのようなものであるか，である．これらの詳細は，規則に委ねられることになった．次に，これらの2点について，みておく．

第2節　FDICIA に係わる重要な規則

1. 資本カテゴリーの尺度

(1) 資本カテゴリーの具体的尺度

まず，初めの資本カテゴリーはいかなる尺度によっているかについてみる．先に述べたように，これらの資本カテゴリーのそれぞれが具体的にいかなる尺度によるかについては，同法では，明記されていない．ただ，「危機的未達」についての定めがあるだけである．それらの詳細な規定は，規制監督当局の規則に委ねられることとなった．

例として，国法銀行の規制監督当局である通貨監督庁の規則についてみよう．OCC は，1992年9月29日の『連邦官報』で，早期是正措置についての規則を掲載している．それによれば，それぞれの資本カテゴリーごとの資本尺度は，第12-1表のとおりである．

ここで，2, 3用語の説明が必要である．総リスクベース資本比率は，リスクウエイト資産に対する基本的項目（Tire 1）プラス補完的項目（Tire 2）の比率である．レバレッジ・レーシオは，調整済み総資産（adjusted total assets）に対する基本的項目の比率を意味する．最後に，有形自己資本は，基本的項目プラス累積配当型永久優先株（cumulative perpetual preferred stock）マイナス無形資産（除く購入モーゲージ・サービス権）を意味している[9]．

第12-1表　資本カテゴリーとその尺度（OCC）

充実
- 総リスクベース資本比率（total risk-based capital ratio）　10.0％以上，及び
- 基本的項目（Tire 1）リスクベース資本比率（Tier 1 risk-based capital ratio）　6.0％以上，及び
- レバレッジ・レーシオ（leverage ratio）　5.0％以上，及び
- 連邦預金保険法第8条，同第38条，1983年国際貸付監督法（International Lending Supervision Act of 1983）等に従ってOCCによって書面による合意，命令あるいは重大な指令，早期是正行動の指令を受けていない

適正
- 総リスクベース資本比率　8.0％以上，及び
- 基本的項目リスクベース資本比率　4.0％以上，及び
- レバレッジ・レーシオ　4.0％以上，または最新の検査で1格付けの銀行の場合にはレバレッジ・レーシオ　3.0％

未達
- 総リスクベース資本比率　8.0％以下，あるいは
- 基本的項目リスクベース資本比率　4.0％以下，あるいは
- レバレッジ・レーシオ　4.0％以下，または最新の検査で1格付けの銀行の場合にはレバレッジ・レーシオ　3.0％以下

大幅未達
- 総リスクベース資本比率　6.0％以下，あるいは
- 基本的項目リスクベース資本比率　3.0％以下，あるいは
- レバレッジ・レーシオ　3.0％以下

危機的未達
- 総資産に対する有形自己資本比率（ratio of tangible equity to total assets）　2％以下

資料：57 *FR* 44891, September 29, 1992.

　先に述べたような，FDICIAに盛られた連邦銀行規制監督当局（この場合にはOCC）よるアクションは，規制対象となる金融機関が第12-1表のいずれの資本尺度・資本カテゴリーに分類されるかに応じて，当該機関に対して提起されることとなるわけである．

　それでは，基本的項目，補完的項目，リスクウエイト資産とは何であろうか．これらの概念（特に基本的項目，リスクウエイト資産）は，ここで問題にしている早期是正措置のキーワードであるだけでなく，FDICの場合では，すぐ後に述べるリスクベースの保険料システムにも係わる極めて重要な概念でもあるので，OCCの「リスクベース資本のガイドライン」[10]に従いつつ，少し敷衍しておきたい．

第 12 章　FDICIA による連邦預金保険制度改革

(2) 自己資本

　まず，いうまでもなく，総リスクベース資本比率算出の際の分子になる基本的項目，補完的項目は自己資本に相当する．そのうちの基本的項目であるが，これは，OCC の規則では次のようなものから構成されるとされている．①普通株株主持分（common stockholders' equity），②非累積配当型永久優先株及び関連剰余金（noncumulative perpetual preferred stock and related surplus），③連結子会社の持分勘定の少数株主権益（minority interests in the equity accounts of consolidated subsidiaries）．また，補完的項目の構成部分は，次のようなものから構成される．①貸出・リース損失引当金（リスクウエイト資産の 1.25% まで），②累積配当型永久優先株，長期優先株（long-term preferred stock），転換可能優先株（convertible preferred stock），及びそれら関連剰余金（発行国法銀行が配当支払いの延期オプションを持つもののみ），③ハイブリッド型資本調達手段（hybrid capital instruments）（ただし，無担保で，預金者・債権者に劣後し，発行者に元利支払い延期のオプションがある等の制限がある），④長期劣後債（term subordinated debt instruments），中期優先株及び関連剰余金（intermediate-term preferred stock and related surplus）（基本的項目の 50% まで．また，残存期間 5 年以内の場合，毎年額面の 20% ずつが削減される）．

　以上の基本的項目，補完的項目が先の資本カテゴリー算出の際の自己資本に相当するが，しかし，リスクベースの資本比率を算定する場合には，これら 2 つの自己資本のタイプをそのまま分子とするのではなく，こうした基本的項目及び補完的項目から，次のような項目が控除される．まず基本的項目からは①すべてののれん（goodwill），②購入モーゲージ・サービス権（purchased mortgage servicing rights），購入クレジットカード関連権（purchased credit card relationships）を除くその他の無形資産が控除される．ただし，基本的項目に含まれるすべての無形資産はのれん等の控除後の基本的項目の 50% を超えることはできず，また同じく購入クレジットカード関連権は同じくこの基本的項目の 25% 以上を超えることができないほか，基本的項目に算入される個々の無形資産の算定方法にも制約がある．次に，基本的項目及び補完的項目から，次のような項目が控除される．①非連結銀行・金融子会社への株式・債券投資（子会社の資本に相当するもの），②持合いの銀行株式（reciprocal holdings of bank capital instruments).

(3) リスクウエイト資産

リスクベースの資本比率を算出する際の分母となるリスクウエイト資産についてはかなり複雑である．同ガイドラインでは，オンバランス，オフバランスごとに，それぞれの資産に4つのリスクカテゴリーのいずれかをあてはめてリスクウエイトを決め，それを資産に乗じてリスクウエイト資産を算出する方法をとっている．したがって，リスクベースの資本比率の算出にはオンバランス，オフバランスごとの各資産の属性の説明と各資産のリスクカテゴリー及びリスクウエイトが欠かせない．

ここでは，資産の説明を省いて，各資産のリスクカテゴリーとリスクウエイトを記すと次のとおりである．

①カテゴリー1：0％
・現金（外貨を含む）
・連邦準備銀行及びOECD構成中央銀行からの受取残高及びこれらへの請求権
・合衆国政府又はその政府機関又はその他OECD諸国中央政府への請求権又はこれらによって無条件に保証された請求権
・非OECD諸国中央政府向け又はそれによって無条件に保証された外貨建て請求権（当該国に持つ外貨建て債務の範囲内）
・当該機関所有又は他行預託の金地金（金債務によって裏づけされている範囲内）
・払込済み連邦準備銀行株式

②カテゴリー2：20％
・アメリカ合衆国又はその機関又はOECD諸国中央政府によって発行されたか又は保証された証券を担保とする貸出しやその他資産
・アメリカ合衆国又はその機関又はOECD諸国中央政府によって条件付で保証された貸出やその他資産
・他報告国法銀行の預金を担保とする資産
・OECD諸国預金金融機関に対する又はそれらによって保証された請求

権
- 非 OECD 諸国預金金融機関に対する又はそれらによって保証された請求権（残存期間 1 年以内）
- 回収過程にある現金
- アメリカ合衆国政府支援機関（U.S. Government-sponsored agencies）に対する又はこれらによって保証された証券やその他請求権
- アメリカ合衆国政府支援機関によって発行された又はこれらによって保証された証券を担保とする貸出しやその他資産
- OECD 諸国の公的部門に対する請求権やこれらによって保証された請求権
- アメリカ合衆国政府が株主であるか又は拠出メンバーである国際貸付機関又は地域開発機関に対する又はこれらによって保証された請求権
- アメリカ合衆国政府が株主であるか又は拠出メンバーである国際貸付機関又は地域開発機関によって発行された証券を担保とする貸付けやその他の資産
- 非 OECD 諸国中央政府によって条件付で保証された外貨建て請求権（当該国に持つ外貨建て債務の範囲内）

③ カテゴリー 3：50％
- OECD 諸国の公的機関の債務である歳入債又は類似の債務（当該機関歳入から債務返済にあてられるもののみ）
- 金利及び外国為替相場契約の与信相当額（credit equivalent amount）
- 1-4 家族用住宅モーゲージ（第 1 順位）担保資産
- 1-4 家族用住宅建設業者への貸付け

④ カテゴリー 4：100％
- その他民間債務者に対する請求権
- 非 OECD 諸国向け請求権（残存期間 1 年以上のもの．カテゴリー 1 の無条件に中央政府によって保証された外貨建て請求権を除いて，中央銀行向けもここに含まれる）
- 非 OECD 諸国中央政府向け請求権（カテゴリー 1 の外貨建て請求権を除く）

・州・地方政府発行の債務(元利返済が民間によってなされるもの)
・土地・建物・設備・その他固定資産
・非連結子会社・合弁会社・関係会社への投資
・他行発行の資本手段
・その他資産

(4) 2つの注意すべき点

以上では,OCCの規則に基づいて,資本カテゴリーとその尺度についてみてみた.この点に関しては,次の2点も重要である.

まず第1に,資本カテゴリーの尺度の算出に際して,キーワードともなっている基本的項目,補完的項目,総リスクベース比率は,1988年に合意された銀行規制監督委員会(Committee on Banking Regulations and Supervisory Practices)の報告書「自己資本の測定と基準に関する国際的統一化」(International Convergence of Capital Measurement and Capital Standards)に依拠しているということである.それは,次の3点から,確認できよう.まず第1に,OCCの先の「ガイドライン」には「これらのガイドラインは,1988年7月の銀行規制監督委員会によって発行された報告書によって確立された枠組みの中で作成された」と明記されていることである.また,第2に,OCCの自己資本比率の定義は「バーゼル規制」に従っていることである(第12-2表).第3に,先のOCCの各資産のリスクウエイトは,ここでは煩瑣となるため省略したが,「バーゼル規制」におけるリスクウエイトとよく合致していることである.

第2に,上記の資本カテゴリーとその尺度は,単にOCCのみのものではなく,FRBやFDIC,さらにはOTSにもほぼ同様のものが認められることである[11].これは,当然のことであろう.国法銀行,加盟州法銀行,非加盟州法銀行,銀行持株会社,貯蓄金融機関ごとに認可当局や主規制監督当局が異なるとはいえ,これらの金融機関には重複した規制監督が規制監督当局によって行われているからである.一例として,自己資本についてみておこう.第12-2表には,OCCだけでなく,FRB(銀行持株会社関連のみ),FDIC,OTSの自己資本の定義も含まれている.これをみてみると,貯蓄金融機関を規制監督しているOTSを除くと,その他の3機関の自己資本の定義にはほとんど違い

第 12-2 表　自己資本の定義

	バーゼル規制	OCC	FRB [1]	FDIC	OTS
基本的項目	(1)払込み済み普通株式 (2)非累積配当型永久優先株式 (3)公表準備金	(1)普通株式所有者の持分 (2)非累積配当型優先株及び関連剰余金 (3)連結子会社の持分勘定の少数株主持分	(1)普通株式所有者の持分 (2)適格非累積配当型優先株式(関連剰余金を含む) (3)一部の適格累積配当型優先株式(関連剰余金を含む) (4)連結子会社の持分勘定の少数株主持分	(1)普通株所有者の持分(普通株式・その関連剰余金、未配分利潤、公表資本準備金、外貨取引調整を含むが、販売可能な持分証券の未実現所有損失を除く) (2)非累積配当型優先株式 (3)連結子会社の持分資本勘定の少数株主持分	(1)普通株式所有者の持分(留保利益を含む) (2)非累積配当型優先株及び関連剰余金 (3)完全に連結された子会社の持分勘定の少数株主持分 (4)相互貯蓄組合の引出不能勘定及び担保付預金 (5)監督上の会計慣行から生じる未償却のれん(FSLIC資本出資金)
控除項目	のれん	(1)のれん (2)その他無形資産(購入モーゲージ・サービス権、購入クレジットカード関連権を除く)	(1)のれん (2)その他無形資産(購入モーゲージ・サービス権、購入クレジットカード関連権を除く)	無形資産(購入モーゲージ・サービス権、購入クレジットカード関連権を除く)	(1)無形資産(適格な監督上ののれんを除く) (2)「包含できる子会社」(includable subsidiary)でない子会社に対する投資(持分・債権)
補完的項目 [2]	(1)非公表準備金 (2)資産再評価準備金 (3)一般引当金・一般貸倒引当金 (4)ハイブリッド負債性資本調達手段 (5)期限付劣後債	(1)貸倒れ・リース損失引当金 (2)累積配当型優先株式、長期優先株式、転換優先株式及びそれらの関連剰余金 (3)ハイブリッド資本調達手段 (4)長期劣後債、中期優先株式、及びそれらの関連剰余金	(1)貸倒れ・リース損失引当金 (2)永久優先株式及び関連剰余金 (3)ハイブリッド資本調達手段、永久債、強制転換債 (4)長期劣後債、中期優先株式、及びそれらの関連剰余金	(1)貸倒れ・リース損失引当金 (2)累積配当型優先株式、長期優先株式、及びそれらの関連剰余金 (3)永久優先株式及び関連剰余金 (4)ハイブリッド資本調達手段(強制転換債を含む) (5)長期劣後債、中期優先株式、及びそれらの関連剰余金	(1)累積配当型優先株式、その他永久優先株式、及びそれらの関連剰余金 (2)相互資本証書 (3)引出不能勘定、担保付預金 (4)純資産証書 (5)所得資本証書 (6)永久劣後債 (7)強制転換劣後債(キャピタル・ノート) (8)劣後債 (9)中期優先株式 (10)強制転換劣後債(コミットメント・ノート) (11)強制償還優先株式

控除項目	(1)非連結銀行・金融子会社への投資 (2)銀行の資本調達手段の持合い(各国の裁量による)	(1)非連結銀行・金融子会社への投資(持分・債権) (2)銀行の資本調達手段の持合い	(1)非連結銀行・金融子会社への投資 (2)銀行の資本調達手段の持合い (3)その他子会社・ジョイントベンチャー等への投資(連邦準備の決定による)	(1)非連結銀行・金融子会社への投資(持分・負債性資本証券) (2)証券子会社への投資 (3)銀行の資本手段の持合い (4)その他子会社・ジョイントベンチャー等への投資(監督当局の決定による)	(1)預金金融機関の資本調達手段の持合い (2)持分投資 (3)掛目80%を超す土地貸付・非住宅建設貸付け ●リスクベース資本比率算定の際の自己資本としては、金利リスク・イクスポージャーが高い時、一定の金利リスク分をさらに控除する。

注：1) FRB の規制対象は，銀行持株会社の場合である．
　　2) いずれの場合でも補完的項目の算入限度は基本的項目と同額までである．
資料：Basel Committee on Banking Supervision, *International Convergence of Capital Measurement and Capital Standards,* 1988；横山昭雄監修『金融機関のリスク管理と自己資本』有斐閣，1989年，78-83頁；*Code of Federal Regulations,* Title 12-Banks and Banking, various editions, Government Printing Office, より作成．

がないことがわかる．

いずれにせよ，FDICIA 後は，こうした資本カテゴリーに従って，それぞれの規制監督機関によって早期是正措置がとられることとなるが，その状況については，後日の課題としよう．

2. リスクベースの保険料システム

リスクベースの保険料システムの詳細は，先に触れたように，同法では，1992年末までに『連邦官報』に掲載され，パブリック・コメントを求めた後，1993年7月1日までに規則とされ，さらにその後180日以内か1994年1月1日かのいずれか早い時期に施行されなければならないとされていた．しかも，先には触れなかったが，同法では，同法立法時の保険料システムから同法に基づく保険料システムへ移行するまでの間の暫定的な保険料システムの規則化が同公社に認められていた．そこで，リスクベース預金保険料の規則化は次のような手順をとることとなった．

同公社理事会は，1992年9月に，従来の均一保険料システムから最終的な

第12章　FDICIAによる連邦預金保険制度改革

リスク関連保険料システム（risk-related premium system）への移行期の暫定的な規則を承認し，同規則を1993年前期より被預金保険機関に適用することを決定した．その後，同理事会は，同年12月に，暫定規則とほぼ同様の提案規則（proposed rule）をパブリック・コメントに付した後，1993年6月17日には同規則案をリスクベースのカテゴリーの部分を中心にわずかの修正を加えたうえ最終規則（final rule）として承認した．1993年6月25日の『連邦官報』に掲載された規則がこれである．

これによれば，FDICに新規に付保された預金金融機関を除く加入機関の預金保険料は次のように決められる．預金保険料の計算の基礎となるのは，当該機関の直近の半期平均保険料ベースである．半期平均保険料ベースというのは，半期に2回加入機関に提出が義務付けられる四半期レポートのパススルー準備残高等を控除して調整した要求払預金，定期・貯蓄預金の合計額を半期2回について平均したもので，保険料算出の基礎としては直近の半期のものが用いられる．

連邦預金保険公社被保険金融機関は，この直近の半期平均保険料ベースに，次に述べる各被保険機関ごとに適用される年間保険料率の2分の1を乗じた保険料を半期ごとに支払わなければならない．すなわち，これら機関の年間の保険料は，当該機関が①BIFの加入機関であるか，SAIFの加入機関であるかによって，②賦課保険料リスク分類（assessment risk classification）のいずれに分類されるかによって，決定される．

記述の関係から，②の方からみてみよう．BIF及びSAIF加入機関の年間保険料は，当該機関が次のいずれに分類されるかによって異なる．

①資本要素

被保険預金機関は，当該機関のデータに基づいて次の3つの資本グループのいずれかに分類される．

(i) 充実（well capitalized）

次の資本比率基準のいずれをも満たす機関．

・総リスクベース比率（total risk-based ratio）10.0％及びそれ以上
・Tier 1 リスクベース比率（Tier 1 risk-based ratio）6.0％及びそれ以上
・Tier 1 レバレッジ・レーシオ（Tier 1 leverage ratio）5.0％及びそれ以上

なお，先のレポート提出後に，被保険機関になった新加入機関も，ここに分類される．また，担保をFDICに提供し，適格資産を維持している外国銀行の被保険支店も，一部はここに分類される．このグループは，短縮化のために，1グループと呼ばれる．

(ii) 適正（adequately capitalized）

上記基準を満たさないが，次の基準を満たす機関．

・総リスクベース比率　8.0％及びそれ以上
・Tier 1 リスクベース比率　4.0％及びそれ以上
・Tier 1 レバレッジ・レーシオ　4.0％及びそれ以上

担保をFDICに提供し，適格資産を維持している外国銀行の被保険支店も，一部はここに分類される．このグループは，短縮化のために，2グループと呼ばれる．

(iii) 未達（undercapitalized）

(i)(ii)以外の金融機関[12]．このグループは，短縮化のために，3グループと呼ばれる．

②監督上のリスク要素

さらに，上のそれぞれの資本グループは，連邦主要監督当局による検査結果等の情報，BIFやSAIFへのリスク・イクスポージャー評価等に基づく公社の判断により，次の3サブグループに分類される．

(i) サブグループA

わずかの弱点だけの財務的に健全な機関．

(ii) サブグループB

是正されなければ，当該機関の重大な悪化と，BIF及びSAIFの損失のリスクの増加をもたらしかねない弱点を持つ機関．

(iii) サブグループC

効果的な是正行動がとられなければ，BIF及びSAIFに対して重大な損失を与える可能性がある機関[13]．

それぞれの被保険機関の年間保険料率は，これらの資本要素と監督上のリスク要素[14]との組み合わせで，決定される．

次に，被保険機関がBIFに所属するか，SAIFに所属するかによってであ

第 12-3 表　BIF・SAIF 加入被保険銀行の年間保険料率

(単位：ベーシスポイント)

資本要素	監督上のリスク要素		
	A	B	C
1グループ	23	26	29
2グループ	26	29	30
3グループ	29	30	31

注：1993 年前期から適用される．1992 年は 0.23%．
資料：57 *FR* 45286, October 1, 1992.

るが，実は被保険機関がどちらの基金に所属するかによっては，年間保険料率は異ならない．すなわち，両基金への加入機関では，年間保険料率は先の年間保険料率決定の組み合わせにより第 12-3 表のようになる．ただし，同表の保険料率は，1992 年については，0.23% とされているので，1993 年から適用されるものとされた．ここでは，最も年間保険料率の低いのは 1 グループ A の 0.23% で，これは最も年間保険料率の高い 3 グループ C の 0.31% と比べ，0.08 ポイント低くなっていることがわかる．

FDIC は，こうしたリスクベースの保険料を課すことにより，保険基金に損失を与える可能性の高い被保険預金機関にはより高い保険料を課すことにより，リスクベースの預金保険料の徴求という形で，被保険機関に市場規律を与える一方，特に BIF では，基金増強スケジュールを設定して，徐々に基金残高を増加させ，FDICIA で規定された預金に対する基金残高の比率 1.25% を 2001 年末までには達成しようと企図したのであった[15]．

以上では，FDICIA の主要内容とそこでは十分に規定されていない 2 つの事柄，つまり早期是正措置とリスクベースの保険料システムについてもう少し掘り下げてみた．既に前章でみたように，財務省原案発表後の下院銀行金融都市問題委員会金融機関監督規制保険小委員会の公聴会で，小委員会委員長アヌンツィオ（Frank Annunzio）が「多分わが国の歴史の中で最も広範な銀行改革提案」[16] と評するほどに財務省原案にあった金融システム改革の広範囲に及ぶ性格が次第に狭められ，ついには連邦預金保険制度の改革案に落ち着くことになったとはいえ，FDICIA はまさにそれが故にこそ 1933 年の FDIC 創設以来の大きな改革を含んでいた．それは，早期是正措置，最小コスト処理原則やリス

クベース保険料にみることができる．だが，FDICIA によるこれらの改革が，連邦預金制度をその理念に沿って変えていくのか，あるいはそうでないのかについては，その後の連邦預金保険制度の推移をたどってみなければならない．だが，この点については，今後の大きな課題である．

注

1) FDIC, *1991 Annual Report*, pp.36-38；FRB, 78th *Annual Report*, 1991, pp.197-204；*1991 CQ Almanac*, pp.79-83；日本銀行「米国の預金保険制度改革を巡る最近の動向」『日本銀行月報』，1992年12月，9-26頁；高木仁「1991年金融制度改革法の成立過程―アメリカ金融システム安定化への模索―」日本証券経済研究所『証券研究』第113巻，1995年10月，40-43頁（同著『アメリカ金融制度改革の長期的展望』，240-43頁）．
2) FDIC, *1991 Annual Report*.
3) なお，連邦預金保険法第14条(b)では，公社は連邦融資銀行（FFB）に対して債券発行を行い，同行から資金調達することができるとされている．同行からのこの資金調達は，上記財務省からの資金調達上限額300億ドルには含まれないであろう．というのは，同条同項には，同行からのいかなる借入れも，連邦預金保険法第15条(c)による公社の債務上限（この点については，本文ですぐに触れる）に従う債務であるという条文があり，同行からの資金調達は財務省からの借入れとは切り離されて規定されているからである．本章注1の *CQ Almanac* (p.79)，日本銀行（同上誌，12頁），高木氏（同上誌，40頁）も同様に，同行からの資金調達と財務省からの借入れとは別だとしている．
4) この比率は，BIF が被保険預金に対して持たなければならない基金残高の比率である．FIRREA 第208条に盛り込まれた．本文で後述するように，同条では，BIF の指定準備金比率は，推定被保険預金の1.25%とされている．ただし，同条では，BIF に巨額の将来損失のリスクがある状況では，1.50%を超えない範囲でFDIC 理事会がより高い比率を決定することができる，ともされている（以上の点は，SAIF も同じである）．
5) 本間勝氏によれば，FDICIA には「早期是正措置，可変保険料，指定準備金率，さまざまな破綻処理方式」といった新機軸が盛り込まれ，これらは「世界的に普及」しつつあり，特に「可変保険料制度は預金保険制度を有する国の少なくとも3割以上が導入するほどの普及度を示している」という（同著『世界の預金保険と銀行破綻処理』東洋経済新報社，2002年，9頁）．
6) ②の規定は原文では not more than 65 percent of the required minimum level of capital under the leverage limit となっている．理解しにくい．これは，後の本文でも触れるように，OCC では「適正」とされる資本カテゴリーは「レバレッジ・レーシオ 4.0%以上，または最新の検査で1格付けの銀行の場合にはレバレッジ・レーシオ 3.0%以上」となっているから，「危機的未達」の銀行というのは，これらの最低

第 12 章　FDICIA による連邦預金保険制度改革　　　　　　　　281

基準の 65％以下の資本しか持たない銀行を言うのではないだろうか．ちなみに，OCC, FDIC, OTS の「早期是正措置」に係わる規則では，「危機的未達」の定義としては，①の総資産に対する有形自己資本 2％以下が挙げられているだけで，②は挙げられていない．
7) See FIRREA, Sec. 212(a). ただし，FIRREA では，公社を財産管理人または破産管財人として任命するこれらの「根拠」は，被保険預金機関全般について言及されているのではなく，州法被保険預金機関にのみ関連して規定されているという点で大きく異なる．
8) この他，GAO は決定の根拠や取られたアクションの目的等についてレビューし，議会に報告しなければならず，また財務長官は決定について書面で上院の銀行住宅都市問題委員会と下院の銀行金融都市問題委員会に通知しなければならないといったように，この条項の発動には厳格な枠がはめられている．
9) 57 *FR* 44891, September 29, 1992.
10) OCC, Risk-Based Capital Guidelines. These guidelines were added to *Code of Federal Regulations*, Title 12, Part 3, 1990 ed. after they were made public at 54 *FR* 4177, January 27, 1989, and amended at 57 *FR* 40307, September 3, 1992 ; 57 *FR* 44084, September 24, 1992 ; 58 *FR* 16486, March 29, 1993.
11) OCC, FRB, FDIC, OTS の違いの中で最も大きなものは，先の第 12-1 表で，「適正」及び「未達」の項の「レバレッジ・レーシオ」に関する部分である．すなわち，OCC（及び OTS）では，「最新の検査で 1 格付けの銀行の場合には」となっているのに対して，FRB, FDIC では，「最新の検査で CAMEL 格付けシステムの下で総合 1 に格付けされ，著しい成長を経験していないかあるいは予想されない銀行の場合には」となっていることである（57 *FR* 44885, 44900, September 29, 1992）．OCC でいう「最新の検査で 1 格付け」というのは，CAMEL 格付け「総合 1」をいうのであろう．また，FRB, FDIC では，CAMEL 格付けが良好であるだけでなく，「著しい成長を経験していない」ということが条件に入っていることが注目される．
12) なお，ブリッジバンクや公社あるいは RTC による破産管財人・整理管財人の下にある機関は別である．
13) 57 *FR* 45284, October 1, 1992 ; 58 *FR* 34364, June 25, 1993.
14) 「監督上のリスク要素」の 3 グループは，CAMEL 総合格付けに照応する．CAMEL 格付け 1 と 2 は，「サブグループ A」に，3 は「サブグループ B」に，4 と 5 は「サブグループ C」に相当する（FDIC, *Keeping the Promise : Recommendations for Deposit Insurance Reform*, April 2001, p.2）．
15) 基金比率を徐々に高めていき，2001 年末には FDICIA で求められた 1.25％という指定準備金比率基準を達成するという FDIC の目標は，少なくとも 1995 年の時点では BIF に関してだけであって，SAIF に関しては存在しなかったようである．なお，この BIF の段階的な基金増強スケジュールは，11 年をかけて 1991 年 2 月のマイナス 0.36％の準備金比率を 2002 年 1 月にはプラス 1.25％の準備金比率にしようとするもので，1992 年 10 月に『連邦官報』に初めて掲載された．
16) U.S. Congress, House, Subcommittee on Financial Institutions Supervision,

Regulation and Insurance of the Committee on Banking, Finance and Urban Affairs, *Financial Insitutions Safety and Consumer Choice act of 1991 (H.R.1505)*, *Hearing*, p.1.

第13章
FDICIA後の連邦預金保険

第1節　FDICIA後のFDIC加入金融機関の状況

　連邦預金保険公社改善法（FDICIA）に盛られた規定は，1992年12月から1995年1月にかけて次々と施行された．しかし，FDICIAの施行後，皮肉にもFDIC被保険銀行・貯蓄貸付組合の経営状態は，好転し始めた．このことをよく示しているのは，1994年9月に上院銀行住宅都市問題委員会で開かれた銀行業及び貯蓄銀行業に関する公聴会に当時のFDIC議長代理ホゥーブ（Andrew C. Hove, Jr.）が出した予め用意された証言内容（prepared statement）である．この文書はFDIC加入金融機関及びFDICの両基金の状況について，次のように述べている．

　「銀行業の1993年の純利益431億ドルは史上最高であった．同年の平均総資産収益率（return on assets：ROA）は，1.20％で，全商業銀行の95％以上が黒字であった．自己資本（equity capital）も総資産の8％を超えたが，これはこの30年間以上で最高であった」[1]．加えて，こうした改善は全国的で，あらゆる地域の銀行が平均ROAで1％を超えたし，また，あらゆる銀行グループも同じように1％を超えた[2]．こうした状況は，単に1993年にとどまらず，その後も続いた．こうした銀行業の業績の向上は，低い貸倒損失引当金繰入れ，資産の質的向上[3]，利鞘の増大，非金利収入の増大，さらには経済状況の改善[4]によるものであった[5]．

　「同様に，貯蓄金融業もまた回復した．1993年には，2262のFDIC被保険貯蓄金融機関のほとんど95％にあたる機関が69億ドルの利益と0.70％の平

均 ROA を報告した」[6]．これは，それまでの 10 年で最も高いレベルであった．「改善は，主要には貸倒損失引当金繰入れの減少によるものである．総資本に対する中核的自己資本（core capital）の比率，あるいはレバレッジ・レーシオもまた 7.48％ と近年にない高さにある」[7]．この貸倒損失引当金繰入れは，1993 年には，8 億 7100 万ドル減少した[8]．

ただ，貯蓄金融機関の場合には，銀行業とは異なり，北西部や西部の利益はその他の地域のそれに相当するものではないといった地域的な偏倚や，資産の小さな機関の ROA が大手機関のそれに比べて 0.3 ポイントほど高いといった規模別の偏倚があったことが特徴であった[9]．とはいえ，貯蓄金融機関の総資産に対する中核的自己資本比率，あるいはレバレッジ・レーシオは，1993 年末には，1990 年にこの比率を発表して以来最も高い 7.48％ に達した．

こうした被保険預金機関の業容改善に伴い，特に BIF の財務状態の改善が急速に進展した．BIF 基金残高は，1992 年のマイナスから 1993 年末には 130 億ドルへ，あるいは被保険預金の 0.70％ へと急増した．その要因としては，まず第 1 に，被保険預金機関の破綻が減少し，保険料収入が保険損失をはるかに上回ったことがあげられる．また，第 2 に，推定の破綻率が低下したため，以前に引き当てられていた部分が戻入れされたことも，基金の増強につながった．銀行業の収益の改善の結果，多くの問題銀行が FDIC の支援なしに合併されたり，資本増強に成功したりしたからである．そして第 3 に，「法改革もまた FDIC の処理コストを減らす助けとなった」[10]．

だが，SAIF はこのように劇的に改善することはなかった．SAIF の場合には，SAIF メンバーの破綻に伴う損失の穴埋め[11]だけでなく，年に 7 億 7900 万ドルに及ぶ金融公社債（FICO 債）[12]の金利支払いに SAIF の保険料が充てられたからである．SAIF の残高は，1993 年末で，11 億 6000 万ドル，被保険預金の 0.17％ に過ぎなかった．1994 年 6 月末でも，それぞれ 16 億 6000 万ドル，0.24％ に過ぎなかった[13]．

上記の文書は，1994 年に出されたものであった．それでは，その後の FDIC 加入金融機関及び FDIC 両基金の状況はどうだったのであろうか．後者については後に詳しくみることにして，ここでは前者のみについてみておこう．

加入金融機関の状況は，その後良好に推移した．第 13-1 表，第 13-2 表はそ

第 13-1 表　BIF 加入銀行及び BIF の諸指標（1992-2005 年）

(単位：行，100 万ドル)

年	BIF 加入銀行			問題銀行		破綻銀行		BIF 基金残高
		総資産	純損益		総資産		総資産	
1992	11,852	3,711,612	33,318	856	464,253	122	44,232	△ 101
1993	11,331	3,949,695	44,498	472	269,201	41	3,539	13,122
1994	10,759	4,246,786	46,882	264	42,213	13	1,392	21,848
1995	10,242	4,576,263	50,779	151	20,160	6	753	25,454
1996	9,822	4,855,810	54,483	86	7,000	5	183	26,854
1997	9,403	5,283,063	61,462	73	4,598	1	27	28,293
1998	9,031	5,701,115	64,349	68	5,326	3	371	29,612
1999	8,834	5,979,660	74,114	66	4,450	7	1,490	29,414
2000	8,572	6,510,744	73,430	74	10,787	6	378	30,975
2001	8,326	6,857,373	76,338	90	32,000	3	54	30,439
2002	8,125	7,335,707	92,458	116	32,176	10	2,508	32,050
2003	7,995	7,897,886	106,199	102	28,812	3	1,097	33,782
2004	7,875	8,744,800	108,670	69	27,161	3	151	34,787
2005	7,732	9,353,507	118,145	44	4,736	0	0	35,467

資料：FDIC, *Annual Report*, various issues；FDIC, *Quarterly Banking Profile*, various issues, より作成．

第 13-2 表　SAIF 加入機関及び SAIF の諸指標（1992-2005 年）

(単位：行，100 万ドル)

年	SAIF 加入機関			問題機関		破綻機関		SAIF 基金残高
		総資産	純損益		総資産		総資産	
1992	2,039	824,266	5,359	207	127,838	59	44,197	279
1993	1,929	757,361	5,360	100	64,973	9	6,105	1,156
1994	1,843	770,785	4,101	54	30,336	2	129	1,937
1995	1,727	760,520	5,584	42	10,846	2	426	3,358
1996	1,629	748,847	4,883	31	5,548	1	35	8,884
1997	1,518	755,724	6,485	19	1,662	0	0	9,368
1998	1,430	827,775	7,609	16	5,992	0	0	9,840
1999	1,387	903,532	8,450	13	5,524	1	71	10,281
2000	1,332	952,154	8,071	20	13,053	1	30	10,759
2001	1,287	1,011,736	10,623	24	7,923	1	2,200	10,935
2002	1,229	1,099,965	12,462	20	6,751	1	50	11,747
2003	1,186	1,177,458	14,309	14	1,105	0	0	12,240
2004	1,136	1,360,815	13,740	11	1,089	1	15	12,720
2005	1,100	1,523,569	16,067	8	1,872	0	0	13,129

資料：*Ibid.*

のことをよく示している．BIF, SAIF 両基金の加入機関数は 90 年代半ばから 2000 年代の初めにかけて趨勢的に減ってきているが，これら機関のこの時期の業容は高水準を維持した．

まず，BIF 加入機関でみると，それらは 1995 年には 4 兆 5763 億ドルであった総資産を 10 年後には 2 倍の 9 兆 3535 億ドルに増加させ，また同年の間に純利益を 508 億ドルから 2.3 倍の 1181 億ドルへ増加させている．しかも，この間に利益を減らしたのは，2000 年だけであった．こうしたことから，これらの銀行の ROA や ROE も，この間高い水準を維持した（第 13-1 図）．

SAIF 加入機関についても，同様であった．これらの機関は，総資産を 1996 年から翌年にかけて減らしはしたものの 1995 年から 10 年の間にちょうど 2 倍にし，純利益にいたっては同期間に 56 億ドルから 2.9 倍の 161 億ドルへ急増させた．これらの機関の ROA, ROE が高かったのは，第 13-1 図にみるとおりであった．

このように，両基金加入機関の業容は良好であったため，両基金の問題銀行・機関は少数にとどまり，また破綻銀行・機関数及びその総資産も少数・少額にとどまった（第 13-1 表，第 13-2 表）．特にこの期間で注意しなければならないのは，せいぜいのところ 1999 年，2002 年である．これらの年には，特に BIF 加入機関では銀行破綻が増加するとともに，その総資産も増加した．BIF では，1999 年には前年と較べ，破綻銀行は 3 から 7 へ増加し，その総資産も 3 億 7100 万ドルから 14 億 9000 万ドルへ急増した．また，2002 年にはやはり前年と較べ，破綻銀行は 3 から 10 へ，またその総資産も 5400 万ドルから 25 億 800 万ドルへ急増した．

とはいえ，これら 1999 年，2002 年の BIF 加入銀行の破綻数は，比較的平穏だった 1970 年から 1979 年までの年平均破綻銀行数 7.6 並のはるかに少ない水準に留まっていたのである．こうして，1990 年代後半と 2000 年代初めの数年は，金融機関にとって最良の時期であったといってよい．

このような FDIC 加入金融機関の状況だったので，1992 年の FDICIA 改革後の FDIC を中心とする連邦預金保険制度の再建も順調に進んだ．そのため，FDICIA 後の連邦預金保険制度は，制度面での大改革は特に問題とされることがなく[14]，FDICIA による制度改革の手直し程度にとどまった．こうした改革

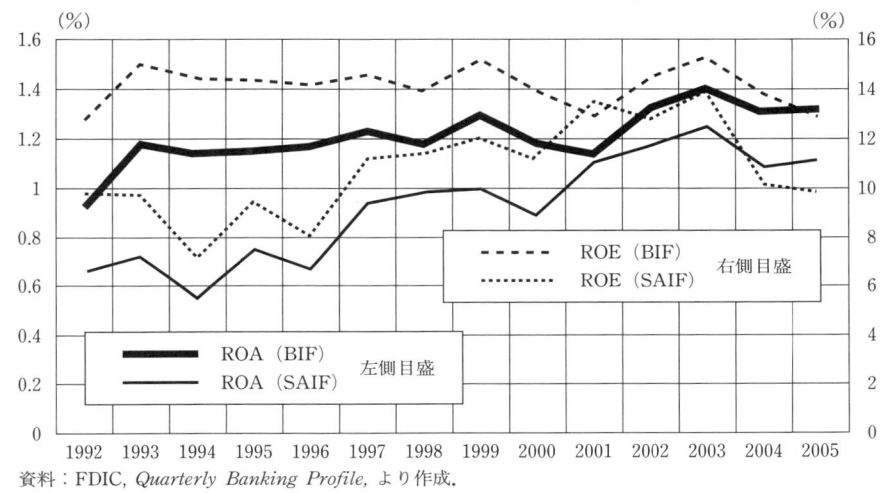

第 13-1 図　BIF・SAIF 加入機関の ROA・ROE（1992-2005 年）

資料：FDIC, *Quarterly Banking Profile*, より作成.

の中で，触れておかねばならないのは，①BIF と SAIF の統合，②リスクベース保険料の改定，である．次にこれらの 2 点についてみておく．

第 2 節　1990 年代中頃の BIF・SAIF 両基金の統合をめぐる動き

1. BIF 加入機関の年間保険料率の低下

　1990 年から 1993 年までの一連の保険料率の値上げがあり，それとともに，保険料収入の増加があったこと，1992 年からの経済の回復とともに銀行破綻も急減したこと，それに伴い損失引当金の戻入れがあったこと，から 1995 年 5 月末には BIF の基金は 247 億ドルに達し，1.25％ という指定準備金比率は達成された[15]．そのため，FDIC 理事会は，1995 年 8 月に規則を改定することによって，BIF 被保険預金に課している年間保険料率表を改定し，保険料率を第 13-3 表のように引き下げた．これは，それまでの被保険機関預金 100 ドル当たり平均保険料 23.2 セントと較べると，100 ドル当たり 4.4 セントに相当する大幅な引き下げであった[16]．そして同規則を，同規則公示より遡及し

第13-3表　BIFの年間保険料率の改定

(単位:ベーシスポイント)

資本グループ	監督上のサブグループ		
	A	B	C
1	4	7	21
2	7	14	28
3	14	28	31

資料:60 FR 42741, August 16, 1995.

第13-4表　1996年から適用されたBIF保険料率表

(単位:ベーシスポイント)

資本グループ	監督上のサブグループ		
	A	B	C
1	0	3	17
2	3	10	24
3	10	24	27

資料:60 FR 63400, December 11, 1995.

第13-5表　BIF加入機関の保険料別機関数・賦課預金額

資本グループ	監督上のリスク・サブグループ					
	A		B		C	
		(%)		(%)		(%)
充実						
機関数	9,538	94.4	368	3.6	59	0.6
賦課ベース(10億ドル)	2,415.7	96.8	35.9	1.4	3.8	0.2
適当						
機関数	73	0.7	19	0.2	17	0.2
賦課ベース(10億ドル)	32.6	1.3	2.4	0.1	1.5	0.1
未達						
機関数	6	0.1	1	0.0	18	0.2
賦課ベース(10億ドル)	0.5	0.0	0.3	0.0	1.7	0.1

注:1)　格付けは1996年7月1日現在のもの．
　　2)　機関数及び賦課ベースにはBIF加入機関及びSAIF加入オカー機関が含まれる．
資料:61 FR 64609, December 6, 1996.

て同年6月1日より施行した．それだけではなく，FDICは，1995年11月には，15億ドルの保険料の返還さえも行った[17)18)]．

ところが，この改定表を『連邦官報』で公示した際に，FDIC理事会がBIF指定準備金比率を維持するのに必要とみなす場合には，同表の各率を簡便な手

続きで,上下最大5ベーシスポイントまで上げ下げできるとする項目も同時に公示していた.1995年には,BIFの準備金比率は,指定準備金比率を超えていたので,理事会は1995年11月には,その規則に従い,さらに保険料率を4ベーシスポイントずつ引き下げた[19].こうして,1996年の前期の保険料率は,ゼロから27ポイントとなり,その料率が適用された(第13-4表).そして,この保険料率表は,その後2006年末までずっと適用されていくこととなった.

第13-4表による保険料がいかに低いものであったかは,次の点からも明らかである.

まず第1に,多くのBIF加入機関は保険料を払わなくてもよくなったことである.第13-4表では,最高格付けの1A機関は,保険料ゼロとされることになった.当時の「保険料リスク分類」では,第13-5表のように,1Aに属する機関は,機関数で94.4%,保険料賦課預金額で96.8%という高い割合を占めていたから,ほとんどのBIF加入機関は保険料を免除されることとなったのである.

第2に,この時期のBIF加入機関の平均保険料率も歴史的な低位にとどまったことである.平均の年間保険料率は,第13-3表の適用により,1995年の後半期には被保険預金100ドル当たり4.4セントに引き下げられていたが,その後にはさらに低下し,1997,1998年には100ドル当たり0.08セントと極端に低い保険料となった.1990年代までの最低の年間保険料率は,1962,1963年の3.13セントであったことと較べても,いかに低い保険料となったかがわかる.

このように,低い保険料率の第13-3表,第13-4表が1993年前期から適用された年間保険料率表[20]に同表の適用後それほど間をおかずにとって代わったのであるが,その理由としては,既に述べたようなFDICIA後の銀行経営の改善のほか,次の2つの理由があった.

その1つは,リスクベース保険料に対するFDICの考え方の変化である.例えば,第13-3表を,1993年から適用された保険料率表と比較すれば,次のことが明らかになる.

1993年から適用された保険率表では,1Aが23ベーシスポイント,3Cが31ベーシスポイントであったから,その差(スプレッド)は,8ベーシスポイン

トほどに過ぎなかった．このように，保険料率の差を小さくしたのは，保険料収入を一定に保ちながら，保険料率の差を大きくすれば，大きな保険料を支払わなければならない弱体の機関に不適当な重荷を与えることになるからだ，とFDIC は説明していた[21]．ところが，改定された基本保険料率では，最も保険料の安い 1A の年間保険料率 4 ベーシスポイントと，最も保険料の高い 3C の機関の年間保険料率 31 ベーシスポイントとの間には，27 ベーシスポイントという大きな格差が設けられ，それ以前の保険率料表と較べると，その格差はずっと大きくなっていることがわかる．このように，保険料格差が拡大されたのは，一言で言うと，FDIC が基金に及ぼす個々の被保険預金機関のリスクを重視し，個々の機関にリスクテイキングのコントロール意欲を与えようとしたためであった[22]．すなわち，FDIC は，① このように狭い保険料率格差では，個々の機関に状況改善のためにインセンティブを与えることができないこと，② 1988 年から 1993 年までのスリフトの破綻率を分析すると，上の保険料率表のマトリックスの各セルの破綻率の間に有意な差があること，③ もうすでに破綻しそうな機関を別にすると，スプレッドを大きくしても破綻の増加にはわずかの影響を与えるにとどまると予想されること，からスプレッドを拡大したのである[23]．

　第 2 に，指定準備金比率に関する FDICIA の規定である．FDICIA の第 302 条(a)は，FDIC 理事会に対して「『指定準備金比率』にそれぞれの保険基金の準備率を維持するように」半年ごとの保険料の設定をしなければならないとしていた．ところが，実は，この指定準備金比率すなわち 1.25％ の性格について，論議があったのである．つまり，この指定準備金比率は上限であるから，1.25％ を超えるすべての保険料収入（ある場合には投資利益を含めて）は BIF メンバーに返還されなければならないと主張される一方，他方では指定準備金比率は準備金比率が変動する目標（target）であるからその必要はないとする主張もあったからである．FDIC 理事会の考えは後者であった．同理事会は，FDICIA がリスクベースの保険料システムを採用し，FDIC 理事会に指定準備金比率維持のためのより弾力的な保険料率の設定権限を与えることにより，FDICIA 以前の保険料のリベート権限を取り去ったのであるから，指定準備金比率が達成された場合には，その超過保険料分がリベートで返還されるの

でなく，リベートに代わってより低い保険料率が適用されることによって，指定準備金比率の維持が図られるべきだ，と考えたのである[24]．こうした指定準備金比率に関する理事会の考え方によって，より低い2つの年間保険料率表がそれほど間をおかずに適用されることとなった[25]．

2. SAIF 格差

上述のように，BIFでは早期に指定準備金比率が達成されるとともに，低い保険料が賦課されることになったが，もう一方の保険基金であるSAIFでは，BIFのように基金残高が順調に改善するということはなかった．先にみたように，SAIF加入機関においても，業況の改善がみられ始めたとはいえ，SAIFの場合には，SAIFメンバーの破綻に伴う損失の穴埋めだけでなく，FICO債の金利支払い等にSAIFの保険料が充てられたからである．1989年のSAIF創設から，1992年にかけて，SAIFの保険料収入のうち44%はFICOに，37%はFSLIC整理基金（FRF）に，18%は整理資金調達公社（REFCORP）にまわされた[26]．特に，FICO債への利払いは重くSAIFにのしかかり，SAIFの財務基盤を脆弱なものとした．1989年のSAIFの創設から1992年の終わりまでにSAIFは全く保険料収入がなかった．保険料が入り始めたのは，1993年になってからである．それも全額ではなかった[27]．とはいえ，1993年には，FICO債への利払いを別にしても，純利益の計上（8億7700万ドル）があり，したがって，基金残高の増加（11億6000万ドル），さらにはその被保険預金に対する比率の上昇（0.17%）があった．また，1994年にも，同様の純利益の計上があった．だが，その程度の利益では，1.25%という指定準備金比率に達するには，何年もかかることが予想された．1995年の準備金比率は，0.47%に過ぎなかった[28]．

こうした理由から，SAIFでは，BIFで行われたように，早期の指定準備金比率の達成とそれによる年間保険料率の引き下げは困難であった．そこで，BIFで第13-3表が適用された1995年7月1日から同年12月31日までの期間にも，SAIFでは1993年にBIF，SAIF両基金に適用された保険料率表がそのまま適用された．ここで，両基金の間に平均保険料の格差が生じることと

なった．これは，SAIF格差（SAIF differential）[29]と呼ばれた．

　この格差の存在は預金保険上の最大の問題であった．一方のBIFでは，指定準備金比率が達成され，預金保険料率が引き下げられた．他方，SAIFでは，FICO債の利払い等は継続し，同基金への保険料収入は限定される．ここでは，BIFのように，指定準備金比率の早期達成と年間保険料率の引き下げは困難であった．両基金の保険料格差は，なくなりそうにもなかった．両基金の保険料格差は，一層拡大するかもしれない．そうすると，当時は，BIFとSAIFとの加入機関の転換が禁止されていたにもかかわらず，様々な形態でこれが実行され，SAIFからの付保預金流出も予想された．その結果，SAIFの預金保険料の算出ベースが縮小し，保険料収入のさらなる減少が生じることとなろう．これは，指定準備金比率の達成をますます遠ざける一方，さらに，FICO債への利払いにも影響しよう．加えて，1995年限りでRTCは業務を停止し，破綻処理業務が同基金に移管されることになっていた．SAIFはSAIF構成メンバーの破綻処理責任を引き受けるわけである．同基金の被保険預金機関が破綻すると，その損失分だけ基金残高は減少する．もともと基金残高の少ない状態のところに，大手機関が破綻すれば，それだけで基金は枯渇してしまう恐れもあった．また，こうした格差が存在すれば，SAIF被保険機関は競争上不利となることも懸念された．というのは，SAIF被保険機関は，BIF被保険機関が預金獲得のために低い保険料分を預金金利に上乗せする場合には，借入れあるいは貸付けの面で対抗せざるをえないだろうし，あるいはBIF被保険機関が保険料分を配当にまわす場合には，資本の吸引という面で不利となり，いずれにせよこうした格差の存在は，すでに低い利益と損失を経験している貯蓄金融機関や，資金調達を主に預金に依存している貯蓄金融機関には厳しい結果となる，と言うのである[30]．

　そうした意味で，BIFとSAIFの保険料格差は，ほうっておけなかったのである．

　こうした保険料格差の存在に対して，出された案は，①格差をそのままにしておく，②両基金の合併，③RTCの業務停止後に残る資金の利用，④FICO債利払いの政府負担化，⑤指定準備金比率の引き下げである[31]．さらに⑥BIFメンバーにFICO債の利払いを援助させるという案もあった．

第13章　FDICIA後の連邦預金保険　　293

これらの案のうち，④に関して言えば，支持者は1989年のFIRREAが財務省に対してSAIFに対する政府支出を認めている，と主張した．しかし，RTC完了法は，SAIFの資本増強に対する財務省の権限を全く取り除いた[32]．また，⑥の案に従えば，1994年当時のBIFメンバーへの平均23.5ベーシスポイントの保険料賦課18か月分は，90億ドルに相当し，この額があれば，FICO債務を帳消しできるという．もちろん，この案には，S&L産業の後始末をなぜ銀行がしなければならないのかというもっともな反対が強かった[33]．

3. SAIFの指定準備金比率の達成

そこで，こうした格差の存在に対して，主張された有力な案が②の両基金の統合案であった．FDICはこの格差の存在に基づき両基金の統合を強く主張した．しかし，この時期には，両基金の統合は実現しなかった．それではどうしたかというと，1996年預金保険基金法（Deposit Insurance Funds Act of 1996）によって次のような決着が図られたからである．

まず，第1に，1996年預金保険基金法は，次のようなSAIFの指定準備金比率の達成を規定した．①FDIC理事会は同法立法後の最初の月の最初の営業日[34]にSAIFが指定準備金比率を達成できる率の特別保険料を，SAIF被保険預金に賦課すること，②理事会がその免除によってSAIFへのリスクを減らすと決定した場合には，理事会は弱体の被保険機関に対して特別保険料の賦課を免除することができること，③1995年1月1日に存在していたが，1993年1月1日以前にSAIF被保険預金がなかった被保険機関や，デフォルト状態またはデフォルトの危険性のある貯蓄組合の預金買収のために1994年4月に新設された連邦貯蓄銀行なども特別保険料が免除されること，④BIFのメンバーで，その預金が連邦預金保険法第5条(d)(3)によりSAIFに付保されているものとして取り扱われている機関（いわゆるオカー・バンク）の預金については，その預金額は20％減額されること，⑤住宅所有者貸付法第5条(i)によって，1985年1月1日以前に州法貯蓄銀行から転換（converted）し，1989年8月9日以前にFDICに付保されていたSAIFメンバーの連邦貯蓄組合や，連邦預金保険法第5条(d)(2)(G)により1991年12月19日以前に貯蓄組合から

銀行に転換し，SAIFメンバーにとどまっている銀行（いわゆるサッサー・バンク）のSAIF被保険預金も同様に20％減額されること（第2702条）．

第2に，預金保険基金法はBIFとSAIFの統合を規定した．同法では，1999年1月1日に，「いかなる被保険預金機関も貯蓄組合（savings association）でなくなった場合には」，BIFとSAIFとは預金保険基金（Deposit Insurance Fund：DIF）に統合され，両基金のすべての資産・負債が新設の同基金に移転される，とされた（第2704条）．

第3に，同法は，FICOが，FDICの承認を得て，SAIFメンバーではなく被保険機関に対して，保険料を賦課することができる，と規定した（第2703条(a)）．

第4に，BIF賦課は，基金の指定準備金比率を維持するのに必要とされる場合にのみ認められるとされた（第2708条(b)）．

これらのうちの2，3について，少し敷衍しておこう．第1に，同法は，特別保険料率については具体的に規定していない．同法は，FDICに対して，最近のSAIFバランス（同法では，具体的にいつとは規定されていないが，同法が成立したのは1996年9月30日であるから，結局1996年8月31日のものということになった）と最近の四半期レポートで報告された被保険預金（同じく，これは1996年3月31日時点の額になった）に基づいて，同法立法後の最初の月の最初の営業日（1996年10月1日）にSAIF準備金が被保険預金の1.25％となるように特別保険料を決定するよう要求しているにすぎない．具体的な特別保険料の決定はFDICに委ねられている．そこで，FDICは，上の条件を満たす特別保険料を算出した．同法の立法時に最も近いSAIFバランスは，1996年8月31日のもので41億ドル，同様にSAIF被保険預金は1996年3月31日時点のもので，オカー・バンクなどの部分を調整すると，6881億ドルであった．その結果，当時のSAIF準備金比率は，0.60％と推定された．この比率を指定準備金比率の1.25％にまで高めるためには，FDICは45億ドルの特別保険料を賦課する必要があった．他方，預金保険基金法では，この特別保険料の賦課ベースは，上述のように，1995年3月31日のSAIF被保険預金とされていた．この時点でのSAIF被保険預金は7262億ドルであったが，そこからオカー・バンクのディスカウント分344億ドル，転換組合のディスカ

第13章　FDICIA 後の連邦預金保険

ウント分24億ドル，賦課免除分40億ドルを控除すると，特別保険料の賦課対象となる SAIF 被保険預金は6854億ドルとなった．

指定準備金比率の1.25％にまで高めるために賦課される必要のある先の45億ドルをこの6854億ドルで除すると，65.7ベーシスポイント（0.657％）となった．FDIC は，1996年3月31日の SAIF 被保険預金を賦課ベースとして，この保険料率に相当する特別保険料を1996年11月27日に支払うことを義務付けた[35]．

SAIF の被保険預金へのこのような45億ドルに達する特別保険料の徴収によって，SAIF も1996年には指定準備金比率を達成した[36]．SAIF が45億ドルを SAIF 付保機関に賦課し，なんとか指定準備金比率を達成できたのは，BIF と同様に，貯蓄金融機関の業容の改善があったからだと考えられる．

第2に，同法では，1999年1月1日に，「いかなる被預金保険機関も貯蓄組合でなくなった場合には」，BIF と SAIF は預金保険基金に統合されるとされていた．ここで，「いかなる被預金保険機関も貯蓄組合でなくなった場合」とはどのようなことかと言うと，当時，貯蓄金融機関の免許は廃止され，商業銀行と貯蓄金融機関とに共通の新たな免許が新設されると考えられていたから，1999年にはもう貯蓄組合は存在しないとされていたからである．しかし，1999年の時点では，この免許の一体化は行われなかったので，両基金の統合は実現しなかった[37]．そこで，1996年の両基金の合併規定も意味を失っていくこととなる．

第3に，同法は，FICO が，FDIC の承認を得て，SAIF メンバーではなく被保険機関に対して，保険料を賦課することができる，と規定したが，これはもちろん FICO 債に関する規定である．同法では，FICO 債金利支払いの賦課ベースが SAIF から全 FDIC 被保険機関にまで広げられたわけである．このことに関しては，同法ではさらに，FICO のために，BIF 被保険機関預金には SAIF 被保険機関預金の保険料率の5分の1の保険料率が1997年1月から賦課されること，ただし，この賦課は，1999年12月末か最後の貯蓄組合が存在しなくなるかどちらか早い方の時までであり，その後はおよそ年間7億9000万ドルに及ぶ FICO の利払いは銀行，スリフトの間でプロラタ・ベースで賦課されると規定された．

1996年預金保険基金法は，SAIF被保険預金への特別保険料の賦課により指定準備金比率を達成した後，FICO債金利の一部をBIF被保険預金へ転嫁することによって，BIFとSAIFの保険料の格差を縮小して，SAIF格差の問題を解決しようとした訳である．

　事実，指定準備金比率が達成された後，FDIC理事会は，まず1996年10月には，サッサー・バンクとオカー・バンクに，次に1997年からは，その他全てのSAIF被保険預金機関に，すでにBIFメンバーに適用済みの第13-4表の100ドル当たり0から27セントの預金保険料表を適用したため，SAIFの100ドルについての年間平均保険料は，1995年の23.4セント，1996年の20.4セントから1997年には0.4セントに急減した．他方，BIFにおいてのそれは，1995年の12.4セント，翌年の0.24セントから1997年の0.08セントへの低下[38)]であったから，SAIFとBIFとの格差は大きく縮小することとなった．そして，その後は，両基金の保険料率の格差は，SAIFの方が若干高いながらも，高い年でもわずか0.3セント程度にとどまった．

　こうして，1990年代の中頃に問題とされたSAIF格差に基づくBIFとSAIFの統合案は，その後問題とはならなくなった．

第3節　BIFとSAIFの統合

　ところが，BIFとSAIFの統合案は，2000年前後に新たな論拠に基づき主張された．それは，次のようなものであった．

　FDICIA後の連邦預金保険制度をめぐる制度的な問題として，FDICは，2001年4月の『約束の順守—預金保険改革のための勧告—』(Keeping the Promise: Recommendations for Deposit Insurance Reform) で，改革すべき4つの弱点を挙げている．すなわち，①預金保険が異なった価格（＝保険料）で2つの保険基金から提供されていること，②預金保険料が十分にリスクを反映して決定されていないこと，③預金保険料が景気循環の悪化の局面で最も高くなっていること，④預金保険の付保価値がインフレーションに照応して決められていないこと[39)]．

　これらのうち，②に関していうと，FDICIAではリスクを反映した預金保

料制度改革を目指した方向であったから，預金保険制度改革の1つとして②が取り上げられるのは，FDICIA制定後10年足らずして，FDICIAの改革が十分ではなかった，ということをFDIC自らが認めたに等しい．また，上の③④は，連邦預金保険制度に関する新たな観点とみなすことができる．いずれも，FDICIA後の預金保険制度改革の論点としては重要ではあるが，これらについては後述することとし，ここではFDICIA後の制度改革の論点として重要だった①についてもう少し敷衍しておく．つまり，BIFとSAIFとの統合の問題である．

この点については，2000年前後になると，両基金の合併の論拠が，以前の両基金の保険料の格差がもたらす様々な問題，つまりSAIF基金増強の遅延，SAIF基金の枯渇，競争上の不利益といった観点から，合併による預金保険制度に対するリスクの分散といった別の観点に移行していることに注意しなければならない．もちろん，両基金が並存している限り，預金保険料の格差の可能性は絶えず存続することになるといった主張が全くなくなったわけではなかったが，両基金の統合の根拠は1990年代のそれとは大きく異なる根拠に移行した．

例えば，当時のFDIC議長タノウエ（Donna Tanoue）は次のように言う．「BIFとSAIFの統合は，預金保険制度に対するリスクが多様化することを確固たるものにする．リスク——機関数，所在地，業務タイプによる——が集中すればするほど，ますますその危険性が集中し，1機関あるいは少数のグループの機関のトラブルがその基金に重大な影響を及ぼす可能性が大きくなる．私たちは被保険機関の多様化を促進している．同じプリンシプルが保険基金にも当てはまる」[40]と．別の言い方をすれば，金融機関の非集中化，多様化を進めれば，リスクはそれだけ分散され，1つあるいは少数のグループが破綻しても基金は重大な影響を受けないし，また両基金を合併すれば同様に，預金保険制度に対するリスクが多様化するため，1つのリスクによって基金が重大な影響を受けることはない，と言うのである．

ところが，金融機関の集中化についていえば，当時現実には，上とは逆に，「多様化を促進している」と言うにもかかわらず，金融機関の集中化が進んでいた．例えば，1990年6月から1999年9月までの期間に，3大機関の被保険

預金の全体に占めるシェアは，BIFでは5.0%から14.0%へ，またSAIFでは8.7%から15.7%へ上昇してきていた[41]．すなわち，リスクの「危険性が集中し，1機関あるいは少数のグループの機関のトラブルがその基金に重大な影響を及ぼす可能性が大きくな」っていた．だからこそ，余計に両基金の統合が強く求められたといってよい．両基金が合併すると，同じく上位3機関の被保険預金のシェアは12.7%を占めるにすぎなくなってくる[42]からである．こうしたリスク分散の観点から両基金の合併が主張されたのである．

　その他にも，両基金の統合を主張するものには，次のようなものがあった．つまり，BIFとSAIFとの両基金にまたがって預金を保有する機関が増えていたことから，両基金を統合すれば，これらの銀行のコストや規制監督上の負担の軽減をはかることができるという主張である．ただし，FDICは，こうした銀行は約850に達するが，このコスト自体は大きなものではないと注釈を加えている．とはいえ，こうした基金の実態は，もはや無視できないものとなり，BIFとSAIFの統合論に関しては極めて重要な観点でもあるので，この点を少し敷衍しておこう．

　2000年前後になると，BIFとSAIFとは一体化が進んでいた．それを如実に示す例を挙げてみよう．1989年にSAIFが創設された時には，すべての被保険預金はSAIF加入の貯蓄組合によって保有されていた．しかし，その後，両基金の一体化が進み，1999年9月末には，SAIFの被保険預金の38%を商業銀行が，8%を州法貯蓄銀行が持つようになっていた．実際，SAIF被保険預金の50大所有者50行のうち25行がファースト・ユニオン・ナショナル・バンク（First Union National Bank）（第2位），バンク・オブ・アメリカ（Bank of America）（第3位）を含むBIFメンバーであった，と言う[43]．

　このBIFとSAIFとの一体化の背景には，次の2つの要因があった．第1に，特に1980年代以降商業銀行と貯蓄金融機関との間の同質化が急速に進展したことである．すなわち，貯蓄口座を提供し，主として長期・固定金利住宅モーゲージ貸付けに特化してきたS&Lが小切手口座，消費者ローン，商業ローンの提供を認められるようになり，商業銀行は逆に住宅モーゲージ貸付業務を拡大した．それだけでなく，1999年のグラム＝リーチ＝ブライリー法（Gramm-Leach-Bliley Act：GLB）は，金融持株会社（financial holding company：FHC) に，商業銀行業，保険業，証券業，マーチャントバンク業といった各種の金融サービス業に従事することを認め，連邦準備に対してFHCによる新たな金融業務の認可権限を与えたから，各業態の同質化は一層進展した．このように付保機関の同質化が進むと，商業銀行と貯蓄銀行はBIF，貯蓄貸付組合はSAIFという預金保険機関の住み分けも意味を持たなくなってくると考えられる．

両基金の一体化の背景としてさらに重要だったのは，銀行業における合併・買収（M&A）の急増である．例えば，1992年には1万1852あったBIF被保険商業銀行・貯蓄銀行（ただし，外国銀行の被保険支店を含む）は，11年後の2002年には8171行に減り（ただし，外国銀行の被保険支店を含まない），また同じ期間にSAIF被保険貯蓄金融機関・商業銀行は2121機関（ただし，RTCによる財産管理下にある機関を含む）から1244機関に大きく減少した[44]．それらの一部は，破綻によるものであったが，それよりもはるかに多かったのは合併・買収によるものであった．

第13-6表は，FDICがこの間に承認した合併・買収の件数を示している．ここからも明らかなように，この間毎年300件を超えるほどの合併・買収が行われ，合わせると3880件という数多くの合併・買収の承認が行われている．この合併・買収は，必ずしも1機関と1機関との合併・買収とは限らず，3機関以上の機関が関与するケースもあるから，この11年間で，3880をはるかに上回る金融機関が合併・買収で消滅していったということになる．

実は，このような合併・買収によって，同一の銀行の預金がBIF及びSAIFの被保険預金としてとどまり，両基金一体化が生じたのである．それは

第13-6表 FDICが承認した金融機関の合併・買収数（1992-2002年）

	1992	1993	1994	1995	1996	1997	1998	1999	2000	2001	2002
合併・買収数	359	326	451	419	392	419	390	341	316	266	201
参考 合併・買収銀行数	401	436	446	345	312	N/A	N/A	N/A	N/A	N/A	N/A
取得銀行資産（10億ドル）	165.42	103.05	111.76	184.44	286.07	N/A	N/A	N/A	N/A	N/A	N/A

資料：FDIC, *Annual Report,* various issues; U.S. Congress, House, Committee on Banking and Financial Services, *Bank Mergers : Hearing,* 105th Cong., 2nd Sess., Government Printing Office, 1998, p.229.

次のようなわけであった．

　1989年のFIRREAは，BIFとSAIFとの間の付保機関の移動，BIFメンバーとSAIFメンバーの合併，両基金間の付保預金の移動にモラトリアム期間を設け，5年間付保預金の保険基金間の移動を禁止した（転換行為の禁止）．ただし，同法はBIFメンバーがデフォルトかデフォルト状態にあるSAIFメンバーを買収したり，逆にSAIFメンバーがデフォルトかデフォルト状態にあるBIFメンバーを買収した場合や，移転される預金が重要でない部分である場合にはこの禁止を適用しないとしたほか，さらに，これら2つの場合に付け加えて，転換禁止のもう2つの例外を規定した[45]．

　その1つは，サッサー条項（Sasser provision）である．ここでは，SAIFメンバーの貯蓄組合は，転換の禁止期間にSAIFメンバーにとどまれば銀行に転換できるとされた．もう1つは，オカー修正条項（Oakar Amendment）と呼ばれる条項である．オカー修正条項は，銀行持株会社に対して，自己のコントロール下にある貯蓄組合とBIFメンバーの銀行子会社との合併を認めた．もっとも，FIRREAでは，BIFメンバーの銀行とSAIFメンバーの貯蓄組合との統合は，認められてはいなかったが，1991年のFDICIAは，オカー修正条項を修正し，BIFメンバーとSAIFメンバーとの合併・統合やこれらのメンバー同士の負債・資産の引受・移転を認めた．しかし，この場合，買収側の機関がBIFのメンバーである時には，買収・引受けられた預金はSAIFに付保された預金として，逆に，買収側の機関がSAIFのメンバーである時には，買収・引受けられた預金はBIFに付保された預金として取り扱われるとされたことに，注意しなければならない[46]．

　こうしたサッサー条項やオカー条項によって，多数の貯蓄貸付組合が通常には州法貯蓄銀行に転換したり，また商業銀行免許の銀行がSAIFメンバーの貯蓄組合と合併・統合したり[47]したから，BIFとSAIFの混淆が進み，先に少し触れたように，商業銀行によるSAIF被保険預金の所有が大きな割合を占めるということにもなったのであった．

　このように，BIFとSAIFとの合併が，それぞれが単独であるよりもより強力であり，預金保険制度に多様性を与えることになること，「SAIF被保険預金の40%以上が今や商業銀行によって所有されている」[48]ことからも明ら

かなように，多くの機関が BIF 及び SAIF 両方に被保険預金を持つこと，さらに，BIF と SAIF とではそれぞれが別個に預金保険料を決めるため，預金保険料の違いがより安い保険料率の被保険預金を手に入れようとする無駄な努力に金融機関を駆り立てることが過去にあったし，また将来も発生しうること，加えて以前には両基金の統合に反対した商業銀行の立場からすればこの点は重要であったが，SAIF の準備金比率が達成され，両基金の間には保険料率も大きな違いがなくなってきていること，「被保険預金者の観点からすると，銀行と貯蓄預金機関との間には事実上何の違いもない」[49]こと，といった観点から，BIF と SAIF の統合は，2000 年代の初めには FDIC では共通の認識となっており，また，銀行業界・貯蓄金融業界や FDIC 以外の規制監督当局，議会でもほぼ共通の認識となっていた．

そして，結局は次のようにして，BIF と SAIF は統合された．

2005 年連邦預金保険改革法（Federal Deposit Insurance Reform Act of 2005）は，2006 年 2 月 8 日に立法化され，この法律によって，両基金は統合された（第 2102 条(a)）．そして，両基金の統合によって，新たに預金保険基金（DIF）が，設立された[50]．これによって，FDIC は，DIF 及び連邦貯蓄貸付保険公社整理基金（FRF）を管理することとなった．

注
1) U.S. Congress, Senate, Committee on Banking, Housing, and Urban Affairs, *The Condition of the Bank and Thrift Industries : Hearing*, p.63. なお，平均 ROA が 1 % を超えたというのは，FDIC 創設以来初めてであった．
2) *Ibid.*, p.64.
3) 総資産に対する不良資産の比率は，1991 年第 2 四半期末のピーク 3.19% から 1993 年末 1.61%，1994 年央の 1.27% と大幅に低下した（*ibid.*）．
4) 実質 GDP は，1992 年 2.6%，1993 年 3.0%，1994 年前期年率換算 3.4% であった（*ibid.*）．
5) 6) 7) *Ibid.*, p.63.
8) 9) *Ibid.*, p.65.
10) *Ibid.*, p.63.
11) もっとも，1989 年 8 月から 1995 年 6 月までの破綻貯蓄金融機関の破綻処理は RTC が受け持ったから，SAIF の破綻処理は 1995 年 7 月以後に破綻した被保険貯蓄金融機関と，オカー機関の保険損失に限られた．なお，オカー機関については，後述する．

12) 金融公社は，1987年の競争的均等銀行法に基づき，FSLICの資本増強のための融資機関として設立されたものであった．FICO債はその資金調達のために発行された債券である．連邦住宅貸付銀行法の第21条では，FICO債の利払いのため，同行が2019年まではSAIFの保険料収入の第一請求権を持つと規定されている（U.S. Congress, Senate, Committee on Banking, Housing, and Urban Affairs, *The Condition of the Bank and Thrift Industries*, p.66).
13) *Ibid.*, p.63.
14) 2001年に開かれた下院金融サービス委員会金融機関消費者信用小委員会で，当時のFDIC議長パウエル（Donald E.Powell）は，「現行の〔FDIC：引用者〕システムは根本的なオーバーホールを必要としないが，現行システムには欠陥があるとするFDICの分析に同意する」とし，それらの欠陥として，「経済回復に必要な状態を促進するよりも経済の下降を引き伸ばす」こと，「ある点では不公正で，モラルハザード問題を悪化させるという点でイニシアティブをゆがめている」こと，を挙げている（U.S. Congress, House, Subcommittee on Financial Institutions and Consumer Credit of the Committee on Financial Services, *Viewpoints of the FDIC and Select Industry Experts on Deposit Insurance Reform : Hearing*, 107th Cong., 1st Sess., Government Printing Office, 2001, p.3).
15) U.S. Congress, House, Subcommittee on Financial Institutions and Consumer Credit of the Committee on Banking and Financial Services, *Merging the Deposit Insurance Funds : Hearing*, 106th Cong., 2nd Sess., Government Printing Office, 2000, p.68.
16) FDIC, *1995 Annual Report*, p.4.
17) *Ibid.*, p.56.
18) このように，保険率表が公示時点から遡及して施行され，保険料の超過分がリファンドされたのは，次の事情による．まず第1に，第13-3表は，指定準備金比率が達成された月の翌月の1日に施行されることになっていた，ということである．第2に，とはいえ，指定準備金比率がいつ達成されたかは，データ上は後日確定されることなので，指定準備金比率が達成された後に，新保険率表で徴求される保険料を超えて旧保険率表で徴求された保険料分は，金利分も加えてリファンドされることになっていた（60 *FR* 42680, August 16, 1995).
19) 60 *FR* 63400, December 11, 1995.
20) 第12章第12-3表を参照されたい．
21) 58 *FR* 34357, June 25, 1993 ; 61 *FR* 67687, December 24, 1996.
22) 23) 61 *FR* 67687, December 24, 1996.
24) 60 *FR* 42680, August 16, 1995.
25) この考え方は，後に法的に追認された．1996年預金保険基金法（Deposit Insurance Funds Act of 1996）は，FDICIAの条項の一部を次のように改正した．
　　FDICIA第302条(a)には，FDIC理事会はそれぞれの基金の準備金比率を指定準備金比率に維持するのに必要な額，あるいは指定準備金比率が未達成の場合には準備金比率を指定準備金比率まで高めるのに必要な額に半期ごとの保険料を設定しなけれ

第13章　FDICIA後の連邦預金保険　　　303

ばならないとする条項に続いて，各基金の半年ごとの最低保険料は，1000ドル以下であってはならないという条項があった．預金保険基金法第2708条(b)は，この最低保険料の条項を改正し，次のようにFDICが徴求しうる保険料に上限を置いた．つまり，同理事会は，基金の準備金比率を指定準備金比率に維持するのに必要な額，あるいは準備金比率が指定準備金比率以下である時には，準備金率を指定準備金比率まで高めるのに必要な額を超えて，半期ごとの保険料を設定してはならない，としたのである．ただし，すぐそれに続いて，「財務的，経営的，あるいは法令遵守の面でかなり厳しい弱点を持つ機関から満足できない弱点を持つ機関までの，あるいは充実した自己資本でない被保険預金金融機関に関しては」（with respect to insured depository institutions that exhibit financial, operational, or compliance weaknesses ranging from moderately severe to unsatisfactory, or are not well capitalized）その例外としていることにも注意しなければならない（同条(c)）．逆にいえば，基金の指定準備金比率が達成された際には，FDICは充実した自己資本（well capitalized）の被保険機関に対しては預金保険料を賦課してはならないというのである．

　この点を，FDICの文書は，次のように言い換えている．「翻訳すると，これはいくつかの例外を除いて，基金の準備金比率が1.25%を超えている限り，FDICは一般的にCAMELS格付け1あるいは2を持つ充実した自己資本の機関に対しては保険料を賦課してはならない，ということを意味している」（FDIC, *Keeping the Promise : Recommendations for Deposit Insurance Reform*, p.3. See also 61 *FR* 67687, December 24, 1996）．こうして，第13-4表のようなゼロの保険料を含む年間保険率表が適用されることになったのである．

26) U.S. Congress, House, Subcommittee on Financial Institutions and Consumer Credit of the Committee on Banking and Financial Services, *Merging the Deposit Insurance Funds*, p.68.
27) SAIFへの保険料流入は，別の資料では1992年に2億6500万ドルあったことになっていた．齟齬がなぜ生じたのかはわからない（第7章第7-1図）．
28) 61 *FR* 67687, December 24, 1996.
29) FDIC, *Analysis of Issues Confronting the Savings Association Insurance Fund*, March 1995, p.6.
30) この競争上の問題点は，会計検査院（GAO）の主張である．なお，GAOは，SAIF被保険預金機関は銀行と比べ，コスト引き下げのために預金に代えて非預金に置き換え，そのことが，SAIFの保険料ベースを一層減少させ，保険料格差を広げることとなると警告している（GAO, *Deposit Insurance Funds : Analysis of Insurance Premium Disparity Between Banks and Thrifts*, March 1995, p.33）．
31) U.S. Congress, Senate, Committee on Banking, Housing, and Urban Affairs, *The Condition of the Bank and Thrift Industries*, p.63.
32) 33) *Ibid.*, p.68.
34) 同法は1996年9月30日に成立したから，これは1996年10月1日を意味している．
35) 61 *FR* 53834, October 16, 1996.
36) FDICの文書では，SAIFの指定準備金比率の達成は，1996年11月27日ではなく，

同年10月1日とされている．この日は，先にみたように，指定準備金比率を達成できる率の特別保険料を，SAIF 被保険預金に賦課した日にあたる（61 *FR* 67687, December 24, 1996）．

37) FDIC, *1999 Annual Report*, p.36 ; U.S. Congress, House, Subcommittee on Financial Institutions and Consumer Credit of the Committee on Banking and Financial Services, *Merging the Deposit Insurance Funds*, p.75.
38) FDIC, *1999 Annual Report*, pp.88, 91.
39) FDIC, *Keeping the Promise*, p.i.
40) U.S. Congress, House, Subcommittee on Financial Institutions and Consumer Credit of the Committee on Banking and Financial Services, *Merging the Deposit Insurance Funds*, p.72.
41) *Ibid*., pp.72-73.
42) *Ibid*., p.73.
43) *Ibid*., pp.74-76.
44) FDIC, *Annual Report*, various issues.
45) FIRREA 第206条(a)．
46) FDICIA 第501条(a)．
47) FIRREA 立法時から1994年までに，506の貯蓄組合がオカー条項による合併か，サッサー条項による転換を選んでいる．内訳は，オカー148組合，サッサー358組合で，さらにサッサーの内訳をみると，貯蓄銀行に転換したのは277組合，商業銀行への転換は58組合，国法銀行への転換が23組合であった（U.S. Congress, Senate, Committee on Banking, Housing, and Urban Affairs, *The Condition of the Bank and Thrift Industries*, p.84）．
48) これは，2003年2月の上院銀行住宅都市問題委員会の公聴会のために当時のFDIC議長パウエルが予め用意した証言内容の数字である（U.S. Congress, Senate, Committee on Banking, Housing, and Urban Affairs, *The Federal Deposit Insurance System : Hearing*, 108th Cong., 1st Sess., Government Printing Office, 2004, p.50）．同じ公聴会で，OCC 長官ホーク（John D. Hawke, Jr.）は，「BIF メンバー機関が SAIF 被保険預金の43%を所有している」と証言している（*ibid*., p.55）．先の本文では，1999年9月末には，SAIF の被保険預金の38%を商業銀行が，8%を州法貯蓄銀行が持つとなっていた．その後，BIF と SAIF が統合される直前の2005年12月には，BIF メンバー（オカー）が SAIF の被保険機関預金の45.4%，SAIF メンバー（サッサー）が9.1%を持っていたから（FDIC, *Quarterly Banking Profile*, Fourth Quarter 2005），その後も BIF メンバーによる SAIF 被保険預金の所有は進んだと言ってよい．
49) U.S. Congress, Senate, Committee on Banking, Housing, and Urban Affairs, *The Federal Deposit Insurance System*, p.50.
50) 同法では，BIF の設立は，同法立法後90日後に始まる最初の四半期の最初の日より遅くない時期となっていた．実際に両基金が統合されたのは，2006年3月31日である．

第14章
2005年連邦預金保険改革法とその改革方向

第1節　2005年連邦預金保険改革法

　2005年連邦預金保険改革法には，前章のBIFとSAIFの統合の規定のほか，次のような条項が盛り込まれた．①10万ドルの標準の上限保険金を5年ごとに個人消費支出価格指数に基づいて引き上げ可能とされたこと（第2103条(a)），②ある種の退職口座には付保上限が10万ドルから25万ドルまで上げられたこと（第2103条(c)），③FDIC理事会は必要あるいは適当と決定した時には，保険料を設定できるとして，FDICによる保険料賦課の自由度を上げたこと（第2104条(a)），④1.25％という固定した指定準備金比率を1.15％から1.50％の間で変更可能としたこと（第2105条(a)），⑤公社に対する過大な保険料の支払いの場合には，公社は超過金額を被保険機関にリファンドするか，過大部分を貸方記入できること（第2107条(a)），⑥DIFの準備金比率が暦年末に1.5％を超えている場合にはその超過額の，また1.35％を超えている場合には超過額の半分を被保険機関に支払う配当とすることができること（同），⑦1.15％の最低準備金比率を6か月以内に下回りそうな時，また実際に下回った時には，同公社はBIF再建プランを策定し，実行する必要があるとされたこと（第2108条），⑧同法立法日より270日後までに，同公社が2001年末のBIF及びSAIFの結合保険料賦課ベースに10.5ベーシスポイントを賦課した金額と同額を被保険機関にクレジット供与できること（第2107条(a)）．

　『2006年版FDIC年報』によれば，この法律及びもう1つの関連法[1]は，

FDICがそれまでの「5年にわたって求めてきた預金保険システム改革のキーとなる変化」の多くを実施に移すものだ，と言う[2]．この「5年にわたって求めてきた預金保険システム改革のキーとなる変化」というのは，どのようなことを意味するのであろうか．これは，次のようなことを意味しているように思われる．

先に，FDICが，2001年4月の『約束の順守―預金保険改革のための勧告―』で，改革すべき4つの弱点を挙げている，ということについて触れた．すなわち，その4つは①預金保険が異なった価格（＝保険料）で2つの保険基金から提供されていること，②預金保険料が十分にリスクを反映して決定されていないこと，③預金保険料が景気循環の悪化の局面で最も高くなっていること，④預金保険の付保価値がインフレーションに照応して決められていないこと，であった．上の「5年にわたって求めてきた預金保険システム改革のキー」とはこれらの4つを意味する．同『年報』は，5年にわたってFDICが求めてきた改革すべきこれら4つの弱点を2005年の改革法は盛り込んだと総括しているわけである．

先の①から④のうち，①と④とは，上の2005年の改革法に盛り込まれたことは明らかである．問題は，②と③に係わってはどうか，である．そこで，ここでは，②と③に関連して2005年の改革法に新たに盛り込まれた預金保険制度の改革方向を確認して本書を終わることとしたい．

第2節　新たな預金保険料システムの構築

②に関していえば，先に述べたように，FDICのこの指摘は，FDICIA後の預金保険制度改革が不十分で，当時行われていた預金保険料賦課が十分にリスクを反映したものとはなっていないことをFDIC自身が認めたに等しい．そしてFDICは，2005年の改革法後，新たな保険料賦課システムを構築していくことになるのである．

その場合の基本的な観点は，従来の保険料の賦課システムが持つ弱点を取り除くという点にあった．すなわち，もっとも重要な弱点は，基金が指定準備金比率を超えたときに，1Aにあたる「充実」資本で高格付けの機関は，保険料

が免除されており，リスクに応じた差異化がされていないという点である．預金保険料は，予想される損失を反映すべきで，総ての銀行には短期的にはともかくとして長期的にみると——3年から5年の経済変動やリスク資産の満期日接近を伴う——リスクがあるのだから，総ての銀行は多少とも預金保険料を払うべきだ，と言う．これは，預金保険料の設定の際に，リスクの観点から銀行をより差異化することによって，是正が可能とされる．

　従来の保険料賦課システムの弱点をもっと具体的に言えば——2000年代の初めのFDIC議長パウエル（Donald E. Powell）の表現を借りれば——，次のようになる．「基金の準備率が1.25%の『指定準備金比率』あるいはそれ以上にあるときには，そして1.25%以上であることを期待されているのだが，現行法は，規則によって規定される充実資本（well-capitalized）の機関と，一般的にはCAMELS検査格付けで最良として規定される2つのランクの経営良好（well-managed）な機関とには，保険料を課すことをFDICに禁止している．今日，銀行と貯蓄金融機関の91%は，充実資本と経営良好であり，預金保険には同率——ゼロ——を支払っている．しかし，これら被保険機関の91%には，リスク・イクスポージャーで著しい，はっきり確認しうる違いが存在している．一例を取れば，1980年代の中頃以来，CAMELS 2に格付けされた機関は，CAMELS 1に格付けされた機関の2.5倍以上破綻した」[3]．

　さらに，パウエルは次のように続ける．「この法規定は，リスクベースの保険料原理——全ての保険に適用される原理——とは反する結果を生み出している．現行のシステムは，リスクに適切に賦課していない．それは，モラルハザードの可能性を強め，健全な銀行に対してよりリスクの高い銀行に不必要に補助させている．保険料の面でも，また公平の面でも，よりリスクの大きな銀行は，銀行業の預金保険料の負担のより多くを担うべきである」[4]．

　こうした従来の預金保険料賦課システムの弱点は，非弾力的な法的要求を取り除き，状況に応じたリスクベースの保険料を課す裁量と弾力性を理事会に与えることによって解決されるべきとされ，実際にそうした考えが2005年の改革法に盛り込まれたと思われる．すなわち，この改革法によって，FDICはリスクベースの保険料を賦課するFDICの権限に対する法的な制限を取り払って，固定した保険基金の水準に係わりなくリスクに対する通常の保険料を課す

ことができるようになったわけである．

そして，FDICは，その後改革法に基づく規則改正によって，保険料賦課システムを2007年1月1日から大きく変えるに至っている．主要な改正点としては，リスクカテゴリーの変更，保険料の徴収時期の変更，保険料賦課ベースの修正，保険料賦課ベースの四半期最終日の預金残高から毎日平均残高（average daily balances）への変更，新設被保険機関への保険料賦課時期の変更，等が規定された[5]．

最も重要だったのは，従来の3資本グループ，3監督上のグループの組み合わせによる9つの保険料率表（第13-4表）から4つのリスクカテゴリーへ保険率表が変わったことである．すなわち，次のような新たなリスクカテゴリーが規定されたうえで，それぞれのカテゴリーに適用される新たな年間保険料表が規則化された．

・リスクカテゴリーⅠ：監督上のグループA（CAMELS総合格付け1または2に相当）であるとともに充実資本のすべての機関
・リスクカテゴリーⅡ：監督上のグループA及びB（CAMELS総合格付け1，2または3に相当）のすべての機関．ただし，リスクカテゴリーⅠ及び資本未達機関を除く
・リスクカテゴリーⅢ：監督上のグループA及びBであるとともに資本未達の機関及び監督上のグループC（CAMELS総合格付け4または5に相当）であるとともに資本未達でないすべての機関
・リスクカテゴリーⅣ：監督上のグループCであるとともに資本未達のすべての機関[6]

これらの新たなリスクカテゴリーを従来のリスクカテゴリーと関連付ければ第14-1表のようになる．

このように規定されたリスクカテゴリーごとに年間の保険料率のベースレートが第14-2表のように決められ，さらに2007年1月1日からは上のベースレートよりも3ベーシスポイントずつ高い年間保険料率（第12-3表）が実施に移された．

しかし，この新たな保険率表も，2008年12月までの短命に終わり，2009年

第 14-1 表　新たなリスクカテゴリー

資本グループ	監督上のグループ		
	A	B	C
充実	I		III
適当	II		
未達	III		IV

資料：71 *FR* 69282, November 30, 2006.

第 14-2 表　ベースとなる年間保険料率表

（単位：ベーシスポイント）

	リスクカテゴリー I	リスクカテゴリー II	リスクカテゴリー III	リスクカテゴリー IV
年間保険料	2-4	7	25	40

資料：*Ibid.*

第 14-3 表　2007 年 1 月からの年間保険料率表

（単位：ベーシスポイント）

	リスクカテゴリー I	リスクカテゴリー II	リスクカテゴリー III	リスクカテゴリー IV
年間保険料	5-7	10	28	43

資料：*Ibid.*

1月1日からはそれぞれのリスクカテゴリーごとに7ベーシスポイントずつ高い新たな保険率表の適用が始まり，さらに2009年4月からは，世界金融危機の深化のなかで大幅に修正された保険率表が適用されるに至っている．

第 3 節　連邦預金保険制度の新たな展開

1.　プロシクリカリティ問題への留意

さて，2001年4月の『約束の順守—預金保険改革のための勧告—』で挙げられた改革すべき4つの弱点のうちの③についてはどうだろうか．この点について，FDICが考えたのは次のようなことであった．

それは，指定準備金比率に関連している．一言でいえば，プロシクリカリティの問題である．先のFDIC議長のパウエルは，次のように述べている．

「1.25％の指定準備金比率を要求し，基金が同率以下に大きく低下したときには強制的に高い保険料を要求する法的規定は，納税者を保護し，連邦貯蓄貸付保険公社（FSLIC）が1980年代になったような，預金保険基金が支払い不能に陥ることを妨げることに狙いがあった．しかしながら，保護を目指すこれらの規定は，思わぬ問題を引き起こす．保険損失が高まっている時期には，経済一般も殊に預金金融機関も沈滞していそうである．景気循環のそういった時期での高い保険料は，プロシクリカルであり，預金金融機関の純所得の著しい流出に結果し，したがって信用のアベイラビリティと経済回復を妨げることに結果する」[7]．

　つまり，1.25％という指定準備金比率を維持しようとすると，保険料の支払いが経済の激変を引き起こすというのである．例えば，銀行破綻の急増時を見れば明らかである．この時期には，銀行にはあまり余裕がないのにかえって保険料が高くなるため，銀行の破綻，さらに経済変動が激化してしまう．銀行預金保険システムは，経済循環をスムースにすべきで，悪化させるべきではない．基金は損失を吸収し，保険料は漸進的に調整できるようにする必要がある．

　それでは1.25％の指定準備金比率をどうすべきなのか．FDICは，この点は出発点として認めながらも，この比率を以前のように固定した率ではなく，銀行に対して安定した保険料を課すことができるように，一定の範囲内で上下できるようにすることを提案した．預金保険料の賦課に伴う経済変動の激化の回避は，準備金比率が一定のバンドで変動することを認めることによって，達成可能となる．例えば，このバンドが1.15％から1.35％とされたような場合を考えよう．銀行は，準備金比率がそのバンド内にあるときには通常の保険料を払い，基金が被保険預金の1.15％以下の時には上乗せ保険料を，逆に1.35％以上の時にはFDICからリベートを受け取ることによって，バンドも保険料も安定化することが可能となる．

　要するに，この案では，準備金比率は景気変動を通じて一定の範囲内で上下することが認められる．基金比率の変動範囲を定め，この比率がその範囲を超えて変動したときには適当な期間内に同比率を範囲内に戻させる．その場合，理事会は，保険料のクレジットやリベート，上乗せする弾力性を持つ．FDICが基金操作の弾力性が大きければ大きいほどシステムのプロシクリカルなバイ

第14章　2005年連邦預金保険改革法とその改革方向　　311

アスを取り除くことができる[8]．

景気循環の沈滞期での高い保険料は，プロシクリカルであり，信用のアベイラビリティと経済回復を妨げるというFDICの主張については，2つの点で注意しておく必要がある．

1つは，FDICのこの考え方は，当時の預金保険制度に対する国際的な考え方でもあったということである．FDICの上の考え方の原型は，既に2000年8月に出された『預金保険―オプションズ・ペーパー―』[9]に出されている．実は，この時期は国際的に預金保険機構の連携が始まった時期にあたる．1999年11月には金融安定化フォーラム（Financial Stability Forum：FSF）は預金保険に関するスタディ・グループ（Study Group on Deposit Insurance）を設置して，預金保険整備に関する国際ガイダンスの策定の適切さ・可能性について諮問し，その報告に基づいて，2000年3月に，預金保険に関するワーキング・グループ（Working Group on Deposit Insurance）を設置し，2001年9月にはその報告書『効果的な預金保険システム発展のためのガイダンス』（Guidance for Developing Effective Deposit Insurance Systems）を公表した．また，それとは別に，2002年5月には，国際決済銀行（Bank for International Settlements：BIS）が国際預金保険協会（International Association of Deposit Insurers：IADI）を立ち上げている．こうした国際的な連携の場でも預金保険制度のプロシクリカル性が問題にされてきていたのである．例えば，金融安定化フォーラムの上の報告書は，目標基金率方式（target fund ratio）について触れ，それに関連してさらに「銀行は好況期に保険料を払い込む必要はほとんどないが，経済の下降局面で高い保険料を支払うという結果になりうる」[10]と，預金保険制度（特に目標基金率）によるプロシクリカル性に言及していた．FDICの上の考え方は，当時の預金保険制度に対する国際的な流れに沿ったものであったと言ってよい．

2. 経済安定化政策への関与の強化

第2に，第1に関連して，FDICが経済安定化政策に一歩踏み込んだということである．従来の預金保険の機能は，破綻した金融機関の不良資産を取得し

たうえで当該機関を他の金融機関に売却したり，破綻した金融機関を清算したり，さらには破綻しそうな金融機関に資金援助したりして，当該金融機関の破綻が金融システムに及ぼす悪影響を取り除くことを通じて，金融システムの安定化を図るというところにあった．しかし，FDICは，上述したように，預金保険制度によるプロシクリカリティへの配慮という視点を打ち出し，その後にはさらにもう一歩進んで，預金保険制度による経済安定化まで足を踏み入れるに至っている．

そのことは，リーマン危機の際のFDICの対応を見れば明らかである．FDICは，2008年10月に，臨時流動性保証プログラム（Temporary Liquidity Guarantee Program：TLGP）を始めた．このプログラムは，債務保証プログラム（Debt Guarantee Program：DGP）および決済口座保証プログラム（Transaction Account Guarantee Program：TAGP）よりなり，このプログラムでは，FDICは，前者では，FDIC被保険預金金融機関，銀行持株会社，貯蓄貸付持株会社（savings and loan holding company），連邦銀行当局による積極的な推薦がありFDICが資格あるとみなした被保険預金機関の関連会社が発行する新規シニア無担保債務（senior unsecured debt）を，後者では，参加銀行・貯蓄金融機関[11]の25万ドルを超える[12]全国内無利子決済性預金（domestic noninterest-bearing transaction deposits），譲渡可能払戻指図書（negotiable order of withdrawal：NOW）等を付保した．

この時期は，リーマン崩壊後の極端な信用不安の時期で，貸借の極端な減少，預金の急速な流出，CP発行の急減，資産担保証券・モーゲージ担保証券発行の急減が生じた時期であった．TLGPは，そうした「経済状態あるいは金融安定性に対する深刻な負の効果を避けるかあるいは和らげること」[13]，あるいは「信頼に値する企業や消費者への貸付けを緩めるために銀行システムに対する信頼を維持し，銀行システムの流動性を促進する」[14]ことを意図していたのである．

特に，臨時流動性保証プログラムという名が示しているとおり，流動性の観点は重要で，先のプログラムに関する最終規則を公表した2008年11月26日の『連邦官報』では，しばしばそのことが強調されている[15]．この点では，先の2プログラムのうち，債務保証プログラムに注目しておきたい．このプロ

第14章　2005年連邦預金保険改革法とその改革方向　　　313

グラムでは，被保険預金金融機関，銀行持株会社，貯蓄貸付持株会社等が2008年10月14日から2009年6月30日までに新規に発行するシニア無担保債務が，それらの満期または2012年6月30日まで[16] FDICによって保証される．FDICによる保証限度額は，2008年9月30日現在残高があり，2009年6月30日までに満期となるシニア無担保債務残高（但し，30日及びそれ未満の満期のものは含まれない）の額面の125％とされた．また，FDICは，これらの債務保証料として，これら債務の満期に応じて，債務額の50ベーシスポイントから100ベーシスポイントの年間保証料を賦課した[17]．FDICは，このように持株会社を含む金融機関の債務を保証することにより，金融機関に新たな流動性を付与するとともに，無担保債務の価格の安定化を図ったのである．

この債務には，フェデラル・ファンズ（federal funds），約束手形（promissory notes），CP，非劣後無担保債（unsubordinated unsecured notes），被保険預金機関ドル表示CD，国際銀行ファシリティ（international banking facility：IBF）の被保険機関ドル表示預金，さらには被保険機関海外支店の帳簿・記録上の被保険機関・外国銀行ドル表示預金[18]が含まれる．

このFDICによる保証状況は，第14-4表のとおりであった．

これをみると，2009年12月末時点では，保証債務有資格発行体は1万4231あったが，そのうちプログラムに加わったのは54.9％で[19]，さらに実際に保証債務を発行してFDICによる保証債務残高を有していたのは84発行体にとどまっている．保証債務の発行期間である2008年10月14日から2009年12月31日の間に満期になって償還された債務もあるから，保証債務を発行した

第14-4表　債務保証プログラム参加体数・保証債務残高（2009年12月31日）

（単位：数，100万ドル）

	有資格体数	プログラム参加数	保証債務発行体数	保証債務残高
預金金融機関	8,021	4,318	54	61,176
資産100億ドル以下	7,914	4,220	35	1,639
資産100億ドル超	107	98	19	59,537
銀行・貯蓄金融機関持株会社及び非被保険関連会社	6,210	3,490	30	248,207
合計	14,231	7,808	84	309,383

資料：FDIC, *Quarterly Banking Profile,* Vol.4, No.1, 2010, pp.20-21.

のは84発行体だけではない．しかし，2009年12月末までに保証債務を発行した発行体はプログラム参加体と較べると，ほんのわずかにすぎない．しかし，保証債務残高は，3093億8300万ドルとなっていて，巨額に達している[20]．

このように，少数の発行体が巨額の保証債務残高を有するというのは，発行体として「銀行・貯蓄金融機関持株会社及び非被保険関連会社」が発行残高の80.2%を占めていることと関連している．これらの発行体の1発行体当たりの残高は，82億7400万ドルに達し，被保険預金機関の1機関当たり平均残高11億3300万ドルの7倍以上に達している．

銀行等の持株会社は，このように巨額のFDIC保証付きのシニア無担保債務の発行により得た資金で，傘下の銀行や貯蓄金融機関子会社に流動性を付与したわけである．

ここで重要なのは，次の点である．このようなFDICによる臨時流動性保証プログラムは，連邦預金保険法第13条(c)(4)(G)に基づいていた．FDICIA第141条(a)(1)(G)に盛られたシステミック・リスクの条項である．すなわち，財務長官は，FDIC理事会及びFRBの書面に基づく推薦により，経済状態や金融の安定性に対する重大な負の影響を避け，あるいはその影響を緩和するために，FDICがFDICの破綻機関の処理原則（①FDICは最小コストで破綻機関を処理しなければならないこと，及び②FDICが保護することができるのは付保預金のみであること）以外の行動を取ったりまたは援助を与えたりすることを，決定するという条項である．

この条項は，FDICIAでは，従来，FDICが破綻銀行持株会社の債権者を保護したり，非被保険預金を保護したりするケースがあったことから，最小コスト処理原則を確立したうえで，その例外として盛り込まれたものであった．しかし，FDICが持株会社の債権者や非被保険預金を保護するといっても，従来は，個別の，しかも破綻銀行持株会社や破綻被保険機関のケースに限られていた．ところが，先の臨時流動性保証プログラムでは，保証対象を預金のみならずシニア無担保債務まで保証し，さらに，個別の破綻被保険機関ではなく，被保険機関全体を，もう一歩進んで銀行持株会社及びその関連会社等の債務をも保証するに至った．こうした政策は，上のFDICIAに盛られた最小コスト処理原則及びシステミック・リスク条項をも全く逸脱した適用といわざるを得な

第14章　2005年連邦預金保険改革法とその改革方向　　315

い．言い換えれば，従来から預金保険制度に関して，しばしば問題とされてきたモラルハザードを一層促進する政策といわざるを得ない．

　思えば，FDICの70年以上にわたる歴史は，権限拡大の歴史であった．創設当初の直接預金ペイオフからオープンバンク・アシスタンスによる個別破綻銀行の救済，さらには持株会社を含む金融システム全体の保護．リーマン崩壊を頂点とする今回の金融経済危機は，FDICのその歴史的流れを決定付けたといってもよいであろう．

注

1) Federal Deposit Insurance Reform Conforming Act of 2005. 1週間後の2006年2月15日に立法化されたこの法律は，連邦預金保険改革法と一体をなす法律で，同法の技術的・補完的な条項を盛り込んでいる．
2) FDIC, *2006 Annual Report*, p.10.
3) 4) U.S. Congress, Senate, Committee on Banking, Housing, and Urban Affairs, *The Federal Deposit Insurance System*, p.51.
5) 71 *FR* 69270, November 30, 2006.
6) 71 *FR* 69282, November 30, 2006.
7) U.S. Congress, Senate, Committee on Banking, Housing, and Urban Affairs, *The Federal Deposit Insurance System*, pp.50-51.
8) *Ibid.*, p.51.
9) 「1933年から1989年にかけて，保険料は法律によって設定され，年間3ベーシスポイントから8.3ベーシスポイントのレンジから逸脱することはなかった．蓄積された保険料とこれら残高に対する投資利益は，概して預金保険制度の支払いを充足することができた．取って代わった現在のシステムは，これとは対照的に，本質的には繁栄の時期には賦課することなく，逆境の時期には沢山賦課することになっており，したがってもしかすると銀行業のサイクルの振幅を拡大している」（FDIC, *Deposit Insurance*, Options Paper, August 2000, p.5）．
　なお，この点については，前章注14も参照されたい．
10) Financial Stability Forum, *Guidance for Developing Effective Deposit Insurance Systems*, September 2001, pp.27-28（預金保険機構訳『預金保険の国際ガイダンス』財務省印刷局，2001年，35-36頁）．
11) FDICの被保険預金金融機関は，このプログラムに参加する資格があった．
12) 付保限度額は，2008年10月14日から25万ドルに引き上げられた．ただし，当初はこの引き上げは，臨時的で，2009年末までとされたが，後にこの期限は2010年末まで延長された．
13) 73 *FR* 72244, November 26, 2008.
14) 73 *FR* 64179, October 29, 2008.

15) 例えば,「債務保証プログラムの意図は,インターバンク及び無担保ターム債務市場への流動性改善の助けとなるために,シニア無担保債務の臨時的な保証を確立することにある」「債務保証プログラムは,金融機関が現在流動性を最も欠いている安定した,より長期の資金源を獲得する助けとなる」(73 *FR* 72244, November 26, 2008).
16) その後の規則で,保証債務の発行期限は 2009 年 6 月 30 日から 2009 年 10 月 31 日に,また保証期限は債務の満期または 2012 年 12 月 31 日まで延長された.
17) 上の注の保証債務の発行期限の延長に関連して,さらに 2009 年 4 月 1 日以後発行の 1 年及びそれを超える満期の債務には追加の上乗せの保証料が賦課された.
18) 73 *FR* 72266, November 26, 2008.
19) DGP に加わらなかった機関の多くは資産 10 億ドル以下で,シニア無担保債の発行もしていない機関であった (FDIC, *2009 Annual Report*, p.15).
20) FDIC の『年報』によれば,保証債務発行期間に,DGP は 120 発行体からの債務 6180 億ドルを保証し,ピーク時には 3500 億ドルの保証債務残高があったという (*ibid*.).

参考文献

【日本語文献】
〈単行本〉
宇沢弘文・花崎正晴編『金融システムの経済学―社会的共通資本の視点から―』東京大学出版会，2000年．
翁百合『銀行経営と信用秩序―銀行破綻の背景と対応―』東洋経済新報社，1993年．
小林真之『アメリカ銀行恐慌と預金者保護政策―1930年代における商業銀行の再編―』北海道大学出版会，2009年．
高木仁『アメリカ金融制度改革の長期的展望』原書房，2001年．
佗美光彦『世界大恐慌―1929年恐慌の過程と原因―』御茶の水書房，1994年．
中村泰男『アメリカ連邦議会論』勁草書房，1992年．
淵田康之『グローバル金融新秩序―G20時代のルールを読み解く―』日本経済新聞出版社，2009年．
星野一郎『金融危機の会計的研究―米国S&L危機と時価評価―』同文舘，1998年．
本間勝『世界の預金保険と銀行破綻処理―制度・実態・国際潮流―』東洋経済新報社，2002年．
馬淵紀壽『アメリカの銀行持株会社』東洋経済新報社，1987年．
―――『銀行倒産・銀行救済』金融財政事情研究会，1988年．
宮崎義一『複合不況―ポスト・バブルの処方箋を求めて―』中公新書，1992年．
横山昭雄監修『金融機関のリスク管理と自己資本―1990年代の金融機関経営の原点―』有斐閣，1989年．
吉井敦子『破綻金融機関をめぐる責任法制』多賀出版，1999年．

〈論文〉
赤間弘「預金保険制度を巡る国際的な議論の高まり―国際的な原則の形成と預金保険機関の多様性―」，預金保険機構『預金保険研究』第10号，2009年4月．
―――「英国における預金保険と銀行破綻処理制度の改革」，預金保険機構『預金保険研究』第10号，2009年4月．
圓佛孝史・新形敦「一層の充実が図られる米国の預金保険制度―2006年制度改正の概要―」，みずほ総合研究所『みずほ総研論集』，2006年Ⅱ号．
高木仁「1991年金融制度改革法（案）の意図―アメリカ金融システム安定化への模索―」，日本証券経済研究所『証券研究』第108巻，1994年2月．
―――「1991年金融制度改革法の成立過程―アメリカ金融システム安定化への模索―」，日本証券経済研究所『証券研究』第113巻，1995年10月．

日本銀行「米国の貯蓄金融機関を巡る最近の動きについて―経営悪化の背景と制度面での対応―」,『調査月報』, 1989 年 8 月.
―――「米国の預金保険制度改革を巡る最近の動向」,『日本銀行月報』, 1992 年 12 月.
野村重明「バンク・オブ・ニューイングランドの倒産と連邦預金保険制度」(上)(中)(下), 名古屋経済大学『経済経営論集』第 2 巻第 1 号, 1994 年 12 月, 第 3 巻第 1 号, 1995 年 12 月, 第 4 巻第 2 号, 1996 年 12 月.
―――「コンチネンタル・イリノイの破綻とツービッグ・ツーフェイル」『名古屋経済大学経済学部創立 20 周年記念論集』, 2000 年 3 月.
原和明「米国における銀行破綻処理」, 預金保険機構『預金保険研究』第 10 号, 2009 年 4 月.
松本和幸「アメリカの銀行監督と破綻処理」, 大蔵省財政金融研究所編『フィナンシャル・レビュー』第 51 号, 1999 年 6 月.
馬淵紀壽「『1991 年金融近代化法案』を読む」『金融ジャーナル』第 32 巻第 5 号, 1991 年 5 月.

【英語文献】
〈単行本〉

Barth, James R., and R. Dan Brumbaugh, Jr., eds., *The Reform of Federal Deposit Insurance : Desciplining the Government and Protecting Taxpayers*, HarperBusiness, 1992.

Barth, James R., *The Rise and Fall of the U.S. Mortgage and Credit Markets : A Comprehensive Analysis of the Market Meltdown*, John Wiley & Sons, 2009.

Benston, George J., Robert A. Eisenbeis, Paul M. Horvitz, Edward J. Kane, and George G. Kaufman, *Perspectives on Safe & Sound Banking : Past, Present, and Future*, MIT Press, 1986.

Brumbaugh, R. Dan Jr., *Thrifts Under Siege*, Harper & Row, Publishers, 1988.

Calomiris, Charles W., *U.S. Bank Deregulation in Historical Perspective*, Cambridge University Press, 2000.

Demirgüç-Kunt, Asli, Edward J. Kane, and Luc Laeven, eds., *Deposit Insurance Around the World : Issues of Design and Implementation*, The MIT Press, 2008.

Eichler, Ned, *The Thrift Debacle*, Unversity of California Press, 1989.

Fraser, Donald R., and Peter S. Rose, eds., *Financial Institutions and Markets in a Changing World*, 2nd ed., Business Publications, 1984.

Frieden, Jeffry A., *Banking on the World : The Politics of American International Finance*, Harper & Row, Publishers, 1987 (安倍悼・小野塚佳光訳『国際金融の政治学』同文館, 1991 年).

Friedman, Milton, and Anna J. Schwarz, *A Monetary History of the United States 1867-1960*, Princeton University Press, 1963.

Ferguson, Charles, and Donal McKillop, *The Strategic Development of Credit Unions*, John Wiley & Sons, 1997.

Golembe, Carter H., and David S. Holland, *Federal Regulation of Banking, 1986-87*, Golembe Associates, 1986（馬淵紀壽訳『アメリカの預金金融機関―変革期の金融制度―』金融財政事情研究会，1988年）.

Grant, Joseph M., *The Great Texas Banking Crash : An Insider's Account*, University of Texas Press, 1996.

Gup, Benton E., ed., *Too Big To Fail : Policies and Practices in Government Bailouts*, Praeger, 2004.

Haraf, William S., and Rose M. Kushmeider, eds., *Restructuring Banking & Financial Services in America*, American Enterprise Institute for Public Policy Research, 1988.

Kaufman, George G., and Robert E. Litan, eds., *Assessing Bank Reform : FDICIA One Year Later*, The Brookings Institution, 1993.

Litan, Robert E., *What Should Banks Do ?*, The Brookings Institution, 1987（馬淵紀壽・塩沢修平訳『銀行が変わる―グラス＝スティーガル体制後の新構図―』日本経済新聞社，1988年）.

Marvell, Thomas B., *The Federal Home Bank Board*, Frederick A. Praeger, 1969.

Mason, David L., *From Buildings and Loans to Bail-Outs : A History of the American Savings and Loan Industry 1831-1995*, Cambridge University Press, 2004.

Myers, Margaret G., *A Financial History of the United States*, Columbia University Press, 1970（吹春寛一訳『アメリカ金融史』日本図書センター，1979年）.

Seidman, L. William, *Full Faith and Credit : The Great S&L Debacle and Other Washington Sagas*, Times Books, 1993.

Sprague, Irvine H., *Bailout : An Insider's Account of Bank Failures and Rescues*, Basic Books, 1986（高木仁・佐々木仁・立脇和夫・戸田壯一・柴田武男訳『銀行破綻から緊急救済へ―連邦預金保険公社理事会・元議長の証言―』東洋経済新報社，1988年）.

White, Eugene N., *The Comptroller and the Transformation of American Banking, 1960-1990*, Comptroller of the Currency, 1992.

White, Lawrence J., *The S&L Debacle : Public Policy Lessons for Bank and Thrift Regulation*, Oxford University Press, 1991.

Wicker, Elmus, *The Banking Panics of the Great Depression*, Cambridge University Press, 1999.

〈論文〉

Barth, James R., John J. Feid, Gabriel Riedel, and M. Hampton Tunis, "Alternative Federal Deposit Insurance Regimes," Research Paper No.152, Office of Policy and Economic Research, Federal Home Loan Bank Board, January 1989.

Barth, James R., Philip F. Bartholomew, and Carol J. Labich, "Moral Hazard and the Thrift Crisis : An Analysis of 1988 Resolutions," Research Paper No.160, Office of Policy and Economic Research, Federal Home Loan Bank Board, May 1989.

Belongia, Michael T., and R. Alton Gilbert, "Agricultural Banks: Causes of Failures and the Condition of Survivors," *Review*, Federal Reserve Bank of St. Louis, May 1987.

Benston, George J., "Market-Value Accounting: Benefits, Costs and Incentives," in *Banking System Risk : Charting a New Course*, The 25th Annual Conference on Bank Structure and Competition, Federal Reserve Bank of Chicago, 1989.

Bovenzi, John F., and Maureen E. Muldoon, "Failure-Resolution Methods and Policy Considerations," *Banking Review*, FDIC, Vol.3, No.1, Fall 1990.

Browne, Lynn E., and Eric S. Rosengren, "The Merger Boom: An Overview," in *The Merger Boom*, Lynn E. Browne and Eric S. Rosengren, eds., Federal Reserve Bank of Boston, 1987.

Browne, Lynn E., and Karl E. Case, "How the Commercial Real Estate Boom Undid the Banks," in *Real Estate and the Credit Crunch*, Lynn E. Browne and Eric S. Rosengren, eds., Federal Reserve Bank of Boston, 1992.

Cole, Rebel A., "Thrift Resolution Activity: Historical Overview and Implications," *Financial Industry Studies*, Federal Reserve Bank of Dallas, May 1990.

Curry, Timothy, and Lynn Shibut, "The Cost of the Savings and Loan Crisis:Truth and Consequences," *Banking Review*, FDIC, Vol.13, No.2, July 2000.

Freund, James L., and Steven A. Seeling, "Commercial Real-Estate Problems: A Note on Changes in Collateral Values Backing Real Estate Loans Being Managed by the Federal Deposit Insurance Corporation," *Banking Review*, FDIC, Spring/Summer 1993.

Garcia, Gillian G.H., "Deposit Insurance: Actual and Good Practices," Occasional Paper 197, International Monetary Fund, 2000.

Graham, Fred C., and James E. Horner, "Bank Failure: An Evaluation of the Factors Contributing to the Failure of National Banks," in *The Financial Services Industry in the Year 2000 : Risk and Efficiency*, Proceedings of a Conference on Bank Structure and Competition, Federal Reserve Bank of Chicago, 1988.

Gray, Edwin J., "FSLIC Recapitalization: The Bank Board and Administlation Plan," *Outlook*, Federal Home Loan Bank System, May/June 1986.

Hanc, George, "Deposit Insurance Reform: State of the Debate," *Banking Review*, FDIC, Vol.12, No.3, 1999.

Hester, Donald D., "Financial Institutions and the Collapse of Real Estate Markets," in *Real Estate and the Credit Crunch*, Lynn E. Browne and Eric S. Rosengren, eds., Federal Reserve Bank of Boston, 1992.

Hoelscher, David S., Michael Taylor, and Ulrich H. Klueh, "The Design and Implementation of Deposit Insurance Systems," Occasional Paper 251, International Monetary Fund, 2006.

Holland, David, Don Inscoe, Ross Waldrop, and William Kuta, "Interstate Banking—The Past, Present and Future," *Banking Review*, FDIC, Vol.9, No.1, Fall 1996.

Kuprianov, Anatoli, and David L. Mengle, "The Future of Deposit Insurance: An Analysis of the Alternatives," *Economic Review*, Federal Reserve Bank of Richmond, May/June 1989.

Mester, Loretta J., "Curing Our Ailing Deposit-Insurance System," *Business Review*, Federal Reserve Bank of Philadelphia, September/October 1990.

O'Keefe, John P., "Risk-Based Capital Standards for Commercial Banks: Improved Capital-Adequacy Standards?" *Banking Review*, FDIC, Vol.6, No.1, Spring/Summer 1993.

Peek, Joe, and Eric S. Rosengren, "Crunching the Recovery: Bank Capital and the Role of Bank Credit," in *Real Estate and the Credit Crunch*, Lynn E. Browne and Eric S. Rosengren, eds., Federal Reserve Bank of Boston,1992.

Smith, Tim R., "U.S. Energy Policy in a Changing Market Environment," *Economic Review*, Federal Reserve Bank of Kansas City, September/October 1986.

White, Lawrence J., "Mark-to-Market Accounting Is Vital to FSLIC and Valuable to Thrifts," *Outlook*, Federal Home Loan Bank System, January/February 1988.

〈議会報告書・公聴会議事録〉

U.S. Congress, Joint Committee, Senate Committee on Banking, Housing, and Urban Affairs, and House Committee on Banking, Finance and Urban Affairs, *A Report to Congress on Federal Deposit Insurance*, 98th Cong., 1st Sess., Government Printing Office, 1983.

U.S. Congress, House, *Financial Institutions Reform, Recovery, and Enforcement Act of 1989 : Conference Report*, Report 101-209, 101st Cong., 1st Sess., Government Printing Office, 1989.

U.S. Congress, House, Committee on Banking, Finance and Urban Affairs, *Condition of the Federal Deposit Insurance Funds : Hearings*, 100th Cong., 2nd Sess., Government Printing Office, 1988.

―――, *Savings and Loan Policies in the Late 1970's and 1980's : Hearings*, 101st Cong., 2nd Sess., Government Printing Office, 1990.

―――, *Financial Institutions Safety and Consumer Choice Act of 1991 : Report*, Report 102-157, Part 1, 102nd Cong., 1st Sess., Government Printing Office, 1991.

―――, *Semi-Annual Appearance of the Resolution Trust Corporation Oversight Board : Hearing*, 102nd Cong., 1st Sess., Government Printing Office,1991.

―――, *To Examine the Current Condition of the U.S. Banking Industry and Projections for the Bank Insurance Fund : Hearings*, 102nd Cong., 2nd Sess,. Government Printing Office, 1993.

―――, *Resolution Trust Corporation Completion Act : Report*, Report No.103-103 (I), 103rd Cong., 1st Sess., Government Printing Office, 1994.

U.S. Congress, House, Subcommittee on Financial Institutions Supervision, Regulation and Insurance of the Committee on Banking, Finance and Urban Affairs,

———, *Banking Industry in Turmoil : A Report on the Condition of the U.S. Banking Industry and the Bank Insurance Fund : Report*, 101st Cong., 2nd Sess., Government Printing Office, 1990.

———, *Financial Institutions Safety and Consumer Choice Act of 1991 (H.R.1505) : Hearing*, 102nd Cong., 1st Sess., Government Printing Office, 1991.

———, *Resolution Trust Corporation Refinancing and Restructuring Issues : Hearings*, 102nd Cong., 1st Sess., Government Printing Office, 1992.

U.S. Congress, House, Subcommittee on General Oversight and Investigations of the Committee on Banking, Finance and Urban Affairs, *Progress of the Recapitalization of the Federal S&L Insurance Corporation : Hearing*, 100th Cong., 2nd Sess., Government Printing Office, 1988.

U.S. Congress, House, Subcommittee on Housing and Community Development of the Committee on Banking, Finance and Urban Affairs, *H.R.27; Escrow Account Reform Act of 1993 : Hearing*, 103rd Cong., 1st Sess., Government Printing Office, 1993.

U.S. Congress, House, Committee on Banking and Financial Services, *Compilation of Basic Banking Laws*, Government Printing Office, 1995.

———, *H.R.2343 — The Thrift Depositor Protection Oversight Board Abolishment Act : Hearing*, 105th Cong., 1st Sess., Government Printing Office, 1997.

———, *Bank Mergers : Hearing*, 105th Cong., 2nd Sess., Government Printing Office, 1998.

U.S. Congress, House, Subcommittee on Financial Institutions and Consumer Creedit of the Committee on Banking and Financial Services, *Condition of Deposit Insurance Funds and the Impact of the Proposed Deposit Insurance Premium Reduction on the Bank and Thrift Industries : Hearings*, 104th Cong., 1st Sess., Government Printing Office, 1995.

———, *Loan Loss Reserves : Hearing*, 106th Cong., 1st Sess., Government Printing Office, 1999.

———, *Merging the Deposit Insurance Funds : Hearing*, 106th Cong., 2nd Sess., Government Printing Office, 2000.

———, *Viewpoints of the FDIC and Select Industry Experts on Deposit Insurance Reform : Hearing*, 107th Cong., 1st Sess., Government Printing Office, 2001.

U.S. Congress, House, Subcommittee on General Oversight and Investigations of the Committee on Banking and Financial Services, *Oversight of the Resolution Trust Corporation : Hearing*, 104th Cong., 1st Sess., Government Printing Office, 1996.

U.S. Congress, House, Commerce, Consumer, and Monetary Affairs Subcommittee of the Committee on Government Operations, *Deposit Insurance Issues and Depositor Discipline, Hearing*, 101st Cong., 2nd Sess., Government Printing Office, 1991.

U.S. Congress, House, Committee on Energy and Commerce, *Financial Institutions Safety and Consumer Choice Act of 1991 : Report*, Report 102-157, Part 4, 102nd

Cong., 1st Sess., Government Printing Office, 1991.
U.S. Congress, House, Committee on Ways and Means, *Financial Insitutions Reform, Recovery and Enforcement Act of 1989 : Report*, Report 101-54, Part 2, 101st Cong., 1st Sess., Government Printing Office, 1989.
U.S. Congress, Senate, Committee on Banking, Housing, and Urban Affairs, *Problems of the Federal Savings and Loan Insurance Corporation [FSLIC] : Hearings*, Part II, 101st Cong., 1st Sess., Government Printing Office, 1989.
―――, *Strengthening the Supervision and Regulation of the Depository Institutions : Hearings*, 102th Cong., 1st Sess., Vol. I, Government Printing Office, 1991.
―――, *The Condition of the Bank and Thrift Industries : Hearing*, 103th Cong., 2nd Sess., Government Printing Office, 1994.
―――, *The Federal Deposit Insurance System : Hearing*, 108th Cong., 1st Sess., Government Printing Office, 2004.

〈**General Accounting Office, General Accountability Office 報告書**〉
Thrift Industry : The Treasury/Federal Home Loan Bank Board Plan for FSLIC Recapitalization, March 1987.
The Federal Savings and Loan Insurance Corporation's Use of Notes and Assistance Guarantees, September 1988.
Troubled Financial Institutions : Solutions to the Thrift Industry Problem, February 1989.
Failed Thrifts : Bank Board's 1988 Texas Resolutions, March 1989.
Obligations Limitation : Resolution Trust Corporation's Compliance As of March 31, 1990, July 1990.
Financial Audit : Federal Savings and Loan Insurance Corporation's 1989 and 1988 Financial Statements, July 1990.
Thrift Resolutions : Estimated Costs of FSLIC's 1988 and 1989 Assistance Agreements Subject to Change, September 1990.
Deposit Insurance : A Strategy for Reform, March 1991.
Financial Audit : Savings Association Insurance Fund's 1989 Financial Statements, March 1991.
Financial Audit : Resolution Trust Corporation's 1989 Financial Statements, April 1991.
Financial Audit : FSLIC Resoluion Fund's 1989 Financial Statements, August 1991.
Thrift Resolutions : FSLIC 1988 and 1989 Assistance Agreement Costs Subject to Significant Uncertainties, November 1991.
Financial Audit : FSLIC Resolution Fund's 1990 and 1989 Financial Statements, December 1991.
Financial Audit : Savings Association Insurance Fund's 1990 and 1989 Financial Statements, January 1992.

Financial Audit : FSLIC Resoluion Fund's 1991 and 1990 Financial Statements, June 1992.
Financial Audit : Savings Association Insurance Fund's 1991 and 1990 Financial Statements, June 1992.
1992 Thrift Resolutions : RTC Policies and Practices Did Not Fully Comply With Least-Cost Provisions, June 1994.
Deposit Insurance Funds : Analysis of Insurance Premium Disparity Between Banks and Thrifts, March 1995.
Financial Audit : Federal Deposit Insurance Corporation's 1994 and 1993 Financial Statements, March 1995.
Financial Audit : Resolution Trust Corporation's 1995 and 1994 Financial Statements, July 1996.
Financial Crisis Management : Four Financial Crises in the 1980s, May 1997.

〈**Federal Deposit Insurance Corporation 刊行物**〉
Deposit Insurance in a Changing Environment, 1983.
The First Fifty Years : A History of the FDIC 1933-1983, 1984.
Mandate for Change, 1987.
Analysis of Issues Confronting the Savings Association Insurance Fund, 1995.
History of the Eighties : Lessons for the Future, 1997.
A Brief History of Deposit Insurance in the United States, 1998.
Managing the Crisis : The FDIC and RTC Experience 1980-1994, 1998.
Resolutions Handbook : Methods for Resolving Troubled Financial Institutions in the United States, 1998.
Deposit Insurance : An Annotated Bibliography 1989-1999, 1999.
Deposit Insurance, Options paper, August 2000.
Keeping the Promise : Recommendations for Deposit Insurance Reform, 2001.

〈その他政府関係刊行物〉
Congressional Budget Office, *Reforming Federal Deposit Insurance*, September 1990.
―――, *Budgetary Treatment of Deposit Insurance : A Framework for Reform*, May 1991.
―――, *Resolving the Thrift Crisis*, April 1993.
―――, *The Changing Business of Banking : A Study of Failed Banks from 1987 to 1992*, June 1994.
Federal Home Loan Bank Board, *Agenda for Reform : A Report on Deposit Insurance to the Congress from the Federal Home Loan Bank Board*, 1983.
Federal Home Loan Bank System, *A Guide to the Federal Home Loan Bank System*, 5th ed., 1987.
Task Group on Regulation of Financial Services, *Blue Print for Reform*, Government

Printing Office, 1984.
U.S. Department of the Treasury, *Modernizing the Financial System : Recommendations for Safer, More Competitive Banks*, 1991.
Working Group of the Cabinet Council on Economic Affairs, *Recommendations for Change in the Federal Deposit Insurance System*, Government Printing Office, 1985.

〈その他報告書〉

Basel Committee on Banking Supervision, *International Convergence of Capital Measurement and Capital Standards*, 1988.
Financial Stability Forum, *Guidance for Developing Effective Deposit Insurance Systems*, 2001（預金保険機構監訳『預金保険の国際ガイダンス』財務省印刷局，2001年）.
Financial Services Authority, *The Turner Review : A Regulatory Response to the Global Banking Crisis*, March 2009.
Independent Bankers Association of America, *Protecting the Federal Deposit Insurance System*, February 1990.

〈定期刊行物〉

American Banker.
Board of Governors of the Federal Reserve System, *Federal Reserve Bulletin*.
―――, *Annual Report*.
Congressional Quarterly Almanac.
Congressional Record.
Federal Deposit Insurance Corporation, *Annual Report*.
―――, *Banking Review*.
―――, *Quarterly Banking Profile*.
Federal Home Loan Bank Board, *Annual Report*.
Federal Home Loan Bank Board (Office of Thrift Supervision), *Journal*.
Federal Home Loan Bank System, *Outlook*.
Office of the Comptroller of the Currency, *Quarterly Journal*.
Resolution Trust Corporation, *Annual Report*.
Wall Street Journal.

〈統計資料・その他〉

Code of Federal Regulations, Government Printing Office.
Board of Governors of the Federal Reserve System, *Flow of Funds Accounts*.
Federal Deposit Insurance Corporation, *Statistics on Banking*.
―――, *Historical Statistics on Banking : A Statistical History of the United States Banking Industry, 1934-1991*.

———, *Statistics on Banking : A Statistical History of the United States Banking Industry, Historical* 1934-1996, Vol.1, 1997.

Federal Home Loan Bank Board, *Savings & Home Financing Source Book*.

Office of Thrift Supervision, *Fact Book*.

Rosenberg, Jerry M., *Dictionary of Banking and Finance*, John Wiley & Sons, 1982.

United States Code, Title 12, Banks and Banking, Government Printing Office.

U.S. Department of Commerce, *Historical Statistics of the United States, Colonial Times to 1970*, Part 2, U.S. Government Printing Office, 1975.

United States League of Savings Institutions, *Savings Institutions Sourcebook*.

United States Statutes at Large, Government Printing Office.

あとがき
―むすびに代えて―

　本書では，1980年代終わりと1990年代初めのアメリカの連邦預金保険制度の危機と改革について跡付けてきた．その考察の中心は，1989年の金融機関改革回復執行法（FIRREA）と1991年の連邦預金保険公社改善法（FDICIA）とであった．これらによる2つの改革では，危機はいかなるものであったのか，別の言い方をすれば改革がなぜ必要とされたのかという点では，同じであった．ただ，前者では，貯蓄金融機関の破綻の急増に伴って貯蓄金融機関の連邦預金保険制度たる連邦貯蓄貸付保険公社（FSLIC）が破綻状態に陥ったのに対して，後者では，商業銀行等を付保する連邦預金保険公社（FDIC）が破綻状態に陥ったという違いにすぎなかった．

　このように，例え危機の本質は変わらなかったとしても，それに対する対処は異なっていた．FIRREAでは，FSLICの機能を再構成しつつ，破綻貯蓄金融機関の処理をどのように進めるのかが中心課題であった．貯蓄金融機関監督制度の改革も，貯蓄保険制度の枠内の改革に過ぎなかった．しかし，FDICIAの改革では，破綻被保険金融機関の処理をいかに進めるのかという観点は，乏しかった．この改革では，むしろいかに付保された金融機関の安定性と競争力を確保し，連邦預金保険による納税者への損失のイクスポージャーを減少させるかが課題となった．

　この2つの改革の対処の違いは，これらの改革の理念の違いから来ていると考えられる．つまり，こういうことである．上で述べたように，FIRREAではその改革は，たとえ貯蓄金融機関制度全体の改革にまで及んだとしても，それは貯蓄保険制度改革の枠内のことにとどまった．しかし，FDICIAでは，その改革前の議論，特に財務省の改革案にみられるように，州境を越えた全国的な銀行業の容認，金融サービス持株会社の設立を含む金融システム全体の改革がその改革の理念に含まれていた．FDICIAによる改革の理念は，たんに預金保険制度の改革にとどまらず，金融システム改革を包括する理念となっていた

のである.

　しかし，本書でみたように，FDICIA によるこの広範な改革理念は，利害関係を背後に持つ各委員会や議員たちによる議会での抗争によって，次第に色あせ，実際の FDICIA による改革は，連邦預金保険制度の改革にとどまったのである.

　とはいえ，この改革理念は，その後の立法によって，少なくともその一部が現実化されたと考えられる．すなわち，1994年リーグル＝ニール州際銀行業支店設置効率化法（Riegle-Neal Interstate Banking and Branching Efficiency Act of 1994）及び1999年グラム＝リーチ＝ブライリー法（Gramm-Leach-Bliley Act）である．前者は，適正な資本を持って適当に経営されている銀行持株会社には，集中や1977年地域再投資法（Community Reinvestment Act of 1977：CRA）評価という観点からの制限があるもののいかなる州の銀行の買収をも認め，また同様に適正な資本を持って適当に経営されている銀行には，やはり集中や州法，CRA評価という制限はあるものの州際合併を認める，というものであった．また，後者は，1933年の銀行法第20条及び32条（グラス＝スティーガル法）を廃止するとともに，銀行持株会社法の改正によって，銀行と保険引受けとの系列関係を認めただけでなく，新たな金融持株会社（financial holding company）の設立による被保険金融機関と証券・保険会社との系列関係を認めたものであった．

　これらの改革は，本書でみたとおり，財務省の改革案では，「銀行の競争力を強化するため」の方策の一部をなしていた．だが，論者たちによって，思い描かれていた銀行システムの安定性・競争力強化は，あの百年に一度といわれるグローバル・ファイナンシャル・クライシスによってその困難さを思い知らされたといってもよいのではないだろうか．

　FDICIA による改革は，このように思い描かれたものとは異なったが，この改革による連邦預金保険制度の改革は，ずっしり重いものを持った．本書でみたように，そこには，多彩な連邦預金保険制度の改革が盛られていたからである．特に，早期是正措置，最小コスト処理原則の意味は大きい．前者は，自己資本比率が低下して当該機関の健全性が悪化していく場合には，当該機関に様々な改善策を取らせるが，それにもかかわらず当該機関の状況に改善がみら

れない場合には，自己資本が完全に毀損してしまう前に，当該機関の破綻処理を要求するものであった．したがって，この措置は，特に貯蓄金融機関の破綻の際に多くみられたような，破綻処理の手遅れに伴う破綻処理コストの増加を予防する，という効果を期待するものであった．また，後者の最小コスト処理原則は，預金保険基金に最小のコストになる方法でなければ，FDIC は破綻処理をしてはならないというものであった．したがって，この規定はいわゆる「大きすぎてつぶせない」(Too Big To Fail) 政策の修正を迫るものであったことは言うまでもない．

　FDICIA 施行後，連邦預金保険制度に関して多くの議論が展開されたのは，本書で述べたような，銀行保険基金（BIF）と貯蓄組合保険基金（SAIF）との統合，保険料率のことを別とすれば，これら2つの改革について集中していた．それらの議論を全体的にみると，それらの考え方自身には大きな反対があったわけではなく，むしろそれらの執行能力に対する批判が主になっているように思われる．しかし，これら2つの改革に関する議論を行おうとすると，個々の破綻のケース・スタディが必要となる．個々の銀行破綻に関する情報は開示されないため，この2つの改革について突き詰めた議論は期待できそうにもないが，これらの2つ点の検証は連邦預金保険制度に関しては重要な課題として残っていると思われる．

索引

[あ行]

アヌンツィオ（Frank Annunzio） 279
アメリカ銀行協会（ABA） 9, 214, 250, 251
アメリカ独立銀行協会 249, 251
一般に公正妥当と認められた会計原則（GAAP） 37, 39, 118, 214
ウインゴ（Otis Wingo） 6
運転資金 96, 104, 107, 108, 110
エスクロウ勘定 141
エネルギー商業委員会（下院） 249-251
大きすぎてつぶせない 218, 253
オープンスリフト・アシスタンス 42
オープンバンク・アシスタンス（OBA） 42, 181, 182, 185, 186, 195-197, 315
オカー修正条項 300
オカー・バンク 132, 141, 149, 150, 293, 294, 296
オフバジェット 73-76, 82, 83
オンバジェット 73-75, 82, 83

[か行]

ガーナー（John Nance Garner） 9
ガーン（Edwin J. Garn） 240
ガーン＝セントジャーメイン預金金融機関法（1982年） 37, 38, 186, 195, 196
会計検査院（GAO） 100, 103, 106, 107
カウフマン（George G. Kaufman） 213
加速処理プログラム（ARP） 94, 99, 109
加入料 134, 135, 149
合衆国破産法 176, 207
株主 197, 210-212, 214, 216, 217
監督合併 45, 46
議会予算局（CBO） 169, 171
規制的会計原則（RAP） 37, 39, 47, 58, 61, 63, 214

基本的項目 235, 269-271, 274
救済 185
競争的均等銀行法（CEBA；1987年） 61-63, 67, 68, 131, 136-138, 150, 192, 197
緊急銀行法（1933年） 6
銀行規制監督委員会 212, 274
銀行金融都市問題委員会（下院） 70-72, 104, 105, 108, 240, 245, 246, 248-253, 255, 279
銀行住宅都市問題委員会（上院） 71, 105, 226, 240, 245, 254-256, 283
銀行通貨委員会（下院） 6, 7, 23
──（上院） 7
銀行の休日 5, 6
銀行法（1933年） 3, 11-15
──（1935年） 13-15, 183
銀行保険基金（BIF） 67, 78, 84, 85, 131, 132, 134, 146, 148, 149, 152, 201, 203, 204, 209, 210, 227, 229, 238-240, 244-247, 249, 262, 267, 277-279, 284-301, 305
銀行持株会社 71, 85, 149, 165, 167, 173, 175, 193, 196, 211, 218, 219, 236, 237, 242, 248, 249, 264, 274, 312-314
──法（1956年） 237, 242, 249, 261
金融安定化フォーラム 311
金融機関改革回復執行法（FIRREA；1989年） 70, 76, 78-80, 82-86, 89, 93, 94, 96, 97, 101, 104-109, 114, 126, 127, 131-134, 136, 138, 139, 142, 145-150, 196, 197, 201, 226, 233, 239, 293, 300
金融公社（FICO） 59-63, 67, 79, 84, 114, 126-128, 131, 133, 134, 137, 138, 147, 150, 151, 291, 293-295
──債（FICO債） 62, 68, 133, 135, 137, 138, 150, 152, 284, 291-293, 295, 296
金融サービス持株会社 231, 237, 242, 243, 249

索引　331

金融持株会社（FHC）　298, 299
グラウバー（Robert R.Glauber）　245
グラス（Carter Glass）　7, 9, 10
グラス＝スティーガル法（1932年）　5
　──（1933年）　249, 250, 255, 261
グラム＝ラドマン法（1985年）　68, 70, 73-75
グラム＝リーチ＝ブライリー法（1999年）　298
クリーン・バンク　45
経営委託プログラム　45, 46
決済口座保証プログラム（TAGP）　312
恒久保険基金　14, 16, 78, 131, 148
恒久保険プラン　13-15
国際銀行法（1978年）　268
国際決済銀行　311
国際預金保険協会　311
コストテスト　91, 92, 185, 186, 196
ゴンザレス（Henry B. Gonzalez）　240, 251, 256
コンチネンタル・イリノイ　174
国法銀行　3, 11, 12, 15, 16, 83, 165, 170, 192, 243, 248, 255, 269, 274

[さ行]

財産管理人　20, 21, 46, 78, 79, 94, 95, 101, 106, 109, 110, 132, 141, 236, 243, 247, 264-266
　──制度　94, 99, 100, 109, 110
最小コスト処理　100, 191, 197, 234, 241, 247, 261, 265, 266, 279, 314
最小所要中核的資本　242
最適所要資本量　213
財務省原案　239, 240, 245, 246, 248, 249, 261
財務省報告書『金融システムの近代化』　226-241
債務超過　8, 36, 40, 41, 66, 69, 94, 99, 203, 211, 213, 214, 217-219, 264
債務保証プログラム　312
先延ばし　37
サッサー条項　300
サッサー・バンク　132, 296
シードマン（L. William Seidman）　97, 105
時価会計　214, 215, 236
資金援助付き合併　44-46, 49, 50, 63

資金援助協定　114, 116, 118-120, 123, 124
自己資本比率　61, 66, 71, 73, 74, 168, 171, 217, 242
　──規制　83, 212, 215
資産負債承継（P&A）　43, 44, 95-98, 109, 177, 181-193, 265
市場規律　44, 216-218, 227-231, 233, 234, 237, 240
システミック・リスク　233, 234, 266, 314
事前保険料賦課方式　3
実効保険料率　143, 148
指定準備金比率　85, 86, 145, 147, 262, 267, 287-296, 305-307, 309, 310
支店被保険預金振替　95
支店P&A　95
資本カテゴリー　263, 269, 274
資本損失カバリッジ　115, 117, 118
収益維持　48, 115, 117, 118
住宅所有者貸付公社（HOLC）　18-20
住宅所有者貸付法（1933年）　18, 19, 83, 293
住宅都市開発省長官　77, 78
州法銀行　9, 10, 12, 15, 16, 243, 257
州際支店銀行業　249, 251-253, 255, 257
州免許信用組合　23, 24, 26-28
州免許貯蓄組合　244
純資産証書　37, 122
商業銀行　1, 4, 13, 16, 17, 23, 67, 69, 71, 97, 149, 159-163, 173, 186, 201, 209, 226, 227, 250, 298-301
証券化プログラム　100
証券取引委員会　241, 251
所得資本証書　122
ジョーンズ（Jesse Jones）　9
処理コスト　46, 47, 49, 58, 99, 101-103, 106, 110, 189, 203, 207, 229, 247
信用組合　1, 23-27, 35, 257
スティーガル（Henry B. Steagall）　7-10
ストレート・デポジット・ペイオフ（SDP）　⇒直接預金ペイオフ
清算　8, 11, 42, 43, 45, 46, 49, 63, 193, 312
　──公社　7
整理資金調達公社（REFCORP）　66-68, 74, 78-82, 86, 103, 104, 107, 114, 126, 131, 133,

138, 147, 150, 291
 ──元本基金 81, 82
 ──債(REFCORP債) 67, 68, 82
整理信託公社(RTC) 45, 46, 50, 66, 68, 78-84, 89-110, 131, 133, 134, 140, 141, 146, 150, 159, 292, 299
 ──監視理事会 78, 90, 106, 108
 ──完了法(1993年) 106, 107, 110, 147, 197
 ──再融資再構成改善法(RTCRRIA；1991年) 105, 106, 150
 ──資金調達法(1991年) 105
セーフティネット 218, 230, 237
セキュリタイゼーション 92, 98, 100
狭い法案 249, 253, 255-257
全国貸出売却プログラム 100
全国住宅法(1934年) 19-21, 42, 56, 60, 118
全国信用会社 4
全国信用組合監督庁 2, 24
 ──長官 24-26
全国信用組合出資金保険基金(NCUSIF) 1, 2, 16, 22, 23, 26, 27, 32, 35
早期是正措置 229, 236, 242, 261-263, 269, 279
相互基金 14-16
損失穴埋め資金 96, 104, 110
相互貯蓄銀行 12, 13, 16, 17, 196

[た行]

ダーマン(Richard Darman) 75
第1次銀行恐慌 4
第1次準備金 55-58, 136
第2次銀行恐慌 4
第2次準備金 56, 57, 136-139
多角持株会社 242, 243, 249
脱退(保険)料 62, 134, 135, 137, 139, 141, 149
脱退モラトリアム 83, 84
タノウエ(Donna Tanoue) 297
直接規制 211, 212, 216, 228
直接財産管理人制度 95
直接預金ペイオフ(SDP) 97, 98, 102, 103, 181, 182, 188, 191, 315

貯蓄貸付組合(S&L) 1, 17-23, 36, 37, 39-42, 47, 66-68, 71, 96, 103, 106, 115, 149, 236, 252, 293, 298, 300
 ──持株会社 71, 244
貯蓄銀行 1, 3, 18, 36, 149, 160, 162, 163, 209, 227, 299
貯蓄金融機関監督庁(OTS) 77, 80, 92, 94, 99, 244, 265, 274
貯蓄金融機関預金者保護監視理事会 106
貯蓄組合保険基金(SAIF) 41, 67, 78-86, 107, 110, 126, 131-152, 247, 249, 262, 267, 277-279, 284-287, 291-301, 305
通貨監督官 11, 15
通貨監督庁(OCC) 2, 165, 207, 244, 265, 268-271, 274
ツービッグ・ツーフェイル ⇒大きすぎてつぶせない
ディスカウント・ウインドウ 218, 254
ディンガル(John D. Dingell) 76, 251, 256
テキサス・アメリカン・バンクシェアズ 176, 193, 194
デューディリジェンス 188-190, 196
転換行為 84, 300
統一金融機関格付制度 163
特定業務停止命令 165, 264
特別保険料 56, 58, 60, 67, 69, 136, 137, 139, 262, 266, 293-295

[な行]

南西プラン 47
ナロウバンク 213, 219, 220
年金給付保証公社 232
二重銀行制度 3, 10
ニューヨーク連邦準備銀行 4
のれん 69, 71-73, 83, 121, 271

[は行]

バーゼル合意 212
バーゼル規制 274
パウエル(Donald E. Powell) 307, 309
破産管財人 16, 20, 21, 42, 46, 78, 79, 95, 106, 119, 126, 132, 141, 183-185, 187-190, 192, 193, 236, 243, 247, 264-266

索引　333

パススルー破産管財人制度　94
パススルー付保　231, 232, 241, 248, 268
バルクセール　98, 100
バンク・オブ・ニューイングランド　173, 193-195
バンク・オブ・ユナイテッド・ステーツ　4
バンク・ワン・コーポレーション　176, 208
バンク・ワン・テキサス　208
バンダンバーグ（Arthur Vandenberg）　10, 11
ビーバー（William H. Beaver）　214
被保険預金振替（IDT）　42-44, 95, 98, 182, 187, 188, 191
ファースト・シティ・テキサス　174
ファースト・シティ・バンコーポレーション　167, 197
ファースト・リパブリックバンク・コーポレーション　167, 174-177, 193, 205-207, 209, 211
ファイアーウォール　237, 250, 251, 255
フーバー（Herbert Hoover）　4, 6
不可欠性原理　185, 186, 192, 196
復興金融公社（RFC）　4-6, 8, 9
ブッシュ政権案　69-71
ブッシュ（George H.W. Bush）　66, 68, 75, 76, 105, 257
プット・アンド・コール　118
プット・オプション　98, 99
プット・オプション付きP&A　190
ブライアン（William Jennings Bryan）　7
フランチャイズ・バリュー　44, 99, 102
ブリッジバンク　79, 175, 176, 190, 192-195, 197, 205, 206, 208, 209
ブレイディ（Nicholas F. Brady）　73, 104, 251, 252
ブローカー預金　39, 83, 231, 233, 247, 248, 254, 268
ペイオフ　8, 95, 181-189, 191, 205
ベーシックなP&A　188, 189
ペコラ調査　10
ベンストン（George J. Benston）　213, 214
ホーヴ（Andrew C. Hove, Jr.）　283
ホール・スリフト・トランスアクション　97

ホール・バンク　44
───P&A　191, 192
補完的項目　235, 269-271, 274, 275
ホワイト（Lawrence J. White）　214

［ま行］

マイナス純資産資金援助　115, 118
マクファーデン法（1927年）　237
マクロード（Clarence J. McLeod）　8
モーゲージ　17, 18, 19, 36, 40, 72, 138, 141
問題銀行　163-167, 209, 284
モラルハザード　8, 37, 210-212, 218

［や行］

猶予条項　118
預金金融機関監督庁　244
預金金融機関規制緩和通貨管理法（DIDMCA；1980年）　37, 38
預金保険基金（DIF）　294, 301
───法（1996年）　293-296
預金保険国法銀行（DINB）　12, 183, 188
預金保険ブリッジバンク　207
預金清算払い　42, 95, 96, 102, 181

［ら行］

ライフライン口座　248, 268
リーグル（Donald W. Riegle）　75, 76, 226, 240, 254-256
リオープン　181
リスクウエイト資産　241, 269-272
リスクカテゴリー　308, 309
リスクテイキング　165, 168, 210-213, 216-219, 228, 230, 233, 234, 290
リスクベースの自己資本　83, 84
───基準　231
───比率　212, 247
リスクベースの所要資本量　211, 263
リスクベースの(預金)保険料　148, 215, 227, 229-231, 234, 235, 240-242, 261, 279, 307
───システム　148, 247, 267, 269, 270, 276, 290
リスクベース・プレミアム　⇒リスクベースの(預金)保険料

リッチモンド連邦準備銀行　210, 216, 218
両院協議会　11, 60, 74, 252, 256, 257
臨時流動性保証プログラム(TLGP)　312, 314
臨時連邦預金保険基金　12-15, 30
ルーズベルト(Franklin D. Roosevelt)　5-9, 11
レーガン(Ronald W. Reagan)　61
レギュレーションQ　37
レバレッジ・リミット　263
レバレッジ・レーシオ　269, 284
連邦官報　134, 266, 267, 269, 276, 277, 288
連邦銀行庁　227, 238
連邦資産処理組合　60, 78
連邦住宅貸付銀行(FHLB)　18, 19, 60-63, 67, 68, 71, 72, 77, 80-82, 104, 133, 137, 146, 150, 216
　——法(1932年)　18, 80
　——理事会(FHLBB)　1, 2, 18, 19, 21, 36, 37, 39, 45, 47, 48, 57, 59-62, 66, 68, 71, 77, 78, 80, 94, 118
　——制度(FHLBS)　66, 69, 77, 82
連邦住宅貸付抵当公社　77, 137
連邦住宅局　19
連邦住宅金融理事会　77
連邦準備　10, 176, 206-208, 218, 219, 227, 230, 238, 299
　——銀行　4-6, 12, 244, 267
　——制度　2, 4, 10, 12, 15, 165
　——法(1913年)　11, 14
　——制度理事会(FRB)　15, 78, 241, 244, 253-255, 264, 266, 268, 274, 314
連邦信用組合法(1934年)　23, 26
連邦貯蓄貸付保険公社(FSLIC)　1-3, 16, 17, 20-23, 26, 35-51, 55-63, 66-69, 77, 78, 82, 90, 93, 94, 105, 107, 110, 114-120, 122, 123, 128, 129, 131, 132, 134, 136-138, 140, 141, 148-150, 159, 198, 310
　——整理基金(FRF)　79-82, 114, 119-129, 131, 133, 134, 138, 139, 142, 147, 150, 291, 301
連邦免許信用組合　3, 23-25, 27, 28
連邦免許貯蓄貸付組合　3, 20, 21
連邦免許貯蓄銀行　3, 293

連邦融資銀行(FFB)　103, 107, 108, 109
連邦預金保険改革法(2005年)　301, 305
連邦預金保険カバリッジ　213
連邦預金保険公社改善法(FDICIA；1991年)　100, 148, 191, 196, 197, 210, 226, 235, 246, 261, 262, 264, 267, 269, 270, 276, 279, 280, 283, 286, 289, 290, 296, 297, 300, 306, 314
連邦預金保険公社(FDIC)理事会　106, 134, 147, 186, 192, 197, 241, 244, 262, 266, 267, 276, 277, 287-290, 293, 296, 305, 310, 314
連邦預金保険法(1950年)　1, 16, 79, 84, 85, 132, 185, 195-197, 262, 264-266, 293, 314
ローンパーチェスP&A　190
ロスシェアリング　191
ロブソン(John Robson)　108, 109

[わ行]

ワイリー(Chalmers P. Wylie)　240, 253

[欧文]

1933年銀行恐慌　5, 6, 8, 9, 12, 13
CAMEL rating(格付け)　164-166
CAMELS　307, 308
FICO問題　154
M&A　160, 161, 299
Mバンク・ダラス　176, 207
Mコープ　174-177, 193, 194, 207-209, 211
NCNBコーポレーション　175, 205, 206
NCNBテキサス・ナショナル・バンク　175, 205, 206
NCNBテキサス・バンコーポレーション　206
Operation Clean Sweep　98
P&AI-BB　177
PTR　177
ROA　283, 284, 286, 287
ROE　286, 287
SAIF格差　291, 292, 296
Too Big To Fail　218

著者紹介

野村重明
名古屋経済大学経済学部教授．1944年長野県生まれ．1967年大阪市立大学経済学部卒，1973年同大学院経済学研究科博士課程単位取得．著書に『流通国際化と海外の小売業』（共著，白桃書房，1997年），『金融商品取引法と日本の金融・経済・経営』（共著，税務経理協会，2007年）ほか．

アメリカの連邦預金保険制度

2011年8月25日　第1刷発行

定価（本体5200円＋税）

著　者　野　村　重　明

発行者　栗　原　哲　也

発行所　㈱日本経済評論社

〒101-0051　東京都千代田区神田神保町3-2
電話 03-3230-1661　FAX 03-3265-2993
E-mail: info8188@nikkeihyo.co.jp
振替 00130-3-157198

装丁＊渡辺美知子　　印刷・製本／中央精版印刷

落丁本・乱丁本はお取替えいたします　Printed in Japan
© NOMURA Shigeaki 2011
ISBN978-4-8188-2170-5

・本書の複製権・翻訳権・上映権・譲渡権・公衆送信権（送信可能化権を含む）は，㈳日本経済評論社が保有します．
・JCOPY　〈㈳出版者著作権管理機構　委託出版物〉
本書の無断複写は著作権法上での例外を除き禁じられています．複写される場合は，そのつど事前に，㈳出版者著作権管理機構（電話 03-3513-6969，FAX 03-3513-6979，e-mail: info@jcopy.or.jp）の許諾を得てください．

国際通貨体制と世界金融危機
―地域アプローチによる検証―
　　　　　　　　　　　上川孝夫編　本体 5700 円

世界金融危機の歴史的位相
　　　　　　　　　　　斎藤叫編　本体 3500 円

バブルと金融危機の論点
　　　　　　　　　　伊藤修・埼玉大学金融研究室編　本体 3700 円

欧州の協同組合銀行
　　　　　　　　農林中金総合研究所企画／
　　　　　　　　斉藤由理子・重頭ユカリ著　本体 3600 円

グローバル資本主義論
―日本経済の発展と衰退―
　　　　　　　　　　　飯田和人　本体 3800 円

通貨危機の政治経済学
―21 世紀システムの展望―
　　　　　　　上川孝夫・新岡智・増田正人編　本体 4700 円

日本経済評論社